라시드 앗 딘의 집사 4

일 칸들의 역사

라시드 앗 딘의 집사 4

일 칸들의 역사

2018년 11월 32일 1판 1쇄
2023년 3월 31일 1판 3쇄

지은이 라시드 앗 딘
역주자 김호동

편집 강창훈·이진·이창연
디자인 김민해
제작 박홍기
마케팅 이병규·이민정·최다은·강효원
홍보 조민희

출력 블루엔
인쇄 천일문화사
제책 책다움

펴낸이 강맑실
펴낸곳 (주)사계절출판사
등록 제406-2003-034호
주소 (우)10881 경기도 파주시 회동길 252
전화 031-955-8588, 8558
전송 마케팅부 031-955-8595 편집부 031-955-8596
홈페이지 www.sakyejul.net
전자우편 skj@sakyejul.com
블로그 blog.naver.com/skjmail
페이스북 facebook.com/sakyejul
트위터 twitter.com/sakyejul

값은 뒤표지에 적혀 있습니다. 잘못 만든 책은 서점에서 바꾸어 드립니다.
사계절출판사는 성장의 의미를 생각합니다.
사계절출판사는 독자 여러분의 의견에 늘 귀기울이고 있습니다.

ISBN 979-11-6094-405-1 93910

이 책의 출판은 2013년 서울대학교 인문대학 인문학 총서 출간 지원사업의 지원을 받았음.

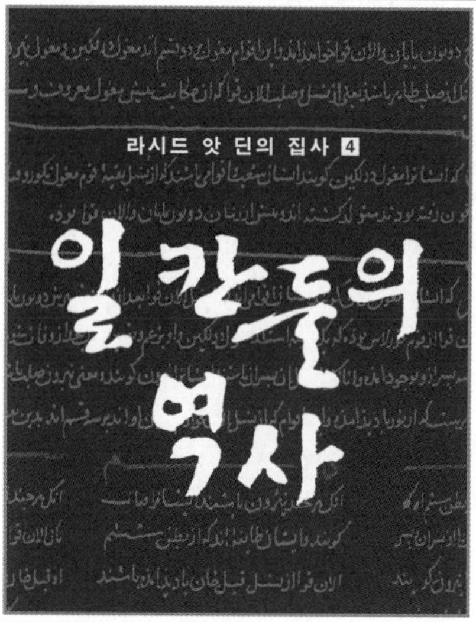

라시드 앗 딘 지음 | 김호동 역주

사계절

이 책을 내면서

본서 『일 칸들의 역사』는 라시드 앗 딘의 『집사(Jāmi' al-tawārīkh)』의 제1부에 해당되는 『가잔의 축복사(Tārīkh-i mubārak-i Ghāzānī)』(일명 『몽골사』) 가운데 훌레구와 그의 후계자들의 역사를 기록한 부분을 역주한 것이며, 역자가 기왕에 출간한 『부족지』, 『칭기스 칸 기』, 『칸의 후예들』의 뒤를 이어 제4권을 이루고 있다. 이로써 역자가 기획하고 있는 『가잔의 축복사』 전역(全譯)은 가잔 칸(Ghāzān Khān)의 역사를 다룬 마지막 한 권만을 남겨놓게 되는 셈이다. 제5권에는 가잔 칸 치세의 연대기와 그가 발포한 칙령들을 수록할 예정이다.

본서는 뭉케 카안의 명령을 받고 1253년 서방 원정을 시작한 훌레구(Hülegü)부터 가잔 칸(1295~1304)이 즉위하기 직전까지의 역사를 다루고 있다. 여기에 포함된 칸들은 모두 다섯 명으로 그 이름과 치세는 훌레구 칸(1265년 사망), 아바카 칸(1265~82), 아흐마드 칸(1282~84), 아르군 칸(1284~91), 게이하투 칸(1291~95)이다. 게이하투 칸 사후에 잠깐 바이두(1295)가 보위에 올랐으나 곧 가잔에 의해 축출되고 처형되었다. 라시드 앗 딘은 바이두에게 독자적인 본기를 주어 그 사적을 기록하지 않고, 가잔 칸기의 앞부분에 그의 집권과 패망의 과정을 기록하였다.

역자가 본서에 '일 칸들의 역사'라는 제목을 붙인 까닭은 이 책에서 다루는 다섯 명의 몽골 지배자들이 모두 '일 칸(īl khān)'이라는 호칭으로 불렸기 때문이다. 그래서 훌레구의 서아시아 원정으로 그와 그의 후손들의 통치가 확립된 이후 가잔의 뒤를 이은 울제이투(1304~16)와 아부 사이드(1316~35)를 끝으로 몽골의 지배가 막을 내릴 때까지 이들의 정권을 가리켜 '일 칸국(Il Khanate)'이라고 부르는 것이 일반적이다. 'īl'이라는 단어를 흔히 '복속한'이라는 뜻으로 이해하여, '일 칸'을 '(대칸에게) 복속한 칸'이라는 의미로 받아들이는 경우가 많다. 물론 'īl'에 '복속한'이라는 뜻이 있는 것은 사실이지만, 'īl khan'이라고 할 때 īl은 '나라, 백성'을 뜻하는 몽골어 ulus에 상응하는 투르크어로 보는 것이 옳다. 따라서 'īl khan'은 '백성·나라(울루스)의 군주'로 이해해야 한다. 당시 자료를 살펴보면, 훌레구와 그의 후계자들 외에도 칭기스 일족 가운데 이 같은 호칭으로 불린 몽골의 군주들이 있었음이 확인된다. 그러나 '일 칸'이라는 칭호는 훌레구 울루스 군주들의 호칭으로 가장 잘 알려져 있다. 바로 이런 연유에서 역자는 이 책의 제목을 '일 칸국의 역사'가 아니라 '일 칸들의 역사'라고 한 것이다.

본서는 훌레구의 서방 원정에서부터 게이하투의 치세까지 약 40년에 걸친 역사(1260~95)를 다루고 있다. 따라서 시기적으로는 쿠빌라이 카안(재위 1260~94)의 치세와 거의 비슷하지만 역사의 주된 무대는 동아시아나 몽골리아가 아니라 서아시아이다. 몽골 지배가 시작되기 직전 서아시아는 통일을 이루지 못하고 분열된 상태에 있었다. 물론 바그다드에 자리 잡은 칼리프가 이슬람권의 상징적인 수장(首長)이기는 했지만, 아나톨리아 지방에는 룸 셀죽크가 있었고 시리아와 팔레스타인 및 에집트 지방에는 아윱 왕조가, 이라크 북부에는 장기 왕조가 있었고, 이란 고원에서 중앙아시아에 이르는 지역에는 호레즘 왕조가 장악하며 할거하는 상황이었다. 나아가 아르메니아와 킬리키아 지방에는 기독교 세력이 있었고 엘부르즈 산간 지역에는 '암살자단'으로 알려진 시아파 세력이 반거하고 있었다. 훌레구가 이끄는 몽골의 원정군은 서아시아사에서 이러한 분열의 시대에 종지부를 찍고, 서아시아 전역을 정치적으로 통합된 단일한 영역으로 만들었다. 라시드 앗 딘은 몽골의 지배하에 있던 서아시아 지역을 일컬어 '이란땅(Īrān-zamīn)'이라고 불렀다. 물론 이는 현재의 '이란'보다는 훨씬 더 광범위한 지역을 포함하는 것이며, 과거 페르시아 제국과 사산 왕조 시대의 '이란샤흐르(Īrān-shahr)'에 대응되는 개념이다. 그런 의미에서 몽골의 정복과 지배는 역설적이지만 이슬람에 의해 단절된 페르시아-이란 문명과 역사를 복원시켜놓은 셈이다. 또한 그런 의미에서 몽골의 군주들이 통치하던 시기는 서아시아의 역사에서 매우 중요한 의미가 있다고 할 수 있다.

라시드 앗 딘이 본서에서 다루고 있는 다섯 명의 '일 칸들'의 역사, 그리고 뒤이어 그가 매우 상세한 기록을 남기고 있는 가잔 칸의 치세는 몽골제국사 연구에도 큰 중요성을 지닌다. 물론 지난 2세기 동안 구미 학자들은 라시드 앗 딘의 기록과 그 밖의 다른 역사가들이 남긴 연대기들에 대한 치밀한 연구를 통해서 몽골 지배기 서아시아의 역사 분야에서 많은 성과를 거두었다. 이에 비하여 동아시아의 학자들이 기울인 관심은 극히 미미했다. 근자에 들어와서야 비로소 극소수의 전문가들이 당시의 아랍·페르시아 사료에 천착하여 수준 높은 연구들을 발표하고 있는 실정이다. 그러나 몽골제국에 대한 종합적이고 균형 있는 이해를 위해서는 제국이 통치한 영역에 대한 총체적인 연구가 이루어져야 할 것이며, 카안의 울루스가 지배했던 동아시아와 몽골리아는 물론, 서방 삼왕가의 영역이 있던 중앙아시아, 킵착 초원, 서아시아에 대한 깊은 이해가 필요할 것이다. 그런 의미에서 본 역서의 뒤를 이어 가잔 칸의 역사를 다루는 제5권까지 출간하게 된다면, 13~14세기 서아시아의 역사는 물론 몽골제국사 이해에 조금이나마 도움이 될 것이라 기대해본다.

2018년 10월 15일 역자

일러두기

● 본서는 페르시아의 역사가 라시드 앗 딘(Rashīd al-Dīn, 1319년경 사망)이 저술한 『집사』(*Jāimi' al-tawārīkh*)의 제1부 제2권 제2편 가운데 「훌레구 칸기」부터 「게이하투 칸기」까지를 번역한 것이다.

● 번역의 저본은 1957년 바쿠(Baku)에서 출간된 교감본 *Jāmi' al-tawārīkh*(*Al-izade ed.*)로 삼았고, 여기에 이스탄불 톱카프 도서관에 소장된 사본 Revan Köşkü 1518과, 타쉬켄트의 알 비루니(Al-Biruni) 연구소에 소장된 사본 nr. 1620을 대조하였으며, 아울러 이란의 로샨(M. Rawshan)의 인쇄본도 참고하였다. 본 역서에서 이스탄불 사본은 A본이라 칭했고 원문의 엽수(葉數)는 〔 〕 안에 적었으며, 타쉬켄트 사본은 B본이라 칭했고 원문의 엽수는 〈 〉 안에 적었다. 아울러 로샨 간본의 페이지는 (R121)과 같은 방식으로 표시하였다.

● 아랍문자의 영문표기는 다음과 같이 하였다 .

ā, a, b, p, t, th, j, ch, ḥ, kh, d, dh, r, z, zh,
s, sh, ṣ, ḍ, ṭ, ẓ, ', ğ, f, q, k, g, l, m, n, w/v, h, i/y

● 사본에 표기된 몽골·투르크식 고유명사나 어휘를 영문으로 표기할 때 채택한 가장 중요한 원칙은 영문 전사(轉寫)만으로도 원문의 철자를 재구성할 수 있어야 한다는 점이었다. 그렇지 않을 경우, 전문적인 독자들이 역자의 자의적인 독음 여부를 판단하기란 불가능하기 때문이다. 따라서 장모음은 철자 위에 - 표시를 통해 모두 나타내되(1~3권에서는 ^로 표시했다), 단모음은 몽골·투르크어의 원음을 고려해 첨가했다. 다만 자음 j와 ch, g

와 k는 점 표시가 불분명한 경우 원음에 가까운 선택을 했다. 또한 b, p, t 등의 아랍 문자에 점이 없을 경우에는 각주에서 전사를 할 때 $로 표기하였다.

예_ MNGKW: 뭉케(Möngkū), MWNGKA: 뭉케(Mōngkā), $WRQAQ: 투르칵(tūrqāq)

- 아랍, 페르시아, 투르크, 몽골 등 다양한 민족과 언어에 속하는 이름과 용어들을 한글로 표기할 때 예외 없는 통일된 원칙에 따라 옮기는 것은 불가능에 가까운 일이다. 그렇지만 기본적인 원칙이 필요하다는 점은 분명하며, 본서에서는 『유라시아 유목제국사』(사계절출판사, 1998)에 제시된 원칙을 따랐다는 사실을 밝혀둔다.

- 『몽골비사』의 절(chapter)의 숫자는 §로 나타냈다. 예를 들어 『몽골비사』 §32는 32절을 가리킨다.

차 례

『집사』의 구성표

제1부: 몽골사(일명 『축복받은 가잔의 역사』)

제1권 부족지

제2권 칭기스 칸기

제3권 칸의 후예들

제4권 일 칸들의 역사	훌레구 칸기	아바카 칸기
	아흐마드 칸기	아르군 칸기
	게이하투 칸기	

제5권 이슬람의 제왕 – 가잔 칸과 그의 시대

제2부: 세계 각 민족들의 역사*

제1권 울제이투 칸기

제2권 제1편 · 아담 이후 사도와 칼리프들의 역사 및 지구상 각 종족들의 역사

제2편 · 본서 완성 이후 전개될 역사

제3부: 세계 각 지역의 경역 · 도로 · 하천

_현존하는 부분은 제1부 전체와 제2부의 제2권 제1편뿐이다.

_본서의 내용은 [회색 음영] 로 표시된 부분이다.

* 저자 라시드 앗 딘이 이 책의 말미(제5권 『이슬람의 제왕』 447쪽)에 적었듯이, 그는 가잔 칸의 이름으로 완성한 본서를 새로 즉위한 울제이투 칸에게 헌정한 뒤, 그의 명령에 따라 제2부와 제3부를 집필할 계획이었다. 그가 과연 원래의 이 목적을 모두 달성했는지 확인하기는 어렵다. 현재 제2부 제2권 제1편의 사본은 전해지고 있지만, 다른 부분들의 존재는 확인되지 않고 있기 때문이다.

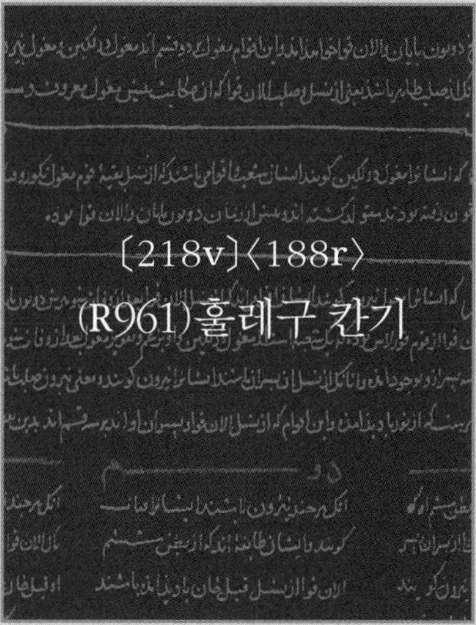

〔218v〕〈188r〉

(R961)훌레구 칸기

칭기스 칸의 아들 톨루이 칸, 그의 아들 훌레구 칸기: 3장으로 구성

제1장: 그의 계보에 대한 설명. 그의 부인과 현 시점에 이르기까지 분파되어 온 자식들과 손자들에 관한 자세한 설명. 부마들의 이름. 그와 카툰의 모습. 그의 자식들의 지파도.

제2장: 그가 즉위하기 이전〔의 사정〕. 그가 칸위에 오를 때 〔그가 앉았던〕 보좌와 부인들과 왕자들과 아미르들의 모습. 그의 치세의 연대기와 일화들. 그가 치렀던 전투들과 그가 거두었던 승리에 관한 설명.

제3장: 칭송을 받을 만한 그의 행적과 품성. 그가 말하고 지시했던 좋은 성훈과 예화와 명령들. 그의 치세에 일어났던 사건과 일화들 가운데, 앞의 두 장에 들어가지 않았으나 여러 책과 사람들을 통해 알게 된 단편적이고 정돈되지 않은 이야기들.[1)]

(R962)훌레구 칸기 【제1장】

그의 계보에 대한 설명. 그의 부인과 현 시점에 이르기까지 분파되어 온 왕자들과 손자들에 관한 자세한 설명. 부마들의 이름. 그와 카툰의 모습. 그의 자식들의 지파도.

그의 선조들의 계보에 대한 설명

훌레구 칸은 톨루이 칸의 넷째 아들이고,[2] 톨루이는 칭기스 칸의 넷째 아들이다. 훌레구 칸의 모친은 케레이트 종족의 군주 옹 칸의 형제인 자아 감부(Jā' Gambū)의 딸 소르칵타니 베키였다. 자아 감부의 본명은 케레이데이(Kerāīdāī)였다. 그가 탕구트 지방에 있게 되었을 때 그곳에서 어떤 지위에 올랐고 탕구트의 군주들이 그에게 '자아 감부'라는 칭호를 주었으니, 곧 '왕국의 크고 높은 아미르'라는 뜻이다. 칭기스 칸은 그와 옹 칸 사이가 우호적이고 부자의 관계에 있었을 때, 그의 형제 〔즉 자아 감부〕의 두 딸을 자신의 아들들을 위하여 부인으로 맞아주었다. 벡투트미시(Bīktūtmīsh)를 주치 칸에게, 소르칵타니를 톨루이 칸에게 맞아주었다. 톨루이 칸은 그녀에게서 다섯 아들과 딸 하나를 갖게 되었는데 이는 그의 본기에서 설명한 바이다.[3] 그 자아 감부의 또 다른 딸은 칭기스 칸이 자신을 위하여 취하였고 그 이름은 이바카 베키(Ībaqa Bīkī)[4]였다. 어느 날 밤에 꿈을 꾸고는 그녀를 가산과 가속을 모두 챙겨서 케흐티 노얀(Kehtī Nōyān)에게 하사해주었다. 完!

---

1) 그러나 라시드 앗 딘은 아래 본문에서 제1장과 제2장만 서술할 뿐 제3장에 대해서는 아무것도 쓰지 않았다.

2) 『칸의 후예들』 256쪽에는 다섯째 아들로 되어 있다.

3) 『칸의 후예들』, pp. 253~260 참조.

4) 사본들에 표기가 부정확하지만 AYBQH BYKY로 읽어야 할 것이다. A본에는 Bīkī라는 단어가 없다.

(R963)그의 카툰들에 대한 자세한 설명

훌레구 칸은 매우 많은 카툰과 후궁들을 두었다. 야삭(yāsāq)[5]의 관례에 따라 부친에게서 그에게로 넘겨졌거나 그 자신이 원해서 취했던 사람들 가운데 잘 알려진 사람들, 그들의 이름은 아래와 같다.

그의 대카툰(khātūn-i buzurg)은 도쿠즈 카툰(Dōqūz Khātūn)이다. 케레이트 뼈 출신이며 옹 칸의 아들인 아바쿠[6]의 딸이다. 그는 그녀보다 다른 일부 부인들을 더 먼저 맞이했지만, 그녀는 부친의 카툰이었기 때문에 다른 카툰들보다 〔지위가〕 더 높았다. 〔훌레구는 그녀를〕 아무 다리야를 건넌 뒤에 부인으로 맞이하였다. 톨루이 칸은 아직 그녀에게 〔손을〕 대지 않았었다. 그녀는 극도로 존경을 받았고 대단히 현명했다. 케레이트 종족이 처음에는 〔219r〕〈188v〉 예수를 믿는 사람들(ʿĪsavī)[7]이었고 항상 기독교도(tarsāī)[8]들을 후원했기 때문에, 그녀가 있는 동

---

5) 원래 '야삭'은 칭기스 칸의 명령들로 구성된 일종의 '법령'이라고 할 수 있는데, 라시드 앗 딘을 비롯한 당시 무슬림들의 글에는 흔히 '야사(yāsā)'로 표기되었고 뜻도 원래의 의미대로 '법령'을 지칭하기도 했지만, 많은 경우 '처형'을 의미하기도 했다. 그러나 여기서는 분명히 '법령', 특히 관습법적인 의미로 사용되고 있다.

6) A: A?QW. 그의 이름의 철자는 사본에 불분명하게 표기되어 학자들은 여러 가지 방식으로 읽었다. 예를 들어 색스턴은 Abaqu, 로샨은 AYQW, 러시아 번역본은 Uiku로 읽었다. 그러나 역자가 이미 『부족지』(서울: 사계절출판사, 2002), p. 208과 『칭기스 칸 기』(서울: 사계절출판사, 2003), p. 179에서 밝혔듯이 '아바쿠'로 읽기로 한다. 물론 '아이쿠'로 읽힐 가능성도 배제할 수는 없다. 케레이트의 군주 옹 칸에게는 두 아들이 있었는데, 큰 아들은 셍군이었고 둘째 아들이 아바쿠였다.

7) ʿĪsavī는 ʿĪsa 즉 예수를 추종하는 사람들이라는 뜻이기 때문에, 문자 그대로 말하자면 '예수쟁이'인 셈이다.

8) tarsāī. tarsā는 추종하는 사람이라는 뜻이다. tarsā는 원래 페르시아어에서 '(신을) 두려워하는 사람'이라는 뜻으로, 과거 사산조 시대 이래 기독교도를 가리킬 때, 그리고 드물게는 조로아스터교도를 가리킬 때 사용되었던 단어이다. 중국에서도 이 단어는 이미 당대부터 채용되어 한자로는 '達娑'라고 표기되었고 「대진경교유행중국비(大秦景教流行中國碑)」에도 보인다. 몽골인들은 네스토리우스파 기독교도를 가리킬 때 tarsā/tersā라는 표현을 사용했고, 라시드 앗 딘의 글에서도 tarsā는 기독교도를 지칭할 때 사용되었다. 이 단어는 당시의 중국에서도 통용되어 『장춘진인서

안 그 집단은 강력하였다. 훌레구 칸은 그녀의 마음을 배려하여 그 집단을 후원하고 후대하였다. 그래서 왕국 전역에 새로운 교회들을 건설할 정도였다. 도쿠즈 카툰의 오르도의 문 앞에는 항상 교회를 하나 세우고 목판(nāqūs)[9]을 두드렸다. 그녀의 사망은 훌레구 칸보다 뒤였으며 〔아바카 칸이〕 즉위하기 4개월 11일 전이었다.[10] 그것에 관한 이야기는 그에 합당한 적절한 곳에서 서술될 것이다. 아바카 칸은 그녀의 오르도를 그녀의 질녀인 톡타니 카툰(Tōqtanī Khātūn)[11]에게 하사해 주었는데, 그녀는 훌레구 칸의 후궁이었으며 그녀의 오르도에 소속되어 있었다. 그녀는[12] 동일한 관례와 규범에 따라 〔오르도를〕 돌보았는데, 이에 관한 이야기는 아바카 칸기에 나올 것이다. 용해 두 번째 달 2일 목요일[13], 즉 691년 사파르월 말일(1292. 2. 21)에 그녀는 사망했다. 대불루간 카툰(Bulughān[14] Khātūn-i Buzurg)의 친족이기 때문에 카안의 어전

유기(長春眞人西遊記)』와 『지원변위록(至元辨僞錄)』에는 '迭屑'이라는 표기로 보인다. 이에 관한 자세한 내용은 Li Tang, *East Syriac Christianity in Mongol-Yuan China (12th-14th Centuries)* (Wiesbaden: Otto Harrassowitz Verlag, 2011), pp. 52~53 참조.

9) nāqūs. 동방교회에서는 교회로 신자들을 부를 때 종이 아니라 목판(木板)을 두드렸는데, 그것을 그리스어로는 semantron(만약 쇠판이라면 sideroun)이라 불렀으며, 시리아어로는 naqôšâ, 아랍어로는 nāqūs라고 불렀다. 프란체스코파 수도사인 루브룩이 1254년 바투를 찾아가다가 기독교도인 그의 아들 사르탁(Sartaq)의 아정에 들렀는데, 그곳에서 네스토리우스 사제들이 그의 주위에서 이것을 두드리면서 의식을 행하는 것을 보았다. William Rubruck, *The Mission of Friar William of Rubruck: His Journey to the Court of the Great Khan Möngke 1253~1255* (tr. by Peter Jackson. London: The Hakluyt Society, 1990), pp. 126~127, note 7 참조.

10) 그러나 실제로 도쿠즈 카툰은 훌레구가 사망하고 4개월 11일 뒤에 죽었다.

11) TWQTNY XATWN. 사본에 따라 그녀의 이름 표기가 분명치는 않으나 대체로 TWQTNY로 표기되어 있다. 역자는 『부족지』에서 그녀의 이름을 TWQTY(톡타이)로 읽었다. 『부족지』에서는 그녀가 도쿠즈 카툰의 질녀가 아니라 자매라고 기록되었다.

12) 사본에 따라 ū-rā로 표기되어 '그녀를'로 해석도 가능하지만 여기서는 도쿠즈 카툰 사후 톡타니 카툰이 그 오르도를 물려받아서 관례에 따라 관리했다는 식으로 이해하는 것이 맞는 듯하다.

13) 壬辰年 二月 二日.

14) 원문 BLĞAN.

에서 데리고 온 쿠케치 카툰(Kūkāchī Khātūn)[15]에게 그 오르도를 주었다. 그녀는 또한 이슬람의 제왕(Pādishāh-i Islām)[16]의 카툰이었고 695년 샤반월(1296. 6)에 사망했다. (R964)그 오르도를 두 번째 불루간 카툰의 사촌인 아바타이 노얀(Abātāī Nōyān)의 아들 쿠틀룩 티무르 노얀(Qutlugh Tīmūr Nōyān), 그의 딸인 케레문 카툰(Kerāmūn Khātūn)에게 주었다. 703년 주마다 알 아히르월 제12일 화요일(1304. 1. 21) 그녀 역시 훌란 무렌(Hūlān Mūrān)의 동영지,[17] 즉 사라이 주마(Sarāī Jūma)와 가까운 곳에서 갑자기 사망했다. 현재 이슬람의 술탄(Sulṭān-i Islām)[18]은 그녀 〔즉 케레문 카툰〕 대신 쿠틀룩 샤 카툰(Qutlugh Shāh Khātūn)—도쿠즈 카툰의 조카인 사루자(Sārūja)의 아들인 이린친(Īrīnchīn)의 딸—과 혼인하였고 그녀를 그 〔오르도〕에 안치하였다. 그 오르도〔의 장막〕을 지금도 관습에 따라 치고 있다.

또 다른 카툰은 구육 카툰(Gūīk Khātūn)이다. 오이라트 종족의 군주들의 뼈에서 나왔고, 투렐치 쿠레겐(Tūrālchī Kūregān)[19]의 딸로서 칭기스 칸의 딸인 치체겐(Chīchekān)에게서 출생했다. 울제이 카툰 역시 그

---

15) 마르코 폴로는 『동방견문록』에서 그녀를 '볼가나 왕후', 즉 본문에 나오는 대불루간 카툰과 "같은 집안의 열일곱 살 난 예쁘고 참한 코카친(Cocacin)이라는 이름의 숙녀"라고 묘사하였다. 마르코 폴로, 『마르코 폴로의 동방견문록』(서울: 사계절, 2000), p. 92 참조. 그녀의 몽골식 본명은 쿠케친(Kökechin) 혹은 쿠케치(Kökechi)였다.

16) 라시드 앗 딘은 가잔 칸을 '이슬람의 제왕'이라고 일관되게 부르고 있다.

17) 몽골시대의 지리학자인 무스타우피(Mustawfī)에 의하면 이란인들 사이에서는 Safīd Rūd('흰색 강')라는 이름으로 알려진 강의 일부분을 몽골인들은 '훌란 무렌'이라고 불렀다고 한다. 사피드 루드는 아제르바이잔 산지에서 발원하여 길란 지방을 거쳐서 카스피 해로 유입되는 강이며, 현재는 Qizil Ūzān이라는 이름으로도 불린다. 이는 투르크어로 '붉은 시내'라는 뜻이다. 몽골어로 '훌란 무렌' 역시 '붉은 강'을 뜻한다. G. Le Strange, *The Lands of the Eastern Caliphate*(Cambridge: Cambridge University Press, 1905), p. 169.

18) 라시드 앗 딘은 '이슬람의 제왕' 가잔 칸의 동생이자 후계자인 울제이투를 '이슬람의 술탄'이라고 칭하였다.

19) 쿠레겐(kūregān)이라는 말은 몽골어 güregen을 옮긴 것으로 '부마(駙馬)'를 뜻한다.

의 딸이었지만 모친이 달랐다. 그(훌레구)는 몽골리아에서 다른 어떤 카툰들보다 〔그녀와〕 먼저 혼인했다.

또 다른 카툰은 쿠투이 카툰(Qūtūī Khātūn)이다. 쿵크라트 종족의 군주들의 뼈에서 나온 …[20]의 딸이었다. 구육 카툰이 몽골리아에서 사망하자 그녀를 부인으로 맞았고, 그녀(구육 카툰)의 유르트를 그녀에게 주었다.

또 다른 카툰은 울제이 카툰(Ōljāī Khātūn)이다. 오이라트 군주들의 뼈에서 나온 투렐치 쿠레겐의 딸이다. 그녀를 몽골리아에서 맞아들였다.

또 다른 카툰은 이순진 카툰(Yīsūnjīn Khātūn)이다. 술두스 종족 출신이며 그녀 역시 몽골리아 지방에서 부인으로 맞았으며 구육 카툰의 오르도 출신이다. 쿠투이[21] 〔카툰〕과와 함께 몽골리아 땅에 남았다가 그 뒤에 이곳으로 왔다. 完![22]

(R965)그의 자식들 및 손자들의 지파에 대한 설명

훌레구 칸에게는 14명의 아들과 7명의 딸이 있었다. 그들의 이름과 그

---

20) A · B본에는 결락되어 있다. 색스턴과 로샨은 후대의 사본에 근거하여 "키타이 노얀(Qitāī Nōyān)의 형제"라는 구절을 보충하였다.

21) A: QWNQWY; B: QWTQWY. 원문에는 이처럼 '쿵쿠이' 혹은 '쿠트쿠이'라고만 표기되어 있지만, 실은 바로 앞에서 언급된 쿠투이 카툰을 가리키는 것으로 보아야 할 것이다. 본문의 내용을 보면 훌레구가 원정을 떠난 뒤 구육 카툰이 몽골리아에서 사망했고, 그녀의 오르도는 쿠투이 카툰에게 위임되었다. 이순진 카툰은 구육 카툰의 오르도 출신이었기 때문에 당연히 쿠투이 카툰과 같은 오르도에 소속되어 있었을 것이다. 따라서 이순진 카툰이 몽골리아에 쿠투이 카툰과 함께 남아 있다가 그녀와 함께 훌레구가 있는 이란땅으로 왔다고 해서 전혀 이상할 것은 없을 것이다. 그리고 바로 뒤의 본문에서도 나오듯이 쿠투이 카툰은 훌레구의 차남 줌쿠르와 함께 이란으로 향했음을 알 수 있다.

22) 이하의 기사들을 조사해보면, 이 카툰들 가운데 (1)도쿠즈 카툰, (2)구육 카툰, (3)쿠투이 카툰, (4)울제이 카툰이 각각 오르도를 소유하여 훌레구 역시 칭기스 칸이나 그를 이은 다른 카안들과 마찬가지로 4개의 오르도를 보유했음이 확인된다.

들 각각에 대한 간략한 정황 설명을, 지금까지 분파되어 온 손자들의 이름과 함께 〔아래에〕 기록한다.

첫째 아들 아바카 칸(Ābāqā Khān)

그는 몽골리아에서 이순진 카툰에게서 출생했고 부친과 함께 이란땅(Īrān-zamīn)으로 왔다. 여러 형제들 가운데 가장 나이가 많고 탁월했으며, 부친의 후계자이자 계승자로서 보좌와 왕위와 울루스와 군대를 유산으로 물려받았다. 그의 카툰들과 자식들에 관한 설명은 그의 본기에 나올 것이다.

둘째 아들 줌쿠르(Jūmqūr)

그는 몽골리아에서 구육 카툰에게서 출생했다. 아바카 칸이 출생한 지 한 달 뒤였다. 훌레구 칸이 〔219v〕〈189r〉 이란땅으로 향할 때 그를 자신의 오르도들과 함께 뭉케 카안에게 남겨두었다. 그가 데리고 온 다른 유수영[23]들은 투르키스탄 지방의 알말릭(Almālīgh) 부근에 남겨두었다. 아릭 부케가 쿠빌라이 카안과 적대하였을 때 줌쿠르는 뭉케 카안의 오르도들 안에 있었으며 아릭 부케가 그곳에 있었고 쿠빌라이는 멀었기 때문에, 아릭 부케의 편을 들 수밖에 없었다. 그런 이유로 군대를 이끌고 아릭 부케를 위하여 쿠빌라이 카안의 군대와 싸웠던 것이다. 아릭 부케가 알구와 싸우러 와서 그를 격파한 뒤, 〔줌쿠르는〕 병을 구실로 사마르칸드 부근에서 아릭 부케와 떨어졌다. 왜냐하면 훌레구 칸은 그가 쿠빌라이 카안과 적대하는 것을 허락하지 않았고 그에게 전갈을 보내 그만

---

23) oghrūq. 이것은 몽골어 a'uruq을 옮긴 말이다. 몽골인들은 원정할 때에 가족, 천막, 치중, 가축을 모두 데리고 이동하는 경우가 많은데, 전투가 벌어질 때면 이들을 후방의 안전한 곳에 남겨둔 채 전장에 나섰다. 『몽골비사』에는 a'uruq이라는 말이 '老小營' 혹은 '家每' 등으로 방역(傍譯)되어 있다.

두게 하였기 때문이다. 그곳에서부터 쿠투이 카툰과 합류하여 부친의 어전으로 향했지만 도중에 사망하고 말았다.[24] 그것에 관한 설명은 그〔를 언급하는〕 부분에서 나올 것이다.

(R966)그에게는 두 명의 카툰이 있었다. 큰 부인은 놀룬 카툰(Nōlūn Khātūn)이며 구육 카툰의 형제인 부카 티무르(Būqā Tīmūr)의 딸이었다. 또 하나는 차우르치 카툰(Chāūrchī Khātūn)이며 대불루간 카툰의 언니였다.

그에게는 두 명의 아들이 있었는데 다음과 같다.

주시켑(Jūshkāb). 후궁에게서 나왔고, 부친이 사망한 뒤 차우르치 카툰을 야사(yāsā)[25]의 관습에 따라 부인으로 취하였다.

킹슈(Kīngshū). 후궁에게서 나왔다. 그에게는 아들이 하나 있었는데 시레문(Shīrāmūn)이라는 이름을 가졌으며 아직 생존해 있다.

줌쿠르에게는 두 명의 딸이 있었다. 큰 딸은 오르구닥(Orghūdāq)이라는 이름을 가졌으며 놀룬 카툰에게서 났다. 그녀를 순착(Sūnchāq)의 아들인 샤디 쿠레겐(Shādī Kūregān)에게 주었다. 그녀에게서 자식들이

---

24) 라시드 앗 딘이 기록한 대로 훌레구는 장남 아바카를 데리고 서방 원정을 떠나면서 차남 줌쿠르에게는 몽골리아에 남겨둔 쿠투이 카툰의 오르도—원래는 구육 카툰의 오르도였다—를 돌보도록 하였다. 따라서 그는 톨루이 일가의 영지가 있던 항가이 지역에 있었을 것이다. 1259년 여름 뭉케 카안이 사망한 뒤 그 다음 해 봄 아릭 부케가 카라코룸에서 카안으로 즉위할 때, 줌쿠르는 쿠릴타이에 참석하여 그를 지지하였고 후일 군대를 이끌고 쿠빌라이와 전투까지 벌였던 것이다. 그러나 훌레구가 초기의 관망적 자세를 버리고 쿠빌라이를 적극 지지하는 입장으로 선회하자 줌쿠르의 처지는 난감하게 되었다. 후일 아릭 부케가 알구를 치러 중앙아시아를 전전할 때 줌쿠르는 칭병하며 사마르칸드 부근에서 아릭 부케와 떨어져 나와 부친이 있는 이란땅으로 향하였지만 도중에 사망하고 말았던 것이다. 라시드 앗 딘은 줌쿠르가 처음에 아릭 부케를 지지한 것이 본인의 의사가 아니라 그가 카라코룸에 있었기 때문에 부득이한 상황이었다고 해명하고 있지만, 과연 그러했는지는 단언하기 어렵다.

25) 앞에서는 '야삭(yāsāq)'이라고 했다. 여기에서 말하는 '야사의 관습'이란 부친이 사망한 뒤 아들이 생모를 제외한 부친의 부인들을 물려받는 수계혼의 풍습을 가리킨다.

나왔는데 아들 하나의 이름이 하바시(Ḥabash)[26]였다. 딸이 둘 있었는데 하나는 군제시켑(Gūnjeshkāb)[27]으로 이슬람의 술탄[28] 가잔 칸—그의 왕국이 영원하기를!—의 첫째 카툰이 되었다. 또 하나는 토간(Ṭōghān)이고 일 쿠틀룩(Īl Qutlugh)이라는 이름의 후궁에게서 나왔다. 아흐마드(Aḥmad)가 그녀를 부인으로 맞았고, 그의 치세에 그녀의 머리에 보그탁(boghtāq)[29]을 얹어주었다. 完!

셋째 아들 요시무트(Yōshmūt)

그의 모친은 쿠투이 카툰의 오르도에 속한 후궁였는데 그녀의 이름은 노카진 에게치(Nōqājīn Īgāchī)[30]였고 키타이인들의 뼈 출신이다.[31] 그에

---

26) 사본의 표기가 불분명하다. 로샨은 JBŠ, 노역본은 Khabash, 색스턴은 Habash로 읽었다.

27) 페르시아어에서 '참새'를 뜻하는 gonjeshik에서 연원된 말이다.

28) 가잔은 '이슬람의 제왕(Pādishāh-i Islām)'이라 불리는 경우가 많으나 여기서는 '이슬람의 술탄(Sulṭān-i Islām)'이라고 되어 있다.

29) 몽골어에서 '보그탁(boghtaq)'은 몽골제국 시대에 혼인한 여인들이 머리 위에 쓰던 높은 관식(冠飾)을 가리키는 말이다. 구육이 즉위할 때 카라코룸을 방문한 서구의 수도사 카르피니는 이 보그탁에 대해서 다음과 같은 기록을 남겼다. "결혼한 여자들은 앞부분이 땅바닥까지 트인 아주 긴 상의를 입습니다. 머리에는 나뭇가지나 나무껍질로 만든 둥그런 것을 쓰는데, 높이는 1엘(ell)〔약 45센티미터〕이며 꼭대기는 네모 모양으로 되어 있습니다. 그것은 아래에서 위로 올라가면서 그 둘레가 점점 더 커지며, 맨 위에는 금이나 은, 나무 혹은 깃털로 만든 길고 가는 막대기가 하나 있습니다. 〔이 장식물은〕 어깨까지 내려오는 모자에 꿰매어져 있습니다. 모자는 물론이고 이 장식물도 부크람이나 벨벳이나 브로케이드로 만들어져 있습니다. 그들은 이 머리장식을 쓰지 않으면 절대로 남자들 앞에 나가지 않으며, 그것에 의해서 〔혼인하지 않은〕 다른 여자들과 구별됩니다." 플라노 카르피니, 윌리엄 루브룩, 『몽골제국기행』, 김호동 역(서울: 까치, 2015), p. 49 참조.

30) 후궁들의 이름에 '에게치(egechi)'라는 단어가 자주 보이는데, 이는 몽골어로 '누나'를 뜻한다. 아마 정식으로 '카툰'이 되지 못한 이들에게 일종의 경칭으로 사용한 것이 아닌가 추측된다. 한문 자료에는 '황후'와 '비자(妃子)'를 구별하고 있는데, 전자가 카툰에 해당된다면 후자는 에게치에 해당된다고 할 수 있다. 이에 관한 자세한 내용은 역자의 「몽골제국에서 오르도 제도의 연구」(근간)를 참조.

31) Noqajin이라는 이름은 '개(犬)'를 뜻하는 noqai라는 말에서 나온 것이며, '키타이인들의 뼈 출신'이라는 기사는 그녀가 한인(漢人)이었음을 말해준다.

게는 세 아들이 있었는데 다음과 같은 순서이다. 즉 카라 노카이(Qarā Nōqāī), 잔부(Zanbū), 수케이(Sūkāī).[32)

〔잔부는 톡타이 카툰보다 한 달 먼저 차가투(Chaghātū)에서 사망했다. 수케이와 카라 노카이는 변심했기 때문에 야사에 처해졌다.〕[33)

넷째 아들 테크신(Tekshīn)

그는 쿠투이 카툰에게서 출생했다. 그는 방광무력증에 걸렸고 뛰어난 의원들이 그 병을 고치기 위해서 오랫동안 애를 썼지만 성공을 거두지 못했고 결국 사망하고 말았다. 줌쿠르가 사망한 뒤 그는 놀룬 카툰을 부인으로 맞았다. 그에게는 아들이 하나 있었는데 토분(Tōbūn)이라는 이름이었다. 놀룬 카툰에게서 (R967)딸이 하나 출생했는데 이름은 이센부르(Īsenbūr)[34)였다. 오르구닥(Ōrqūdāq)[35)이 사망한 뒤 그녀를 샤디 쿠레겐에게 주었다. 샤디 쿠레겐 다음에는 그의 아들인 아랍(ʿArab)이 취하였고 그보다 먼저 사망했다. 아들이 하나 있었는데 이름은 …[36)이다.

다섯째 아들 타라카이(Ṭaraqāī)

쿠투이 카툰의 오르도에 속하는 보락친(Bōraqchīn)이라는 이름의 후궁(qūmā)[37)에게서 몽골리아에서 출생했다. 이란으로 오는 도중에 번개에

---

32) 원문에는 SWKAY. 그러나 그의 이름은 다른 곳에서 '수케(SWKA)'로 표기되는 경우도 있다.

33) 이 부분은 A본에는 보이지 않으나, B본에는 우측 난외에 다른 필체로 추가되어 있다.

34) A: YS; B: YS BWD.

35) A: AWRAQWRAQ.

36) 일부 사본에는 그의 이름이 주자(JWJA)로 표기되어 있다.

37) 라시드 앗 딘은 카툰이 아닌 비자(妃子)를 지칭할 때 '에게치'라는 단어 이외에 qūmā라는 표현도 사용했다. 이 단어의 어원은 불분명한데 Doerfer는 이것을 몽골/투르크어에서 나온 말로 추정했다. G. Doerfer, *Türkische und mongolische Elemente im Neupersischen*(vol. 1, Wiesbaden: Franz Steiner, 1963), nr. 287.

맞아 죽었다. 그의 자식들은 쿠투이 카툰과 함께 이곳으로 왔다. 그에게는 아들이 하나 있었는데 이름은 바이두(Bāīdū)였다. 게이하투〔가 사망한〕 뒤에 몇 달간 왕위를 두고 경쟁[38]하였는데, 그에 관한 상황과 그의 일화들은 그〔에 대한 언급이 나오는〕 부분에서 나올 것이다. 그에게 아들이 있었는데 이름은 킵착(Qipchāq)이었고, 그 아버지와 함께 죽임을 당했다. 〔그에게는 또〕 다른 아들 둘이 있었는데 하나는 샤 알람(Shāh ʿAlam)에게서 출생한 〔알리(ʿAlī)이고〕,[39] 또 하나는 돌라다이 이데치(Ṭōlādāī Īdāchī)의 딸에게서 나왔으며 무함마드(Muḥammad)라는 이름을 가졌다. 바이두의 모친의 이름은 카락친(Qarāqchīn)이었다. 타라카이에게는 딸이 하나 있었는데 〔220r〕〈189v〉 이름은 아실(Āshīl)[40]이었다. 그녀를 압둘라 아카(ʿAbd Allāh Āqā)의 아들인 툭 티무르 부카(Tūq Timūr Būqā)[41]에게 주었다. 그가 죽은 뒤에는 그의 형제에게 주었는데, 그녀는 아직도 살아 있다. 完!

여섯째 아들 툽신(Tūbshīn)

요시무트의 모친인 노카진(Nōqājīn)에게서 나왔다. 그에게는 아들이 하나 있었고 이름은 사티(Sātī)였다.

일곱째 아들 테구데르 아흐마드(Tegūdār Aḥmad)

쿠투이 카툰에게서 출생했고, 처음에 그의 이름은 테구데르였다. 아바

---

38) 라시드 앗 딘은 여기서 '경쟁' 혹은 '경합'이라는 뜻을 지닌 투르크어 tamachamishi를 옮긴 tamāchāmīshī라는 단어를 사용하고 있다.

39) A본에는 공백으로 남아 있으나, B본에는 후대에 다른 사람이 옅은 글씨로 'Qipchāq'이라고 추가하였다. 그러나 뒤의 계보도에는 'Alī라는 이름이 보이기 때문에 여기서는 그의 이름을 보충하였다.

40) "Āshīl이라는 이름"이라는 표현이 A·B본의 난외 하단에 적혀 있다.

41) B본에는 Tūq Timūr라고만 되어 있다.

카 칸 다음에 군주가 되었다. 그의 자식들에 관한 이야기는 그의 본기에 나올 것이다.

여덟째 아들 아자이(Ajāī)

그의 모친은 아리칸 에게치(Arīqān Īgāchī)라는 이름을 가진 후궁이었고 텡기즈 쿠레겐(Tenggīz Kūregān)의 딸이었다. 쿠투이 카툰의 오르도에 속했다. 훌레구 칸이 이란땅에 올 때 그[42]를 쿠투이 카툰의 오르도의 우두머리로 임명했다. 그는 훌레구 칸보다 열흘 뒤에 사망했다. 그에게는 아들이 하나 있었는데 일데르(Īldār)라는 (R968)이름을 가졌다. 이슬람의 군주 가잔 칸—그의 왕국을 영원케 하기를!—치세의 초기에 룸(Rūm)[43] 부근에서 야사에 처해졌다. 完!

아홉째 아들 쿵쿠르타이(Qūnqūratāī)

그의 모친은 도쿠즈 카툰의 오르도에 속하는 아주제 에게치(Ajūje Īgāchī)라는 후궁이었다. 얼마 있다가 그녀의 머리에 보그탁을 얹어주었다. 매우 오래 살았고 최근 몇 년 사이에 사망했다. 쿵쿠르타이에게는 여섯 아들이 있었는데 다음과 같은 순서이다.

에센 티무르(Īsān Tīmūr). 아들이 하나 있었고 이름은 볼라드(Bōlād).

일데르(Īldār). 아들이 하나 있었고 이름은 악크 티무르(Āq Tīmūr).

체릭 티무르(Cherīk Tīmūr). 알려진 바가 없다.

타시 티무르(Ṭāsh Tīmūr).

---

42) 색스턴은 '그'라고 하여 아자이로 보았으나, 러시아 번역본은 그녀, 즉 아리칸 에게치로 이해하였다.

43) Rūm은 원래 Roma라는 말에서 나온 것이지만, 중세 이슬람권 문헌에서는 아나톨리아 지방, 즉 현재의 소아시아 반도를 가리키는 말로 사용되었다.

아식 티무르(Ashīq Tīmūr).

케레이(Kerāī).

에센 티무르를 하르반다(Kharbanda)라고 부르곤 했다. 그는 일데르와 같은 밤에 출생했고, 그와 그의 형제 일데르는 이슬람의 제왕 가잔 칸의 치세에 역심을 품었기 때문에 야사에 처해졌다. 또 다른 아들들인 케레이와 체릭 티무르와 다른 아들들은 어렸을 때에 사망했다.

열 번째 아들 이수데르(Yīsūdār)

그의 모친은 쿠투이 카툰의 오르도에 소속된 후궁으로 이름은 이시진(Yīshījīn)이었다. 그녀의 자매는 카라 양기(Qarā Yangī)였으며, 〔이들은〕 쿠를라우트 뼈 출신이었다. 그에게 딸이 하나 있었는데 노카이 쿠레겐(Nōqāī Kūregān)의 아들인 에센 부카 쿠레겐(Īsen Būqā Kūregān)에게 주었다. 그(이수데르)가 죽은 뒤 1년 2개월 만에 아들이 하나 태어났다. 하바시(Ḥabash)[44]라는 이름을 주었고 〔사람들은〕 이수데르의 소생으로 여겼다.[45]

열한 번째 아들 뭉케 티무르(Möngke Tīmūr)

울제이 카툰에게서 출생했다. 뭉케 티무르의 출생은 회력 654년 샤발월 제2일 일요일(1256. 10. 23)〔220v〕〈190r〉 즉 용해 열 번째 달 24일 밤, …[46]에서 쌍둥이자리가 뜰 때이고, (R969)사망은 681년 무하람월 16일

---

44) 로샨은 JBŠ로 읽었다.

45) 원문에는 Yīsūdār nisbat kardand인데 이를 직역하면 그에게 "이수데르라는 nisbat를 붙여주었다."가 된다. nisbat는 사람의 이름 뒤에 첨가하는 단어로서, 보통 출생지나 소속 부족 혹은 조상의 이름을 사용한다. 따라서 위 본문의 뜻은 하바시라는 아이가 이수데르가 사망한 뒤 1년 2개월이나 지난 뒤에야 출생했지만 그의 아들로 여겨서 '하바시 이수데리(Ḥabash Yīsūdārī)'라고 불렀다는 것이다.

일요일(1282. 4. 26)이었다. 향년 26년 2개월이었다. 그에게 세 아들이 있었는데 다음과 같다.

안바르치(Anbārchī). 그에게 아들 둘이 있었고 어머니는 각각이었다. 에센 티무르(Īsān Timūr), 코니치(Qōnichī).

타이추(Ṭāīchū). 그에게 볼라드(Bōlād)라는 이름의 아들이 하나 있었는데, 악심을 품었기 때문에 가잔 칸의 치세에 야사에 처해졌다. 또 다른 아들이 있었는데 이름은 …[47]이다.

케레이(Kerāī). 그에게 아들이 하나 있었는데 이름은 …[48]이다. 어려서 죽었고 그 자신도 게이하투 칸의 치세에 사망했다.

이 아들들의 모친은 알리낙 에게치(Alīnāq Īgāchī)라는 이름을 갖고 있었다. 뭉케 티무르는 카툰 세 명을 두었는데 〔첫째는〕 부카 티무르의 딸인 울제이 카툰(Ōljāī Khātūn)으로, 〔큰〕 울제이 카툰의 자매이다.[49] 둘째는 파르스의 아타벡[50]의 딸인 아비시 테르켄(Abīsh Terkān)으로 쿠르두친(Kūrdūchīn)의 모친이다. 셋째는 두르베이 노얀의 딸인 노친 카툰(Nōchīn Khātūn)이다.

그런데 뭉케 티무르에게는 딸들이 많았다. 가장 맏이가 쿠르두친 공주(shāhzāda Kūrdūchīn)인데 키르만의 술탄 잘랄 앗 딘 소유르가트미시(Sulṭān Jalāl al-Dīn Soyurghātmīsh)의 첫 부인이었다. 그가 사망하자 부랄기(Būrālghī)의 아들인 아미르 사틸미시(Sātilmīsh)에게 주었고, 그

---

46) 원문 결락.

47) 원문 결락.

48) 원문 결락.

49) 실제로는 '자매'가 아니라 '질녀'가 된다. 왜냐하면 부카 티무르의 형제가 큰 울제이 카툰이고, (작은) 울제이 카툰은 부카 티무르의 딸이기 때문이다.

50) 바로 아래 본문에서 아비시 카툰은 파르스의 아타벡 아부 바크르(Abū Bakr)의 아들인 아타벡 사아드(Sa'd)의 딸이라고 되어 있다.

가 죽은 뒤에는 그의 숙부의 아들인 타가이(Ṭaghāī)에게 주었다. 또한 …[51]라는 이름의 다른 딸을 하나 두었는데 그녀를 아미르 수타이(Sūtāī)에게 주었다. 또 다른 딸의 이름은 아라 쿠틀룩(Arā Qutlugh)인데 타라카이 쿠레겐(Ṭaraqāī Kūregān)에게 주었고, 그가 사망하자 돌라다이 이데치(Dōlādāī Īdāchī)에게 주었다.

뭉케 티무르의 큰 부인은 울제이(Ōljāī)였다. 그 다음이 파르스의 아타벡 아부 바크르(AbūBakr)의 아들인 아타벡 사아드의 딸 아비시 카툰이었다. 그녀는 (R970)야즈드의 아타벡 마흐무드 샤(Maḥmūd Shāh)의 외손녀였다.

열두 번째 아들 훌라추(Hūlāchū)

그의 모친은 도쿠즈 카툰의 오르도에 있던 후궁이었고 그녀의 이름은 일 에게치(Īl Īgāchī)였으며 쿵크라트 뼈 출신이다. 마지막에는 그녀의 머리에 보그탁을 씌워주었다. 네 아들과 세 딸을 두었는데 다음과 같다.

술레이만(Sulaymān). 아버지가 사망한 뒤에 죽었다.

쿠첵(Kūchek). 고질병으로 사망했다.

호자(Khwāja). 사망했다.

쿠틀룩 부카(Qutlugh Būqā). 그 역시 사망했다.

*열세 번째 아들 시바우치(Shībāūchī)

그 역시 훌라추의 모친인 일 에게치에게서 출생했다. 아바카 칸이 사망하기 전에 바로 그 겨울에 사망했다.*[52]

---

51) 원문 결락.

52) * * 사이의 내용은 A본에는 빠져 있고, B본에는 우측 난외에 다른 필체로 추가되어 있다.

열네 번째 아들 타가이 티무르(Ṭaghāī Tīmūr)
그의 모친은 쿠투이 카툰의 오르도에 속한 후궁이었고 …[53]뻐 출신이었다. 그에게는 아들 둘이 있었는데 다음과 같다.

쿠룸시(Qūrūmshī). 그에게는 아들이 다섯 있었다.

핫지(Ḥājjī).

〔그 외에는〕 알려진 바 없다.

훌레구 칸의 아들들과 손자들의 이름과 계보에 관해서 알려져 있는 것이나 조사한 내용을 토대로 설명하고 글로 옮겼으니, 이제는 그의 딸들과 사위들에 대해서도 기록해보도록 하겠다.[54]

훌레구 칸의 딸은 일곱 명이었는데 아래와 같다.

〔221r〕〈190v〉 첫째 딸 불루간 아가(Būlūghān Āghā): 구육 카툰에게서 출생했고 그녀를 (R971)타타르 종족 출신의 주치(Jūchī)—게이하투 칸의 모친이자 아바카 칸의 큰 부인인 녹단 카툰의 형제—의 아들인 주르마 쿠레겐(Jūrma Kūregān)에게 주었다. 주치는 훌레구 칸과 함께 이곳에 왔고 그 역시 쿠레겐이었다. 〔그의 부인은〕 칭기스 칸의 형제인 옷치 노얀의 딸 치체겐(Chīchegān)이었고 주르마 쿠레겐의 모친이었다.

둘째 딸 울제이 카툰에게서 출생한 자마이(Jamay): 그녀의 자매인 불루간 카툰이 사망한 뒤 그녀를 그녀 대신에 상술한 주르마 쿠레겐에게 주었다.

셋째 딸 울제이 카툰에게서 출생한 멩글루켄(Menglūkān): 그녀를 오이라트 종족 출신인 부카 티무르의 아들인 자키르 쿠레겐(Jāqir Kūregān)에게 주었다. 이 부카 티무르는 훌레구 칸과 함께 왔고 울제이

53) 원문 결락
54) * * 사이의 내용은 A본에는 보이지 않는다. B본에는 좌측 하단에 다른 필체로 추가되어 있다.

카툰의 형제였으며, 구육 카툰의 모친 즉 …[55]의 딸인 치체겐에게서 출생했다. 자키르 쿠레겐의 아들은 타라카이 쿠레겐이었으며, 뭉케 티무르의 사위였고 시리아로 도망쳤다.

넷째 딸 투두가치(Tūdūgāch): 그녀의 모친은 도쿠즈 카툰의 오르도에 속하는 후궁으로서 …[56]라는 이름을 가졌다. 그녀를 오이라트 종족 출신의 텡기즈 쿠레겐(Tīnggīz Kūregān)—그는 이에 앞서 …[57]라는 이름의 구육 칸의 딸을 취하였으나 그녀는 사망했다—에게 주었다. 텡기즈 쿠레겐이 사망하자 그의 아들인 술라미시(Sūlāmīsh)가 그녀를 맞아들였다. 현재 텡기즈의 손자인 치첵 쿠레겐(Chīchek Kūregān)이 그녀를 취하고 있다.

다섯째 딸 타라카이(Ṭaraqāī): 아리칸 에게치에게서 출생했고 그녀를 쿵크라트 종족 출신으로서 칭기스 칸의 외손자이자 …[58]의 아들인 무사 쿠레겐(Mūsa Kūregān)에게 주었다. 그는 타가이 티무르(Taghāī Tīmūr)라는 이름으로 불렸는데, 그를 가르치던 어떤 학자가 그에게 무사라는 이름을 지어주었다. 마르타이 카툰(Martay Khātūn)의 형제였다.

여섯째 딸 쿠틀루칸(Qūtlūqān): 멩글리카치 에게치(Menglīkāch Īgāchī)에게서 출생했다. 그녀를 두르벤 종족 출신의 우룩투 노얀(Ūrughtū Nōyān)의 아들 이수 부카 쿠레겐(Yīsū Būqā Kūregān)에게 주었다. 그가 사망하자 그의 아들인 투켈(Tūkel)이 그녀를 취했다.

(R972)일곱째 딸 바바(Bābā): 울제이 카툰에게서 출생했고 그녀를 오이라트 종족 출신인 아미르 아르군 아카(Arghūn Aqā)[59]의 아들인 레

55) 원문 결락.
56) 원문 결락.
57) 원문 결락.
58) 원문 결락.
59) 아르군 아카는 오이라트 출신의 고관으로서 우구데이 사후 투레게네 카툰에 의해 서아시아 지역

그지 쿠레겐(Legzī Kūregān)에게 주었다. 아르군 아카는 뭉케 카안의 명령을 받아 비틱치(bītikchī)[60]의 임무를 띠고 훌레구 칸에 앞서서 이 왕국에 왔었다.

이상에서 설명한 카툰들, 아들과 딸들, 사위들은 일부 다른 본기들 안에서 그들에 관한 다른 일화들이 언급될 수밖에 없을 것이며 자세히 이야기될 것이다. 그러나 그들에 관한 간추린 이야기는 〔위에서〕 설명한 바와 같다.

군주가 되어서 별도로 취급된 사람들을 제외한 위에서 언급한 자식들의 지파도는 다음과 같다. 完! 〔221v〕〈191r〉

의 총독으로 임명되었다. 그는 정적들의 반대에 부딪쳐 어려움을 겪기도 했지만 뭉케 치세에도 자신의 지위를 유지하였다. 그의 아들인 노루즈(Nawrūz)는 후일 가잔 칸의 이슬람 개종과 즉위에 큰 기여를 하였지만, 가잔에 대항하여 반란을 일으켰다가 처형당했다. 그의 경력과 활동에 대해서는 George Lane, "Arghun Aqa: Mongol bureaucrat," *Iranian Studies*, vol. 32, no. 4(1999), pp. 459~482 참조.

60) '비틱치'는 투르크어로 '書記'를 뜻하는 bitigchi를 옮긴 말이다. 어원적으로는 한자어 '筆'이라는 단어로까지 소급된다. bitigchi는 몽골어로 bichēchi로 쓰였고 그 한자 음역인 '必闍赤'이라는 표현은 당시 사료에 자주 보인다.

훌레구와 카툰의 초상 및 자식들의 계보도[61]

- 아바카 칸[62]
- 줌쿠르
  - 토간(여)
  - 킹슈
    - 시레문
  - 주시켑
  - 오르구닥(여)
- 요시무트
  - 카라 노카이
  - 잔부
  - 수케[63]
- 테크시[64]
  - 투베트[65]
- 타라카이
  - 바이두
    - 무함마드
    - 알리
    - 킵착
- 툽신
  - 사티

---

61) A본 우측 상단에는 그림을 그려 넣기 위한 사각형이 공백으로 남겨져 있는데, B본에는 훌레구와 카툰이 함께 앉아 있는 모습이 그려져 있다. 본문 35쪽 참조.

62) 그의 후손들은 「아바카 칸기」에서 기록될 것이기 때문에 여기에는 아무런 언급도 없다.

63) SWKA. 본문에서는 수케이라고 표기되었다.

64) TKŠY. 본문에는 테크신이라고 표기되었다.

65) TWBT. 본문에서는 토분으로 표기되었다.

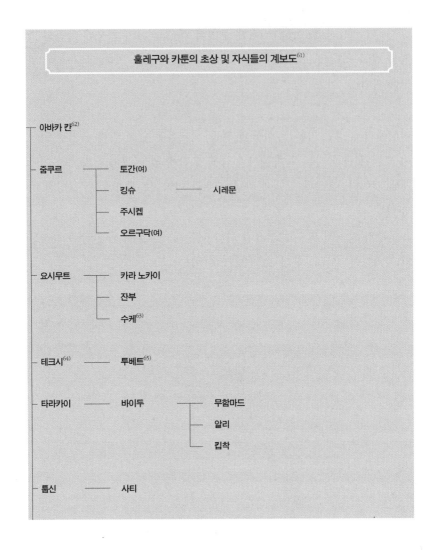

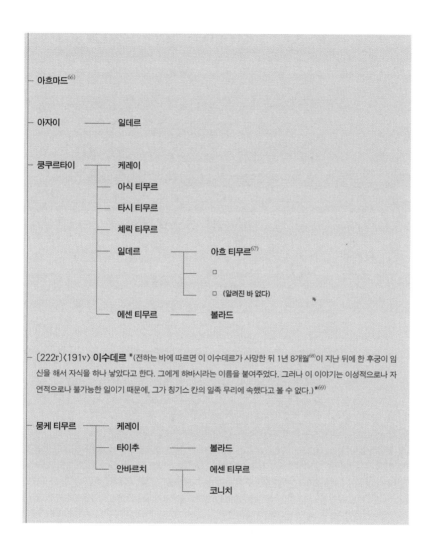

- 아흐마드[66]
- 아자이 — 일데르
- 쿵쿠르타이
  - 케레이
  - 아식 티무르
  - 타시 티무르
  - 체릭 티무르
  - 일데르
    - 아흐 티무르[67]
    - □
    - □ (알려진 바 없다)
  - 에센 티무르 — 볼라드
- 〔222r〕〈191v〉 **이수데르** *(전하는 바에 따르면 이 이수데르가 사망한 뒤 1년 8개월[68]이 지난 뒤에 한 후궁이 임신을 해서 자식을 하나 낳았다고 한다. 그에게 하바시라는 이름을 붙여주었다. 그러나 이 이야기는 이성적으로나 자연적으로나 불가능한 일이기 때문에, 그가 칭기스 칸의 일족 무리에 속했다고 볼 수 없다.)*[69]
- 뭉케 티무르
  - 케레이
  - 타이추 — 볼라드
  - 안바르치
    - 에센 티무르
    - 코니치

---

66) 아흐마드에게도 자식과 후손들이 있으나 라시드 앗 딘은 뒤의 「아흐마드 칸기」에서 그 부분에 대해서 설명할 것이기 때문에 여기서는 아무런 이름도 적지 않았다.

67) AX TMWR. 본문에는 악크 티무르로 표기되었다.

68) 앞의 본문에서는 1년 2개월이라고 되어 있다.

69) * *의 부분은 A본에는 누락되어 있고 B본에만 보인다.

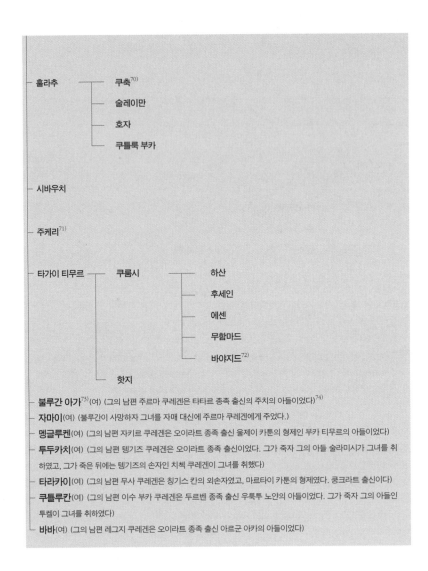

- 훌라추
  - 쿠축[70]
  - 술레이만
  - 호자
  - 쿠틀룩 부카
- 시바우치
- 주케리[71]
- 타가이 티무르
  - 쿠룸시
    - 하산
    - 후세인
    - 에센
    - 무함마드
    - 바야지드[72]
  - 핫지
- **불루간 아가**[73](여) (그의 남편 주르마 쿠레겐은 타타르 종족 출신의 주치의 아들이었다)[74]
- **자마이**(여) (불루간이 사망하자 그녀를 자매 대신에 주르마 쿠레겐에게 주었다.)
- **멩글루켄**(여) (그의 남편 자키르 쿠레겐은 오이라트 종족 출신 울제이 카툰의 형제인 부카 티무르의 아들이었다)
- **투두카치**(여) (그의 남편 텡기즈 쿠레겐은 오이라트 종족 출신이었다. 그가 죽자 그의 아들 술라미시가 그녀를 취하였고, 그가 죽은 뒤에는 텡기즈의 손자인 치첵 쿠레겐이 그녀를 취했다)
- **타라카이**(여) (그의 남편 무사 쿠레겐은 칭기스 칸의 외손자였고, 마르타이 카툰의 형제였다. 쿵크라트 출신이다)
- **쿠틀루칸**(여) (그의 남편 이수 부카 쿠레겐은 두르벤 종족 출신 우룩투 노얀의 아들이었다. 그가 죽자 그의 아들인 투켈이 그녀를 취하였다)
- **바바**(여) (그의 남편 레그지 쿠레겐은 오이라트 종족 출신 아르군 아카의 아들이었다)

---

70) KWČWK. 본문에는 쿠첵이라고 표기되었다.

71) JWKRY. 본문에는 없는 아들의 이름이다.

72) 이 다섯 명의 아들은 본문에 기재되어 있지 않았다.

73) 원문에는 BWLWĞAN AQA로 표기.

74) 이하 훌레구의 딸들에 대한 보충 설명은 B본에만 보이고 A본에는 보이지 않는다.

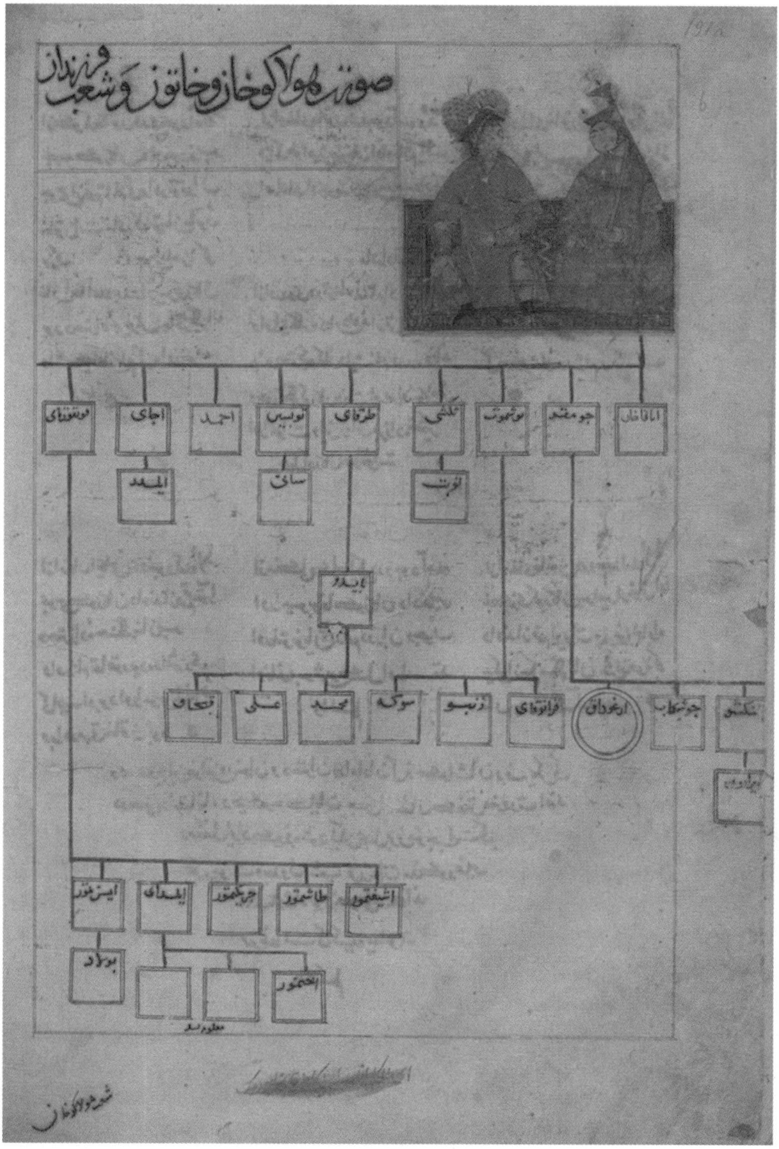

B본 191r 상단에 훌레구와 카툰이 함께 앉아 있는 모습이 그려져 있다.

〔222v〕〈192r〉(R973)훌레구 칸기 【제2장】

그가 즉위하기 이전〔의 사정〕. 그가 칸위에 오를 때 보좌와 카툰들과 왕자들과 아미르들의 모습. 그의 통치 기간에 일어난 역사와 일화들. 그가 줄곧 치렀던 전투들과 그가 성취했던 승리에 관한 이야기.

그가 칸위에 오르기 전의 사정

뭉케 카안은 칭기스 칸의 목지이자 도읍이었던 카라코룸과 켈루렌에서, 모든 형제들과 아미르들이 회합한 뒤에 모든 사람들의 합의에 따라 보좌에 앉았다. 모든 야르구(yārghū, 裁判)를 끝내고 마음을 편안하게 가진 뒤, 관심을 왕국들의 지배와 정비로 돌렸다. 일부 군대들을 여러 방면과 변경으로 파견했고, 〔대칸에게〕 탄원할 사항이 있거나 〔공적인〕 임무를 지닌 사람들로서 원근 각지에서 모인 투르크와 타직인들에게 필요한 것과 요청하는 것들을 허락하였는데, 이에 관해서는 그의 본기 안에 서술되어 있다.

베수트 뼈 출신의 바이주 노얀(Bāījū Nōyān)을 많은 군대와 함께 이란의 왕국들을 보호하기 위해서 파견했다. 그는 이곳에 도착한 뒤 사신을 보내서 이단자들과 바그다드의 칼리프에 대해서 (R974)비난하는 보고를 올렸다. 바로 그때, 이미 고인이 된 대판관(qāḍī al-quḍāt) 샴스 앗 딘 카즈비니(Shams al-Dīn Qazwīnī)가 어전에 있었는데, 하루는 그가 미늘 갑옷을 입고 카안의 면전에 나타났다. 그리고 "이단자들을 두려워하여 항상 이 갑옷을 옷 속에 입고 있습니다."라고 말하면서, 그들의 지배와 횡포에 관한 약간의 내용을 아뢰었다.

카안은 자기 동생인 훌레구 칸의 성품 속에서 세계 지배의 징표들을 보았고, 그가 의도하고 있는 일들 속에서 세계 지배의 충만함을 인식했다. 그리고 〔다음과 같이〕 생각했다. 일부 왕국들은 칭기스 칸의 치세에 정복되어 복속했지만, 일부는 여전히 정복되지 않고 있다. 세상은 끝도 없이 넓다. 왕국의 각 방면으로 자기 형제들 가운데 하나를 보내어 그곳들을 완전히 복속(īl)시키고 방어하게 한 뒤, 자신은 왕국의 중심에 있는 오랜 목지에서 마음 놓고 머물면서 편안한 마음으로 시간을 보내고 정의를 펼치면 〔어떨까〕. 가까운 곳에 있는 몇몇 지방에서 반란이 일어난다면 〔내가 직접〕 도읍 부근에 있는 군대들을 이끌고 진압하면 〔되지 않겠는가〕.

그는 〔이처럼〕 심사숙고를 한 뒤에 자기 동생 가운데 하나인 쿠빌라이 카안을 동방의 왕국들, 즉 키타이, 마친, 카라장, 탕구트, 티베트, 주르체, 솔랑카(Sōlangqā), 카울리(Kawlī)[75] 및 일부 힌두스탄 지방—*키타이와 마친과 인접한—으로 임명하여 파견했다. 훌레구 칸에게는 서쪽 지방, 즉 이란땅, 시리아, 에집트, 룸,*[76] 아르메니아를 지정해주었다. 그래서 그들 각각이 휘하의 군대를 이끌어 자신의 우익과 좌익이 되도록 하였다.

대(大)쿠릴타이(qūrīltāī-yi buzurg)[77]가 끝난 뒤 그는 쿠빌라이 카안을 키타이의 변경과 전술한 지방들로 파견하고 그에게 군대를 지정해주었다. 또한 훌레구 칸에게는 이란땅과 상술한 왕국들을 지정해주었는

---

75) '카울리'가 고려를 지칭함은 의심할 나위가 없다. '솔랑카'는 만주 지방을 지칭하는 '주르체'와 '카울리' 사이에 위치한 지역, 즉 한반도 북부와 남만주 일대를 가리키는 명칭으로 보아야 할 것이다.

76) *—* 사이의 내용은 A본에는 결락.

77) 몽골 지배층은 해마다 정기적으로 정해진 일자에 거행되는 행사나, 군주의 즉위나 카툰·태자(太子)의 책립과 같이 특정한 일자를 택하여 치르는 행사 이외에, 매년 여름 하영지에 머물며 그곳을 찾아오는 제왕들이나 복속 지역의 수령들과 함께 대규모 회합을 가졌고, 이를 '쿠릴타이'라 불렀다. 경우에 따라 군주의 즉위식과 같이 참석자가 많고 회합의 규모가 큰 경우를 일컬어 '대쿠릴타이'라 하였지만, 일반 쿠릴타이와 대쿠릴타이를 구분하는 공식적이고 엄격한 기준은 없었던 듯하다. 한문사료에는 쿠릴타이를 대회(大會) 혹은 조회(朝會)로 옮긴 것이 일반적이었지만, 드물게 대조회(大朝會)라는 표현이 보이기도 한다.

데, (R975)이는 모든 형·아우들과의 상의에 따른 것이었다. 그는 과거에 이란땅에 주둔시킬 목적으로 탐마(tammā)로 파견되어 바이주와 초르마군(Chōrmāghūn)과 함께 있던 군대들, 또한 마찬가지로 탐마로서 다이르 바하두르(Ṭāīr Bahādur)와 함께 카시미르와 인도 지방으로 파견된 군대들은 모두 훌레구 칸에게 속하도록 하라고 결정했다. 또한 다이르 노얀[78]이 보유했던 그 군대는 그가 사망한 뒤 …[79]가 관할했고, 그가 사망한 뒤 …[80]가 관할했다. 그 뒤 그 군대가 타타르 종족 출신의 살리 노얀(Sālī Nōyān)에게 주어지자, 그는 카시미르 지방을 장악하고 수천 명의 포로들을 〔그곳에서〕 끌고 왔다. 살리 노얀과 함께 있던 그 군대들 모두는 현재 어디에 주둔하고 있든지 간에 상속의 권리(ḥaqq al-arth)에 의거해서 모두 이슬람의 〔223r〕〈192v〉 제왕 가잔 칸의 '인주'(īnjūī)[81]이다.

그 뒤 〔뭉케 카안은〕 상술한 군대를 지정해주었는데, 칭기스 칸이 형제, 자식, 조카들에게 분배해준 모든 군대들 중에서 열 명 가운데 '호구수(戶口數, shumār)[82]에 들어 있지 않는 두 명씩을 차출하여 훌레구 칸의 '인주'로 주어 그와 함께 와서 여기서 그를 받들도록 하였다. 모든 사람

---

78) 앞에서 나온 다이르 바하두르와 동일인.

79) 원문 결락. 그러나 다이르 바하두르 사후에 뭉두(Mūngdū)라는 인물이 관할했음이 확인된다.

80) 원문 결락. 뭉두 사후에는 후쿠투르(Hūqūtur)라는 인물이 관할했다. 소위 '힌두스탄-카시미르 탐마군'의 변천사에 관해서는 Shimo Hirotoshi, "The Qaraunas in the Historical Materials of the Ilkhanate," *The Memoirs of the Toyo Bunko*, vol. 35(1977), pp. 131~181 참조.

81) īnjū(혹은 īnjūī)는 몽골어의 emchü를 옮긴 말이다. emchü는 개인에게 속한 사유재산을 칭하였고, 훌레구 울루스에서 īnjū는 칸의 직할 영지나 칸이 사적으로 보유한 재산을 가리켰다.

82) 페르시아어 shumār는 '숫자'를 뜻하지만 여기서는 호구조사에 의해 파악된 호구의 숫자를 가리킨다. 이는 아마 몽골어에서 숫자를 의미하는 togha를 옮긴 말일 텐데, 러시아에서도 숫자를 뜻하는 chislo라는 표현이 사용되었다. 몽골이 고려에 대해서 요구했던 '육사(六事)' 가운데 하나인 '공호수적(供戶數籍)'에서 '호수적(戶數籍)'도 같은 내용을 지칭하는 것으로 보인다.

들은 그런 방식으로 자신의 자식, 친족, 누케르(nūker)[83]들 중에서 〔일부를〕 지명하여 군대와 함께 훌레구 칸을 모시고 가도록 파견했던 것이다. 이런 까닭으로 지금까지 줄곧 칭기스 칸에게 속했던 각각의 아미르들의 일족과 친족들이 이곳에서 아미르로 일했고 〔지금도〕 일하고 있으며, 그들 각자는 세습하는 지위와 직무를 갖고 있다.

이러한 조치가 취해진 뒤 키타이 지방으로 사신들을 파견하여 키타이 사람들 중에서 투석병(投石兵, manjanīqī),[84] 화공병(火攻兵, nafṭ-andāz),[85] 노병(弩兵, charkh-andāz)[86] 1천호를 징발하라고 명령했다.

---

83) nūker는 '친구'를 뜻하는 몽골어 nökör에서 나온 말인데, 당시 페르시아아에서는 보통 수행원, 시종 등의 뜻으로 사용되었다.

84) manjaniq는 서아시아에서 대형 투석기를 가리키는 말이다. 당시 서아시아에서는 십자군전쟁으로 인하여 공성전에 우수한 투석기들이 사용되었는데, 특히 기독교도 프랑크인들이 만든 것들이 유명했다. 그래서 맘루크 자료에는 '대형 프랑크 만자니크'라는 이름으로 불리며 회자되었다. 중국에도 이것이 도입되어 회회포(回回砲), 거석포(巨石砲)라는 이름으로 알려졌고, 그것을 다루는 사람들은 포수(砲手), 포장(砲匠) 등으로 불렸다. 몽골군은 이미 1210년대에 화북 지방을 경략하면서 이 투석기를 사용하기 시작했고, 남송의 양양(襄陽), 담주(潭州), 정강(靜江) 등지를 공략할 때에도 적극 활용해서 많은 성과를 거두었다. 당시 포(砲)라고 불리던 것은 앞의 석(石)이라는 부수가 상징하듯이 오늘날의 대포(cannon)와 같은 화기(firearm)가 아니라 투석기를 의미하였다. 최근 한 연구에 의하면 당시 중국에서 사용되던 공성전 무기는 크게 세 종류인데 (1) 돌덩어리를 투척하는 포, (2) 인화성 물질을 던지는 무기, (3) 거대하고 강력한 석궁(石弓, 弩)이 그것이었다. 위의 본문에서 언급된 세 부류의 병사들은 바로 이 3종의 무기를 다루는 사람들인 셈이다. 몽골제국 당시의 투석기와 화포 등에 관해서는 David Ayalon, *Gunpowder and Firearms in the Mamluk Kingdom: A Challenge to al Mediaeval Society*(London: Valentine, Mitchell, 1956); Thomas T. Allsen, "The Circulation of Military Technology in the Mongolian Empire," *Warfare in Inner Asian History (500-1800)*(Boston: Brill Academic Pub., 2002); Kate Raphael, "Mongol Siege Warfare on the Banks of the Euphrates and the Question of Gunpowder(1260~1312)," *Journal of the Royal Asiatic Society*(Series 3), vol. 19, no. 3(2009), pp. 355~370 참조.

85) 나프타 등 화염성 물질을 투척하는 병사를 가리킨다. 당시 한문 자료에 보이는 '火槍', '火箭', '火藥' 등의 표현은 이러한 화염 무기를 지칭한다.

86) 페르시아어에서 charkh는 '바퀴'를 뜻한다. 바퀴와 같은 것을 이용하여 강력한 화살을 당길 때 필요한 동력을 얻는 무기를 가리킨다. 한 번에 3개의 화살을 시위에 걸어 쏠 수 있을 정도였으며, 단순히 화살뿐만 아니라 나프타와 같은 화염물질을 쏘는 데에도 이용되었다고 한다. J. Needham & Robin D. S. Yates ed., *Science and Civilization in China*, vol. 5, part 6 (Military Technology: Mis-

그리고 〔훌레구의 파견에 앞서〕 사신들을 선발대로 보내서, 카라코룸의 시작 지점부터 아무다리야에 이르기까지 훌레구 칸의 군대가 행군하는 경유지로 간주되는 곳의 모든 초원과 목초지를 금구(禁區, qōrīgh)로 정하고, 깊은 물줄기와 하천 위에 견고한 다리들을 세우라고 하였다. 바이주 노얀에게는 그에 앞서서 (R976)초르마군과 함께 온 군대들 가운데 일부를 데리고 룸으로 가라는 명령이 내려졌다. 또한 모든 지방에서 한 사람당 1타가르(taghār)[87]〔의 곡식〕과 1푸대의 포도주를 군사들의 양식('ulūfa)[88]으로 건도록 하였다.

그러고 나서 지명된 왕자들과 노얀들은 천호, 백호들과 함께 출발하였고, 선봉으로는 나이만 종족 출신으로 바우르치(bāūrchī)[89]라는 직책을 갖고 있던 키트 부카(Kīt Būqā)[90] 노얀을 세워, 1만 2000명을 〔지휘하

---

siles and Sieges)(Cambridge: Cambridge University Press, 1994), p. 219 참조.

87) 마른 곡식을 측량할 때 사용된 단위로서 1 taghar는 밀가루 100 mann, 즉 675파운드에 해당된다. 즉 450그램×675=약 300킬로그램이다. Cf. Juwaynī/Boyle, vol. 1, p. 609, note 12.

88) 'ulūfa와 'alafa는 '糧秣' 즉 '(가축의) 사료'를 뜻하는 아랍어인데, taghār, tughū, sāvarī 등과 함께 '병량(兵糧)'을 의미하기도 한다. 또한 'ulūfa는 '역참 이용자들을 위한 식량'을 의미하며, 'alafa는 '음식, 여행자를 위한 식량'을 뜻한다. 'ulūfa와 'alafa는 상호 구분하기 어려운 단어이지만, 억지로 구분한다면 전자는 '말의 사료', 후자는 '식량'으로 이해할 수 있다. 本田實信, 『モンゴル時代史研究』, pp. 295~296.

89) bāūrchī는 몽골어 ba'urchi를 옮긴 것으로 '요리사'를 뜻한다. 물론 이것은 케식(keshig), 즉 황제의 근위대에서 근무할 때 처음에 그가 '요리사'의 임무를 수행했기 때문에 붙여진 별칭이고, 그가 그 후로도 계속해서 요리사의 일을 했던 것은 아니다.

90) 키트 부카는 나이만부 출신의 장군. 훌레구는 바그다드를 함락한 뒤 시리아 방면으로 진격하여 알레포를 포위하는 한편, 키트 부카에게 선봉대를 주어 다마스쿠스를 공략하게 하였다. 그는 1260년 2월 중순 별다른 저항을 받지 않고 다마스쿠스를 손에 넣었다. 그 뒤 그는 더욱 남하하여 1260년 9월 3일 아인 잘루트에서 맘루크 군대와 일전을 벌였다. 그러나 이때 몽골군은 패배했고 그곳에서 살해되었다. 그는 네스토리우스파 기독교도였던 것으로 유명하다. 라시드 앗 딘은 뒤에서 아인 잘루트의 전투와 그의 죽음에 대해서 자세하게 소개하고 있다. 팔레스타인 지방에 진입한 키트 부카의 활동 전말에 대해서는 Reuven Amitai, "Mongol Raids Into Palestine(A.D. 1260 and 1300)," *Journal of the Royal Asiatic Society*, vol. 2(1987), pp. 236~242 참조.

게 하고〕 선발대(yazak)[91]로 파견했다. 그는 공격하러 왔다. 후라산에 도착하자 그는 제왕의 깃발 〔즉, 훌레구의 군대〕가 도착하기를 기다리면서 쿠히스탄(Quhistān)[92] 지방을 정복하는 데에 전념했다. 훌레구 칸은 여정〔을 떠날〕 준비가 완료되자, 익숙한 방식으로 이별의 관례에 따라 자신의 오르도들에서 잔치를 벌였다. 그의 동생인 아릭 부케와 다른 왕자들도 모두 뜻을 같이하여 봄에 카라코룸에서 동일한 잔치를 열어 기쁨을 나누고 오락을 즐겼다.

뭉케 카안은 형제의 우애로서 훌레구 칸에게 〔이렇게〕 충고를 해주었다. "너는 무수한 군대와 끝없는 군사를 이끌고 투란의 경계에서 이란 지방으로 들어가야 한다.

詩

투란에서 아름다운 이란으로 당당하게 가거라
빛나는 태양 위에 네 이름을 올려라

그리고 칭기스 칸의 규범(yōsūn)과 법령(yāsā')에 관한 한 사안의 크고 작음을 막론하고 확고히 확립하도록 하라. 아무다리야에서 에집트 지방의 가장 먼 곳에 이르기까지, 누구라도 너의 명령과 금령에 복속하는 자에게는 자애를 보이고 각종 은혜와 특별한 은사를 주도록 하되, 반

---

91) yazak은 몽골어로 '정찰대'를 의미하며, 투르크어의 qara'ul에 상응한다. 자세한 내용은 Doerfer, *Türkische und Mongolische Elemente im Neupersischen*, vol. 1, pp. 163~165 참조.

92) Quhistān은 '산들이 많은 지방'이라는 뜻인데, 구체적으로는 이란 동북방 니샤푸르에서 남쪽으로 펼쳐진 산간지대를 가리키며 아프가니스탄의 북부 변경을 따라 전개되어 있다. 마르코 폴로의 글에 나오는 투노케인(Tunocain)이라는 지방이 이에 해당되는데, 그것은 Tūn(현재의 Firdaus)과 Qā'in이라는 두 도시에서 비롯된 이름이다. 현재 이 지방에서 중심 도시는 비르잔드(Birjand)이다. Juwaynī/Boyle, vol. 1, p. 314, note 97 참조.

항하고 거역하는 자에게는 그 자신은 물론 처자식과 친족들과 함께 분노와 경멸로써 짓밟아버려라. 쿠히스탄과 후라산에서 시작하여 성채와 성곽을 파괴하라.(R977)

詩

기르드쿠흐(Girdkūh)[93]와 람바사르(Lambasar)[94] 성채를 무너뜨려라
그 머리를 낮추고 그 몸을 거꾸러트려라
세상에 있는 어떤 성채도 남아 있지 않도록 하라
한 움큼의 흙도 남아 있지 않도록 하라

그곳에서 일을 마치고 난 뒤에는 이라크로 향하라. 〔그곳에서〕 항상 도로에서 비적질을 하는 루르(Lūr)인[95]과 쿠르드(Kurd)인을 없애라. 그리고 만약 바그다드의 칼리프가 찾아와 복속한다면 그를 어떤 방식으로든 괴롭히지 말라. 만약 그가 자고하여 말과 뜻이 일치하지 않는다면 그도 역시 다른 사람들과 같은 운명이 되게 하라. 또한 너의 명석한 이성과 신중한 판단을 선도와 안내로 삼으라. 어떤 상황에서든지 깨어 있고 신중해라. 백성들을 과도한 세금과 징발로부터 풀어주고 편안하게 하라. 황폐해진 지방들은 다시 재건하고, 반란을 일으킨 왕국들은 위대한 신의 힘으로 정복해서 너의 하영지와 동영지를 늘리도록 하라. 모든 일을 처리할 때 도쿠즈 카툰과 상의하고 의논하도록 하라."

뭉케 카안은 마음속으로는(dar khāṭir) 훌레구 칸이 그에게 주어진 군대와 함께 계속해서 이란땅의 지방들에 군주로서 머물게 되리라는 것,

---

93) 길란 지방 루드바르(Rudbar)에 있던 이스마일리파의 성채 이름.
94) 카즈빈에 있던 성채 이름.
95) 이란 서부 자그로스 산맥 중간에 위치한 루리스탄(Luristan) 지방의 주민.

그리고 이 왕국이 그와 그의 유명한 후손들에게 현재 그러한 것처럼 〔소유물로〕 확정되리라는 것을 예상하고 확신하고 있었지만, 겉으로는(ẓāhirān) 〔223v〕〈193r〉 "너는 이 임무를 수행하고 나면 원래의 영지(營地)로 되돌아가라!"고 지시했다. 그는 〔이렇게〕 충고와 지시를 다 해준 뒤에 훌레구와 그의 카툰들과 자식들 각자에게 황금과 의복과 가축들을 풍성하게 하사해서 보내주고, 그와 함께 출발하는 노얀들과 아미르들에게도 은사를 내려주었다. 또한 왕자들 가운데에서는 막내 동생인 수부게테이[96] 오굴로 하여금 그와 함께 동행하도록 (R978)했다.

훌레구 칸은 후케르 일(hūkār yīl) 〔즉 계축년 소해〕— 650년 둘 히자월(1253. 2~3)에 시작—마지막에 자신의 오르도로 왔고, 〔갑인년〕 호랑이해— 651년 둘 히자월(1254. 1~2)에 시작—가을에 유수영을 그곳에 남겨둔 뒤 형의 칙명에 따라 무수한 군대를 이끌고 이 지방으로 향하였다. 주변 여러 곳의 아미르들은 음식(tuzghū)[97]을 준비하여 〔군대가〕 이동할 때마다 그곳으로 가지고 왔다. 또한 그의 군대가 경유할 것으로 추정되는 행로의 폭만큼을 따라서 돌조각이나 부스러기들을 깨끗이 치웠다. 강들과 큰 물줄기들을 건너는 곳에는 배들을 준비했다. 각 지방에서 군대와 함께 훌레구 칸을 대동하여 이란 지방으로 오기로 정해진 왕자들과 아미르들은 각자 군대와 준비를 갖추느라 바빴다. 그들의 이름은 아래와 같다. …[98]

---

96) A·B본 모두 SNTAY로 표기했지만, 「톨루이 칸기」에서는 톨루이의 막내(열한 번째) 아들의 이름이 수부게테이(SWBWKTY, Sübügetei)로 표기되어 있어, 그것에 따라 수정하였다.

97) A: TZ'W; B: TRĞW. 러시아 교감본 역시 TRĞW로 읽었으나 TZĞW가 되어야 옳다. tuzghu는 투르크어인데, 마흐무드 카쉬가리는 이를 hadiyat min al-ṭaʻām(선물로 주는 식량)이라고 설명했다. 이는 공궤(供饋) 즉 '여행자들에게 선물로 주는 식량'을 뜻한다. V. Minorsky, "Pur-i Baha's 'Mongol' Ode (Mongolica 2)," *Bulletin of the School of Oriental and African Studies*, vol. 18, no. 2(1956), p. 267.

98) 원문 결락. 모든 사본에서 이 명단은 보이지 않는다.

결론적으로 말해 훌레구 칸은 자신의 큰 부인인 도쿠즈 카툰과 울제이 카툰 및 나이가 든 아들들인 아바카 칸과 요시무트와 …[99] 등과 함께 출발하여 경유지를 차례로 거쳐 갔다. 그들이 알말릭 변경에 도착했을 때 오르가나 카툰(Ōrghana Khātūn)[100]이 마중을 나와서 연회들(ṭōīhā)을 계속해서 베풀어주었고 합당한 선물들을 받았다. 어기(御旗)가 그곳을 지나자, 투르키스탄과 마와라안나흐르의 통치자인 아미르 마수드 벡(Mas'ūd Beg)과 그 방면의 아미르들이 〔훌레구의〕 어전으로 찾아왔다. 652년(1255)에 그들은 그 부근에서 여름을 보내고, 〔6〕[101]53년 샤반월(1255. 9)에 사마르칸드 성문 앞에 있는 카니 길(Kān-i Gil)[102]이라는 초원에 숙영했다. 마수드 벡은 그곳에 겹겹이 황금으로 된,[103] 나시즈로 짜인 장막(khayma-i nasīj)[104]을 세웠고, 그들은 그곳에서 거의 40일 가까이 머물며 계속해서 주연을 즐겼다. 그때 불행한 운명의 힘에 의해 수부

---

99) 원문 결락.

100) 오르가나 카툰은 차가다이의 손자인 카라 훌레구의 부인이었다. 카라 훌레구는 차가다이가 사망(1242)한 뒤 그 뒤를 이었으나, 구육이 즉위한 뒤 1246년 이수 뭉케를 보내서 차가다이 울루스를 지배하도록 했다. 뭉케가 즉위하자 이수 뭉케를 처형시키고 다시 카라 훌레구를 세웠으나, 그는 중앙아시아로 향하던 도중에 사망했다. 그래서 뭉케는 그의 미망인 오르가나에게 울루스의 사무를 처리하도록 한 것이다. 그녀는 1252년부터 섭정을 시작하여 1261년 아릭 부케가 임명한 알구가 와서 울루스를 장악할 때까지 지배했다.

101) '600'이라는 숫자가 A본에는 없으나 B본에는 우측 난외에 다른 필체로 추가되어 있다.

102) 바부르는 카니 길을 사마르칸드 부근의 아름다운 초원으로 묘사하고 있으며, 그 부근에는 카라수(Ab-i Rahmat)라는 강이 그 옆을 흐르고 있다고 하였다. W. M. Thackston tr., *The Baburnama: Memoirs of Babur, Prince and Emperor*(Washington D. C.: Smithonian Institution, 1996), pp. 84-87.

103) 원문은 zar andar zar. 문자 그대로의 의미는 '황금 안에 황금'인데 이는 황금을 쌓아놓거나 겹겹이 황금으로 장식한 것을 뜻한다.

104) nasij는 금사(金絲)로 짠 직물을 가리키며 한자로는 '納失失'이라고 표기되기도 하였다. khayma는 여기서 천막이라고 번역했지만, 실은 요즘 몽골리아에서 보는 원형 천막(ger)이 아니라 수많은 지주와 끈을 땅에 박아서 세운 대형 텐트(guyed tent, trellis tent)를 가리킨다. bārgāh, khargāh 등의 단어로 표현되기도 한다. 이에 관한 자세한 내용은 P. A. Andrews, *Felt Tents and Pavillions: The Nomadic Tradition and its Interaction with Princely Tentage*, vol. 1(London: Melisende, 1999), pp. 566~571 참조. 앤드루스(Andrews)는 이를 'court tent'라고 옮겼다.

게테이 왕자가 사망했다. 또한 바로 그때 말릭 샴스 앗 딘 (R979)케르트 (Malik Shams al-Dīn Kert)[105]가 이란의 다른 어떤 국왕들보다 먼저 영접하러 찾아와 알현하였고, 그는 여러 가지 특별한 은총과 은사를 입었다.

그들은 그곳에서 이동하여 케시(Kesh)의 경계에 도착할 때까지 말고삐를 늦추지 않았다. 그 지점에서 아미르 아르군 아카는 후라산의 여러 대인들과 지도자들과 함께 찾아와서 배알(ōljāmīshī)했다. 그들은 그곳에 한 달간 머물렀고, 이란땅의 군주들과 술탄들에게 칙령(yarlīgh)들을 보냈는데 그 내용은 다음과 같다. "우리는 카안의 명령에 따라 이단자들의 성채를 부수고 그 무리를 뿌리 뽑기 위해서 오는 것이다. 만약 너희들이 스스로 찾아와 병력과 장비와 양식으로써 우리를 돕는다면, 너희들의 고장과 군대와 가족은 보존될 것이며 너희들의 노력은 가상히 여겨질 것이다. 그러나 만약 칙령에 따르기를 소홀히 하며 지체한다면, 지고한 신의 힘에 의지하여 그 〔이단자〕들의 문제를 처리하고 난 뒤, 변명을 들을 것도 없이 너희들이 있는 곳으로 향할 것이며, 그들이 장차 당하게 될 것과 똑같은 일이 너희 고장과 집들에게도 벌어질 것이다." 그는 이 임무를 수행하기 위해 급행 사신들[106]을 파견했다.

---

105) 샴스 앗 딘 케르트는 헤라트 지방을 통치하던 토착 수령(malīk)이었다.

106) 원문은 īlchiyān-i sarī' al-sayr. 페르시아 문헌에 paykān이라고도 표현되었다. 후일 가잔 칸은 마부들이 릴레이로 달려 1주야(晝夜)에 360킬로미터를 달리는 기마전령(騎馬傳令)과, 180킬로미터를 달리는 도보전령(徒步傳令)의 두 가지 방식을 시행했다. 남송의 유민 정사초(鄭思肖)는 『심사(心史)』에서 "1참(站)은 90리(里)이다. 달주(韃主)의 급명(急命)을 받은 사람을 해청사신(海青使臣)이라고 부르는데, 1주야에 8~9참을 달리며 참에 도착하면 말을 갈아탄다(易馬)."고 기록하였는데, 1주야에 달릴 수 있는 720~810리는 원대 1리=0.5킬로미터로 계산할 때 360~450킬로미터가 된다. '易馬'를 하며 1주야에 400킬로미터 전후한 거리를 달리는 '해청사신'은 바로 가잔의 개혁에서 도입된 기마전령에 해당된다고 볼 수 있다. 한편 원대 한문 자료에 '급체포병(急遞鋪兵)'이라는 이름으로 자주 등장하는 것은 도보전령에 상응하는 것이다. 『원사』에는 쿠빌라이 시대에 "연경에서 개평부까지, 그리고 다시 개평부에서 경조에 이르기까지, 지리원근(地里遠近)과 인수다과(人數多寡)를 살펴서 급체참포(急遞站鋪)를 설립하였다. 매 10리 혹은 15리나 25리에 일포(一鋪)를 설립하고, 각 주현에서 관할하는 민호(民戶)와 누적호(漏籍戶) 안에서 포병(鋪兵)을 첨기(簽起)하였

세계정복자의 깃발들이 도착한다는 소식이 사방에 퍼지자, 이란 지방 각 왕국들의 술탄과 말릭들이 어전으로 향했다. 룸의 술탄들 가운데에서는 이즈 앗 딘('Izz al-Dīn)[107]과 루큰 앗 딘(Rukn ad-Dīn)[108]이, 파르스에서는 아타벡 무자파르 앗 딘(Atābeg Muẓaffar al-Dīn)의 아들 아타벡 사아드 앗 딘(Atābeg Sa'd al-Dīn)[109]이, 그리고 이라크, 후라산, 아제르바이잔, 아란(Arrān),[110] 시르반, 그루지아의 말릭들(mulūk)과 수령들(ṣudūr)[111]과 귀족(a'yān)들이 모두 합당한 선물을 갖고 어전으로 찾아왔다.

그 뒤 칙명에 따라 사공들이 갖고 있던 모든 배와 선박을 정박시키고 연결해서 다리를 만들었다. 그리고 아무다리야를 건너기 위해 출발했다. 그는 653년 둘 히자월 첫날(1256. 1. 1) 승리의 군대와 함께 아무다리

다."는 기사가 보인다. 마르코 폴로는 일찍이 카안의 영내에 3마일에 하나씩 역참을 세우고 그곳에 배치된 '도보 파발꾼'들이 릴레이로 달려서 100일 거리를 10주야에 주파한다고 기록하였는데, 이들 역시 급체포병에 다름 아니다. 이와 관련한 자세한 내용은 졸고, 「몽골支配期 西아시아의 驛站制와 가잔 칸(Ghazan Khan)의 改革」, 『역사문화연구』제35집(2010), pp. 31~32 참조.

107) 이즈 앗 딘 카이카우스('Izz al-Dīn Kaykāwūs) 2세(재위 1246~57). 룸 셀죽크의 군주로서 기야쓰 앗 딘 카이후스로우(Ghiyāth al-Dīn Kaykhusraw)의 세 아들(이즈 앗 딘, 루큰 앗 딘, 알라 앗 딘) 가운데 하나.

108) 루큰 앗 딘 킬리치 아르슬란(Rukn al-Dīn Qilich Arslān) 4세(재위 1248~65). 형인 이즈 앗 딘과 왕위를 다투었고 그가 사망한 뒤에 룸 셀죽크의 지배자가 되었다.

109) 아부 바크르 무자파르 앗 딘(Abū Bakr Muẓaffar al-Dīn, Qutlugh Khan b. Sa'd 1세)은 투르크멘 출신으로 파르스 지방을 지배했던 살구르조(Salghurids)의 군주였다. 재위는 1226~61년. 그는 신흥 몽골 세력과 연맹하여 시라즈를 수도로 삼고 36년간 파르스 지방에 대한 지배권을 유지할 수 있었다. 1261년 그가 사망하자 아들 사아드 앗 딘(Sa'd al-Dīn)이 계승했으나 그는 불과 17일 만에 사망했고, 그의 미망인 테르켄 카툰(Terkān Khatun)이 섭정으로서 어린 아들 무함마드(Muḥammad)를 대신하여 통치했다. 1263년부터 1282년까지는 테르켄 카툰의 딸 아비시(Abish)가 훌레구의 아들 뭉케 티무르와 혼인하여 지배권을 유지했다. George Lane, *Genghis Khan and Mongol Rule*(Westport, Conn: Greenwood Press, 2004), pp. 69~70 참조.

110) 아란은 카프카즈 지방의 아라스 강과 쿠르 강 사이의 지대를 지칭하며, Bailaqan, Barda', Ganja, Hirak 등의 여러 도시를 포함한다. 이에 비해 무간(Mūghān)은 아라스 강 남쪽을 지칭하며 바자르반(Bājarvān), 필수바르(Pilsuvār), 마흐무다바드(Maḥmūdābād), 함샤흐라(Hamshahrah) 등의 여러 지역을 포함한다.

111) mulūk과 ṣudūr는 각각 malik과 ṣadr의 복수형이다.

야를 건넜다. 그 〔사공〕들에게 은사를 내려주고, 선박들에 대해서 가했던 징발(bāzhī)을 풀어주고 그러한 조치를 없애주었다. (R980)강을 건너고 난 뒤 〔224r〕〈193v〉 그가 강가〔의 경치〕를 감상하기 위해 돌아보고 있는데, 숲속에서 사나운 사자들[112)]이 나타났다. 그는 기병들에게 포위를 하고 몰이사냥의 대형(jergā)[113)]을 만들라고 지시했다. 말들이 사자들을 겁내자 그들은 발정 난(mast) 낙타들(bukhtiyān)을 타고 열 마리의 사자를 사냥했다.

다음 날 그곳에서 이동하여 샤부르간[114)] 초원에 숙영했는데, 오래 머물 계획은 아니었다. 그런데 이드 아드하(ʿīd aḍḥa)[115)] 날(1256. 1. 10)에 갑자기 눈이 내리고 눈보라가 몰아치기 시작했다. 일곱 밤과 낮 동안 계속되어 추위와 바람으로 수많은 가축들이 폐사했다. 훌레구 칸은 그 겨울을 그곳에서 지내면서, 줄곧 오락과 즐거움으로 보냈다.

봄이 되자 아르군 아카는 1000개의 말뚝이 박히고 겹겹이 황금으로

---

112) A·B본에는 shīrān-i bīkār('어슬렁거리는 사자')라고 되어 있지만 러시아 교감본에서는 이를 shīrān-i pīkār('사나운 사자')로 읽었다. 내용상으로는 후자가 더 적절해 보인다.

113) 같은 내용이 기록된 주베이니의 『세계정복자사』에는 nergā로 표기되어 있다. Juwaynī/Boyle, p. 613. 몽골어에서 '순서, 계급, 등급'을 뜻하는 jerge라는 단어는 있지만 nerge는 존재하지 않는다. 아랍 문자 j와 n이 비슷해 보이기 때문에 발생한 오류로 보아야 할 것이다. 당시 이슬람측 문헌에서 jerge는 대규모 수렵을 할 때 많은 사람들이 형성하는 몰이사냥의 대형을 가리키는 단어로 자주 사용되었다. 현대 아프가니스탄에서 일종의 국회와 같은 회의체를 Pashtu어로 jirga라고 부르는데, 이 역시 몽골어의 jerge에서 기원한 말이다. 몽골시대의 jerge, 즉 몰이사냥에 대해서는 주베이니의 묘사가 가장 상세하다(Juwaynī/Boyle, vol. 1, pp. 27~28).

114) 원문에는 Shafūrqān이라고 표기되어 있는데, 뒤에서는 Shabūrqān이라고 되어 있다. Ashbūrqān, Ushburqān, Shubūrqān, Sabūrghān 등 다양하게 표기되었다. 현재도 존재하는 지명이다. 9세기에는 주즈잔(Jūzjān) 지구의 도읍이기도 하였다. 이곳의 정원과 전야는 매우 비옥하여 많은 양의 과일이 생산되고 수출되었다. Yāqūt에 따르면 1220년 몽골 침공 시 이 도시는 주민이 매우 많았고 시장에 상품들도 많았다고 한다. 그로부터 1세기 뒤에 무스타우피 역시 이와 유사한 기록을 남겼으며, 특히 옥수수가 풍부하고 싸다고 하였다. Le Strange, *The Land of the Eastern Caliphate*, p. 426.

115) 이드 쿠르반(ʿīd qurbān)이라고도 하며, '희생(犧牲)의 제일(祭日)'을 뜻한다. 이슬람력으로 둘 히자월 제10일에 시작되어 4일간 계속되다가 제13일에 끝난다.

된 장전(帳殿, bārgāhī) 하나와, 제왕의 궁전에 걸맞은 모든 것들을 갖춘 높은 천막(天幕, khargāhī)을 하나 준비했다.[116] 그것은 이동하고 운반할 때에는 완전히 접을 수 있으며, 그 아름다운 집회실(majlis khāna)은 금은으로 된 그릇들과 고귀한 보석들로 가득하였다. 매우 상서로운 어느 날 그것을 펼쳐 세우고 집회실을 각종 장식으로 꾸몄다. 훌레구 칸은 그것을 흡족하게 여겼고, 상서로움과 길조 속에서 행운과 성공의 보좌에 앉았다. 카툰, 왕자, 아미르들이 참석했고 모든 대신과 귀족들 및 사방의 말릭과 하킴(ḥākim)[117]들이 모여서, 관습과 규범을 모두 시행하였다.[118]

연회들이 다 파한 뒤에 아미르 아르군 아카는 명령에 따라서 카안의 어전으로 향했고, 자기 아들인 케레이 말릭(Kerāī Malik), 아흐마드 비틱치(Aḥmad Bitikchi), 사힙 알라 앗 딘 아타 말릭 주베이니(Ṣāhib 'Alā' al-Dīn 'Aṭā Malik Juwaynī)[119]를 이란 지방의 사무 처리를 위해 훌레구 칸의 어전에 남겨두어 그를 모시게 하고, 자신이 돌아올 때까지 중요한 사무를 처리하도록 하였다.

---

116) 라시드 앗 딘은 여기서 두 가지 다른 형식의 궁장(宮帳)을 언급하고 있다. P. A. Andrews가 연구했듯이 먼저 bargāh라고 하는 것은 'guyed tent', 즉 끈을 땅에 박아서 묶은 형태의 천막이고, khargāh는 'trellis tent', 즉 오늘날 몽골의 게르와 같은 조립 격자형 천막을 가리킨다. 역자는 전자를 장전(帳殿), 후자를 천막(天幕)이라고 옮겼다. Andrews, *Felt Tents and Pavillions*, vol. 1, p. 195, pp. 546~557. bargāh라는 단어는 구체적인 천막의 형태와 무관하게 '궁정(court)'이라는 의미로 사용되는 경우도 많았다.

117) ḥākim은 도시나 지방의 최고 행정관, 즉 지사(知事)나 태수(太守)에 해당된다고 할 수 있다.

118) A·B본 모두 이 부분 아래에 삽화를 그려 넣기 위한 큰 공백이 보인다.

119) 『세계정복자사』의 저자(1226~83)이며, 이 부분 역시 주베이니의 글을 거의 그대로 옮긴 것이다. Juwayni/Boyle, pp. 614~615 참조.

〔224v〕〈194r〉(R981) 키트 부카 노얀이 훌레구 칸의 선봉으로서 이단자들의 성채가 있는 방면으로 출정해서 그것들을 함락시키기 위해 노력한 것, 그리고 알라 앗 딘이 죽음을 당하고 후르샤가 그의 부친의 자리에 앉은 이야기

키트 부카 노얀은 650년 주마디 알 아히르월(1252. 8)에 뭉케 카안의 어전에서 훌레구 칸의 선봉으로 이단자들(malāḥida)의 고장을 치기 위해서 출정하였다. 〔6〕[120]51년 무하람월 초(1253. 3)에 강을 건너서 쿠히스탄 지방을 약탈하기 시작하여 그 지방들 가운데 일부를 점령하였다.

그곳에서 5000명의 기병 및 보병과 함께 〔6〕51년 라비 알 아발월(1253. 5) 기르드쿠흐의 발치에 도착하였다. 성채의 주변에 해자를 파고 그 둘레에 견고한 성벽을 쌓으라고 지시했다. 병사들은 그 성벽의 뒤에서 사냥 대형(jīrge)을 만들었다. 병사들의 둘레로는 또 다른 해자와 성벽을 매우 깊고 높게 만들어서, 병사들은 그 사이에 안전하게 머물고 또 양측에서 교전이 벌어지지 않도록 하였다.

그는 부리(Būrī)를 그곳에 남겨두고 (자신은) 미흐린(Mihrīn) 성채[121]로 가서 그곳을 포위하고 투석기(manjānīq)를 배치하였다. 그해 주마디 알 아히르월 제8일(1253. 8. 5)에 샤흐디즈(Shāhdiz)[122]로 와서 모두 죽이고 돌아갔다. 메르키테이(Merkitāī)는 병사들과 함께 타룸(Ṭārum)과 루드바르(Rūdbār)[123] 지방으로 가서 황폐하게 만들고, 그곳에서 만수리야

---

120) '600'이라는 숫자가 A본에는 없으나 B본에는 우측 난외에 다른 필체로 추가되어 있다.

121) Mihrīn (Mahrīn) 혹은 Mahr Nigar는 카스피 해 남부에 있던 이스마일리파의 요새 이름이다. S. F. Virani, *The Ismailis in the Middle Ages: A History of Survival, a Search for Salvation*(Oxford: Oxford University Press, 2007), p. 41.

122) '왕의 성채'라는 뜻을 지닌 이 요새는 셀죽크조의 말릭 샤(Malik Shāh)가 1107년 이스파한 부근에 있는 한 산의 정상에 건설한 것으로 알려져 있다. Le Strange, *The Land*, p. 205. 담간에서 북쪽으로 22킬로미터 떨어진 곳에 위치한 만수르 쿠흐(Manṣūr Kūh) 산 정상에 세워졌다.

123) 두 도시 모두 카스피 해 서남부로 흘러 들어가는 사피드 루드(Safid Rud) 강가에 위치해 있다.

(Manṣūriya)와 알루니신(Aluhnisīn)[124)]의 발치에 와서 (R982)18일간 살육을 행하였다.

〔6〕51년 샤왈월 제9일(1253. 12. 2) 기르드쿠흐 측에서 갑자기 야습을 감행해 와서 사냥 대형을 무너뜨리고 몽골인들을 죽였다. 그들의 지휘관이던 아미르 부리도 사망했다. 키트 부카 노얀은 다시 쿠히스탄을 공략하고 툰(Tūn),[125)] 투르시즈(Turshīz),[126)] 지르 쿠흐(Zīr Kūh)에서 모든 사람들을 몰아내서 죽이고 약탈하고 포로로 끌고 갔다. 상술한 해[127)] 주마디 알 아발월 제10일(1254. 6. 28)에 툰과 투르시즈를 점령하였고, 샤반월 초(1254. 9 중순)에 미흐린 성채를 취하였다. 라마단월 제27일(1254. 11. 10)에 카말리(Kamālī) 성채[128)]를 빼앗았다.

기르드쿠흐에서 이단자들의 군주였던 알라 앗 딘 무함마드('Alā' al-Dīn Muḥammad)에게 소식이 전해졌는데, 성채 안에 역병(wabā)이 돌기 시작하여 전투 인원들 대부분이 죽었으며 성채의 함락이 임박했다는 것이었다. 무바리즈 앗 딘 알리 투란(Mubāriz ad-Dīn 'Alī Tūrān)과 슈자 앗 딘 하산 아스타라바디(Shujā' ad-Dīn Ḥasan Astarābādī)가 110명의 용맹한 전사들과 함께 기르드쿠흐 사람들을 돕기 위해 도착했다. 각 사람이 1만(mann)[129)]의 헤나(ḥenna)[130)]와 3만의 소금을 갖고 가도록 했

---

124) 둘 다 확인할 수 없는 지명이다. 그러나 만약 여기의 만수리야가 뒤에 나오는 '만수리야 정원'과 같은 것이라면 후라산의 투스 부근으로 볼 수도 있을 것이다.

125) 툰(Tūn)은 카인(Qāyin)에서 서쪽으로 50마일 떨어진 곳에 있다. Le Strange, *The Land*, pp. 353~354.

126) 투르시즈(Turshīz)는 쿠히스탄 서북방에 위치한 부쉬트(Būsht 혹은 Pūsht) 지구의 중심 도시이다. 1136년경 이스마일리파가 그곳을 정복하고 그 주변을 자신들의 근거지로 삼은 바 있다. Le Strange, *The Land*, pp. 354~355.

127) 그러나 이는 "그 다음 해"(652년)가 되어야 옳다.

128) 이 역시 미흐린과 함께 카스피 해 남부 담간과 기르드쿠흐 부근의 요새의 명칭이다.

129) mann은 무게의 단위이며 서아시아에서는 고대 이래로 줄곧 사용되어 왔으나 시대와 지역에 따라 정확한 무게에는 차이가 있었다. 1300년경 가잔 칸이 도량형 제도를 개혁할 때 1 mann을 260 dirham(1 dirham=3.2 gram)으로 확정했기 때문에, 일 칸국에서 채택된 공식적인 기준으로 볼 때

는데, 그것은 성채 안에 소금이 다 떨어졌기 때문이었다.

비록 헤나가 역병을 막는 데 좋다고 책들에 기록되어 있지는 않지만, 〔다음과 같은 이야기도 전해진다.〕 어떤 아미르의 딸이 시집을 갔는데 그녀의 손과 발이 헤나에 묻어서 그것을 씻었다. 〔포위로 인하여〕 물이 귀했기 때문에 사람들이 그 물을 마셨는데, 〔그 물을 마신〕 사람들 가운데에서는 한 사람도 죽지 않았다. 그래서 그 사람들을 증험으로 여겨서 헤나를 구하려고 했던 것이다. 간단히 말해서 그 110명은 포위하고 있던 사람들을 어찌나 〔용맹하게〕 공격하고 〔그곳을〕 통과하였는지, 해자에 떨어져 발을 삔 한 사람을 제외하고는 누구도 상처를 입지 않았을 정도였다. 사람들은 그를 어깨에 메고 성채 안으로 데리고 갔다.

기르드쿠흐의 〔수비〕 상황이 다시 견고해졌다. 〔6〕53년[131] 둘 카다윌 마지막 날 화요일 밤(1255. 12. 31), 알라 앗 딘의 시종관(ḥājib)이던 하산 마잔다라니(Ḥasan Māzandarānī)가 그(알라 앗 딘)의 아들 후르샤(Khūr-shāh)와 모의를 한 뒤 시르 쿠흐(Shīr Kūh)라는 곳에서 그가 술에 취해 잠들어 있던 날 밤에 그를 도끼로 쳐서 죽이고 후르샤를 아버지 대신 보좌에 (R983)앉혔다. 알라 앗 딘의 사건으로 인해 몇몇 사람들이 의심을 받게 되었다. 후르샤는 비록 하산 마잔다라니와 상의를 해서 아버지를 죽이기는 했으나 그를 신뢰할 수 없었다. 그래서 그는 하산 마잔다라니에게 보내는 편지를 하나 써서 한 심복에게 갖다 주라고 하였다. 그리고 그가 그것을 읽느라고 정신이 팔려 있을 때 찔러서 죽였다. 후르샤는 그런 사실을 공표하고, "그가 나의 아버지를 죽였기 때문에 그를 내가 죽인

---

1 mann= 832 gram인 셈이다. Walther Hinz and E. A. Davidovich, *Musul'manskie mery i vesa s perevodom v metricheskuiu sistemu. Materialy po Metrologii Srednevekovoi Srednei Azii*(Moskva, 1970), pp. 25~27.

130) 꽃의 이름으로 손이나 몸에 물을 들일 때 염료로 사용된다.

131) A·B본 모두 '〔6〕50년'이라고 되어 있으나 '〔6〕53년'이 되어야 옳다.

것이다."라고 말하였다. 그는 그(하산 마잔다라니)의 자식들을 광장에서 화형에 처하라고 명령했다. (몽골인들은) 둘 히자월 제26일 일요일(1256. 1. 26)에 디즈 샬(Diz Shāl)[132]을 사흘간의 전투 끝에 점령하였다. 完!

쿠히스탄의 태수인 나시르 앗 딘이, 사신으로 그를 찾아갔던 말릭 샴스 앗 딘 케르트와 함께 훌레구의 어전으로 오게 된 이야기

〔225r〕〈194v〉 훌레구 칸은 말릭 샴스 앗 딘 케르트를 사르타흐트(Sartakht) 성채[133]에 있는 나시르 앗 딘 태수(muḥtasham)에게 사신으로 파견했다. 그는 당시 노쇠하였지만 명령을 받들어 말릭 샴스 앗 딘과 함께 주마디 알 아발월 제17일(1256. 6. 12)에 여러 가지 선물을 가지고 어전으로 찾아왔다. 그는 궐하에 조아렸고 (훌레구는) 제왕의 애정으로 그 선물들을 받아들이는 은사를 베풀었다. 그리고 말하기를 "그대는 처자식들을 불쌍히 여겨 (이렇게) 내려왔는데, 어찌해서 성채 안에 있는 사람들은 데리고 오지 않았는가?"라고 하였다. 그가 "그들에게는 후르샤가 군주입니다. 그들은 그의 명령을 듣습니다."라고 대답하자, 훌레구 칸은 그에게 칙령(yarlīgh)과 패자(pāīza)를 주고 툰 시의 하킴으로 임명하여 보냈다. 그는 655년 사파르월(1257. 2)에 사망했다.

훌레구 칸은 그곳에서 이동해 와서 (R984)자바(Zāwa)와 하프(Khwāf)의 경계에 이르렀을 때 갑작스레 병에 걸렸다. 쿠케 일게이(Kūkā Īlgāī) 노얀과 키트 부카 노얀에게, 지명한 다른 아미르들과 함께 가서 나머지 지방들을 정복하라고 하였다. 그들이 쿠히스탄의 경계에 도착했을 때 무뢰

---

132) 사본에 따라 DR ShAL, DR SAL, DR AN SAL 등으로 표기되어 있으나, 여기서는 A·B본에 따랐다. 정확히 확인되지 않은 지명이다.

133) 아프가니스탄 북부 바드기스(Badghis) 지방의 산지에 위치한 성채.

배들이 약간의 저항을 했지만 일주일 만에 그들 모두를 붙잡았다. 성벽들을 허물어뜨리고 살육과 약탈을 한 뒤 포로를 끌고 갔다. 라비 알 아히르월 제7일(1256. 5. 4)에 툰 시의 성문에 도착하여 투석기를 배치하고 전투에 들어갔다. 그달 제19일(5. 16)에 시내를 점령하였다. 장인들을 제외한 나머지는 모두 죽였다. 승리의 군대는 〔자바와 하프의 경계에 머물고 있던〕 훌레구 칸의 어전으로 왔고, 〔그 뒤 모두 함께〕 투스로 향하였다. 完!

훌레구 칸이 투스와 쿠찬의 변경에 도착하여 건물들을 다시 지으라고 지시한 것, 그리고 담간(Dāmghān) 방면으로 향하여 알라무트와 람사르를 파괴하고 후르샤를 복속시킨 이야기

훌레구 칸이 투스에 도착하자, 아르군 아카가 조성한 정원에 나시즈(nasīj)[134]로 만든 천막(khayma), 즉 카안의 명령에 따라 훌레구 칸을 위해서 제작한 천막을 치고, 그 정원 안에 숙영하였다. 그곳에서 아르군 아카가 건물들을 허물어뜨린 뒤에 만든 만수리야 정원(Bāgh-i Manṣūriya)으로 갔다. 아미르 아르군의 부인들과 호자 이즈 앗 딘 타히르(Khwāja 'Izz al-Dīn Ṭāhir)가 그곳에서 음식(tuzghū)[135]을 바쳤다. 다음 날 라드칸(Rādkān) 초원[136]으로 옮겨 그곳〔의 경관〕을 즐기기 위해 잠시 머

134) 즉 금사로 짠 직물을 가리킨다.

135) AB: TRĞW. 그러나 TZĞW로 읽어야 옳으며, 앞에서도 설명했듯이 지체 높은 사람이 지나갈 때 선물로 드리는 공궤를 뜻한다.

136) 라드칸 초원은 쿠찬의 동북방, 즉 투스로 가는 도중의 중간 지점에 위치해 있었다. 아르군 아카가 받은 분지로 그의 딸인 미리 카툰(Mīrī Khātūn)이 세운, 상당히 유명한 장례용 탑(funerary tower)이 있었다고 한다. V. Minorsky, "Geographical Factors in Persian Art," *Bulletin of the School of Oriental and African Studies*, vol. 9, no. 3(1938), p. 633. 또한 라드칸은 셀죽크조의 유명한 재상인 니잠 알 물크가 출생한 곳으로 유명하다. Le Strange, *The Land*, pp. 393~394.

물렀다. 메르브와 야지르(Yāzir)[137]와 디히스탄(Dihistān)[138] 및 다른 지방에서 포도주와 풍부한 양식('ulūfa')을 갖고 왔다. 그 뒤 하부샨(Khabūshān)으로 왔는데, 몽골인들은 그곳을 '쿠찬(Qūchān)'이라고 부른다.[139] 그 마을은 몽골 군대가 도착했을 때부터 이미 방치되어 있었는데, (R985)훌레구 칸이 건물들을 새로 지으라고 지시하였다. 그리고 그에 필요한 경비는 재고(財庫)에서 지출하도록 하여 백성들에게 부담이 가지 않도록 하였다. 지하수로들(kāhrīzhā)이 다시 흐르게 했고 작업장(kār-khāna)을 건설했으며, 대사원의 옆[140]에는 정원을 건설하였다. 재상이자 책임자(mudabbir)였던 세이프 앗 딘 아카(Sayf al-Dīn Āqā)는 대사원을 지을 수 있도록 경비를 제공하였다. 〔훌레구〕 어전에 있던 아미르와 대신들에게는 각자 자신들의 지위와 신분과 능력에 따라 그곳에 집을 지으라고 지시하였다.

그리고 그곳에서 이동하였다. 이단자들의 〔군주인 루큰 앗 딘〕 후르샤에게 사신으로 보냈던 벡 티무르 코르치(Bīk Timūr Qōrchī)와 자히르 앗 딘 시파흐살라르 비틱치(Zahīr ad-Dīn Sipāhsālār Bītikchī)와 샤

---

137) 바르톨트(Barthold)에 따르면 "아쉬카바드(Ashkabad)와 키질 아브라트(Qizil Avrat) 중간쯤에 두룬(Durun)이라는 읍이 하나 있는데, 거기에 몽골 이전 시대의 탁(Tāq)이라는 성채가 하나 있다. 그것은 늦어도 13세기 초까지는 그곳에 정착한 투르크 부족의 이름을 따라 야지르(Yazir)라는 이름을 얻게 되었다."라고 한다. Juwayni/Boyle, vol. 2, 151, note 8 참조.

138) 바드기스 지방의 주요 도시이며 헤라트 동북쪽에 위치해 있다. Le Strange, *The Land*, p. 414.

139) 하부샨은 Qūchān 혹은 Khūjān이라고도 불렸으며, 그곳의 소호 평원에서 두 개의 강이 발원한다. 아트라크(Atrak) 강은 그곳에서 서쪽으로 흐르고, 마쉬하드(Mashhad) 강은 동쪽으로 흐른다. 아랍의 지리학자들은 그곳을 Ustuvā라고도 불렀는데 '고지대'라는 뜻이다. 그 동쪽으로 위치한 도시가 니사(Nisā)이다. Yāqūt(1179~1229)는 쿠샨(Khūshān)이라는 도시에 모두 93개의 촌락이 속해 있다고 기록하였다. 본문에도 나와 있듯이 몽골의 침공으로 폐허가 되다시피한 이 도시에 훌레구가 새로운 건물을 짓도록 하여 재건을 시작했고, 그의 손자인 아르군이 더욱 도시를 확장시켰다. Le Strange, *The Land*, p. 393.

140) A·B본에는 JNT로 되어 있으나 색스턴과 로샨처럼 JNB, 즉 janb(옆)으로 읽는 쪽이 더 자연스러워 보인다.

아미르(Shāh Amīr) 등은 칙명을 전달하고 주마디 알 아히르월 29일(1256. 7. 24)에 돌아왔다. 바로 〔그날〕[141] 군대가 이단자들의 성채에 도착하여 공격을 시작하였다. 〔6〕54년 샤반월 제10일(1256. 9. 2)에 하라칸(Kharraqān)[142]과 비스탐(Bisṭām)[143]에 도착하였다. 헤라트의 감관(shaḥna)인 메르키테이(Merkītāī)를 베클레미시(Bīklemīsh)와 함께 루큰 앗 딘 후르샤에게 사신으로 파견하여 위협과 협박을 하였다.

그때 세상에서 가장 완벽하고 학식이 높은 마울라나 사이드 호자 나시르 앗 딘 투시(Maulānā Sa'īd Khwāja Naṣīr ad-Dīn Ṭūsī)[144]가 있었다. 그리고 라이스 앗 다울라(Ra'īs al-Dawla)와 무와팍크 앗 다울라(Muwaffaq al-Dawla)와 같은 탁월한 의사들 및 그의 자식들은 자기 의지와는 무관하게 그 나라에 체류하고 있었다. 후르샤의 조치와 행동이 적절치 못할 뿐만 아니라 그의 성품에 포악함이 굳게 새겨지고 그의 행동에 광적인 면들이 나타나자, 그들의 마음은 이단자들을 위해 봉사하는 데에 염증을 느끼게 되었고 가능하면 신속하게 훌레구 칸을 위해 일해야겠다는 마음이 생겨났다. 그들은 그런 희망을 일찍부터 품었고, 어떻게 하면 가장 쉽고 또 좋은 방법으로 그가 그 왕국을 장악하게 할 수 있을지 줄곧 서로 은밀하게 상의해 왔다. 상당히 많은 수의 이방인과 무슬림들이 그들과 〔225v〕〈195r〉 합류했고 그런 문제에 관해서 모두 생각을

---

141) A·B본에는 없으나 다른 사본에 의거하여 보충.

142) 하라칸은 카즈빈 부근의 지명으로 널리 알려져 있는데 비스탐과는 상당히 거리가 떨어져 있어(약 400킬로미터) 본문에서 언급한 곳은 아닌 듯하다. Ḥamd Allāh Mustawfī에 따르면 사바(Savah)에서 서쪽으로 4리그 떨어진 곳에도 하라칸이라는 지명이 있기 때문에 혹시 그곳을 가리키는 것이 아닐까 싶다. G. Le Strange tr., *The Geographical Part of the Nuzhat-al-qulūb composed by Ḥamd-Allāh Mustawfī of Qazwīn in 740(1340)* (Leyden: E. J. Brill, 1919), p. 68 참조.

143) 이란 동북부 심난(Simnān) 성에 위치한 도시.

144) 나시르 앗 딘 투시가 그의 본명이지만 그에 대한 존경의 뜻이 담긴 '마울라나 사이드 호자(우리의 사부이자 행운의 스승)' 혹은 '호자 자한(세상의 스승)'과 같은 수식어가 붙는 경우가 많다.

같이했다.

그런 까닭으로 그들은 노력을 기울였고 후르샤를 〔훌레구 칸에게〕 복속케 하려고 계속해서 자극하고 압박을 가하였다. 그 역시 (R986)이를 받아들여 사신들의 방문을 관대하게 받아들이고, 자신의 동생인 샤힌샤(Shāhinshāh), 호자 아실 앗 딘 주자니(Khwāja Aṣīl al-Dīn Zūzanī)를 자기 왕국에 속하는 한 무리의 귀족들과 함께 훌레구 칸의 어전으로 파견하였다. 복속을 표시하는 문제와 관련하여 군주께서는 그들을 환대해주었고 다시 한 차례 사신들을 지명하여 사드르 앗 딘(Ṣadr al-Dīn), 자히르 앗 딘(Ẓahīr al-Dīn), 툴렉 바하두르(Tūlek Bahādur), 박시(Bakhshī), 마주크(Māzūq) 등을 후르샤에게 보냈다. 그래서 만약 복속을 할 것이면 성채들을 허물고 자신이 직접 어전으로 오라고 하였다. 후르샤는 대답하기를, "나의 부친은 〔당신에게〕 대항을 했지만 나는 복속을 하겠습니다."라고 하였다. 그리고 그는 메이문디즈(Maymūndiz),[145] 알라무트(Alamūt), 람사르(Lamsar)와 같은 성채들을 일부[146] 파괴하고 보루(KNKR)들을 무너뜨렸으며 성문들을 넘어뜨렸다. 이렇게 성벽을 무너뜨리는 데에 열중하였고, 밖으로 나오는 것에 관해서는 1년의 말미를 줄 것을 청하였다.

훌레구 칸은 그에게 파멸의 시점이 다가왔다는 사실과 사신들의 왕래를 통해서는 그를 징벌할 수 없으리라는 것을 알고, 654년 샤반월 제10일(1256. 9. 2)에 비스탐에서 출정하여 그들의 성채와 지방이 있는 곳으

145) 메이문디즈가 알라무트 부근의 요새였을 것으로 추정되지만, 그 정확한 위치에 대해서는 학자들 사이에 이견이 있었다. 그러나 최근 고고학적 발견으로 알라무트 계곡에서 멀지 않은 샴스 킬라야(Shams-Kilaya) 부근이라는 주장이 제기되었다. 성채가 있던 정상에서 샘이 하나 발견되었고 측면에서도 3개의 샘이 더 확인되었으며, 강물을 성채의 발치 부분으로 유도한 흔적도 발견되었다고 한다. *Encyclopaedia of Islam*, vol. 3, p. 502 ("Ḥiṣn").

146) 동일한 기사는 『세계정복자사』에도 보임.

로 향하였다. 그리고 이라크와 다른 지방에 있던 군대들에 대해서는 만반의 대비를 하라고 지시를 내렸다. 우익에는 부카 티무르(Būqā Tīmūr)와 쿠케 일게이(Kūkā Īlgāī)가 마잔다란 루트로 진격하고, 좌익에는 테구데르 오굴(Tegūder Oghūl)과 키트 부카 노얀이 하르(Khwār)[147]와 심난 길을 거쳐서 나아갔으며, 훌레구 칸은 중앙—몽골인들은 이것을 '콜(qōl)이라고 부른다 —에서 1만의 탁월한 용사들과 함께 진격하였다.

〔詩〕

그들이 진군하니 온 땅이 캄캄해지는도다

기사들의 흙먼지로 하늘은 눈이 멀었노라

〔공격에〕 앞서서 다시 한 번 사신들을 보내어, "출정은 결정되었다. 후르샤가 비록 죄를 짓기는 했지만 만약 그가 어전으로 나온다면 죄를 용서해줄 것이다."라고 하였다. 세계정복자의 깃발이 승승장구하면서 피루즈쿠흐(Fīrūzkūh)[148]를 지났을 때 사신들이 돌아왔는데, 재상인 카이 코바드(Kay Qobād)와 함께 왔다. (R987)그는 성채를 파괴하라는 요구를 수용하고, 후르샤가 출성하는 데에 1년의 말미를 달라고 〔한 번 더〕 청원하였다. 또한 알라무트와 람사르는 오래된 주거지이기 때문에, 만약 파괴를 면제해주면 나머지 다른 성채들은 복속할 것이며 어떠한 명령에도 복종할 것이라고 하였다. 그는 보증서(parvāna)[149]를 보내 기

---

147) 현재의 지명은 가름사르(Garmsār).

148) 다마반드 산에서 동남쪽으로 60킬로미터 정도 떨어진 곳에 있는 지명.

149) 보일(Boyle)은 parvāna를 patent, warrant 등으로 번역하였다. Juwayni/Boyle, p. 543, p. 619 참조. 또한 군주가 발행하는 명령서 등에 찍는 인장을 소지하고 관리하는 고관을 Parvāna, 혹은 Ṣāḥib Parvāna라고도 불렀다. J. A. Boyle ed., *The Cambridge History of Iran,* vol. 5(The Saljuq and the Mongol Period)(Cambridge: Cambridge University Press, 1968), p. 361.

르드쿠흐와 쿠히스탄에 있는 수령들이 어전에 오도록 하겠다고 하였다. 그는 이런 방식으로 임박한 운명을 피할 수 있으리라고 생각했다.

세계정복자의 깃발이 라르(Lār)[150]와 다마반드(Damāvand)[151] 지방에 이르자 〔훌레구는〕 샴스 앗 딘 길레키(Shams al-Dīn Gīlekī)를 기르드쿠흐로 보내어 그곳의 수령을 어전에 오도록 하였다. 그리고 카스란(Qasrān)[152]으로 향하여 행군 노상에 위치한 샤흐디즈를 포위하고 이틀 만에 함락시켰다. 다시 사신을 보내어 후르샤에게 내려오도록 하였는데, 그는 사신들과 함께 자기 아들 및 300명의 징발된 사람들(mard-i hasharī)을 보내고 성채들을 모두 파괴하라는 요구를 받아들이겠다고 하였다. 훌레구 칸은 라이(Rayy)[153] 〔지방〕의 압바스아바드('Abbāsābād)[154]에서 〔진격을〕 멈추고 기다리기로 하였다. 〔6〕54년 라마단월 17일(1256. 10. 8) 〔후르샤는〕 후궁의 소생인 7~8살 된 아들 하나를 사신들 및 한 무리의 대인과 귀족들과 함께 파견하였고, 훌레구 칸은 그를 정중하게 맞이하였지만 그가 아직 어리기 때문에 돌아가도록 했다. 만일 루큰 앗 딘이 오는 것이 더 지체된다면 〔후르샤의 동생인〕 샤힌샤는 〔아직 어리기 때문에〕 몇 년 더 있다가 다시 〔훌레구의 어전으로〕 보내

---

150) 다마반드 서북쪽 인근의 지명으로 현재도 라르(Lar)라는 강이 흐르고 있다.

151) 다마반드는 이란 중북부에 있는 해발 5,610미터의 이란 최고봉으로 그 정상에는 만년설이 쌓여 있다. 이란인들의 전설에 의하면 이 산은 영웅 루스탐의 아버지인 잘(Zāl)을 보호하고 양육했던 신비의 새 시무르그(Sīmurgh)의 고향이기도 하다.

152) 라이에서 하루 거리에 위치한 지명. Le Strange, *The Land*, p. 216. 현재는 테헤란 지구에 속하는 Rudbar-e Qasran이라는 이름으로 알려져 있다.

153) 라이는 현재 테헤란 바로 남쪽 근교에 위치한 소도시이나 과거에는 매우 중요한 위치를 점했다. 그리이스 자료에는 Raghes라는 이름으로 알려졌다. 그러나 이미 10세기경이 되면 이 도시는 쇠락하기 시작했고, 1220년 몽골군의 침공과 파괴로 결정적인 타격을 입었다. 가잔 칸은 라이를 재건해 보려고 노력했지만 실패했고, 이미 이 지역의 중심지는 라이 남쪽에 있는 바라민(Varāmīn)과 북쪽에 있는 테헤란으로 옮겨간 뒤였다. Le Strange, *The Land*, pp. 214~218.

154) 다마반드에서 서남쪽으로 17킬로미터 떨어진 지점에 위치해 있다.

고, 〔그 대신〕 다른 형제 한 사람을 보내도록 하였다.

〔이에 따라〕 루큰 앗 딘은 또 다른 동생인 시란샤(Sīhrānshāh)와 아실 앗 딘 주자니를 300명의 사람들과 함께 샤왈월 제5일(1256. 10. 26)에 어전으로 보냈고, 그들은 라이 부근에서 〔폐하를〕 알현하게 되었다. 샤왈월 제9일(10. 30)에 칙령과 함께 돌려보냈는데 그 내용은 "〔네가〕 복속을 표시해왔으니 부친과 그 속료들의 죄과를 용서해주었다. 그리고 현재 부친의 자리에 앉아 있는 루큰 앗 딘 자신은 죄를 짓지 않았기 때문에, 성채들을 허물어뜨린다면 모든 (R988)사항에서 우리의 위협에서 안전하게 될 것이다."

그러고는 원형으로 주둔하고 있던 군대에게 명하여 몰이사냥의 대형으로 출정하라고 지시하였다. 갑자기 여러 방향에서 그들 〔즉 후르샤와 그의 사람들〕을 덮쳤다. 부카 티무르와 쿠케 일게이는 이스피다르(Ispīdār) 방면에서 접근했고, 후르샤는 그들에게 전령을 보내어 "우리가 이미 복속했고 성채를 허물어뜨리고 있는데 당신들이 이곳에 온 까닭은 무엇인가?"라고 물었다. 그들은 "양측에서 화합의 길을 선택했기 때문에 목초지를 찾아서 온 것이다."라고 말했다. 훌레구 칸은 〔6〕54년 샤왈월 제10일(1256. 10. 31) 피시킬레(Pīshkile)에서 탈리칸(Ṭāliqān)[155] 길을 통해 진군하여 그들의 지방의 변경을 공격하러 갔다. 만약 그날 밤 많은 비가 내리지 〔226r〕〈195v〉 않았다면 후르샤는 그 성 아래에서 포로가 되었을 것이다. 샤왈월 제18일(11.8) 메이문디즈를 마주하고 북쪽에 위치한 한 지점에서 하늘을 찌를 듯한 〔훌레구의〕 산개(傘蓋)가 펼쳐

---

155) 무스타우피에 의하면 피시킬레(혹은 피시킬 다라)는 카즈빈의 서쪽, 탈리칸의 남쪽에 위치해 있었으며, 40개의 촌락으로 이루어졌다고 한다. 또한 탈리칸은 매우 비옥한 고장으로서 올리브와 석류로 유명했다. 현재 카즈빈 동쪽 엘부르즈 산지에 있는 탈리칸과는 다른 곳으로 보인다. 이 두 지방은 타룸과 함께 지발(Jibal) 지방을 구성하는데, 엘부르즈 산맥을 경계로 북쪽에 있는 다일람이나 타바리스탄과 격절되어 있었다. Le Strange, *The Land*, p. 225.

졌다. 다음 날 다시 성채를 돌면서 전투 장소를 조사하고 관찰하고, 그 출구와 입구를 살펴보았다. 다음 날(11. 10) 성채의 주위 사방에서부터 병사들이 도착했는데 말로 표현할 수 없을 정도로 많은 수였다. 6파르상(36킬로미터) 정도인 성채의 둘레를 포위[156]하였다.

그러나 성채가 견고하여 함락하기가 어려웠다. 〔훌레구 칸은〕 왕자들과 아미르들과 함께, 포위를 할지 아니면 돌아갈지, 아니면 내년까지 머물면서 두고 볼지 등에 대해서 상의를 했다. 그들은 "〔현재〕 겨울인 데다가 가축들도 여위었기 때문에 〔공격을 계속하려면〕 아르메니아 방면에서 키르만 변경까지 목초를 운반해야만 합니다. 돌아가는 것이 낫습니다."라고 말했다. 〔반면〕 부카 티무르와 세이프 앗 딘 비틱치(Sayf al-Dīn Bītikchī)와 아미르 키트 부카는 포위를 계속하자고 주장했다.

훌레구 칸은 다시 사신을 보내어, 관용과 위협의 언사를 섞어서 말하기를, "만약 네가 내려오면 그로 인해서 약하고 가난한 모든 사람들의 생명은 구원될 것이다. 만약 5일 이내에 어전으로 오지 않는다면, 성채를 굳게 방어하고 결전을 할 각오를 하라."고 하였다. 후르샤는 나라의 아미르 및 대인들과 상의를 하였는데 그들은 각자 자기의 의견을 말할 뿐이어서 그는 갈피를 잡지 (R989)못하였다. 그러나 저항할 힘이 없다는 것을 깨달은 〔후르샤는〕, 먼저 또 다른 형제인 이란샤(Īrānshāh)와 자기 아들 투르키아(Turkiyā)[157]를 호자 나시르 앗 딘—알라의 선하심이 그에게 풍성하게 되기를!—과 동반케 하고, 〔또 호자 아실 앗 딘 주자니를〕[158] 한 무리의 재상과 귀족과 유력자 및 군지휘관들과 함께 밖으로 보냈다. 헤아릴 수 없이 많은 선물과 귀중품을 갖고 금요일, 샤왈월 제27일

156) 사본들에는 nerge라고 표기되어 있지만 jerge라고 해야 옳다.
157) B본에는 '투르키아'라는 단어 위의 행간에 'Tūrān Shāh'라는 단어가 다른 필체로 추가되어 있다.
158) 이 부분은 A본에는 보이지 않고, B본에는 좌측 난외에 다른 필체로 추가되어 있다.

(11. 17)에 어전에 도착했다. 그들을 분산시켜 숙박케 하고 심문하였다.

후르샤 자신은 654년 둘 카다월 제1일 일요일(1256. 11. 20)에 나라의 대신들과 상의한 뒤 호자 자한 나시르 앗 딘 투시 및 호자 아실 앗 딘 주자니 그리고 재상 무아야드 앗 딘(Mu'ayyad al-Dīn) 및 그의 자식들인 라이스 앗 다울라와 무와팍크 앗 다울라(Muwaffaq al-Dawlā) 등과 함께 성채에서 내려왔다. 그는 200년이나 된 집에 작별을 고하고 지고한 어전의 땅에 키스를 하였다. 호자 나시르 앗 딘은 이에 관해서 연도를 나타내는 다음과 같은 시를 지었다.

아랍의 연대로는 654년
둘 카다월 첫날 일요일 새벽
후르샤, 이스마일리파의 제왕이 보좌에서
일어나, 훌레구 칸의 보좌 앞에 섰노라.

훌레구 칸은 후르샤를 보자 그가 어린아이이며, 세상을 경험하지 못하고 주관이나 판단이 없는 나이임을 알고, 그를 위무하고 좋은 약속들을 해주었다. 사드르 앗 딘(Ṣadr al-Dīn)을 파견해서 쿠히스탄과 루드바르와 쿠미시(Qūmish)[159] 지방에서 그의 조상 대대로 오랜 세월에 걸쳐 차지했던 모든 성채와 성곽들, 그리고 집기와 재물들로 넘쳐나는 그것들을 접수하게 하였다. 그 〔성채들의〕 숫자는 100에 이르렀다. 쿠투발(kūtūwāl)[160]들을 내려오게 하고 기르드쿠흐와 람사르를 제외하고는 모

159) 엘부르즈 산맥 동남쪽 끝 부분에 위치.

160) 쿠투발(kutwāl로 표기되기도 함)은 성채 즉 성벽, 보루, 성문 등의 경비 책임자를 지칭한다. 그 밖에 시장의 거래를 조사하고, 밤에 순찰을 돌거나 시내의 질서를 유지하는 업무를 담당했다고 한다. R. D. McChesney, *Waqf in Central Asia: Four Hundred Years in the History of a Muslim Shrine, 1480-1889*(Princeton: Princeton University Press, 1991), pp. 185~186.

든 것을 파괴하였다. 그의 친족과 속민들은 람사르를 1년 정도 (R990) 수비했지만 그 뒤 역병이 발생하여 많은 사람들이 사망했고, 나머지는 하산하여 다른 사람들〔의 운명〕과 합류하였다. 〔사람들은〕 기르드쿠흐에서 20년간 버텼지만 결국 아바카 칸의 시대에 하산하고 죽음을 당하여 정복되고 말았다.

간단히 말해서 후르샤는 자신의 모든 부하들을 메이문디즈에서 내려오도록 하였다. 그가 상속받고 또 소유하던 재화와 묻어둔 재화들은 비록 풍문처럼 많지는 않았지만 그 모두를 헌납하였고, 제왕은 그것을 아미르와 군대에게 배분해주었다. 세계정복자의 깃발은 그곳을 출발하여 알라무트의 발치에 도달했다. 루큰 앗 딘을 성채 아래로 보내서 그들로 하여금 내려오도록 하였다. 군대의 선임 지휘관은 주저했고 훌레구 칸은 볼가이(Bolghāī)에게 포위하게 한 뒤 이삼일간 치고 빠지는 전투(karr-o-farrī)를 하였다.

그 뒤 그들에게 안전을 보장하는 칙명(yarlīgh-i amān)을 보냈고, 그들은 〔6〕54년 둘 카다월 26일 토요일(1256. 12. 15)에 하산하고 성채를 넘겨주었다. 몽골인들은 그 위로 올라가 투석기를 부수고 성문을 허물어버렸다. 주민들은 물건들을 옮기기 위해 사흘간의 말미를 원했고, 나흘째 되던 날 병사들이 당도하여 약탈을 시작했다. 훌레구 칸은 알라무트를 살피기 위해 언덕 위로 올라갔는데, 그 산의 거대함에 〔226v〕〈196r〉 경악을 금치 못하였다. 관찰을 한 뒤 내려와 거기서 이동하였다.

그 부근에 있는 람사르는 동영지였기 때문에 그곳에 숙영하였다. 그로부터 며칠 뒤 다이르 부카(Ṭāīr Būqā)를 일부 군대와 함께 남겨두어 그곳을 포위하게 하고 〔6〕54년 둘 히자월 16일(1257. 1. 4)에 〔귀환하였다. 같은 달 25일(1. 13) 월요일에〕[161] 신년절을 즐기러[161] 카즈빈에서 7파르상(약 42킬로미터) 떨어진 곳에 있는 대오르도(ōrdū-yi buzurg)에 숙영하였다. 일주일간 연회를 즐겼다. 제왕들과 아미르들을 위무하고 알현하였다.

호자 나시르 앗 딘 투시와 (R991)라이스 앗 다울라의 자식들 및 무와팍크 앗 다울라—중요한 의사이며 그들의 원래 고향은 하마단시였다—의 마음이 올바르다는 것이 분명히 확인되자, 그들에게 온갖 은사를 베풀고 가축을 주어서 그들에게 속한 모든 가족과 속료는 물론 하인과 수하들까지 그곳에서 데리고 나오도록 하였다. 그들은 어전에서 봉사하게 되었고, 그들 및 그들의 자손들은 훌레구 칸 폐하 및 그의 유명한 일족의 시종이자 근신으로서 봉사하였고 또 지금도 그렇게 하고 있다.

655년 무하람월 10일 목요일(1257. 1. 28)에 후르샤에게 칙령과 패자를 주어 우대하고 그에게 몽골 여자를 내려주었다. 그를 시종들 및 가축과 함께 카즈빈에 정착하도록 하였다. 그리고 그와 두세 사람을 사신들과 함께 시리아의 성채들로 보내어 제왕의 깃발이 그곳에 도착하기 전에 투항하도록 하였다. 결혼식이 끝난 뒤 훌레구 칸은 후르샤에게 안전을 보장하겠다는 약속을 했기 때문에, 그 약조를 깨고 그를 죽이기를 원치 않았다. 뿐만 아니라 시리아 지방에 있는 많은 성채들이 후르샤에게 속해 있었기 때문에 그의 말을 통해서 항복하기를 희망했다. 그렇지 않을 경우 그것들을 정복하는 데에 몇 년이 걸릴 것이기 때문에, 당분간 그를 우대하고 환대하면서 보살펴주었다.

그 뒤 그를 카안의 어전으로 보냈다. 그에게 생긴 일에 관해서는 서로 엇갈린 이야기들이 있지만 사실은 다음과 같다. 즉 후르샤가 도착한다

---

161) 이 부분은 A본에는 보이지 않고, B본에는 다른 필체로 가필한 것이 보인다.

162) 원문에는 KWYNLAMYŠ. 혼다 미노부(本田實信)는 Sanglākh의 설명에 의거하여 이 단어를 keyünüklemiši로 복원하고, 그 뜻은 "의상을 입는 것, 몽골의 신년"이라고 하였다. 그러나 이 단어의 어원은 아직 알려져 있지 않다고 하였다. 그의 『モンゴル時代史研究』, pp. 445~446 참조.

는 소식이 카안에게 전해지자, 〔카안은〕 그를 왜 데리고 와서 쓸데없이 역마를 피곤하게 하느냐고 말하고, 〔227r〕〈196v〉 사신을 파견하여 그를 도중에 죽이라고 하였다. 그리고 이쪽에서는 후르샤를 보낸 뒤 그의 가족과 속료들을 남자건 여자건, 심지어 요람에 있는 어린아이까지 모두 아브하르(Abhar)[163]와 카즈빈 중간에서 몰살시켜 흔적조차 남지 않도록 하였다.

이스마일리파 왕국이 존속한 기간은 이 지방에서 177년이었고, (R992)477년(1084)—알라무트(Alamūt)[164]라는 단어가 그 〔연도〕를 암시한다—시작부터 그 마지막인 654년 둘 카다월 초(1256. 11. 20)까지였으며, 그 왕들은 7명이었는데 다음과 같은 순서이다.

첫째, 하산 빈 알리 빈 무함마드 앗 사바흐 알 하미리(Ḥasan b. ʿAlī b. Muḥammad al-Ṣabāḥ al-Ḥamīrī)

둘째, 키야이 부주르그 우미드(Kiyā-yi Buzurg Umīd). 그와 하산(Ḥasan)은 둘 다 포교자(dāʿī)[165]였다.

셋째, 무함마디 부주르그 우미드(Muḥammad-i Buzurg Umīd). 그는 알리 디크라 앗 살람(ʿAlī Dhikra al-Salam)〔이라는 이름〕으로 유명하였다.

---

163) 아브하르는 잔잔(Zanjān)과 함께 자주 언급되며 모두 카즈빈의 서쪽을 통과하는 대로상에 위치해 있다. 10세기 이븐 하우칼(Ibn Ḥawqal)은 아브하르에 쿠르드인들이 살고 있으며, 땅은 매우 비옥하고 옥수수가 많이 자란다고 기록한 바 있다. 강력한 성채가 있으며 셀죽크 시대에 그것은 보수되고 재건되었다. 잔잔 시는 아브하르에서 서북쪽으로 50마일 되는 지점에 위치해 있다. Le Strange, *The Land*, pp. 221~222.

164) 아랍어로 A, L, M, W, T의 다섯 글자는 각각 1, 30, 40, 6, 400을 상징하기 때문에 그 합은 곧 477이 된다.

165) dāʿī는 신앙을 위해 포교(daʿwa)를 하는 사람을 가리킨다. 이 단어는 초기 무타질라 일파에서 사용되기 시작했으나 나중에는 시어파에서 널리 사용되었다. 특히 이스마일리파에서 dāʿī는 일종의 위계적 질서를 유지하며 운영되었고, 그 신분 자체도 특수한 경우를 제외하고는 비밀에 붙여졌다. 이에 관해서는 M. G. S. Hodgson, "Dāʿī", *Encyclopaedia of Islam*, vol. 2(C-G)(Leiden: E. J. Brill, 1991), pp. 97~98 참조.

넷째, 하산 빈 무함마드(Ḥasan b. Muḥammad). 그도 하산니 나우 무술만(Ḥasan-i Naw Musulmān)이라고 불렸다.

다섯째, 잘랄 앗 딘 하산 빈 무함마드 빈 무함마드(Jalāl al-Dīn Ḥasan b. Muḥammad b. Muḥammad).

여섯째, 알라 앗 딘 무함마드 빈 알 하산 빈 무함마드('Alā' al-Dīn Muḥammad b. al-Ḥasan b. Muḥammad).

일곱째, 루큰 앗 딘 후르샤 빈 알라 앗 딘(Rukn al-Dīn Khūrshāh b. 'Alā' al-Dīn). 왕국이 그와 함께 끝났다.

그 성채들과 건물들을 정복한 것은 뭉케 카안과 그의 동생인 훌레구 칸의 축복과 행운의 충분함을 말해주는 분명한 증좌이니, 그는 그렇게 위대한 업적을 짧은 기간에 수월하게 성취했기 때문이다. 만약 그러한 축복이 없었다면 복속한 지방들은 식량과 음료를 조달하느라고 완전히 진멸해버렸을 것이다. 이것으로 이단자들의 고장을 정복한 이야기를 모두 마쳤다.

(R993)훌레구 칸이 이단자들의 성채를 정복한 뒤 하마단 방면으로 향한 것, 훌레구 칸이 바이주 노얀을 룸에서 소환하고 그를 다시 룸 방면으로 파견하여 그곳을 완전히 정복하라고 한 것에 관한 이야기

훌레구 칸이 이단자들의 성채들과 지방을 정복한 뒤 655년 라비 알 아발월(1257. 3)에 카즈빈 근교에서 하마단 방면으로 향하였다. 바이주 노얀이 아제르바이잔 지방에서 도착했는데, 훌레구 칸은 그에게 화를 내고 소리를 지르며 말했다. "초르마군 노얀이 죽었다. 네가 그의 자리에 앉아 이란땅에서 무슨 일을 했으며 어떤 전투에서 승리를 거두었고 또 어떤 적을 복속시켰는가. 다만 몽골 병사들이 칼리프의 위엄과 위대함 앞에 두려워 떨게 했을 뿐이 아닌가?" 이에 그는 무릎을 꿇고 탄원하였다. "제가 잘못한 것이 아닙니다. 저는 제게 정해진 임무를 수행하여 라이에서 룸과 시리아의 경계까지 복속시켰습니다. 다만 바그다드의 문제만은 그곳에 사람이 많고 군대와 무기와 장비가 엄청나며 앞에 놓인 도로가 엄중하여 군대를 그쪽 방면으로 이끌고 가기 어려웠을 뿐입니다. 공정한 제왕의 나머지 다른 명령들은 어떤 명령이든 (R994)수행하도록 하겠습니다." 이런 연유로 그의 분노의 불길이 가라앉았고 그에게 지시하기를 "너는 가야 할 것이다. 그래서 그 지방을 서쪽 바다의 해안까지 프랑스 〔국왕〕[166]과 롬바르드 〔군주〕[167]의 자식들의 손에서 빼앗도록 하라."고 하였다.

바이주 노얀은 즉시 귀환하여 룸 지방으로 군대를 이끌었다. 당시 룸의 술탄은 알라 앗 딘의 아들인 기야쓰 앗 딘 카이 후스로우(Ghiyāth al-Dīn Kay Khusraw)였고, 쾨세닥(Kōsedāgh)이라는 곳에서 바이주 노얀과 전투를 벌여 패배하였다.[168] 바이주는 룸 전체를 장악하고 살육과 약탈을 행하였다. 훌레구 칸은 제왕 쿨리(Qulī)와 발라가(Balagha)[169]와 투타르(Tūtār),[170] 대아미르들인 부카 티무르(Būqā

---

166) 원문은 AFRYNS. 이는 〔roi de〕 France를 가리킨다.

167) A: LNKTAYY; B: LNKNAR. 색스턴은 해독하기 불가능한 단어라고 하면서 전후 문맥상 'infidels'이 아닐까 추측했다. 본 역자는 이것을 LNKBAR로 읽어 Langobar〔d〕, 즉 이탈리아 반도 북부의 롬바르드로 해석하는 것이 어떨까 하는 생각을 해본다.

168) 쾨세닥(Kösedagh) 전투는 1243년 6월 26일 몽골의 장군 바이주와 룸 셀죽크의 군주 기야쓰 앗 딘 카이 후스로우(재위 1237~46) 사이에서 벌어진 것이다. 본문의 서술상 마치 훌레구의 명령을 받고 룸 지방으로 돌아간 바이주가 쾨세닥에서 전투를 벌여 승리를 거둔 것처럼 오해할 수 있으니, 라시드 앗 딘은 과거에 벌어진 사건을 이렇게 삽입시킨 것이다.

169) 로샨은 이를 Bulughā(n)으로 읽었으나 오류이다.

170) 이들 세 사람은 모두 주치계 제왕(諸王)들인데, 이들 모두 훌레구에 의해 기이한 죽음을 맞게 된다. 발라가는 한 연회석상에서 사망했고, 투타르는 무고와 반역을 꾀했다는 이유로 훌레구가 베르케에게 보내 처벌을 요구했는데 베르케가 그를 다시 훌레구에게 보내 결국 그는 1280년 2월 2일에 처형되었다. 쿨리 역시 곧이어 사망했다. 이들이 데리고 온 주치 울루스의 군대는 해산되고

Tīmūr), 쿠두순(Qudsūn)[171], 카타(Qatā), 순착(Sūnchāq)[172], 쿠케 일게이 등과 함께 〔227v〕〈197r〉 쿠지스탄(Kuzistān)[173]의 초원인 자팀아바드(Jātimābād)[174] 근처의 하마단 평원에 숙영하면서 군대의 정비와 동원에 몰두하였다.

바그다드에서 내분이 발생하여 다와트다르와 재상 사이에 반목이 생겨난 것, 바그다드 칼리프의 몰락의 시작에 관한 일화

654년(1256) 여름의 끝에 큰 홍수가 일어나 바그다드 시가 침수되어 그곳에 있는 건물들의 아래층은 물에 잠겨 눈에 보이지 않을 정도였다. 날이 갈수록 홍수는 더 심해졌고, 50일이 지난 뒤에야 잦아들기 시작했다. 이라크 지구의 반이 파괴되었고, 바그다드 사람들 사이에서는 아직도 '무스타심의 홍수'라고 회자되고 있다. 그런 와중에도 행실이 나쁘고 비천한 도적과 부랑배들이 약탈과 노략의 손길을 뻗쳐 매일같이 사람들을 죽였다.

무자히드 앗 딘 아이박 다와트다르(Mujāhid al-Dīn Aybak Dawātdār)[175]는 도적과 부랑배를 (R995)끌어모아 짧은 시간에 세력을 갖게

킵착 초원으로 돌아가거나 후라산 지방으로 가서 '네구데리안(Negüderian)'이라는 이름으로 알려진 군사집단을 이루게 되었다. 역자는 이 3인의 제왕들이 맞이한 운명을 쿠빌라이와 아릭 부케 사이에 벌어진 내전에서 훌레구가 쿠빌라이를 지지하는 쪽으로 급선회하면서 벌어진 사건이라고 해석한 바 있다. 졸저 『몽골제국과 고려』, pp. 70~71 참조.

171) AB: QDSWN.

172) 그의 이름은 원래 몽골어로 수군착(Sughunchaq)이다. 그러나 중간의 자음 gh가 생략되는 경우가 많아 Su'unchaq으로 표기되기도 한다. 이 글의 사본들에도 그의 이름은 대체로 Sūnchāq으로 표기되었으나 때로는 Sūyūnchāq으로 표기되기도 한다. 여기서는 '순착'으로 통일하기로 한다.

173) AB: KZSTAN. 색스턴은 Kurdistan로 읽었다.

174) A: JANMAD. 색스턴은 Jatmabad로 읽었다. 그러나 본문에서 하마단 부근에 있다고 한 '쿠지스탄'이나 '자팀아바드'와 같은 지명은 확인되지 않는다.

175) '다와트다르'는 일종의 별칭이다. 이는 아랍어로 '잉크통을 갖고 다니는 사람'이라는 뜻의 dawādār 혹은 dawīdār라는 말을 페르시아어로 표현한 것이다. 몽골의 바그다드 함락에 관한 자세한 사정

되었다. 그는 강력해지자 칼리프 무스타심이 주견도 없고 순진하기 짝이 없는 것을 보고, 한 무리의 귀족들과 상의해서 그를 폐위시키고 압바스 가문에 속한 다른 사람을 그의 자리에 앉히기로 입을 모았다. 재상인 무아야드 앗 딘 이븐 알카미(Mu'ayyad al-Dīn 'Alqamī)가 그와 같은 정황을 눈치 채고 은밀하게 무스타심에게 알리며 "그들을 처리하지 않으면 안 됩니다."라고 말했다.

칼리프는 곧바로 다와트다르를 불러서 재상이 한 말을 그에게 그대로 되풀이하며 말하기를, "내가 너를 신뢰하기 때문에 재상이 너를 비방하여 하는 말을 듣지 않고 너에게 말한 것이다. 너는 어떤 일이 있어도 유혹에 빠지지 말고, 너의 발을 복종의 길에서 벗어나지 않도록 하라!"고 하였다. 아이박이 칼리프의 애정과 자상함을 느끼고 대답하여 말하기를, "만약 소신에게 죄가 분명히 있다면 여기 제 머리가 있고 여기 제 칼이 있습니다. 그렇지만 칼리프께서 저를 용서하고 사면해주신다면 그것이 무슨 소용이 있겠습니까? 악마는 술수를 써서 재상을 〔올바른〕 길에서 벗어나게 하여, 그의 어두운 뇌리에는 훌레구와 몽골군과 친구가 되고 같은 편이 되려는 생각이 자리 잡았습니다. 그가 저에 대해서 중상모략을 하는 것은 자신에 대한 비난을 피하기 위해서입니다. 그는 칼리프에 대해서 적대하고 있으며, 그와 훌레구 사이에는 첩자들이 계속해서 오가고 있습니다."라고 하였다.

칼리프는 그의 말을 믿고 "이후로는 정신을 차리고 현명하게 행동하라."고 말했다. 무자히드 앗 딘 아이박은 칼리프의 어전에서 밖으로 나왔다. 그리고 더욱더 많은 무뢰배들을 자기 주변에 끌어모아 칼리프를

을 전하고 있는 당대의 아랍어 사료가 있어, 라시드 앗 딘의 기록과 비교해보면 많은 시사점을 얻을 수 있다. 이에 관해서는 Hend Gilli-Elewy, "*Al-Ḥawādit al-ǧāmi'a*: A Contemporary Account of the Mongol Conquest of Baghdad, 656/1258," *Arabica* 58(2011), pp. 353-371 참조.

제거하려고 하였다. 그들은 밤이고 낮이고 그와 함께 있었다. 칼리프는 두려워졌고 그의 공격에 대비하기 위해 군대를 모았다. 바그다드에서는 분란과 소란이 극심해졌고, 그곳의 주민들은 압바스가에 대해서 환멸과 염증을 느꼈으며, 왕조의 최후가 도래했음을 보여주는 징표로 여겼다.

그들 〔즉 아이박과 알카미〕 사이에서 의견의 충돌이 드러났다. 칼리프는 두려움을 느껴 사힙 디반(ṣāḥib dīvān)[176]인 파흐르 앗 딘 담가니(Fakhr al-Dīn Dāmghānī)에게 분란을 진압하라고 말했다. 그리고 친필로 (R996) "다와트다르에 관해서 이야기된 것은 비방과 중상이다. 나는 그를 완전히 신임하고 있으며 나의 보호 안에 있다."라는 내용의 편지 한 통을 써서 이븐 다르누시(Ibn Darnūsh)의 손에 들려 보냈다. 그래서 다와트다르는 칼리프의 어전으로 와서 위로를 받았고, 명예와 존귀로 대접을 받은 뒤 돌아갔다. 시내에서 사람들이 외치기를 "다와트다르에 관해서 이야기된 〔나쁜〕 것들은 모두 거짓이다."라고 하였고, 후트바(khuṭba)[177]를 낭독할 때 칼리프의 이름을 언급한 다음에 다와트다르를 거명했다. 이런 방식으로 해서 그 분란은 가라앉게 되었다.

(R997) 훌레구 칸이 바그다드 방면으로 향한 것, 그와 칼리프 사이에 사신들이 오고 간 것, 그리고 그 같은 상황의 결말에 관한 이야기

훌레구 칸은 655년 라비 알 아히르월 9일(1257. 4. 26)에 디나바르(Dinavār)[178]에 도착하였는데, 바그다드를 칠 목적으로 그곳에서 귀환하여

---

176) 재무청(dīvān)의 장관을 가리키는 말이다. 국가의 민정을 총괄하는 지위에 있었으므로 일종의 재상과 같은 지위라고 할 수 있다.

177) 금요 예배에서 행하는 설교. 보통 이때에 당대의 군주의 이름을 언급하였기 때문에, 후트바에서 이름이 거명되어야 군주로서의 합법적인 정통성을 인정받는 것으로 여겨졌다.

178) 칸구바(Kanguvār)에서 서쪽으로 25마일 떨어진 곳에 있으며 거기서 그 정도 거리를 더 가면 키

그해 라잡월 12일(7. 26)에 타브리즈로 왔다. 그는 그해 라마단월 10일(9. 21)에는 하마단으로 왔고 칼리프에게 사신을 파견하여 위협과 약속을 하기를 "이단자들의 성채를 함락했을 때 사신들을 보내서 너에게 군대를 지원해줄 것을 요청했다. 그런데 너는 대답하기를 '나는 속민입니다.'라고 했지만 군대를 보내지 않았다. 복속과 동맹의 표시는 〔228r〕 〈197v〉 우리가 적을 향해 출정할 때 우리를 군대로써 돕는 것인데, 너는 그렇게 하지 않고 변명만 했다. 비록 그대의 가문이 오래되고 거대하며 또한 그대 집안이 아무리 운이 좋다고 할지라도,

詩
달이 아무리 밝다고 할지라도
언제 빛나는 태양을 가렸는가

필시 귀족과 평민의 입을 통해 그대의 귀에 들어갔으리라, 칭기스 칸의 시대에서부터 오늘날에 이르기까지 몽골의 군대가 세상과 세상 사람들에게 어떻게 했는가를. 호레즘과 셀죽크의 왕조들, 다일람의 말릭들과 아타벡들, 그리고 위엄과 권위의 군주를 자처했던 그 밖의 모든 사람들이 얼마나 비참하게 되었는가를. 영원하고 오래된 주님의 힘으로 〔우리는 그렇게 한 것이다〕. 바그다드의 문은 이러한 족속[179] 가운데 어느 누구 하나에게도 닫힌 채로 있지 않았다. 그들은 〔바그다드로 입성하

르만샤에 도달한다. 10세기에는 쿠르드인들이 지배하는 하사나웨이흐(혹은 하사누야)라는 토착 왕조가 있었다. 아랍인들이 정복할 당시 이 도시는 Māh Kūfah라고 불렸는데, 그곳에서 거두어지는 세금이 쿠파의 경비로 충당되었기 때문이다. 10세기에 이븐 하오칼은 디나바르가 하마단의 3분의 2 정도 규모였고, 그 주민들은 하마단 사람들에 비해 더 도시적이고 세련되었다고 하였다. 이에 관해서는 Le Strange, *The Land*, p.189; Mustawfi, *Nuzhat*, p. 106 등 참조.

179) 호레즘과 셀죽크와 같이 바그다드를 정복했던 집단을 지칭한다.

여〕 거기서 보좌를 차지했다. 〔하물며〕 우리가 갖고 있는 힘과 능력이라면 어떻게 〔바그다드의 성문이〕 우리를 막겠는가. 이보다 앞서서 우리는 너에게 충고를 해주었고 이제 다시 말하노니, 우리와 적대하는 것을 (R998)중단하도록 하라. 못을 주먹으로 치지 말고 태양을 진흙으로 더럽히지 말라. 그래서 고통을 받지 않도록 하라. 그렇지만 지난 것은 지난 것이다. 네가 성벽을 허물고 해자를 메우고 나라를 자식에게 맡기고 오라. 그래서 나를 보러 오라. 만약 〔직접〕 오기를 원치 않는다면 재상과 술레이만 샤와 다와트다르 세 사람을 보내도록 하라. 그래서 우리의 전갈을 보탬도 줄임도 없이 너에게 전달하게 하라. 〔만약 그렇게 한다면, 그리고〕 마침내 네가 우리의 명령을 이행한다면 우리는 분노를 나타낼 필요도 없고, 나라와 군대와 백성들은 너에게 남아 있을 것이다. 그러나 만약 충고를 듣지 않는다면 반목과 충돌이 일어날 것이니, 군대를 정비하고 전쟁터를 정하도록 하라. 우리는 너와의 전투를 위해 허리띠를 묶고 준비하고 있으리라. 나의 분노가 머리끝까지 치밀어 바그다드로 군대를 이끌고 간다면, 네가 하늘 위로 혹은 땅 밑으로 숨는다고 할지라도

詩

회전하는 창궁에서 나는 너를 끌어내리리라
마치 사자처럼 아래에서 위로 너를 잡아 올리리라
너의 나라에서 어느 누구도 살려두지 않으리라
너의 도시와 국토와 땅을 불 속에 던지리라

만약 네가 너 자신과 너의 오래된 가문에 대해서 자비를 베풀기를 원한다면 이성적인 귀로 나의 충고를 들으라. 만약 듣지 않는다면 창조주의 뜻이 어떠한지를 내가 보리라."

사신들이 바그다드에 도착하여 전갈을 건네주자, 칼리프는 언변이 뛰어난 샤라프 앗 딘 이븐 알 자우지(Sharaf al-Dīn b. al-Jawzī)와 바드르 앗 딘 무함마드 디즈베키 나흐치바니(Badr al-Dīn Muḥammad Dizbekī Nakhchiwānī)를 사신들과 동행하여 파견하였다. 그리고 답변을 하기를, "오, 이제 갓 어른이 된 젊은이여,[180] 영원한 인생을 희구하는 자여. 겨우 '열흘'의 도움과 행운[181]을 갖고, 온 세상을 정복한 듯 여기는 자여. 자신의 명령을 천명이자 확고한 지시라고 알고 있는 자여. 내게서 아무것도 찾을 것이 없는데 무엇을 구하려 하는가.(R999)

너는 계략과 군대와 올가미를 갖고 왔지만
별을 어떻게 묶을 수 있으리요

정말로 왕자는 모르는가. 동쪽에서 서쪽까지, 군왕에서 거지까지, 노인에서 젊은이에 이르기까지, 신을 경외하고 신앙을 갖고 있는 모든 사람들이 이 궁정의 종이며 나의 군대인 것을. 내가 지시를 하면 흩어져 있던 자들이 모여들리라. 그러면 나는 먼저 이란(Īrān)의 사태를 처리하고 다음에 투란(Tūrān)의 땅으로 향해서 각자에게 자기가 속한 지점을 정해줄 것이다. 필시 지상의 모든 지역은 소란과 분쟁으로 가득하게 되리라. 그러나 나는 사람들에게 분노를 하거나 고통을 주지는 않을 것이다. 나는 군대의 이동으로 인하여 백성들의 입이 찬미와 저주를 하기를 원치 않노라. 특히 나는 카안과 훌레구와 한마음이며 한 입이다. 만일 그

---

180) 훌레구는 1218년에 출생하였으니, 1257년 바그다드를 포위할 당시 나이는 40세 즉 중년이었다고 할 수 있다. 따라서 칼리프가 그를 두고 '이제 갓 어른이 된 젊은이'라고 한 것은 그를 깔보고 낮추기 위해서 일부러 쓴 표현으로 보아야 할 것이다.

181) 여기서 '열흘'이라는 표현은 훌레구의 행운이 지극히 짧고 부질없는 것이라고 폄하하는 의미로 이해할 수 있다.

대가 나처럼 우정의 씨를 뿌린다면, 나의 해자나 성벽이나 노복들과 무슨 상관할 일이 있겠는가. 우애의 길을 취하라. 후라산으로 돌아가라. 만약 전투를 할 생각을 갖고 있다면

詩

지체하지 말라, 서두르라, 참지 말라
일단 전투를 마음먹었으면, 한숨에 달려가라
천천(千千)의 기병과 보병이
내게 있노라, 능한 용사들이

원수를 갚을 때가 되면 바다 속에서도 흙먼지를 불러일으킬 〔정도로 용맹한 군사들이 있다〕."

이러한 내용의 전갈을 주고 그들에게 얼마간의 선물을 건네주어 가게 하였다. 사신들이 도시에서 밖으로 나왔을 때, 들판은 모두 평민들로 꽉 차 있었는데, 사신들에게 욕설을 퍼붓고 어리석은 짓을 하기 〔228v〕〈198r〉시작했다. 그들의 옷을 찢고 침을 뱉으며, 그래서 〔사신들이〕 혹시 무엇이라고 말을 하면 그것을 구실 삼아 해코지를 하려고 하였다.

〔이런 일이 있었다는 사실이〕 재상에게 알려지자 그는 즉시 100명의 노복(ghulām)들을 보내서 그들을 멀리 떨어트려 놓아, 사신들이 곤경에서 빠져나와 돌아갈 수 있도록 하였다. (R1000)사신들이 훌레구 칸의 어전에 도착하여 눈으로 본 것을 보고하자, 군주는 분노에 치를 떨며 말하기를 "정말로 칼리프는 아무 능력도 없구나. 그는 우리에게 마치 활처럼 곧지 않게 행동하니, 영원한 하나님이 도움을 주신다면 그를 응징하여 마치 화살처럼 곧게 만들리라."고 하였다.

그 뒤 칼리프의 사신인 이븐 알 자우지와 바드르 앗 딘 디즈베키가 들

어와 전갈의 내용을 말했다. 훌레구 칸은 상서롭지 못한 말을 듣고 화가 치밀어 말하기를, "그 종족에 대한 주님의 의도는 다르다. 그래서 그들의 마음속에 그런 생각을 넣어준 것이다."라고 하였다. 그리고 용해(lū yīl),[182] 즉 655년에 해당되는 해 …[183]월에 그의 오르도가 있던 하마단 근교의 판즈 앙구슈트(Panj Angusht)[184]에서 칼리프의 사신들에게 귀환을 허락하면서 다음과 같은 전갈을 주었다. "영원한 주님(khudā-yi jāwīd)이 칭기스 칸과 그의 일족을 선택하여 동쪽에서 서쪽까지 모든 지상을 우리에게 허락하여 주셨다. 어느 누구라도 복속하기 위해 마음과 말로써 우리와 올바른 관계를 맺는다면, 나라와 재산과 처와 자식과 생명을 부지할 수 있을 것이다. 그러나 대적할 생각을 하는 사람은 그런 것을 갖지 못하게 될 것이다."

그리고 그는 칼리프를 엄중하게 질책하며 말하기를 "야심과 재산 그리고 속세의 왕국에 대한 자만과 과신이 너를 그토록 혼란스럽게 만들어, 심지어 네가 잘되기를 바라는 사람의 말조차 아무런 영향을 미치지 못하게 되었다. 너의 귀는 너를 동정하는 사람의 충고를 듣지 않는다. 너는 자신의 아버지와 조상들의 길로부터 일탈한 자로다. 내가 개미와 메뚜기처럼 많은 군대를 데리고 바그다드 왕국으로 향해서 갈 테니 전쟁을 각오하고 있으라. 설령 창공의 회전이 변한다고 할지라도, 그것을 명령하는 분은 위대한 하나님일 뿐이다."라고 하였다.

사신들은 〔바그다드에〕 도착한 뒤 세계정복의 군주의 전갈을 재상에게 말해주었고, 그는 마침내 칼리프에게 이를 보고하였다. 칼리프는 "이 무섭고 강력한 적을 막기 위한 방책은 무엇이라고 생각하는가?"라고 물

---

182) 655년, 즉 1257년은 丁巳年이므로 실제로는 '용'의 해가 아니라 '뱀'의 해가 된다.
183) 원문 결락.
184) '다섯 손가락'을 뜻한다.

었다. 재상은 "엄청난 재화로써 적의 심장[185]을 열어야 합니다. 왜냐하면 재화와 재고를 축적하는 목적은 (R1001)명예를 보호하고 생명의 안전을 지키는 데에 있기 때문입니다. 1000마리의 나귀에 실을 만큼의 진귀한 물품, 선별된 낙타 1000마리, 아라비아산 말 1000마리 및 장비와 도구를 준비해야 합니다. 그리고 〔몽골의〕 왕자들과 아미르들을 위해서는 지위에 따라서 각 사람마다 선물을 준비해서, 능력 있고 슬기로운 사신들과 함께 보내야 합니다. 또한 사과를 하고 그(훌레구)의 이름으로 설교(說教, khuṭba, 후트바)와 주전(鑄錢, sikka, 시카)[186]을 할 〔필요가 있습니다.〕"라고 대답했다.

칼리프는 재상의 계획을 만족스럽게 여겼고 그것을 실행에 옮기라고 지시하였다. 〔그러나〕 '작은' 다와트다르(Dawātdār-i Kūchek)[187]라고 불리던 무자히드 앗 딘 아이박은 재상과 반목하고 있었기 때문에 다른 아미르들 및 바그다드의 도적들과 합의하여 칼리프의 어전에 다음과 같은 전갈을 보냈다. "재상이 이러한 방책을 내놓은 것은 자신을 위해서, 즉 훌레구 칸에게 칭찬을 받기 위해서이고, 우리와 군사들을 재앙과 재난 속에 내던지려 하는 것입니다. 우리도 길을 지키고 있다가 사신들과 물자를 빼앗읍시다. 그들을 재앙과 고통 속에 던집시다."

칼리프는 이 말을 듣고 물품의 수송을 취소하고, 경솔과 자만으로 가득 차서 재상에게 다음과 같은 지시를 보냈다. "다가올 운명을 두려워하

---

185) 원문에는 "두 개의 성도(聖都)"(ka'batayn-i khaṣm). 즉, 메카와 메디나를 가리키니 적의 심장부에 해당되는 셈이다.

186) 이슬람권에서는 모스크에서 설교할 때 모두에 거명하는 이름(khuṭba)과 화폐를 주조할 때 그 표면에 새겨 넣는 이름(sikka)이 곧 그 지역의 군주가 누구인가를 나타내는 공식적인 징표로 여겨졌다.

187) 무자히드 앗 딘 아이박을 '작은' 다와트다르라고 부른 이유는 그의 부친인 아타 앗 딘 알 투브루시('Ata' al-Dīn al-Ṭubrusī)가 원래 다와트다르로 불렸기 때문이다. 그래서 부자에게 각각 '대'와 '소'라는 형용사를 붙여 다와트다르라고 부르며 구별했던 것이다.

지 말라. 말도 안 되는 이야기를 하지 말라. 왜냐하면 나와 훌레구 및 뭉케 카안 사이에는 우애와 합심만 있을 뿐 적개와 소외는 없기 때문이다. 또한 나는 그들의 친구이고 어떤 일이 있든지 그들은 나의 벗이고 내가 잘되기를 바라고 있다. 사신들의 전갈은 거짓임이 분명하다. 설령 이 같은 형제들이 나를 속이거나 적대하려는 생각을 한다고 할지라도 압바스 가문이 그것에 대해서 무엇을 두려워하겠는가. 왜냐하면 지상의 군주들은 나에게 마치 군대의 숙소와 병영과 같기 때문이다. 그리고 내가 각 지방에 명령을 내려 그들이 군대를 이끌고 오게 하겠다고 마음만 먹는다면, 그리고 그들과 대적하기 위해 출정한다면, 〔이 몽골의〕 형제들에 대항해서 이란과 투란을 일깨울 것이다. 그러니 너는 마음을 담대하게 갖고, 몽골의 협박과 약속을 두려워 말라. 비록 그들이 새로운 나라를 세우고 강력한 세력을 가졌으나, 압바스 가문과 맞설 경우 머릿속에는 헛된 욕심, 손에는 빈 바람을 빼놓고는 아무것도 가질 것이 없기 〔229r〕 〈198v〉 때문이다."

(R1002)재상은 이 황당한 말에 그들의 왕조가 절멸하고 말 것이라는 사실을 분명히 알았다. 또한 그가 재상으로 있을 때에 멸망할 것이기 때문에, 그는 마치 자기 머리에 뱀을 감는 것처럼 온갖 방책을 다 생각해 보았다. 술레이만 샤 이븐 바르잠(Sulaymān Shāh ibn Barjam)[188], 파트흐 앗 딘 이븐 쿠르드(Fatḥ al-Dīn ibn Kurd)[189], '작은' 다와트다르로 불리는 무자히드 앗 딘 아이박과 같은 바그다드의 아미르들과 그곳의 대인들은 재상이 있는 곳에 모여서 칼리프에 대해서 비난과 저주를 퍼부

188) 그는 하마단 출신 이베-투르코만(Ive-Turcoman) 집단의 지휘관으로, 당시 칼리프의 궁정에서 정치적으로 자문을 했던 중요한 인물이었다.

189) 그의 이름은 다른 아랍 사료에 Fatḥ al-Dīn ibn Kurr로 표기되었다. 그는 다와트다르의 부장(副長)이었다.

으며, "그는 광대와 가수의 친구이고 군인과 전사들의 적이다. 우리 군대의 지휘관들은 아버지의 시대에 축적했던 것을 그의 시대에 팔아버렸다."고 말했다. 술레이만 샤는 "만약 칼리프가 이 강력한 적을 막기 위해 조치를 취하고 신속한 방책을 강구하지 않는다면 몽골군은 곧 바그다드 왕국을 압도할 것이다. 그때가 되면 그들은 어느 누구에 대해서도 자비를 베풀지 않을 것이며, 다른 지방과 신도들에게 했던 짓을 할 것이다. 정주민과 유목민, 강자와 약자를 가리지 않고 누구도 남겨두지 않을 것이다. 순결한 여인을 정절의 베일 밖으로 끌어낼 것이다. 현재 몽골인들이 주위의 모든 지역을 장악하지 않았더라면 주변에서 군대를 결집하는 것이 용이했을 것이고, 나는 군사들과 함께 기습공격을 감행하여 그들을 분쇄했을 것이다. 만약 생각했던 것과 반대되는 결과가 일어나서 〔우리가 패배한다고 해도〕 결국 용사에게 가장 좋은 일은 명예나 치욕을 걸고 전쟁터에서 죽는 것이 아니겠는가."라고 말했다.

이러한 말이 칼리프의 귀에 미치자 그는 이를 받아들였고 재상에게 이렇게 말했다. "술레이만 샤의 말이 지친 정신을 달래는 연고와 같은 효과를 내는구나. 그의 말에 따라서 군대를 징집하라. 그러면 내가 그들에게 금화와 은화를 주어서 부자가 되게 하리라. 술레이만 샤에게 맡겨서 그 자신이 한 말을 수행하도록 하라." 재상은 칼리프가 금을 주지 않으리라는 것을 알았지만, 그럼에도 불구하고 적들에게 곧바로 그 사실을 드러내지 않았다. 그리고 징병관에게 명령하여 군대를 조금씩 서서히 소집하였는데, 이는 군사들의 집결 소식이 칼리프의 어전 원근 각처에서 투르크인이건 타직인이건 〔그들의 귀에〕 미칠 수 있도록 해서, 〔적이 우리를〕 공격하려는 생각이 약해지도록 하기 위함이었다. 징병관은 다섯 달 뒤에 (R1003)재상에게 많은 수의 사람들과 병사들이 집결되었다고 알렸다. 〔이제는〕 칼리프가 금을 줄 시간이었다. 재상은 〔그렇게 하라고〕 요청했으나 〔칼리프〕 무스타심은 변명을 해댔고, 재상은 그의 약속에 대해서 완전히 실망하고 말았다. 그는 〔모든 것을〕 운명에 맡기고 일말의 기대감을 갖고 인내하면서 앞으로 어떤 운명이 펼쳐질지 바라볼 수밖에 없었다.

그러는 와중에 다와트다르와 재상은 서로 관계가 나빴기 때문에 그를 따르던 시내의 불한당과 무뢰배들이 "재상은 훌레구와 한편이며, 그의 승리와 칼리프의 패망을 바라고 있다."는 소문을 사람들 사이에 퍼뜨렸다. 사람들은 그렇게 의심했다. 칼리프는 다시 한 번 바드르 앗 딘 디즈베키와 카디 반딘잔(Qāḍī Bandīnjān)에게 약간의 선물을 주어서 〔훌레구에게〕 보내며 다음과 같은 메시지를 전달하였다. "군주는 사정을 잘 모르겠지만, 〔과거의〕 상황을 알아보라. 지금까지 압바스 가문과 바그다드의 이슬람 왕국을 범하려고 했던 모든 군주들의 최후는 파멸적인 것이었다. 위력과 위엄을 소지한 제왕들이 그들을 범하려고 하였지만, 이 왕조의 기초는 지극히 견고하게 버티었고, 종말의 날까지 그렇게 지탱하고 있을 것이다. 과거에 야쿱 라이스 〔사파리(Ya'qūb Layth Ṣaffārī)[190]가 그 당시의 칼리프를 공격하려고 엄청난 군대를 데리고 바그다드로 왔으나, 목적을 이루지 못하고 복통으로 사망하고 말았다. 마찬가지로 그의 형제인 이므루('Imrū) 역시 그런 생각을 품었는데, 이스마일 이븐 아흐마드 사마니(Ismā'īl b. Aḥmad Sāmānī)[191]〕[192]가 그를 붙

190) 야쿱 이븐 라이스 사파리(재위 861~879)는 이란의 시스탄 지방(자란지가 중심도시)을 중심으로 사파리 왕조를 창건한 인물이다. 876년 칼리프 알 무와(al-Muwaffaq)는 후라산을 위시하여 이란 지방 대부분에 대해 그의 지배권을 인정하고 나아가 바그다드 방어 책임자로 임명하였다. 그러나 그는 이러한 조치가 칼리프의 세력이 취약하다는 사실을 드러낸 것이라고 보고, 군대를 이끌고 바그다드로 진군했다. 그러나 곧이어 벌어진 전투에서 야쿱은 패배하고 퇴각하였으며, 3년 뒤에 사망하고 말았다.

191) 이스마일 아흐마드 사마니(재위 892~907)는 그의 형 나스르(Naṣr)의 뒤를 이어 사만조의 군주가 되었다. 부하라에 수도를 둔 사만조는 중앙아시아와 후라산 지방을 지배했으며, 9세기 초 사만

잡아 포박한 뒤 바그다드로 보내서 칼리프가 그의 운명에 따라 그를 처리하도록 하였다. 바사시리(Basāsīrī)[193]는 많은 군대와 함께 에집트에서 바그다드로 와서 칼리프를 붙잡고 그를 하디싸(Ḥadītha)[194]에 감금시켰다. 바그다드에서 2년간 설교와 주전을 에집트에 있던 이스마일리파 칼리프였던 무스탄시르(Mustanṣir)[195]의 이름으로 했지만, 결국 셀죽크의 〔군주〕 토그릴 벡(Ṭoghril Beg)이 그 소식을 듣고 후라산에서 많은 수의 군대와 함께 바사시리를 치러 와서, 그를 붙잡아 죽이고 칼리프를 옥에서 꺼낸 뒤 바그다드로 모시고 와서 칼리프의 자리에 앉혔다. (R1004) 셀죽크의 술탄 무함마드(Sulṭān Muḥammad)[196] 역시 바그다드를 치러 왔지만 도중에 패배하여 돌아갔고, 가는 도중에 사망했다. 술탄 무함마드 호레즘 샤(Sulṭān Muḥammad Khwārazm Shāh)[197]는 이 왕가의 성채들을 장악할 목적으로 대군을 이끌고 왔지만, 신의 분노를 사서 아사드

후다(Saman Khuda)에 의해 창건되었고 999년 가즈나조에 의해 붕괴하였다.

192) 〔 〕 부분은 A본에는 누락되어 있고, B본에는 행간과 좌측 난외에 다른 필체로 가필되어 있다.

193) 바사시리는 투르크 출신의 노예였으나 셀죽크조에서 장군이 되었다. 그는 셀죽크조에 대해 반란을 일으키고 에집트의 파티마 왕조의 후원을 받아 이라크의 총독이 되었다. 그는 1058년 파티마조의 군사적 지원에 힘입어 바그다드를 장악했고 칼리프 알 카임(al-Qā'īm)을 티그리스 강 동쪽에 위치한 도시 하디싸에 구금했다. 그러나 셀죽크의 토그릴 벡이 군대를 이끌고 바그다드로 진군하자 그는 추종자들을 잃고 패주하다가 살해되고 말았다.

194) Al-Ḥadītha는 '신도시'라는 뜻인데, 유프라테스 강가에 하나가 있고 티그리스 강 모술 근처에 같은 이름의 도시가 또 하나 있다. 여기서 말하는 하디싸는 후자를 지칭한다. 이에 관해서는 Le Strange, *The Land*, pp. 90-91 참조.

195) 카이로에 수도를 둔 파티마조의 군주(칼리프) 무스탄시르(Abū Tamīm Ma'add al-Mustanṣir billāh, 재위 1036~94).

196) 조카인 말릭 샤의 뒤를 이어 셀죽크조의 군주가 되었다(재위 1105~18).

197) 알라 앗 딘 무함마드('Ala' al-Dīn Muḥammad)는 호레즘의 국왕(재위 1200~20). 그는 중앙아시아는 물론 서아시아 거의 전역을 장악하자, 칼리프에게 그의 지위를 공식적으로 인정할 것을 요구했다. 그러나 칼리프 안 나시르가 이를 거부하자 1217년 군대를 이끌고 바그다드로 진군했다. 그러나 자그로스 산맥을 넘으려고 할 때 혹심한 눈보라를 만나 퇴각할 수밖에 없었다. 그는 후일 칭기스 칸의 원정으로 인해 도주하다가 카스피 해의 섬 아바스쿤에서 죽임을 당했다.

아바드(Asadābād)[198] 어귀에서 눈보라와 폭풍을 만나 군대의 대부분이 사망했고, 실망한 그는 패배하여 돌아가 버렸다. 그래서 너의 조부인 칭기스 칸에 의해 아바스쿤(Ābaskūn)[199] 섬에서 볼 장을 다 보고 말았다. 그러니 압바스 가문을 해하려는 것은 군주에게는 좋은 방책이 아니니, 배신의 운명이 가진 사악한 눈을 근심하도록 하라." 이 〔229v〕〈199r〉 말에 훌레구의 분노는 더 증폭되었고, 사신들을 돌려보내며 이렇게 말하였다.

詩

가서 철로 된 도시와 성벽을 지으라
쇠로 만든 망루와 덮개를 세우라
마귀와 요정들을 모아서 군대를 만들라
그러고 나서 원한을 품고 내 앞으로 나오라
만약 네가 천공 위에 있다면 내가 너를 끌어내리리라
비참하게 너를 사자의 입 속으로 밀어넣으리라

---

198) 하마단에서 서쪽으로 35킬로미터 떨어진 곳에 위치한 지명. 하마단에서 서쪽으로 이동하여 칸구바로 가려면 알반드(Alvand) 고개를 넘어야 하는데, 바로 그곳에 아사드아바드라는 도시가 위치해 있다. 이븐 하우칼은 그곳을 주민이 많은 도시라고 하였고, 야쿠트는 그곳에 '후스로우의 부엌'이라 불리는 건물 하나와 아치가 있다고 기록했다. 무스타우피에 따르면 아사드아바드에는 모두 35개의 촌락이 속해 있었다고 한다. Le Strange, *The Land*, pp. 195-196 참조.

199) 카스피 해 동남 해안에서 가까운 곳에 위치한 섬. 호레즘의 국왕 무함마드가 칭기스 칸의 군대를 피해 이 섬으로 도망갔다가 죽음을 맞았다.

훌레구 칸이 바그다드를 정복하기 위해 군대를 정비하고 채비를 갖추느라 바빴던 것과 그 주변 지역을 함락한 것에 관한 이야기

사신들을 돌려보낸 뒤 〔훌레구는〕 바그다드의 군사 수가 많음을 걱정하고 군대를 정비하고 채비하는 데에 몰두하였다. 그리고 먼저 바그다드의 주변에 있는 높고 접근이 어려운 산들을 장악하고자 했다. 그는 후삼 앗 딘 악카(Ḥusam al-Dīn ʻAkka)에게 사신을 보냈는데,[200] 〔후삼 앗 딘은〕 칼리프의 임명을 받아 다르탕(Dartang)[201]과 그 (R1005)주변 지역의 태수를 지낸 인물로, 무스타심에 의해서 그 지위가 박탈당했기 때문에 그에게 반감을 갖고 있었다. 〔훌레구가〕 그를 부르자 그는 망설이지 않고 다르탕을 자기 자식인 아미르 사아드(Amīr Sa'd)에게 맡기고 즉시 어전으로 달려왔다. 훌레구 칸은 그를 극진히 우대하고 은사를 베푼 뒤 귀환을 허락해주었다. 그리고 디즈 자르(Diz Zarr)와 디즈 마르즈(Diz Marj) 및 몇 개의 다른 성채들을 그에게 나누어 주었다. 그는 돌아가서 각 성채에 군사를 보내서 그 모두가 복속하도록 하고 성채들이 그에게 투항케 하였다.

〔후삼 앗 딘은〕 그가 오랫동안 추구하던 바가 성취되고 또 술레이만 샤의 군대들이 그에게 집결하자, 마음이 담대해지고 거만해졌다. 그는 아르빌의 태수인 이븐 살라이야 알라비(Ibn Ṣalāiya ʻAlawī)에게 사신을 파견하여, 자신이 칼리프의 재무청(divan-i 'azīz)과 화해할 수 있도록 해달라고 요청하며 이렇게 말했다. "내가 훌레구를 능력과 지능이라는 저울에 달아보았을 때, 분명히 그가 강력하고 가공할 만한 것은 사실이

---

200) 사신의 이름은 Badr al-Dīn Dartangī Nakhchiwānī였다.

201) 이란-이라크 국경 근처의 Qasr-i Shirin 북쪽의 Zuhāb 평원에 위치한 도시. Minorsky, "The Gurān", *The Bulletin of the School of Oriental and African Studies*, vol. 11, nr. 1(1943), p. 80, p. 83, p. 84 참조.

지만, 나와 비교해볼 때는 저울질할 만한 것이 없다. 만약 칼리프가 나를 선대하여 격려하고 기병을 보내준다면, 나도 흩어져 있는 10만 명 가까운 쿠르드와 투르코만 보병을 결집하여 훌레구를 향하여 가겠다. 그래서 그의 군대에 속한 어느 누구도 바그다드 지방에 들어오지 못하도록 하겠다."

이븐 살라이야는 재상에게 이러한 사정을 알렸고, 그는 칼리프에게 보고했지만 〔칼리프는〕 별다른 주의를 기울이지 않았다. 그 이야기가 입에서 입으로 전해져 훌레구의 귀에 들어갔다. 훌레구는 불같이 분노하며 극도로 흥분하여, 키트 부카 노얀에게 3만 명의 기병과 함께 그들[202]을 치게 했다. 〔키트 부카는〕 가까이 가서 후삼 앗 딘을 부르면서 이렇게 말했다. "바그다드에 대한 공격이 결정되었으니 너와 상의를 해야겠다." 후삼 앗 딘이 아무런 생각도 주의도 하지 않은 채 오자, 키트 부카는 그에게 감시인을 지정하고 말하기를 "만약 네가 풀려나기를 원하고 또 전처럼 이들 성채의 태수로 남기를 원한다면, 너의 부인과 자식과 권속들 및 군대 모두를 성채들에서 내려오라고 하라. 그래서 내가 그 수를 헤아리고 세금(māl)과 쿱추르세(qubchūr)[203]를 확정하도록(R1006)하라."

후삼 앗 딘은 별 수 없이 그들 모두를 오도록 하였다. 키트 부카는 "만약 너의 마음이 군주에게 충성스럽다면 모든 성채를 파괴하라고 지시하라. 그래서 그 의도를 확인시키도록 하라."고 말하였다. 그는 자신의 어리석은 말이 그들에게 들어갔고 자신의 소중한 목숨이 끊어지게 생겼다

---

202) 후삼 앗 딘과 그 휘하의 무리를 가리킨다.

203) 몽골 지배 시기 서아시아에서 māl은 일반적으로 정세(正稅)를 지칭하는 용어로서, 지조(kharāj), 상세(tamghā), 가축세(marā'ī)가 이에 포함되었다. qūbchūr는 '징수한다'를 뜻하는 'qubči-'라는 몽골어 동사에서 나온 말로 정복지의 주민들에게 걷는 일종의 인두세였다. 이에 관해서는 本田實信, 『モンゴル時代史研究』, pp. 207~210 참조.

는 사실을 깨달았다. 그는 사람을 보내 모든 성채를 파괴하라고 하였다. 그 뒤 〔키트 부카는〕 그와 그에게 속한 모든 사람들을 죽였는데, 다만 그의 아들 아미르 사아드가 있던 성채 한 곳의 사람들만은 그러지 못했다. 그들은 〔때로는〕 협박을 〔때로는 안전을〕 보장하면서 소환을 시도했지만, 그(아미르 사아드)는 응하지 않고 "너희들의 약속은 참되지 못하고 내가 믿을 수 없다."고 말했다. 그는 한동안 무뢰처럼 그곳의 산간지역을 전전하다가 마침내 바그다드로 갔고, 칼리프의 재무청에서 은사를 받았지만, 바그다드의 전투에서 죽임을 당하였다.

키트 부카 노얀은 그 지방에서 승리를 거둔 뒤 어전으로 왔다. 훌레구 칸은 대신과 귀족들과 함께 그의 계획에 관해서 논의를 했는데, 〔230r〕 〈199v〉 각자 자기 생각에 따라 무엇인가를 말하였다. 그는 카안의 명령에 따라 행군과 숙영에 관한 자문을 위해 그와 동행하던 점성술사 후삼 앗 딘(Ḥusam al-Dīn Munajjim)을 소환하였다. 그리고 "별에서 무엇이 나타나건 숨김없이 그대로 말하라!"고 말했다. 그는 측근이라는 점에서 용기를 갖고 확신에 차서 군주에게 이렇게 말했다. "바그다드로 군대를 이끌고 가서 칼리프 왕가를 정복하는 것은 상서로운 일이 아닙니다. 왜냐하면 지금까지 바그다드와 압바스 일족을 해치려던 군주들은 모두 자신의 왕국과 생명을 누리지 못했습니다. 만약 군주께서 소인의 말을 듣지 않고 그곳으로 가신다면, 여섯 가지의 재앙이 일어날 것입니다. 첫째 모든 말이 죽을 것이고 군인들이 사망할 것입니다. 둘째 태양이 뜨지 않을 것이며, 셋째 비가 내리지 않을 것입니다. 넷째 거친 바람이 불고 세상은 지진으로 파괴될 것이며, 다섯째 땅에서는 식물이 자라지 않을 것입니다. 그리고 여섯째 위대한 군주가 그해에 죽임을 당할 것입니다."

(R1007)훌레구 칸이 그 말에 대해서 그에게 증거를 요구했고 서약(möchelge)을 받았다. 〔그러나〕 박시(bakhshī)들과 아미르들은 모두 바

그다드로 가는 것이 최상의 방책이라고 말했다. 그 뒤 호자 자한 나시르 앗 딘 투시를 불러 그와 상의를 하였다. 호자는 두려워했고 그것이 일종의 시험일 것이라고 생각하였다. 그리고 말하기를 "〔후삼 앗 딘이 경고한〕 것들 가운데 어떠한 일도 일어나지 않을 것입니다."라고 하였다. 〔훌레구가〕 "이 다음에는 어떻게 되겠는가?"라고 묻자, 그는 칼리프의 자리에 훌레구 칸이 앉을 것이라고 말했다. 그 뒤 후삼 앗 딘을 불러서 호자와 이야기를 하도록 했다. 호자는 이렇게 말했다. "이슬람을 믿는 사람들은 〔예언자 무함마드의〕 위대한 동료들이 순교했다는 사실에 대해서 모두 인정하고 있다. 또 압바스 일족이 〔예외적으로〕 특별나다고 말한다면, 〔어떻게 해서〕 타히르(Ṭāhir)가 후라산에서 〔칼리프〕 마문(Mā'mūn)의 명령을 받고 와서 그의 형제인 무함마드 아민(Muḥammad Amīn)을 죽였겠는가.[204] 또 어떻게 〔칼리프〕 무타와킬(Mutawwakil)을 그 아들이 아미르들과 연합해서 죽이고,[205] 아미르와 노예들이 문타시르(Muntaṣir)[206]와 무으타즈(Mu 'tazz)[207]를 살해했겠는가. 뿐만 아니라

204) 칼리프 알 마문(재위 813~833)은 하룬 알 라시드의 뒤를 이어 압바스조의 7대 칼리프가 된 인물이었다. 그는 이복형제인 무함마드 아민이 부친의 뒤를 이어 칼리프가 되었을 때 후라산의 지배자로 임명되었다. 두 사람 사이의 갈등은 내전으로 비화되었고 알 마문이 파견한 장군 타히르 빈 후세인(Ṭāhir b. Ḥusayn)이 이끄는 군대가 바그다드를 포위하였다. 마침내 813년 바그다드가 함락되었고 무함마드 아민 역시 살해되고 말았다.

205) 칼리프 무타와킬(재위 847~861)은 압바스조의 새로운 도읍 사마라(Samarra)에서 통치한 10대 칼리프이다. 그는 취약한 권력을 보강하기 위해 투르크 출신의 노예들을 고용하고 의지하였는데 그것이 오히려 그의 몰락을 촉진하는 결과를 낳았다. 일설에 의하면 그의 죽음은 투르크 친위대에 의한 것이라고 하고, 또 다른 설에 의하면 자신의 지위에 불안을 느낀 그의 아들이 범한 일이라고도 한다. 그의 피살과 함께 소위 '사마라의 혼란기(861~870)'가 시작되어 압바스조의 정국은 극도의 혼란으로 치달았다.

206) 칼리프 문타시르는 무타와킬이 그리이스인 노예 출신의 처에게서 낳은 아들. 그의 치세는 861년 말부터 862년 5월까지 6개월에 불과했다.

207) 칼리프 무으타즈 역시 무타와킬의 아들인데, 투르크 용병들에 의해 칼리프의 지위에 올라 866~869년에 약 3년간 재위에 있었다. 용병들이 반란을 일으켜 그를 방에 가둔 채 아무런 음료도 주지 않아 사흘 만에 사망하고 말았다. 그의 뒤를 이은 알 무흐타디(al-Muhtadī) 역시 870년

또 다른 몇 명의 칼리프들이 각 사람들의 손에 죽음을 당하였는데도 아무런 혼란이 일어나지 않았었다."

二行詩

학자의 말을 듣자 군주의 마음은

밝게 피었노라, 마치 봄에 튤립이 피어나듯이.

(R1008)훌레구 칸이 바그다드를 정복하기로 결의하고, 인근 각지에서 '평안의 도시'〔바그다드〕를 향하여 군대를 진군시킨 것, 그리고 그곳을 함락하여 압바스 칼리프 왕국이 종말을 고하게 된 이야기

〔훌레구는〕 바그다드 정복을 결심한 뒤, 룸에 둔영을 치고 있던 초르마군과 바이주 노얀의 군대를 우익으로 삼아, 〔그들로 하여금〕 아르빌 방면에서 모술로 와서 모술 다리를 건너서 바그다드의 서쪽 방향에 주둔하라고 지시했다. 그래서 정해진 시각에 우리의 깃발이 동쪽에서 도착하면 그들은 그쪽 방향에서 〔성에〕 들어오도록 하였다. 그리고 주치의 아들인 시반(Shībān)의 아들 발라가(Balaghā),[208] 주치의 아들인 송코르(Sonqōr)의 아들 투타르(Tūtār), 주치의 아들인 오르다의 아들 쿨리(Qūlī) 등의 왕자들, 부카 티무르와 순착 노얀(Suyūnchāq Nōyān) 등〔의 장군들〕을 케리베(Kerive)[209]에서 수니테이 노얀(Sūnitāī Nōyān)〔이 있는 곳에 이르기까지〕 모두 우익으로서 훌레구 칸이 있는 방향으로 오

6월에 피살되었다. 마침내 알 무타미드(al-Mu'tamid)가 즉위하면서 '사마라의 혼란기'는 막을 내린다.

208) 사본에 따라 BWLGhA(Būlghā)로 표기된 경우도 있다.

209) 케르만 샤 부근의 협곡.

도록 하였다. 또한 키트 부카 노얀과 쿠두순(Qūdūsūn) 및 일게이(Īlgāī)는 루리스탄과 코라이트(Korayt)[210]와 후지스탄과 바야트(Bayāt) 지방에서 오만의 해안에 이르기까지 좌익으로 삼았다. 훌레구 칸은 하마단 지방에 있는 자키(Zakī) 초원에 유수영을 남겨두고, 키야크 노얀(Qiyāq Nōyān)을 〔유수영의〕 지휘관으로 임명하였다.

655년 무하람월 초[211]에 그는 군대를 이끌고 중군—몽골인들은 '콜(qōl)'이라고 부른다—으로서 키르만샤한(Kirmānshāhān)[212]과 훌완(Ḥulwān)[213]〔으로 향하는〕 길을 따라 행군하였다. 대아미르인 (R1009) 쿠케 일게이와 아룩투와 아르군 아카, 그리고 비틱치들 가운데 카라카이(Qarāqāī)와 왕국의 관리자인 세이프 앗 딘 비틱치, 마울라나 호자 나시르 앗 딘 투시, 사힙 사이드 알라 앗 딘 아타 말릭, 그리고 〈200r〉 어전에 있던 이란땅의 술탄, 말릭, 아타벡들 모두와 함께 엄숙하게 아사드아바드[214]에 도착했다.

다시 한 번 칼리프를 소환하러 사신을 보냈는데, 칼리프는 즉시 〔안 된다고〕 말했다. 이븐 알 자우지는 다시 한 번 바그다드에서 디나바르로 와서 〔그곳에 있던〕 훌레구 칸에게 철군할 것을 〔230v〕 요청하고, 그러면 정해진 대로 매년 재고로 〔물자를〕 보내겠다는 약속을 하였다. 훌레구 칸은 칼리프가 반역을 도모하기 위해서 군대를 돌려보내려 하는 것이라고 생각하고, "우리가 이렇게 〔먼〕 길을 왔는데 칼리프를 보지도 못

---

210) 데히스탄(Dehistan, Tabaristan)에 있는 마을의 이름.

211) 655년 무하람월은 1257년 1월에 해당하므로 본문의 기록은 성립하기 어렵다. 색스턴은 655년 둘 카다월(1257년 11월 10일에 시작)의 잘못으로 보아야 한다고 지적하였다. Rashīd/Thackston, p. 493, note 4.

212) 키르만샤를 가리킨다.

213) 훌완은 서부 이란의 자그로스 산중에 위치한 지명. 바그다드에서 후라산 대로를 따라 동쪽으로 출발하면 지발 지방에서 나타나는 최초의 도시.

214) 앞에서 지적한 대로 아사드아바드는 하마단에서 서쪽으로 35킬로미터 떨어진 곳에 있다.

하고 어찌 돌아가겠는가. 그를 직접 만나 얼굴을 보고 얘기를 한 뒤에 그의 허락을 받고 나서 돌아가겠다."라고 말했다.

거기에서 그들은 쿠르드인들이 사는 산간지역으로 왔고, 그달 27일(1257. 12. 6)에 키르만샤에 숙영하고 살육과 약탈을 하였다. 사신을 보내 제왕들과 순착과 바이주 노얀과 수니테이 등에게 서둘러 어전에 오도록 하였고, 그들은 〔훌레구가〕 '후스로우의 아치(Tāq-i Kisrā)'[215]에 있을 때 어전에 도착했다. 그리고 상대편의 선봉이던 아이박 할라비(Aybak Ḥalabī)와 세이프 앗 딘 킬리치(Sayf al-Dīn Qilich)를 붙잡아서 어전으로 데리고 왔다. 훌레구 칸은 아이박에게 안전을 보장해주고, 그(아이박)는 〔훌레구의〕 말을 〔칼리프에게〕 정확하게 전달하기로 하였다. 훌레구는 그를 몽골 선봉대(yazak)의 누케르로 삼고, 아미르들을 위무한 뒤 티그리스 강을 건너 바그다드의 서쪽으로 향하도록 하였다. 그들은 관습에 따라 양의 어깨뼈들을 불에 쪼여 〔점을 친 뒤〕 돌아서서[216] 티그리스 강을 건너 바그다드의 서쪽으로 향하였다.

상대편에서 바그다드의 선봉은 킵착인이었고 이름은 카라송코르(Qarāsongqōr)였다. 몽골〔측〕의 선봉은 호레즘 출신의 술탄축(Sulṭānchūq)이라는 이름을 가진 자였다. (R1010)그는 카라송코르에게 편지를 한 통 보내서, "나와 너는 같은 부류의 사람이다. 나는 백방으로 노력을 했지만 결국 극도의 절망과 혼란 속에서 어전으로 와서 폐하에게 투신하고 복속했다. 그랬더니 나를 아주 잘 대해주셨다. 너희들도 자신의 목숨을 귀하게 여기고 자기 자식들에게 자비를 베풀어 복속하도록 하라. 그래서 이 종족에게서 〔당신의〕 생명과 가족과 재산의 안전을 얻도록 하라."

---

215) 고대 페르시아 제국의 수도가 있던 크테시폰(Ctesiphon)을 가리킨다.

216) '돌아서서'는 특별한 의미가 아니라, 몽골 선봉대가 아이박을 데리고 바그다드 쪽을 향하였다는 의미를 나타내는 것으로 보인다.

고 하였다.

카라송코르는 답신을 적었는데, "몽골이 압바스 가문을 어찌 해코지할 수 있겠는가? 왜냐하면 그 가문은 칭기스 칸의 왕국과 같은 것을 수도 없이 보았지만 그 기초는 훨씬 더 단단해서 거센 바람에도 흔들리지 않기 때문이다. 그들은 500년 이상을 통치자로 군림해왔고, 그들을 해치려던 어떤 사람도 자기의 명을 보존하지 못했다. 그런데도 너는 나를 몽골 왕국이라는 갓 자라나는 나무로 오라고 초대하니 그것은 결코 현명한 방책이 아니다. 훌레구가 만약 평화와 우애의 길을 걸으려 했다면, 여러 지방과 이단자들의 성채를 모두 정복한 뒤 라이를 지나서 〔이곳으로〕 오지 않고 후라산과 투르키스탄으로 돌아갔어야 했다. 칼리프는 그가 군대를 이끌고 온 것에 대해서 마음 아파하고 있다. 일이 이렇게 되긴 했지만 만약 훌레구 칸이 자신의 행위를 뉘우치고 군대를 하마단으로 철수시키면, 우리가 다와트다르에게 부탁해서 그가 칼리프의 어전에 탄원을 올리도록 하겠다. 그러면 〔칼리프가〕 섭섭한 마음을 풀고 평화를 받아들여, 살육과 분쟁의 문이 닫힐지도 모르지 않겠는가."

술탄축이 그 편지를 훌레구 칸에게 올리자, 그는 웃으면서 말하기를, "나의 후원자는 전능한 하나님이지 금화나 은화가 아니다. 만약 영원한 신께서 도움을 주신다면 내가 칼리프나 그의 군대를 두려워할 것이 무엇이 있겠는가."

二行詩

내 앞에 개미가 있건 파리가 있건 아니면 코끼리가 있건 무슨 상관인가,
샘물이 있건, 개천이 있건, 아니면 바다가 있건.
(R1011)만약 창조주의 명령이 바뀐다면,
그를 제외한 누가 알겠는가, 그의 말이 언제 나타날지.

그는 다시 사신을 보내 "칼리프는 복속하고 밖으로 나오라! 아니면 전투를 치러야 할 것이다. 그리고 먼저 재상과 술레이만 샤와 다와트다르를 오도록 하라. 그래서 〔훌레구의〕 말을 듣도록 하라!"고 하였다. 그는 다음 날 이동을 하여 655년 둘 히자월 9일(1257. 12. 18) 훌완 강가에 둔영을 쳤고, 그달 22일(12. 31)까지 그곳에 머물렀다. 〈200r〉 *[217]그러는 동안 키트 부카 노얀은 루리스탄 지방의 상당 부분을 회유와 협박으로 장악했고, 뱀해 착샤바트(Chaqshabāt)월[218] 11일, 즉 656년 무하람월 9일(1258. 1. 16)에 바이주 노얀과 부카이 티무르와 순착 등은 두자일(Dujayl)[219] 길을 거치고 티그리스 강을 건너 약속한 장소로 와서 나흐리 이사(Nahr-i Īsa)[220] 부근에 도착하였다. 순착 노얀은 바이주에게 군대의 선봉대가 바그다드의 서쪽에 있도록 해달라고 청원했고, 허락을 받은 뒤 달려갔다. 그가 하르비야(Ḥarbiyya)[221]에 도착했을 때 칼리프 군대의 지휘관인 무자히드 앗 딘 아이박 다와트다르와 이븐 쿠르드는 바쿠바(Ba'qūba)와 바지스라(Bājisra) 사이에 군영을 세웠다.

그들은 몽골군이 티그리스 강을 건너 서쪽 방면으로 와서 안바르(Anbār)[222] 부근에 있다는 말을 듣고, 마드라파(Maḍrafa)[223] 위에 있는 만수르(Manṣūr) 궁전의 문 앞, 즉 바그다드에서 9파르상(54킬로미터) 떨어진

---

217) B본의 원문에는 * * 사이의 부분이 누락되었지만 200v 상단 난외에 다른 필체로 가필되어 있다.

218) '착샤바트'는 음력 12월을 가리키는 투르크어이다.

219) 바그다드에서 서북방으로 60킬로미터 떨어진 곳으로 티그리스 강 서안에 위치한 지명. 현재는 Dejail로 표기된다.

220) 바그다드를 관통하는 운하의 이름.

221) 바그다드의 '원성(圓城)'의 서북방 및 북방에 위치한 거주 지구의 이름.

222) 바그다드 서쪽 60킬로미터 정도 떨어진 곳, 유프라테스 강가에 위치한 도시로서, '창고'라는 도시의 명칭이 시사하듯이 압바스조 시대에는 매우 중요한 도시였다. 압바스조의 초대 칼리프인 사파(Saffāh)가 잠시 머물렀던 곳이며, 2대 칼리프인 만수르가 바그다드로 수도를 정하기 전까지 이곳에 머물렀다. Le Strange, *The Land*, pp. 65~66.

223) 바그다드 북방에 티그리스 강을 따라 위치한 지역.

곳에서 순착 및 부카 티무르와* 〔231r〕 전투를 벌였다. 몽골군은 퇴각하여 두자일 지구에 속하는 바시리야(Bashīriya)로 왔다. 바이주와 그들(몽골군)이 도착하자 그들을 밀어내었다. 그 부근에 큰 물줄기가 있었는데 몽골인들은 그 둑을 터뜨려서, 바그다드 군대의 뒤쪽에 있는 벌판 전부를 물에 잠기게 만들었다. 바이주와 부카 티무르는 아슈라 즉 목요일(1258. 1. 17) 동이 틀 때에 다와트다르와 이븐 쿠르드를 쳐서 승리를 거두고 바그다드 군대를 패퇴시켰다. 물에 빠지거나 진흙땅에 남은 사람을 제외하고, 군대의 지휘관들인 파트흐 앗 딘 이븐 쿠르드(Fatḥ al-Dīn ibn Kurd)와 카라송코르가 (R1012)바그다드 사람 1만 2000명과 함께 모두 도륙되었다. 다와트다르는 소수의 사람들과 함께 도망쳐 바그다드로 왔고, 일부는 힐라(Ḥillah)와 쿠파로 도망쳤다. 무하람월 중순 토요일(1. 22) 밤에 부카 티무르와 바이주 노얀과 순착 노얀이 바그다드로 와서, 서쪽 방면을 장악하고 강가 쪽에 위치한 도시의 구역에 진영을 쳤다. 나하시야(Naḥāsiya)와 사르사르(Ṣarṣar) 방면에서 키트 부카 노얀과 다른 사람들이 많은 군대와 함께 도착했다.

훌레구 칸은 유수영을 카네킨(Khāneqīn)에 놓아두고 출발하여, 뱀해 착샤바트월[224) 17일, 즉 상술한 해의 무하람월 15일(1258. 1. 22)에 〔바그다드의〕 동쪽에 둔영을 쳤다. 몽골군은 마치 개미와 메뚜기처럼 온 사방에서 모여들었고 바그다드의 성벽 주위를 에워싸고 방벽을 만들었다. 무하람월 22일(1. 29) 화요일에 백양궁(ḥamal)이 떠오를 때 전쟁이 시작되고 전투에 들어갔다. 후라산 길 방면에서 세계의 군주가 중군에 위치하고 도시의 좌측에서 아자미(ʿAjamī) 망루를 대면하고 있었다. 일게이 노얀과 쿠야(Qūyā)는 칼라와디(Kalawādhī) 성문에, 쿨리와 불가와

---

224) chaqshābāṭ āy, 즉 음력 12월을 가리킨다.

투타르와 시레문과 아룩투는 도시의 성문 즉 수키 술탄(Sūq-i Sulṭān) 성문에, 부카 티무르는 성채가 있는 쪽에서 키블라 방향으로 둘랍 바칼(Dūlāb Baqal)이라는 지점에, 바이주와 순착은 서쪽에서부터 와서 아자디('Aḍadī) 병원이 있는 곳에, 〔각각 진을 치고〕 전투를 하였다. 아자미 망루와 마주하여 투석기를 설치하고 그 망루에 구멍을 내었다.

칼리프는 재상과 총주교(jāthlīq)[225]를 밖으로 보내어 말하기를, "군주께서는 재상을 보내라고 명령했는데, 내가 그 말에 충실하여 그를 보냈습니다. 군주도 자기 말을 지키십시오."라고 하였다. 훌레구 칸은 "그 조건은 하마단의 문에 있을 때 한 것이다. 내가 바그다드에 온 지금 혼란과 반란의 바다를 힘들게 지나왔는데, 어떻게 하나로 만족할 수 있겠는가. 세 사람 모두, 즉 다와트다르와 술레이만 샤까지도 보내야 할 것이다."라고 말했다. (R1013)사신들이 시내로 들어갔다. 다음 날 재상과 사힙 디반과 한 무리의 명사들이 밖으로 나왔는데, 그들을 다시 〔시내로〕 돌려보냈다. 엿새 밤낮동안 격렬한 전투가 벌어졌다. 훌레구 칸은 "판관들, 학자(dānishmand)들, 셰이흐들, 알리의 일족, 기독교 사제(erkā'ūn)들, 그리고 우리와 전투를 하지 않은 사람들, 그들의 목숨은 우리가 보장한다."는 내용의 칙령(yarlīgh)을 6통 쓰라고 지시하여, 그것들을 화살에 묶어서 도시의 여섯 방향으로 쏘아 보냈다.

바그다드 주변에는 돌이 없었기 때문에 잘룰라(Jalūlā)와 자발 함린(Jabal Khamrīn)에서 〔돌을〕 가져왔다. 야자나무를 잘라서 돌 대신 쏘아 던지기도 했다. 무하람월 25일(2. 1) 금요일에 아자미 망루를 부수었고, 〔230v〕〈201r〉 무하람월 28일(2. 4) 월요일에 군주가 있던 그 방향에서부터 아자미 망루를 마주하여 몽골군이 서로 경쟁하듯 성벽 위로 올라갔

---

225) 바그다드에 있던 네스토리우스 교단의 총주교(Catholic)를 지칭한다.

고, 성벽 위에서 사람들을 몰아내었다. 수키 술탄 〔성문〕 방향에는 〔주치 울루스의 장군들인〕 발라가와 투타르가 있었는데 아직 성벽 위로 올라가지 못했다. 훌레구 칸은 그들을 질책하였다. 그들의 누케르들도 올라갔다. 밤에 동쪽 방향의 성벽 위 모두를 장악하였고, 부교를 맬 때 군주는 바그다드의 위와 아래에 부교를 매고,[226] 배들을 준비하고, 만자니크를 배치하고, 수비병들을 배치하라고 지시했다. 부카 티무르는 1투만의 병사와 함께 마다인(Madāīn)과 바스라로 향하는 도로상에 주둔하며, 만약 누군가 배를 타고 도망치면 그것을 제지할 태세로 있었다. 바그다드 전투가 격렬해지고 상황이 주민들에게 어렵게 되자, 다와트다르는 배를 타고 아래쪽으로 도망치려고 하였다. 알 우카브(al-'Uqāb) 마을을 지났을 때 부카 티무르의 군대가 만자니크의 돌덩이와 화살과 나프타가 든 유리병들을 던져서 〔231r〕〈201v〉[227] 배 3척을 빼앗고 사람들을 죽였다. 다와트다르는 패배하여 돌아갔다.

칼리프가 그러한 상황을 알아차렸고 〔자신의〕 바그다드 지배에 대해서 완전히 절망하였다. (R1014)어디로도 도망갈 수 없게 되자 "복속하겠다."라고 말하며, 파르흐 앗 딘 담가니(Fakhr al-Dīn Dāmghānī)와 이븐 다르누시(Ibn Darnūsh)를 약간의 선물과 함께 〔궁성〕 밖으로 보냈다.[228] 만약 많은 선물을 보내면 자신들이 두려워하는 것으로 비춰져 적

---

226) 여기서 '바그다드의 위와 아래(az balā wa zīr-i Baghdād)'라는 표현이 무엇을 뜻하는지는 분명치 않으나, 바그다드 성채는 해자로 둘러싸여 있기 때문에 성채의 남과 북 양쪽에 부교를 설치하라는 지시를 뜻하는 것이 아닐까 싶다. 바그다드 함락 장면을 묘사한 세밀화(Diez Album, fol. 70)도 해자의 2개의 지점에 부교가 설치된 모습이 보인다.

227) A·B본 모두 양면에 걸쳐 타원형의 커다란 공백이 보이는데, 이는 아마 바그다드 공략 장면을 묘사하는 삽화를 그려 넣을 공간으로 보인다. 집사 아랍어 사본에는 바로 이 장면을 묘사한 삽화가 들어가 있다.

228) 이하 훌레구와 칼리프 사이에 사신들이 왕래하면서 도시의 안팎으로 들어가고 나오는 기사들이 자주 보이는데, 이를 이해하기 위해서는 당시 바그다드 도성의 구조를 알 필요가 있다. (94쪽 그림

에게 압도당하게 될까봐 걱정이 되었기 때문이다. 훌레구 칸은 그것에 주의를 기울이지 않았고, 그들은 목적을 달성하지 못하고 돌아갔다. 무하람월 29일(2. 5) 화요일에 칼리프의 가운데 아들 아불 파즐 압둘 라흐만(Abū al-Faḍl ʿAbd al-Raḥman)이 〔궁성〕 밖으로 나와 〔훌레구에게로 갔다. 한편〕 재상은 〔다시〕 시내로 〔즉 궁성 안으로〕 갔다. 사힙 디반과 한 무리의 대인들은 아불 파즐과 함께 〔그 안에〕 있었는데, 재물을 많이 갖고 나와 〔훌레구를 찾아갔지만 그는〕 그것 역시 받아 주지 않았다.

다음 날, 즉 무하람월 마지막 날(2. 6)에 〔칼리프의〕 큰 아들과 재상과 한 무리의 측근들이 중재하기 위해 〔궁성〕 밖으로 나왔으나 소용이 없었고 〔다시〕 안으로 갔다. 〔이때〕 훌레구 칸은 호자 나시르 앗 딘 투시와 아이 티무르(Ay Timūr)라는 사람을 사신으로 삼아 그들[229]과 동행케 하여 칼리프에게 보냈다. 사파르월 첫날(2. 7) 그들(나시르 앗 딘 투시와 아이 티무르)은 〔궁성〕 밖으로 나왔고, 사힙 디반이었던 파흐르 앗 딘 〔231v〕 〈202r〉 담가니와 이븐 알 자우지와 이븐 다르누시를 시내(궁성 안)로 보내서, 술레이만 샤와 다와트다르를 밖으로 나오도록 했다. 그들을 지원하기 위해 칙령과 패자를 주고 말하기를 "어떻게 할지는 칼리프에게 달려 있다. 만약 그가 원하면 나오라고 하라. 그렇지 않으면 오지 말라고

참조) 흔히 '원성(圓城)'이라 불리듯이 바그다드는 원형으로 건축되었다. 가장 외부에는 해자가 파여 있고 그것에 접해서 외벽이 세워져 있었다. 외벽과 해자를 연결하는 공간에 후라산 문(동북방), 시리아 문(서북방), 쿠파 문(서남방), 바스라 문(동남방) 등 4개의 대형 성문이 두어졌다. 외벽의 안쪽에 주벽이 있고, 주벽의 안쪽에는 귀족들의 주택들이 들어선 공간이 있었고, 그 안쪽에 다시 내벽이 세워져 있었다. 이 내벽 안쪽에 관청들이 세워졌고 그 공간의 중심에 칼리프가 거주하는 소위 '황금의 궁전'과 대모스크가 위치해 있었다. 몽골군이 해자와 그것에 연접한 외벽을 장악하자, 칼리프는 훌레구에게 사신들을 보내서 협상을 통해 위기를 모면하려는 시도를 계속하였다. 본문에서 '시내'라든가 '밖으로 들어갔다' 혹은 '안으로 들어갔다'는 등의 표현은 주벽을 기준으로 그 안쪽이라고 이해하면 될 것이다.

229) 중재하기 위해 밖으로 나온 칼리프의 큰 아들, 재상 및 측근들을 가리킨다.

몽골군의 바그다드 성 함락 장면을 묘사한 『집사』의 삽화.

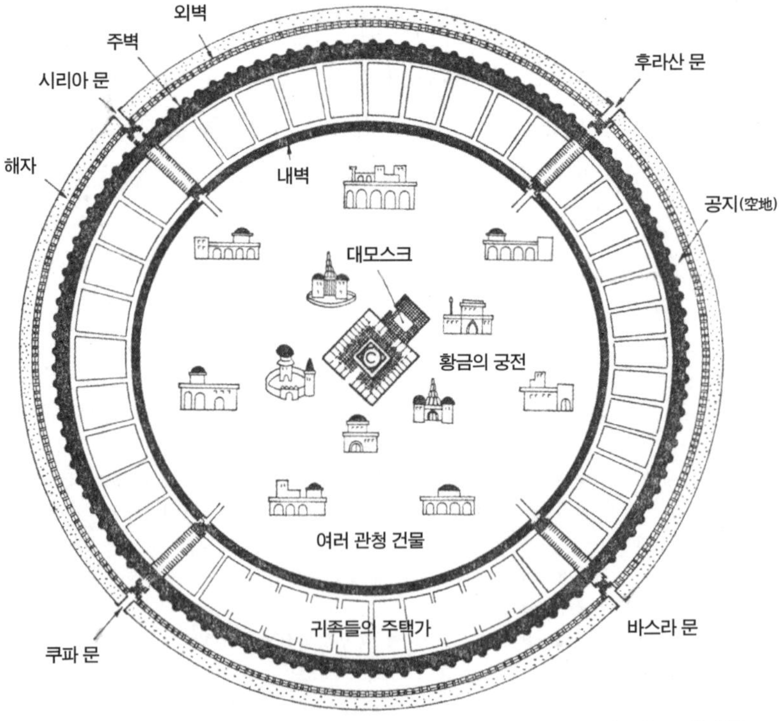

바그다드 도성의 구조

하라. 몽골군은 그들이 밖으로 나올 때까지 성벽 위에 굳게 지키고 있을 것이다."라고 하였다.

사파르월 첫날(2. 7) 목요일에 그들 〔즉 술레이만 샤와 다와트다르〕 두 사람이 모두 〔궁성〕 밖으로 나왔지만 다시 안으로 돌려보냈다. 그것은 그들에게 속한 사람들을 데리고 나와서 에집트와 시리아로 원정을 보내기 위함이었다. 바그다드의 군사들은 그들과 함께 밖으로 나오기 시작했고, 수없이 많은 사람들이 목숨을 구할 수 있기를 바라며 그렇게 했는데, 〔몽골군은〕 그들을 천호, 백호, 만호들에게 배분하여 모조리 죽여버렸다.

그리고 시내에 남아 있던 사람들은 굴(naqb)과 욕탕의 화덕(gulkhān)으로 도망쳤다. 도시의 귀족들 한 무리가 밖으로 나와 보호를 청하면서, 많은 사람들이 복속하고 있으니 그들에게 말미를 주어 칼리프가 아들들을 보내고 자신도 나올 수 있도록 해달라고 청하였다. (R1015)그러는 사이에 화살이 하나 날아와 아미르들 가운데 한 사람인 힌두 비틱치(Hindū Bītikchī)의 눈에 꽂혔다. 훌레구 칸은 대단히 분노하여 바그다드 함락을 서두르라고 지시하였다. 호자 나시르 앗 딘에게 지시하기를 사람들의 생명을 보장하기 위해 할라바(Ḥalaba) 성문에 자리를 잡으라고 하였다. 그리고 사람들을 시내에서 밖으로 데리고 나오기 시작했다.

사파르월 2일(2. 8) 금요일 다와트다르를 그 부하들과 함께 처형시켰다. 술레이만 샤를 700명의 근시들과 함께 출두하게 하였다. 그의 손을 묶고 심문하기를 "너는 별을 볼 줄 아는 점성가이고 천체의 상서로움과 불길함을 아는 사람인데, 어찌하여 자신의 나쁜 날을 알지 못했고, 너의 주군에게 충고하여 화평을 맺으러 내게 오도록 하지 않았는가?"라고 하였다. 술레이만 샤는 말하였다. "칼리프는 독재자이고 관대하지 못했습니다. 선의를 갖고 말하는 사람들의 충고를 들으려고 하지 않았습니다." 〔훌레구는〕 명령을 내려 그를 휘하의 모든 사람들과 함께 순교(shahīd)

에 처하라고 지시하고, 다와트다르의 큰 아들인 핫지 앗 딘(Ḥājjī al-Dīn)도 죽였다. 세 사람 모두의 머리를 바드르 앗 딘 룰루(Badr al-Dīn Lūlū)의 아들 말릭 살리흐(Malik Ṣāliḥ)에게 들려 모술로 보냈다. 바드르 앗 딘은 술레이만 샤와 친구였기 때문에 통곡하였다. 그러나 자기 목숨이 무서워 그들의 머리를 장대에 매달았다.

그 뒤 칼리프 무스타심은 사태가 이미 수습할 수 없게 되었다는 것을 알게 되었고, 재상을 불러서 어떻게 해야 할지 방책을 물었다. 그는 대답으로 다음과 같은 이행시를 읊어주었다.

> 그들은 일이 수월하게 풀릴 것이라고 생각했지만,
> 만남을 위하여 〔준비된 것은〕 날카로운 칼뿐이로다[230)]

그리고 '바스라가 파괴된 뒤에야'[231)] 〔칼리프는〕 세 명의 아들, 즉 아불 파즐 압둘 라흐만, 아불 압바스 아흐마드(Abū al-'Abbās Aḥmad), 아불 마나키브 무바라크(Abū al-Manāqib Mubārak)와 함께 656년 사파르월 4일(1258. 2. 10) 일요일에 밖으로 나왔다. 시내에 있던 예언자의 후손들, 이맘들, 판관들, 대인과 귀족들 가운데 3000명이 그와 함께 있었다. 그는 훌레구 칸을 (R1016)보았는데 군주는 하등의 분노도 표시하지 않았고 유쾌하고 상냥하게 질문을 하였다. 그 뒤 칼리프에게 "시내의 사람들에게 말해서, 그들이 무기를 버리고 밖으로 나오고, 우리가 그들의 수를 헤아릴 수 있게 하라!"고 말했다. 칼리프는 시내로 사람을 보내어 무

---

230) 원문은 아랍어.

231) 이 표현은 '뒤늦게'라는 의미를 지녔다. 즉 9세기에 바스라에서 반란이 일어났는데 바스라가 완전히 약탈되고 파괴된 뒤에야 비로소 나라에서 질서를 회복했고, 칼리프가 바그다드에서 성공을 축하하려고 하자, 그것을 비아냥거리는 뜻으로 '바스라가 파괴된 뒤에야'라는 말이 유행하게 되었다는 것이다. Cf. Juwayni/Boyle, vol. 2, p. 384.

기를 버리고 밖으로 나오라는 포고를 내렸다. 시민들이 무리지어 무기를 버리고 밖으로 나오자, 몽골인들은 그들을 처형시켜 버렸다.

그리고 명령을 내리기를 칼리프와 아들들 및 휘하의 사람들은 칼루바지 성문 앞 키트 부카의 군영이 있는 곳에 천막을 치고 거기에 머무르도록 하였다. 몽골인 몇 명에게 그들을 지키도록 하였다. 칼리프는 진실의 눈으로 자신의 파멸을 바라보게 되었고, 신중함을 버리고 충고를 받아들이지 않았음을 후회하였다.

詩

그는 스스로에게 말했다. "나의 적이 성공하였구나!
〔나는〕 마치 그 영리한 새처럼 올무에 걸렸도다!"

사파르월 7일(2. 13) 수요일 대대적인 약탈과 살육이 시작되었다. 군인들은 일제히 시내로 들어갔고, 일부 기독교 사제들과 이방인들의 가옥을 제외하고는 모든 것을 다 태워버렸다. 훌레구 칸은 사파르월 9일(2. 15) 금요일에 칼리프의 거처를 살펴보기 위하여 시내로 들어갔고, 팔각정(muthmana)에 머물렀다. 〔거기서〕 아미르들을 위해 연회를 열고, 칼리프를 불러오라고 지시했다. 그리고 말하기를 "너는 주인이고 우리는 손님이니, 우리에게 어울리는 것이 있으면 네가 갖고 있는 무엇이건 다 내놓아라!"고 하였다. 칼리프는 그 말을 진짜라고 생각하고 두려움에 떨었다. 그는 너무 놀라 창고의 열쇠들을 식별하지 못하여 몇 개의 자물쇠를 부숴야 할 정도였다. 그는 2000매의 의복, 1만 디나르, 얼마간의 귀중품과 보석으로 장식된 물품들과 보석들을 어전에 갖고 왔다.

훌레구 칸은 〔233r〕〈202v〉 그것을 쳐다보지도 않고 아미르들과 거기 있던 사람들에게 나누어 주었다. 그리고 칼리프에게 말하기를, "네가 땅

위에 갖고 있는 재화는 분명히 드러나 있다. (R1017)묻혀 있는 것들에 대해서는 그것이 무엇이고 또 어디에 있는지 짐의 하인들에게 말하도록 하라."고 하였다. 칼리프는 궁전 한가운데에 금으로 가득 찬 연못 하나가 있다고 고백했고, 그곳을 팠더니 과연 황금으로 가득했다. 모두가 100미스칼(mithqāl)[232]짜리 금괴들이었다. 또한 칼리프의 하렘(ḥaram)의 〔인원〕수를 세어보라는 명령이 내려졌는데, 700명의 부인과 첩, 그리고 1000명의 하인이 있음이 확인되었다. 칼리프는 하렘의 숫자를 알게 되자 탄원하여 말하기를, "해나 달의 빛이 그 얼굴에 비추이지 않은 하렘 사람들[233]은 내게 주십시오."라고 하였다. 〔훌레구는〕 "이 700명 가운데 100명을 골라서 선택하라. 나머지는 남겨두라!"고 하였다. 칼리프는 자신의 일족이나 가까운 사람 가운데 100명의 여자를 골라내었다.

훌레구 칸은 밤중에 오르도에 왔다. 새벽에 순착에게 명령하기를 시내로 들어가 칼리프의 재산을 장악하고 그것을 밖으로 내보내라고 하였다. 600년 동안 축적한 것들을 계마장(繫馬場)[234] 주변에 모두 쌓으니 산더미를 이루었다. 많은 성스러운 장소들, 즉 칼리프의 모스크와 무사-자와드(Mūsa Jawād)의 순교지[235]—그곳에 평화가 있기를!—와 루사파(Ruṣafa)[236]의 성묘들이 모두 불에 탔다. 시내의 사람들은 샤라프 앗 딘 마라가이(Sharaf al-Dīn Marāghaī)와 시합 앗 딘 잔자니(Shihāb al-Dīn

---

232) 1 mithqāl = 4.24 gram. 따라서 은괴 하나의 무게는 424그램이 되는 셈이다.

233) 궁전의 내정에만 머물며 외부인들과 접촉하지 않았던 순결한 비빈들을 의미한다.

234) 원문에는 kiriyās라고 되어 있으며 이는 천막 부근에 말을 매어두는 곳을 가리키는 몽골어 kiri'es를 옮긴 말이다.

235) 799년 사망한 이맘 무사 빈 자파르(Imām Mūsa b. Jaf 'ar)는 이 묘지에 묻혔고, 그의 손자인 이맘 무함마드 앗 자와드(Imām Muḥammad al-Jawād) 역시 834년에 사망하여 이곳에 묻혔다. 본문의 무사와 자와드는 시아파의 대표였던 이 두 사람을 가리킨다.

236) 티그리스 강 동안에 위치한 바그다드 시의 한 구역. 압둘 카디르 길라니(1076~1166, 카디리야 교단의 창시자), 아부 하니파(699~767, 하나피 학파의 창시자)의 성묘가 위치해 있다.

Zanjānī)와 말릭 딜라스트(Malik Dilrāst)[237]를 보내어 안전을 보장해달라고 요청하였다. 그러자 "앞으로는 살육과 약탈을 중지하라. 왜냐하면 바그다드 왕국은 우리의 것이기 때문이다. 그리고 〔주민들은〕 정착해서 살면서 각자 자신의 생업에 충실하도록 하라."는 엄명이 내려왔다. 바그다드인들 가운데 칼에 베어지지 않고 살아남은 사람들은 안전을 보장받았다.

훌레구 칸은 오염된 공기로 인하여 사파르월 14일(2. 20) 수요일에 바그다드에서 이동하여 와카프 와 잘라비아(Waqaf wa Jalābīyya)라는 마을에 머물렀다. 아미르 압둘 라흐만('Abd al-Raḥman)을 파견하여 후지스탄 지방을 정복하라고 하였다. 그리고 칼리프를 소환하였다. 그는 나쁜 명령이 자신에게 내려진 적이 있기 때문에 매우 두려워했고, 재상에게 "내가 어떻게 해야 하는가?"라고 물었다. 그는 "우리의 수염이 (R1018)깁니다."[238]라고 대답했다. 이 말은 처음에 〔몽골군에 대한〕 방책을 세울 때에 그가 많은 물자를 보내서 그 〔어려운〕 상황을 해결하자고 했는데, 다와트다르가 "재상의 수염이 깁니다."라고 하면서 그러한 계획을 저지하였고, 칼리프는 그의 말을 듣고 재상의 방책을 무시했던 것을 가리키며 한 말이었다. 결국 칼리프는 목숨에 대한 희망을 잃고, 욕탕으로 가서 다시 세정(洗淨)을 하게 해달라고 허락을 청했다. 훌레구 칸은 다섯 명의 몽골인과 함께 들어가라고 하였다. 그는 "다섯 명의 간수를 원하지 않는다."라고 말하며 이행시 두세 구절로 된 시(qaṣīda)를 읊

---

237) 본문 바로 아래에서 언급되듯이 그의 본명은 Najm al-Dīn Abī Jaf'ar Aḥmad 'Imrān이다. Dilrāst라는 밀은 '마음이 올곧은 사람'이라는 뜻이나.

238) 원문은 아랍어로 liḥiyatnā ṭawīlat. 아랍어에는 "수염이 긴 사람은 이해력이 떨어진다"는 속담이 있다고 한다. Rashid/Thackston, p. 498, note 1. 따라서 '수염이 길다'는 표현은 판단력이 부족하거나 특별한 방책이 없는 상태를 나타내는 것으로 볼 수 있다. 즉 칼리프가 재상에게 살아남을 방책을 묻자 그는 별다른 방법이 없다고 대답한 것이다.

었다. 그 첫머리는 이러했다.

詩

내가 아침에 일어났을 때 내게는 낙원과 천국 같은 궁전이 있었노라.

내가 자러 갈 때 어제까지 부유했던 적이 없는 것처럼 궁전이 없구나.

656년 사파르월 14일(1258. 2. 20) 수요일 마지막에 칼리프와 세 명의 큰 아들 그리고 그를 모시던 다섯 명의 하인들은 와카프라는 마을에서 최후를 맞았다. 칼라바지 성문에 그와 함께 머물렀던 다른 사람들도 다음 날에 순교시켰다. 기록에 나와 있지 않은 몇몇 사람들을 제외하고는 압바스 가문 사람들 가운데 발견된 사람은 누구도 살려두지 않았다. 칼리프의 막내아들 무바락 샤(Mubārak Shāh)는 울제이 카툰에게 주었다. 카툰은 그를 마라가로 보내어 호자 나시르 앗 딘과 함께 있도록 하였다. 그에게 몽골 여자를 하나 주었고 두 명의 아들이 태어났다. 사파르월 16일(2. 22) 금요일에 칼리프의 중간 아들을 그의 아버지와 형제들이 있는 〔저승으로〕 보냈다.

〔이렇게 해서〕 우마이야 가문〔이 몰락한〕 뒤 권좌에 앉아 있던 압바스 가문의 칼리프들의 통치는 끊어지게 되었다. 그들이 칼리프를 했던 기간은 525년이었고 칼리프의 숫자는 37명이었는데, 그 이름은 아래에서 자세히 기록하는 바와 같다.

(1) 사파(Saffāḥ), (2) 만수르(Manṣūr), (3) 마흐디(Mahdī), (4) 하디(Hādī), (5) 라시드(Rashīd), (6) 아민(Amīn), (7) 마문(Ma'mūn), (8) 무타심(Mu'taṣim), (9) 와씨크(Wāthiq), (10) 무타와킬(Mutawakkil), (11) 문타시르(Muntaṣir), (12) 무스타인(Musta'īn), (13) 무타즈(Mu'tazz), (14)

무흐타디(Muhtadī), (15) 무타미드(Mu'tamid), (16) 무타디드(Mu'taḍid), (17) 무크타파(Muktafa), (18) 무크타디르(Muqtadir), (19) 카히르(Qāhir), (20) 라디(Rāḍī), (21) 무타키(Muttaqī), (22) 무스타크파(Mustakfa), (23) 무티이(Muṭi'), (24) 타이이(Ṭāyi'), (R1019)(25) 카디르(Qādir), (26) 카임(Qāyim), (27) 무크타디(Muqtadī), (28) 무스타즈히르(Mustazhir), (29) 무스타르시드(Mustarshid), (30) 라시드(Rāshid), (31) 무크타파(Muqtafa), (32) 무스탄지드(Mustanjid), (33) 무스타디(Mustaḍī), (34) 나시르(Nāṣir), (35) 자히르(Ẓāhir), (36) 무스탄시르(Mustanṣir), 그리고 (37) [마지막으로] 17년간 칼리프를 지낸 무스타심(Musta'ṣim).

칼리프를 순교시킨 바로 그날 그의 재상이었던 무아야드 앗 딘 이븐 알카미를 재상으로, 파흐르 앗 딘 담가니를 사힙 디반으로 임명하여 시내로 보냈다. 알리 바하두르를 감관(shaḥna)이자 한 무리의 오르탁들(ortāqān)과 장인들(ūzān)의 수령으로 임명하였다. [233v]〈203r〉 그리고 아미르 카라카이(Qarāqāī)의 부관으로 이마드 앗 딘 우마르 카즈비니('Imād al-Dīn 'Umar Qazwīnī)를 임명하였다. 그는 칼리프의 모스크와 무사-자와드의 성묘(Mashhad-i Mūsa Jawād)를 건설하였다. 나즘 앗 딘 아비 자파르 아흐마드 이므란(Najm al-Dīn Abī Jaf'ar Aḥmad 'Imrān)—그를 '말릭 딜라스트'라고도 부른다—을 바그다드의 동부 지구, 즉 후라산 길(ṭarīq-ī Khurāsān), 할리스(Khāliṣ), 반딘진(Bandīnjīn)[239] 등지로 보냈다. 니잠 앗 딘 압둘 무민 반딘진(Niẓām al-Dīn 'Abd al-Mū'min Bandīnjīn)을 대법관(qāḍī al-quḍāt)으로 임명하였다. 일게이

239) 이는 바그다드에서 동쪽으로 멀지 않은 곳에 위치한 지명들로 보인다. 그곳을 통해서 후라산으로 갈 수 있었기 때문에 그곳의 길을 '후라산 길'이라고 불렀다.

노얀(Īlgāī Nōyān)과 카라 부카(Qarā Būqā)[240]에게 3000명의 몽골 기병을 지정하여 바그다드로 보내어 건물을 짓고 일을 끝내도록 하였다. 각자 죽은 사람들과 자기 친속들을 묻고, 죽은 가축을 길에서 치웠으며, 바자르들을 재건하도록 하였다. 사파르월 29일(3. 7) 목요일에 재상의 아들 샤라프 앗 딘(Sharaf al-Dīn)과 사힙 디반이 상황을 보고하기 위하여 어전으로 왔다가 돌아갔다.

훌레구 칸은 사파르월 23일(3. 1)에 이동하여 셰이흐 마카림(Shaykh Makārim)의 성묘(qubba)에 숙영하였고, 거기서 이동을 계속하여 하니킨(Khāniqīn)에 있는 자신의 오르도들에 도착하였다. 바그다드를 포위할 때 힐라에서 몇 명의 알리파('Alawī) 학자들이 와서 감관〔을 파견해 줄 것〕을 청원하였는데, 훌레구 칸은 투켈(Tūkel)과 아미르 나흘리 나흐치바니(Amīr Naḥlī Nakhchivānī)를 그곳에 보냈고, 그들의 뒤를 따라 울제이 카툰의 형제인 부카 티무르(Būqā Tīmūr)를 힐라와 쿠파와 와시트(Wāsiṭ)[241]의 주민들을 시험해 보기 위해 파견했다. 힐라 사람들은 군대를 맞이하러 나가 유프라테스 강 위에 다리를 놓고 그들의 도착을 기뻐하였다. (R1020)부카 티무르는 그들의 태도가 확고함을 보고 사파르월 10일(2. 16)에 이동하여 와시트로 향하였다. 17일(2. 23)에 도착하였는데 그곳의 주민들은 복속하지 않았다. 그는 〔그곳에〕 자리를 잡고 도시를 점령하였다. 살육과 약탈을 시작하여 약 4만 명을 죽였다.

그는 거기서 후지스탄으로 갔는데, 슈슈타르(Shūshtar)[242]시를 복속시키기 위해 샤라프 앗 딘 이븐 알 자우지를 함께 데리고 갔다. 칼리프

---

240) 뒤에 나오는 제왕 카라 부카이(Qarā Būqāī)와는 다른 인물이다.

241) 와시트는 바그다드 동남쪽 방향에 위치한 지명으로, 현재 이란과 접경하고 있다.

242) 슈슈타르는 이란 서남부 후지스탄에 있는 도시. 아흐바즈(Ahwāz)에서 북쪽으로 약 90킬로미터 떨어진 곳에 있다. 이 지명은 고대 도시 수사(Susa)에서 비롯된 것이다.

휘하에 있던 군인들과 투르크인들 일부는 도망쳤고 일부는 죽임을 당했다. 바스라와 그 주변도 복속하였다. 그리고 아미르 세이프 앗 딘 비틱치가 어전에 청원하여, 100명의 몽골인들을 나자프(Najaf)로 보내서 아미르 알 무미닌 알리(Amīr al-mū'minīn 'Alī)[243]—그에게 평화가 있기를!—를 성묘하게 하고 그곳 사람들을 보호해 달라고 하였다. 라비 알 아발월 12일(3. 19)에 부카 티무르는 군영에 도착하였고, 라비 알 아발월 19일(3. 26)에 바그다드에 왔던 알레포의 사신들을 돌려보냈다. 그들은 호자 나시르 앗 딘 투시가 훌레구 칸의 명령에 따라 아랍어로 작성한 편지 한 통을 갖고 갔는데 그 사본의 〔내용〕은 이러하다.

"656년에 우리는 바그다드에 숙영하였다. '경고를 받았던 사람들에게는 사악한 아침이로다.'[244] 우리는 그 왕을 불렀으나 그는 거부했고 그래서 말씀에 적힌 대로 보응을 받았다. '우리는 그를 강하게 잡았노라.'[245] 이제 너희들에게 요구하노니 우리에게 복속하라. 너희가 와서 〔복속한다면〕 좋다. 그러나 거부한다면 '너희가 자신의 행위에서 가장 큰 패배자가 되어, 이승의 삶에서 그 노력이 잘못된 길로 인도되면서도 자신이 좋은 결실을 맺고 있다고 생각하는 사람들'[246]이 되지 않도록 하라. '이것은 알라에게 어려운 것이 아니노라.'[247] 인도된 길을 걸어가는 사람에게는 평안이 있으리라!"

훌레구 칸은 라비 알 아히르월 11일(4. 17) 수요일에 하마단과 시야흐 쿠흐(Siyāh Kūh)[248] 부근의 유수영에 도착하여 그 원정을 마쳤다. 그의

---

243) '아미르 알 무미닌'은 '신도들의 지도자'라는 뜻으로서 흔히 칼리프를 가리키는 별칭이기도 하다. 여기서는 제4대 칼리프 알리를 가리킨다.

244) 『쿠란』 37:177.

245) 『쿠란』 73:16.

246) 『쿠란』 18:103~104.

247) 『쿠란』 14:20.

건강이 좋지 않았는데 쾌유되었다. 라비 알 아히르월 16일(4. 22) 쿠케 비틱치(Kūke Bītikchī)가 죽었다. 라비 알 아히르월 20일(4. 26) 수요일에 일게이 노얀과 일부 아미르들이 어전에 왔다. 주마디 알 아히르월 2일(6. 6) 목요일에 (R1021)바그다드의 재상 무아야드 앗 딘이 사망했고, 그의 아들 샤라프 앗 딘을 그 대신 재상으로 임명했다.

우룩투 노얀이 아르빌 시를 정복하고 그곳의 성채를 포위한 이야기

훌레구 칸이 바그다드를 정복하려고 할 당시에 우룩투(Ūrughtū) 노얀에게 아르빌 성채〔의 정복〕 임무를 맡겼다. 그 성채는 견고한 제방 위에 세워져 있어 〔234r〕〈203v〉 〔그 위용은〕 지상에서도 보기 드문 것이었다. 우룩투 노얀이 그곳을 포위하자 성채 안에 있던 쿠르드인들이 전투에 나서기 시작했다. 사힙 타즈 앗 딘 이븐 살라야이 아르빌(Ṣāḥib Tāj al-Dīn ibn Ṣalāya-yi Arbīl)은 복속하러 내려와 적절한 경의를 표시하였다. 우룩투는 "복속의 진정한 표시는 성채를 내어놓는 것이다."라고 말하자, 그는 성채로 들어갔다. 그러나 그의 휘하에 있던 쿠르드 군인들은 그에게 승복하지 않았다. 많은 설득과 요청을 했지만 별다른 도리가 없어서 그는 우룩투에게 다시 돌아왔고, 〔우룩투는〕 그를 훌레구 칸의 어전으로 보냈다. 그는 야르구(yārghū)에서 죄가 확정되어 순교에 처해졌다.

---

248) 시야흐 쿠흐는 '검은 산'이라는 뜻이기 때문에 동일한 이름의 지명이 여러 군데에 존재한다. 여기서 말하는 산의 정확한 위치에 대해서는 의견이 분분하지만 그 가운데 本田實信의 견해가 경청할 만하다. 그는 일 칸들의 하영지로 많이 이용된 시야흐 쿠흐에 대해 사료에 언급된 여러 용례를 토대로 일 칸들의 계절 이동이 바그다드(동영지) - 하마단 - 시야흐 쿠흐 - 마라가 - 알라 타그(하영지)의 루트를 이루고 있다는 점, 또한 시야흐 쿠흐가 차가투 강의 발원지라고 한 무스타우피의 언급 등을 토대로, 시야흐 쿠흐를 차가투와 키질 우잔(Qizil Ūzan) 두 강의 발원지가 되는 산지로 비정하였다(『モンゴル時代史研究』, p. 364).

우룩투는 한동안 성채를 포위했지만 그곳 주민들은 복속하지 않았다. 그는 술탄 바드르 앗 딘 룰루에게 지원군을 요청했고 일부 군대가 파견되었다. 성채의 주민들이 밤중에 내려와 몽골인들을 기습하여 눈에 띄는 대로 죽이고 투석기들을 불태운 뒤 성채로 돌아갔다. 우룩투는 궁지에 몰리게 되었고 바드르 앗 딘 룰루를 불러 그와 상의를 하였다.

바드르 앗 딘 룰루는 이렇게 말했다. "방책은 이러합니다. 쿠르드인들이 더위를 피해 산으로 가는 여름이 될 때까지 이 중요한 일을 일단 미루어 두는 것입니다. 왜냐하면 지금은 기후가 좋고 비축물도 굉장히 많으며 성채는 대단히 (R1022)견고하여, 그것을 함락시키려면 묘책을 쓰지 않고는 어렵기 때문입니다." 우룩투는 그곳을 술탄 바드르 앗 딘 〔룰루〕에게 맡겨두고 자신은 하영을 하기 위해 타브리즈로 향하였다. 날씨가 더워지자 쿠르드인들은 〔성채에서〕 내려왔고 성채를 술탄 바드르 앗 딘 〔룰루〕에게 넘겨준 뒤 시리아 방면으로 가버렸다. 술탄 바드르 앗 딘은 그 성벽을 허물어버렸다. 이렇게 해서 그 성채 역시 함락되었다. 完!

바그다드와 이단자의 성채들에 있던 재물을 아제르바이잔 방면으로 옮겨서 그것을 살마스 호수 부근의 산속 요새에 보관한 것, 바드르 앗 딘 룰루와 룸의 술탄이 〔훌레구의〕 어전에 도착한 이야기

훌레구 칸은 바그다드에서 거둔 많은 재화와 물자들을 라이의 수령인 나시르 앗 딘 〔이븐〕[249] 알라 앗 딘(Nāṣir al-Dīn 〔ibn〕 'Alā' al-Dīn)에게 맡겨서 아제르바이잔으로 보내고, 이단자들 및 룸, 그루지아, 아르메니아, 루르, 쿠르드 등지에 있던 성채에서 거둔 것들도 마찬가지로 그렇게

249) A·B본에는 보이지 않으나 다른 일부 사본에는 ibn이라는 단어가 기록되어 있다.

하였다. 그리고 말릭 마즈드 앗 딘 타브리즈(Malik Majd al-Dīn Tabrīz)에게 지시하여 우르미야와 살마스(Salmās) 호수(daryācha) 부근에 있는 '텔레(Tele)'라고 불리는 산 위에 높은 건물을 아주 견고하게 짓도록 하고, 그 화폐들을 모두 녹여서 발리시(bālish, 은괴)[250]로 만들어 그곳에 보관하라고 하였다. 그 재물들 가운데 일부는 승리를 알리기 위해서 뭉케 카안의 어전으로 보내고, 이란땅의 여러 왕국들을 정복한 경위 및 에집트와 시리아 지방으로 향하겠다는 계획을 알렸다. 그러한 사행의 임무를 위해 아미르 훌라추(Hūlāchū)[251]가 떠났고 카안은 그 소식에 매우 기뻐하였다.

그해에 바드르 앗 딘 룰루는 카안의 명령에 따라 어전으로 향하였다. 그가 서둘러 와서 656년 라잡월 29일(1258. 8. 1) (R1023) 〔훌레구의〕 어전에 도착하였는데 그의 나이는 90이 넘었다. 훌레구 칸은 그를 극진하게 우대하였고 그해 샤반월 6일(8. 8)에 돌아갔다. 그리고 아타벡 아부 바크르 파르스(Atābeg Abū Bakr Fārs)의 아들인 아타벡 사아드(Atābeg Sa'd)가 전술한 해 샤반월 7일(8. 9)에 바그다드 함락을 축하하기 위해 어전에 도착하여 각별한 은사를 받고 돌아갔다. 샤반월 4일(8. 6)에는 타브리즈 부근의 무이누크(Mūīnuq)에 있던 술탄 이즈 앗 딘 룸(Sulṭān 'Izz al-Dīn Rūm)이 어전에 왔고, 그달 8일(8. 10) 수요일에는 술탄 루큰 앗 딘(Sulṭān Rukn al-Dīn)이 그의 뒤를 이어 도착하였다.[252]

훌레구 칸은 술탄 이즈 앗 딘이 바이주 노얀에게 경의를 표하지 않고 그와 전투를 벌인 것에 대해서 분노하였다. 술탄 이즈 앗 딘은 바그다드

---

250) 몽골제국 영내에서 통용되던 2킬로그램짜리 은괴를 가리킨다.

251) 훌레구의 아들인 훌라추와는 다른 인물.

252) 앞에서도 설명했듯이 룸 셀죽크의 군주 이즈 앗 딘 카이카우스 2세(재위 1246~1257)는 기야쓰 앗 딘 카이후스로우의 큰 아들이었고, 루큰 앗 딘은 둘째 아들이었다.

가 정복된 뒤에 〔그 일에 대해〕 무척 걱정하였고, 어떤 세밀한 방식으로 범죄의 심연에서 자신을 구하고자 하였다. 그는 제왕에게 잘 어울리는 최상품의 부츠를 만들되 〔거기에 달린〕 박차 위에 그의 얼굴을 그려 넣으라고 지시했다. 그리고 알현(tegishmīshī)하는 도중에 그것을 군주의 손에 건네주었다. 〔훌레구가〕 그 그림을 보는 순간 〔234v〕〈204r〉 술탄은 땅바닥에 입을 맞추며, "군주께서 축복의 발걸음을 내디딜 때 이 소인의 머리를 높이 해주셨으면 하는 것이 소인의 바람입니다."라고 말하였다. 훌레구 칸은 그를 긍휼히 여기게 되었고, 도쿠즈 카툰도 그의 범죄와 관련하여 그를 두둔했다. 훌레구 칸은 그를 용서해주었다.

그때 호자 나시르 앗 딘 투시가 청원을 올렸다. "술탄 잘랄 앗 딘 호레즘 샤가 몽골의 우세로 인하여 패배한 뒤 타브리즈로 왔는데, 그의 병사들이 백성들을 괴롭혔습니다." 〔이렇게 말하며〕 그러한 상황을 보고했다. 〔훌레구가〕 그의 의견을 묻자 그는 "우리는 지금 세계정복자(jahāngīr)이지 세계지배자(jahāndār)가 아닙니다. 세계정복자는 백성들을 돌보아야 할 의무는 없지만, 우리가 만약 세계지배자가 된다면 도움을 청하는 사람에게 정의를 베풀어야 할 것입니다."라고 하였다. 훌레구 칸은 "우리는—신께 찬미를!—세계정복자이자 동시에 세계지배자이다. 적(yāghi)에게는 세계정복자이고 복속한 자(il)에게는 세계지배자이다. 우리는 잘랄 앗 딘처럼 허약하거나 무능력하지 않다."고 말했다. 完!

(R1024)행운의 스승이요 현자들의 제왕인 민족과 종교의 구원자 (Naṣīr al-Millat wa al-Dīn)가 훌레구 칸의 명령에 따라 마라가 시에 천문대를 건설한 이야기

전술한 바로 그해에 〔훌레구 칸은〕 행운의 큰 스승이요 인류의 장로이고 현자들의 제왕이자 당대의 지존인 호자 나시르 앗 딘 투시—알라께서 그의 성묘를 보호하소서!—에게 그가 적합하다고 생각하는 지점에 별들을 관측하기 위해 건물을 하나 지으라고 명령하였다. 그는 마라가 시를 선택하였고 〔그곳에〕 높은 천문대(raṣad)를 하나 건설하였다. 그렇게 된 연유는 다음과 같다. 뭉케 카안은 몽골의 군주들 중에서도 지능과 총명과 지혜와 재치와 명민함에서 매우 탁월했고, 유클리드의 몇몇 어려운 문제도 풀 수 있을 정도였다. 그의 탁월한 견해와 고매한 생각에 의하면 그의 치세에 천문대를 하나 세우는 것이 필요했고, 그래서 자말 앗 딘 무함마드 타히르 이븐 무함마드 알 자이드 알 부하리(Jamāl al-Dīn Muḥammad Ṭāhir ibn Muḥammad al-Zaydī al-Bukhārī)에게 그 중요한 임무를 수행하라고 지시했다. 그러나 그 작업의 〔결과의〕 일부는 오류임이 드러났다.

〔그런데〕 호자 나시르 앗 딘의 탁월함에 대한 명성은 마치 세상 모두를 덮는 바람과 같았다. 그래서 뭉케 카안은 동생을 〔이란으로〕 떠나보낼 때 "만약 이단자들의 성채들을 정복하게 되면 호자 나시르 앗 딘을 이곳[253]으로 보내라."고 지시했다. 그때 뭉케 카안은 만지의 왕국들을 정복하느라 바빴고 도읍에서 먼 곳에 있었다. 훌레구 칸은 이곳에도 천문대를 지으라고 명령하였는데, 그것은 그의 활동의 탁월함과 (R1035) 경력의 신실함을 알게 되었고 그가 자신을 위해 봉사하기를 바랐기

---

253) 몽골리아를 가리킨다.

때문이다. 훌레구 칸이 보좌에 오른 지 7년이 지났을 때 일 칸 천문대(raṣad-i īlkhānī)가 지어졌고, 그것은 무아야드 앗 딘 아르지(Mū'ayyad al-Dīn 'Arḍī), 파흐르 앗 딘 마라기(Fakhr al-Dīn Marāghī), 파흐르 앗 딘 아흘라티(Fakhr al-Dīn Akhlāṭī), 나즘 앗 딘 다비란 카즈비니(Najm al-Dīn Dabīrān Qazwīnī) 등 4명의 학자들이 협력한 결과였다.[254]

훌레구 칸이 시리아 지방으로 향하여 알레포와 시리아 왕국을 정복한 이야기

알레포의 술탄은 자신의 재상 사힙 제인 앗 딘 하피지(Ṣāḥib Zayn al-Dīn Ḥāfiẓī)를 제왕에 걸맞은 헌물과 선물을 갖추어 카안의 어전으로 파견했다. 그는 그 궁전에서 아주 유명해져서 칙령과 패자가 그에게 발부되었다. 훌레구 칸이 이란땅에 왔을 때 그는 가끔 은밀하게 복속과 연맹의 뜻을 표시하였고, 그런 연유로 시리아 〔즉 알레포〕의 술탄의 어전에서는 비난의 대상이 되어 〔사람들은〕 그를 제거하려고 하였다. 그는 도망쳐서 훌레구 칸의 어전으로 피신하였다. 그가 도착하였을 때 제왕은 알레포로 진격하려는 의지를 강하게 가졌고, 먼저 사신들을 바드르 앗 딘 룰루에게 보내서 "너의 나이가 아흔을 넘었으니 행동에 참여하는 것은 면제시켜 주겠노라. 그러나 자식인 말릭 살리흐(Malik Ṣāliḥ)를 세계 정복자의 깃발 아래 오게 하여 시리아 지방을 정복하는 데에 동참하도록 하라."고 말했다. 이 명령에 따라서 〔바드르 앗 딘은〕 그를 보냈다.

그가 훌레구 칸의 어전에 왔을 때 술탄 잘랄 앗 딘의 딸들 가운데 하나를 그에게 하사하여 그를 혼인의 올가미로 잡아두었다. 키트 부카 노

---

254) 물론 나시르 앗 딘 투시는 이들을 지휘한 최고 책임자였다.

얀을 선봉으로 삼아 많은 군대를 데리고 출발하게 하였다. 그리고 식투르(Shīktūr)와 바이주를 (R1036)우익으로, 순착과 다른 아미르들을 좌익으로 삼고, 자신은 중군을 맡았다. 656년 라마단월 22일(1259. 9. 12) 금요일에 〔235r〕〈204v〉 전갈좌가 떠오를 때 시리아 지방으로 출발했다. 알라탁에 도착했을 때 그 목장을 흡족하게 생각하여 그곳을 라브나 사구트[255]라고 이름하였다. 그리고 불온한 쿠르드인들의 거처인 할라트(Khalāṭ)[256]와 하카리(Hakkārī) 산지에 왔고, 그들 가운데 눈에 띄는 사람들은 모두 죽였다.

〔훌레구 칸은〕 디야르 바크르에 도착하자 가장 먼저 자지라(Jajīra)[257]를 정복하고, 아들 요시무트(Yoshimūt)를 수니테이 노얀에게 대동시켜 미야파르킨(Miyāfārqīn) 성채를 포위하라고 지시하였다. 말릭 살리흐를 군대와 함께 아미드(Āmid)[258]를 정복하러 보내고, 자신은 루하(Rūḥa)[259]로 향해 그곳을 정복하였다. 거기서 두나이시르(Dunaysir),[260] 니시빈(Niṣībīn), 하란(Ḥarrān)으로 가서 전투를 벌인 끝에 점령하고 살육과 약

---

255) A: LNBA SAĞWT; B: LBNa SAĞWT. 로샨은 LBTA로 읽었다. 무슨 의미인지는 불확실하다.

256) 사본에 따라 Akhlāṭ로 표기됨.

257) 아랍어로 '섬'을 뜻한다. 메소포타미아 지방을 남북으로 반분했을 때 북쪽을 '자지라', 남쪽을 '이라크'라 불렀다. 이 두 지역의 경계는 조금씩 변했지만 초기의 아랍 지리학자들은 유프라테스 강 유역의 안바르(Anbār)와 티그리스 강 유역의 타크리트(Takrīt)를 잇는 선으로 보았다. Le Strange, *The Lands*, pp. 24~25, p. 86.

258) 디야르 바크르 지역의 중심 도시로서 Ḥāmid라고도 표기되며 로마제국시대에는 아미드(Āmid 혹은 Āmida)로 알려졌다. 티그리스 강 서안에 위치해 있으며 200미터 가까운 언덕 위에 강력한 성채가 지어져 있었다. 자세한 내용은 Le Strange, *The Lands*, pp. 108~111.

259) 에데사(Edessa)를 아랍인들은 Al-Ruhā라고 불렀는데 이는 그리스식 명칭인 Callirrhoe가 변형된 형태이다. 주민들의 다수는 기독교도였고, 이븐 하우칼에 의하면 도시 안에 300개가 넘는 교회가 있었다고 한다. Le Strange, *The Lands*, pp. 103~104.

260) 라스 알 아인(Rās al-'Ayn)과 니시빈(Niṣībīn)의 중간쯤 되는 곳에 마르딘(Mārdīn) 성채가 있고, 그곳에서 3리그 남쪽으로 두나이시르가 위치해 있었다. 두나이시르는 13세기에 커다란 상업도시였고 Kūch Ḥiṣār라는 이름으로도 알려졌다. Le Strange, *The Lands*, p. 96.

탈을 하였다.

〔훌레구 칸은〕 유프라테스 강을 건너 돌연 알레포를 포위하였는데, 그곳의 주민들은 성채의 견고함을 믿고 복속을 거부한 채 전투에 돌입하였다. 유태인 성문(Bāb al-Yahūd)에는 우룩투 노얀이 있었고 룸 성문(Bāb al-Rūm)에는 키트 부카 노얀이, 다마스쿠스(Dimshaq) 〔성문〕에는 순착이 있었으며, 훌레구 칸은 안타키야 성문(Bāb Anṭākiya)에 자리 잡았다. 도시 주변에 차단벽(chapar)[261]을 세우고 투석기를 설치하였다. 양측은 모두 전력을 다해서 일주일 동안 전투를 벌였고, 마침내 657년 둘 히자월(1259. 11. 19~12. 17)에 이라크 성문(Bāb al-ʿIrāq) 쪽을 장악하였다. 일주일 동안 살육과 약탈을 하였고 많은 사람들을 죽였다. 40일 동안 성채 안에 있던 사람들과 전투를 하였고, 투석기에서 투척한 돌과 화살들이 양측을 날아다녔다.

아미르 쿠르찬(Amīr Qūrchān)과 아주 슈쿠르치(Ājū Shukūrchī)와 사둔 구르지(Ṣādūn Gurjī) 등은 얼굴에 몇 군데 상처를 입었기 때문에 군주는 그들에게 많은 은사를 베풀며 말하기를 "연지가 부인들에게 장식인 것처럼, 사나이에게는 얼굴과 수염에 묻은 붉은 피가 장식이다."라고 하였다. 마침내 성채도 함락되었다. (R1037)수많은 장인들을 포로로 잡고 무수한 노략물(ōljā)을 손에 넣었다. 한동안 하림 성채(Qalʿa-i Ḥārim)를 포위하는 데에 전력을 기울였고, 결국 그곳에 있던 사람들이 생명의 안전을 희망하며 청원을 하였다. 그래서 '사키(Sāqī)'라는 별명으로 이름난 파흐르 앗 딘(Fakhr al-Dīn)은 〔성채에서〕 내려오겠다고 맹세를 하였다. 그들은 약속과 맹세에 따라서 내려왔다. 그러나 훌레구 칸은 그들

---

261) Doerfer, *Türkische und Mongolische Elemente im neupersischen*, vol. 3, pp. 50~52에는 "성채를 정복할 때 사용하는 책(柵), 격자(格子)"라는 설명이 보인다. 즉 성채에 접근하며 공격하는 사람을 방어하기 위한 일종의 차단벽 같은 것을 의미한다.

에 대해 분노하며 그 모두를 부녀자와 함께 한꺼번에 죽이라고 명령했다. 다만 아르메니아 출신의 어떤 금세공인만 목숨을 건졌다. 또한 알레포 성채를 장악하자 훌레구 칸은 파흐르 앗 딘 '사키'에게 그곳을 맡기고, 투켈 박시(Tūkāl Bakhshī)를 그곳의 감관으로 두었다. 그 뒤 그는 알레포를 떠났다. 그곳의 주민들이 파흐르 앗 딘에 대해서 불평을 터뜨리자, 그를 처형시키고 알레포의 통치권을 제인 앗 딘 하피지(Zayn al-Dīn Ḥāfiẓī)에게 위임하였다.

다마스쿠스의 주민들은 몽골군의 공격에 대해 근심하였고, 시리아 지역과 그 주변이 모두 훌레구 칸의 수중에 들어갔다는 사실을 알게 되었다. 그곳의 대인과 귀족들은 다양한 선물과 성문들의 열쇠를 갖고 어전으로 찾아와 복속을 표시하였고 도시를 그에게 바쳤다. 훌레구 칸은 그들을 시험해보기 위하여 키트 부카 노얀을 다마스쿠스로 보냈다. 시민들은 그를 환영하였고 생명의 안전을 희망하였다. 키트 부카는 그곳의 귀족들을 훌레구 칸의 어전으로 보냈다. 그는 그들에게 자비를 베풀고 그들의 청원을 받아들였다. 몽골인들은 포위나 전투 없이 성안으로 들어갔다. 몽골인 감관은 알라 앗 딘 하시('Alā al-Dīn Ḥāshī), 자말 앗 딘 카라카이 카즈비니(Jamāl al-Dīn Qarāqāī Qazwīnī), 카디 샴스 앗 딘 쿠미(Qāḍī Shams al-Dīn Qumī) 등 3인의 타직인 누케르를 임명하여 다마스쿠스 왕국의 사무를 관장하도록 하였다.

마침내 매우 짧은 시간 안에 바그다드와 디야르 바크르와 디야르 라비아(Diyār Rabī'ah)[262]와 시리아를 완전히 정복하고, 훌레구 칸의 부관

---

262) 알 자지라(Al-Jazīrah)라고 불린 메소포타미아 북부 지역은 디야르 바크르(Diyār Bakr), 디야르 라비아(Diyār Rabī'ah), 디야르 무다르(Diyār Muḍar)의 세 지방으로 나뉜다. Bakr, Rabī'ah, Muḍar라는 아랍의 세 부족의 이름에서 기원한 이들 지역 가운데, 디야르 라비아 지방의 중심지는 티그리스 강변에 있는 모술(Mosul), 디야르 바크르의 중심지는 아미드(Āmid), 디야르 무다르의 중심지는 유프라테스 강변의 락카(Raqqah)였다.

들의 수중에 들어가게 되었으며, 룸의 왕국들도 지배하게 되었다. 그런 일들이 벌어지고 있는 사이에 동방에서 (R1028)사신들이 도착했는데, 그들의 수령은 식투르 노얀(Shīktūr Nōyān)이었다. 그는 이곳을 출발하여 전속력으로 달려 뭉케 카안의 사망 소식을 전해주었다. 훌레구 칸은 매우 비통한 마음이었지만 겉으로 드러내지는 않았다. 키트 부카 노얀을 시리아 지방의 방어를 위해 그곳에 남겨두고 〔자신은〕 알레포에서 귀환하였다. 658년 주마다 알 아히르월 24일(1260. 6. 6) 일요일에 아흘라트에 도착했다. 알레포의 술탄인 말릭 나시르는 훌레구 칸이 도착할 무렵 〔도망쳐서〕 카라크(Karak) 성채로 갔다. 키트 부카 노얀은 그곳을 포위하려고 했지만, 〔말릭 나시르는〕 생명의 안전을 바라며 〔성채에서〕 내려왔다. 키트 부카 노얀은 그를 어전으로 보냈고, 군주는 그에게 "만약 내가 에집트를 장악한다면 시리아의 통치권을 너에게 주리라."고 약속했다.

658년 비친 〔235v〕〈205r〉 일(bīchīn yīl, 원숭이해),[263] 여러 명의 대아미르들이 사망했는데, 투르지 쿠레겐(Tūrjī Kūregān), 부카 티무르(Būqā Tīmūr), 쿠르바이 노얀(Qūrbāī Nōyān), 일치테이 노얀(Īlchītāī Nōyān), 부룽타이 노얀(Būrūngtāī Nōyān), 실지다이 노얀(Sāljīdāī Nōyān) 등이다. 훌레구 칸은 뭉케 카안의 사망과 아릭 부케의 반란(bulghāq)으로 인해 상심하였다. 完!

키트 부카 노얀이 에집트 방면으로 향해 갔다가 그곳의 군대와 전투하여 죽임을 당한 이야기

훌레구 칸은 시리아에서 회군할 때 몽골인 사신을 40명의 누케르들과

---

263) 庚申年(1260).

함께 에집트로 파견하여 다음과 같은 전갈을 보냈다. "위대한 신께서 칭기스 칸과 그의 일족을 선택하여 지상의 왕국들을 모두 우리에게 하사해 주셨다. 우리에게 복종하지 않고 고개를 돌린 사람은 그 누구를 막론하고 부인과 자식들과 일족과 친속들과 영역과 하인들을 모두 잃어버렸으니, 그것은 (R1029)모든 사람들이 이미 들은 바이다. 우리 무적의 군대의 명성은 마치 루스탐(Rustam)과 이스판디야르(Isfandiyār)[264]의 이야기처럼 유명하게 되었다. 만약 네가 짐의 어전에 복속하기를 원한다면, 재물을 보내고 너 자신이 직접 와서 감관을 〔보내달라고〕 청하라. 그렇지 않으면 전투를 각오하라."

그 당시 카밀 가문(Kāmiliyān)[265]의 후손들 가운데에는 군주를 하기에 적절한 인물이 없었다. 어떤 투르코만 사람이 총독이 되었는데, 그가 죽자 무함마드(Muḥammad)라는 이름을 가진 그의 젖먹이 아들을 아버지 대신 그 자리에 앉혔다.[266] 그의 아타벡이 쿠두즈(Qūdūz)[267]였다. 그

---

264) 두 사람 모두 피르도시의 서사시 『제왕(帝王)의 서(書)(Shāh-nāma)』에 나오는 영웅들이다. 이스판디야르는 카얀(Kayan) 왕조의 군주인 고슈타습(Goshtasp)의 아들이고, 루스탐은 자알(Zaal)의 아들. 영웅 루스탐을 붙잡아 사슬에 묶어오라는 고슈타습의 명령을 받은 이스판디야르는 루스탐과 전투를 벌였으나 비극적인 최후를 맞이하였다. 이 두 사람의 대결은 『제왕의 서』에서 가장 유명한 장면 가운데 하나이다.

265) 쿠르드계 살라흐 앗 딘(Salāḥ al-Dīn)이 건설한 아윱 왕조의 제4대 군주인 알 카밀(al-Kāmil, 1238년 사망)의 후손들을 지칭한다. 살라흐 앗 딘이 1193년 사망한 뒤 그의 아들들이 권력투쟁을 벌이는 와중에 그의 동생인 알 아딜(al-ʿĀdil)이 정권을 장악하고 에집트 거의 전역을 지배하게 되었다. 그의 아들이 바로 알 카밀이었다.

266) 여기서 '투르코만 총독'은 아이박 술탄을 지칭하는 듯하며, '젖먹이 아들'은 그의 아들 알 만수르 알리(al-Manṣūr ʿAlī)를 가리키는 듯하다. 그러나 그는 1242년에 출생했기 때문에 아버지가 피살되었을 당시 15세였다.

267) 알 말릭 알 무자파르 사이프 앗 딘 쿠투즈(al-Malik al-Muẓaffar Sayf al-Dīn Quṭuz). 라시드 앗 딘은 그의 이름을 Qutuz가 아니라 Qūdūz로 표기하였다. qotuz, qotoz는 투르크어로 '야크(yak)'를 뜻한다. 『성무친정록(聖武親征錄)』에서 그의 이름은 홀도사(忽都思)로 표기되었는데 이는 qudus라는 음을 나타내며, 펠리오는 qudus가 qutuz라는 투르크어의 몽골화된 형태를 나타낸다고 보았다. 여기서는 라시드 앗 딘의 표기에 따라 쿠두즈라고 적기로 한다. P. Pelliot, *Histoire des Campagnes*

런데 무함마드가 갑자기 죽었고 쿠두즈가 군주가 되었다.[268] 그는 정의와 관용으로 사람들의 마음을 휘어잡았다. 에집트와 시리아에 있던 군인들의 상당수는 술탄 잘랄 앗 딘 휘하의 병사들로서 아흘라트에서 패배하여 시리아로 도망친 패잔병들이었다. 그들의 아미르들 가운데 수령은 바라카트 칸(Barakat Khān), 말릭 이흐티야르 앗 딘 칸 이븐 빌투르크(Malik Ikhtiyār al-Dīn Khān b. Bilturk), 말릭 세이프 앗 딘 사딕 칸 이븐 밍부카(Malik Sayf al-Dīn Ṣādiq Khān b. Mingbūqā), 말릭 나시르 앗 딘 쿠슐루 칸 이븐 벡 아르슬란(Malik Nāṣir al-Dīn Kushlū Khān ibn Bīk Arslān), 아틀라스 칸(Aṭlās Khān), 나시르 앗 딘 무함마드 카이마리(Nāsir al-Dīn Muḥammad Qaymarī) 등이었다. 훌레구 칸이 시리아로 향하자 그들은 여러 방면으로 숨었다가, 그가 귀환한 뒤에는 다시 모여 에집트와 카이로의 군주가 있는 쪽으로 가서 쿠두즈에게 자신들의 비통한 사정을 이야기했다. 그는 그들을 위로하고 주의를 기울였으며 많은 재화를 나누어 주었다. 〔이렇게 해서〕 그들은 모두 쿠두즈의 통치를 위해 합심하게 되었다.

〔쿠두즈는 몽골측에서〕 사신들이 도착하자 그들을 접견하였다. 그리고 일을 어떻게 처리할지 방책을 논의하였는데, 〔쿠두즈는〕 이렇게 말

---

de Gengis Khan(Leiden: E. J. Brill, 1951), p. 104; G. Clauson, *An Etymological Dictionary of Pre-Thirteenth-Century Turkish*(Oxford: Oxford Univeristy Press, 1972), p. 608 참조. 쿠두즈는 호레즘 왕조에 속한 투르크인이었으나 노예가 되어 에집트로 와 당시 카이로의 술탄인 아이박(Aybak)에게 팔렸다. 그는 차츰 그의 신임을 얻어 권력을 강화하는 데 성공했고 1257년 술탄 아이박이 암살된 뒤 실질적인 권력자가 되었다. 1258년 훌레구가 바그다드를 함락하고 시리아로 진격하는 위기 상황에서 쿠두즈는 아이박의 아들이자 당시 술탄이었던 알 만수르 알리를 폐위하고 자신이 술탄의 자리에 올랐다. 그는 1260년 9월 아인 잘루트 전투를 승리로 이끌어 몽골의 위협을 제거했지만, 카이로로 귀환하던 도중 10월 24일에 암살되었다. 그의 암살에 연루된 것으로 추정되는 바이바르스(Baibars)가 그의 뒤를 이어 술탄이 되었다.

268) 사실은 쿠두즈가 무함마드를 시해하고 군주의 지위를 찬탈한 것이다.

했다. "훌레구 칸이 수많은 군대를 이끌고 투란(Tūrān) 지방에서 이란으로 향하였다. 칼리프들, 술탄들, 말릭들 가운데 그 어느 누구도 그에게 대항할 힘을 갖지 못했고, 그는 모든 지방을 정복하고 다마스쿠스로 왔다. 만약 그의 형의 죽음 소식이 그에게 도달하지 않았다면, 에집트 역시 다른 지방들과 마찬가지가 되었을 것이다. 그렇지만 그는 마치 매복하고 있는 힘센 사자나 강력한 용과 같은 키트 부카 노얀을 이 지방에 남겨두었다. 만약 그가 에집트를 치려고 한다면 누가 그와 맞설 만한 힘을 갖고 있겠는가. (R1030)상황이 전혀 수습할 수 없게 되기 전에 최상의 방책을 생각해야 할 것이다."

나시르 앗 딘 〔무함마드〕 카이마리는 이렇게 말했다. "훌레구 칸은 비록 칭기스 칸의 손자이고 톨루이의 아들이며 뭉케 카안의 동생이긴 하지만, 그의 명성과 위엄에 관해서는 일화나 이야기로 다할 수 없을 정도입니다. 지금 에집트의 문에서부터 친(Chīn)[269]의 경계에 이르기까지 모든 지역이 그의 강력한 수중에 있으며, 그는 하늘의 도움으로 특별히 선택되었습니다. 〔그렇기 때문에〕 우리가 안전을 위해 그에게로 간다 하더라도 비난을 받거나 수치스럽지는 않을 것입니다. 그러나 생각도 없이 독을 마셔 죽음을 맞이하러 가는 것은 현명한 길에서 멀리 떨어진 것입니다. 사람은 자기 머리가 잘리는 것을 두려워하지 않는 포도넝쿨과 같은 존재가 아닙니다. 그의 약속은 믿을 수 없습니다. 왜냐하면 후르샤

---

269) '친(Chīn)'은 지리적 용어로서는 정확하게 규정하기 쉽지 않지만, 적어도 라시드 앗 딘의 경우에는 이를 '키타이', 즉 북중국을 가리키는 용어로 사용하였다. 그는 북중국에 대해서 "몽골인들은 그곳을 '자우쿠트(Jāūqūt)'라고 부르고, 인도인들은 '친(Chīn)'이라고 부르며, 우리들은 '키타이(Khitāy)'라고 부른다. 거리가 멀리 떨어져 있고 또 확인할 방법이 없기 때문에 사람들은 '친'이라는 지방이 '키타이'라는 지방과 별개의 것이라고 생각하게 되었지만, 이 두 〔지방이 실은〕 하나이고 표현상의 차이일 뿐이라는 사실이 알려지게 되었다."라고 적었다. 이에 관해서는 필자의 「라시드 앗 딘(Rashīd al-Dīn, 1247-1318)의 『中國史』 속에 나타난 '中國' 認識」, 『東洋史學研究』 115집, 2011 참조.

나 무스타심, 후삼 앗 딘 악카, 아르빌의 군주 등도 〔살려주겠다고〕 약속을 한 뒤에 갑자기 죽여버렸기 때문입니다. 만약 우리가 그에게로 간다면 우리도 똑같은 방식으로 〔처리〕될 것입니다."

쿠두즈는 말했다. "현재 디야르 바크르, 디야르 라비아, 시리아 각지(Shāmāt)[270]는 모두 비통함으로 가득 차 있다. 바그다드에서 룸에 이르는 지역은 파괴되었고 〔농사지을〕 사람들(juft)도 〔곡물의〕 씨앗(tukhm)도 완전히 없어져버렸다. 만약 우리가 선수를 치지 않는다면 그들을 막아내지 못할 것이고 가까운 시일 내에 에집트도 다른 지방들처럼 파괴되고 말 것이다. 우리 지방을 치러 오는 이 같은 무리들에 대해서 세 가지 중에 하나를 선택해야 할 것이다. 즉 화평, 방어, 이주가 그것이다. 이주는 불가능하다. 왜냐하면 우리가 머물 곳은 마그리브(Maghrib)[271]를 제외하고는 어디에도 없고, 거기까지 가려면 피를 부르는 〔위험으로 가득 찬〕 광야와 엄청난 거리가 있기 때문이다." 나시르 앗 딘 카이마리가 말했다. "화평 역시 좋은 방책이 아닙니다. 왜냐하면 그들의 약속은 믿을 수 없기 때문입니다." 다른 아미르들은 〔236r〕〈205v〉 "우리도 역시 항전을 할 힘은 없습니다. 〔그러니〕 당신 생각에 불가피하다고 판단되는 결정을 내릴 수밖에 없습니다."라고 하였다. 쿠두즈는 이렇게 말했다. "나의 의견은 이러하다. 우리 모두 합심하여 전쟁터로 향하자. 만약 승리를 거둔다면 그것은 우리가 바라는 바이다. 그렇지 못한다고 하더라도 우리는 사람들에게 비난을 받지는 않을 것이다."

그 뒤 (R1031)아미르들은 흩어졌고 쿠두즈는 대아미르였던 분둑다르(Bundūqdār)[272]와 조용히 상의를 하였다. 분둑다르는 이렇게 말했다.

---

270) Shāmāt는 Shām의 복수형으로 시리아에 속하는 여러 지역을 총칭하는 용어이다.

271) 아랍어에서 '서쪽'을 의미하는데, 일반적으로 이슬람권의 서부, 특히 아프리카 서북부에서 스페인에 이르는 지역을 가리킨다.

"제 생각은 이러합니다. 사신들을 죽이고 모두 함께 키트 부카를 치러 출정합시다. 우리가 공격〔하여 승리〕하건 전사하건 두 가지 경우 모두 감사와 용서를 받을 것입니다." 쿠두즈는 그의 말을 흡족하게 여겼고 밤중에 사신들을 십자가에 처형시켰다. 아침이 되자 다른 방도가 없어진 그들은 맞서 싸우기로 마음을 먹고 출정하였다.

몽골 정찰대의 선봉이었던 아미르 바이다르(Amīr Bāīdar)는 오굴 벡(Oghul Beg)이라는 이름을 가진 사람을 키트 부카 노얀에게 보내어 에집트 군대의 이동을 알려주었다. 키트 부카는 "거기 그대로 주둔하고 내가 갈 때까지 기다리라."는 답변을 보냈다. 키트 부카가 도착하기 전에 쿠두즈는 바이다르를 공격했고 아시('Āṣī)[273] 강변까지 그를 쫓아내었다. 키트 부카 노얀은 마치 치솟는 불길처럼 의욕에 넘쳐서 달려갔고 자신의 힘과 권위를 전적으로 신뢰하였다. 쿠두즈는 군대를 여러 곳에 매복시켜 놓고 자신은 출정하여 소수의 사람들과 함께 주둔하였다. 그는 수천 명의 극도로 용맹한 기병들과 함께 아인 잘루트('Ayn Jālūt)[274]에서 키트 부카와 조우하였다. 몽골군은 화살을 비처럼 퍼부으며 공격했고

---

272) 쿠두즈의 뒤를 이어 에집트 맘룩 왕조의 술탄이 된 루큰 앗 딘 바이바르스 알 분둑다리(Rukn ad-Dīn Baybars al-Bundūqdārī, 재위 1260~77)를 가리킨다. 그 역시 킵착의 노예 출신으로 al-Bunduqdari는 그의 별명이다. 그의 원래 주인이 '분둑다르(Bunduqdar)'라 불렸기 때문에 그에게 그러한 별명이 지어진 것이다. 마르코 폴로는 그를 '바빌로니아의 술탄 본독다이르(Bondocdaire)'라고 불렀다.

273) 오론테스(Orontes) 강을 가리킨다. 이 강은 레바논에서 발원하여 동북방으로 시리아와 터키를 거쳐 지중해로 유입된다. 'Āṣī라는 단어는 '반란'을 뜻하는데 이 강이 그 지역의 다른 강들과 달리 북쪽으로 흐르기 때문에 붙여진 이름이라고 한다.

274) '아인 잘루트'는 아랍어로 '골리앗의 샘'이라는 뜻인데, 바로 이곳에서 다윗 왕이 골리앗을 죽였다는 전설에 따라 붙은 이름이다. 구약성경에 보이는 '하롯의 샘'과 같은 지점이다. 이스라엘 북부의 이스르엘(Jezreel) 계곡에 위치해 있으며 길보아(Gilboa) 산의 동북쪽 모퉁이, 즉 현재 바이산(Baysān)이라는 곳에서 북북서 방향으로 15킬로미터 떨어진 곳에 위치한 샘이다. 사계절 물이 나오는 샘이다. 자세한 위치에 대해서는 R. Amitai, *Mongols and Mamluks: The Mamluk-Īlkhānid War, 1260-1281*(Cambridge: Cambridge University Press, 1995), p. 40 참조.

쿠두즈는 뒤로 돌아서 패주하기 시작했다. 몽골인들은 용맹해져서 그의 뒤를 추격했고 많은 수의 에집트인들을 살해하였다. 그들이 매복지가 있는 곳에 도착했을 때 세 방향에서 매복이 열리고 몽골군을 공격하기 시작했다. 새벽부터 정오까지 필사의 전투가 벌어졌다. 몽골군은 대항할 수 없게 되었고 마침내 패배하고 말았다.

키트 부카 노얀은 극도의 의욕과 열의를 가지고 좌충우돌하며 공격했다. 한 무리의 사람들은 도주할 것을 권했으나 그는 듣지 않고 이렇게 말했다. "죽음 이외에 다른 방도가 없으니 명예롭게 죽는 것이 치욕적으로 도망치는 것보다는 더 낫다. 이 군대에서 어른이건 아이건 누군가 마지막 남은 한 사람이 (R1032)군주의 어전으로 가게 되면, '키트 부카는 치욕을 당하고 돌아가기를 원치 않았고, 〔주군에게〕 봉사하기 위하여 귀중한 목숨을 바쳤노라.'고 나의 이야기를 전하라. 몽골군이 절멸했다고 해서 군주의 축복받은 마음이 무거워져서는 안 될 것이다. 그의 병사의 부인들이 한 해 동안 임신을 못하게 되고 그들이 소유한 가축 떼 가운데 암말들이 망아지를 낳지 못하게 되었다고 생각하시게 하라. 군주의 머리에 축복 있으시기를! 그의 고귀한 생명은 안전하게 되고 그가 잃은 모든 것이 〔새 것으로〕 채워진다면, 우리와 같은 신하들이 존재하고 사망하는 것은 하찮은 일에 불과할 것이다." 비록 병사들은 그를 그대로 두었지만 그는 전투에서 마치 1000명의 병사처럼 분투했다. 마침내 그의 말이 넘어져 잡히고 말았다.

전쟁터가 있던 갈대밭 근처에 한 무리의 몽골군이 숨어 있었다. 쿠두즈는 그곳에 불을 지르라고 명령했고 그들 모두 타죽고 말았다. 그 뒤 키트 부카의 손을 묶어 쿠두즈 앞으로 데리고 갔다. 그에게 말하기를 "오, 약속을 저버리는 사람이여! 너는 무고한 피를 흘리게 하였고, 거짓 약속으로 용사들과 대인들의 생명을 끊어버렸으며, 오래된 왕조들을 배신의 언어로 파괴시켰는데, 마침내 너 자신도 올무에 걸리고 말았구나."라고 하였다.

詩
손이 묶인 채 이 말을 들었을 때,
마치 성난 코끼리처럼 분노를 느꼈다.
이렇게 대답했노라. '오, 오만한 자여!
승리의 날이라고 뽐내지 말라!'

"내가 만약 너의 손에 죽임을 당한다면, 나는 네가 아니라 하나님이〔그렇게〕 한 것으로 알겠노라. 이러한 결과에 대해서 한순간이라도 자만심에 도취하지 말라. 왜냐하면 나의 죽음에 대한 소식이 훌레구 칸에게 도달하면, 그의 분노의 바다가 끓어올라 아제르바이잔에서부터 에집트에 이르기까지 〔모든 땅이〕 몽골의 말발굽에 짓밟히고, 에집트의 모래는 그곳 말들의 망태에 〔담아서〕 갖고 오게 될 것이다. 훌레구 칸에게는 키트 부카와 같은 소문난 기병들이 30만 명이나 있다. (R1033)그들 가운데 하나〔에 불과한 나〕를 없애라!"

쿠두즈는 "투란의 기병들에 대해서 그렇게 허풍 치지 말라. 왜냐하면 그들은 계략과 지어낸 이야기로 목적을 달성하지 루스탐과 같은 용맹함으로 하지 않기 때문이다."라고 말했다. 키트 부카는 말했다. "나는 목숨이 붙어 있을 때까지 군주의 종복이지, 당신처럼 배신자요 주군의 시해자가 아니다.[275]

---

275) 쿠두즈가 아윱 왕조의 마지막 어린 군주인 무함마드를 살해하고 정권을 찬탈한 것을 두고 비난한 것이다.

〔詩〕

사악한 마음을 품은 자에게 머리와 몸이 붙어 있지 않기를!

왜냐하면 그는 자기 군주의 목숨을 빼앗았기 때문에

〔236v〕〈206r〉 가능하면 신속하게 나의 일을 끝내도록 하라." 쿠두즈는 그의 머리를 자르라고 명령했다. 그리고 시리아에서 유프라테스 강변에 이르기까지 모든 지역을 공격했고 눈에 띄는 사람은 모두 제거해 버렸다. 키트 부카 노얀의 병영을 약탈하고 그의 부인과 자식 및 소속된 사람들을 포로로 잡았으며, 그 지방의 세리와 감관들을 죽였다. 이를 눈치 챈 사람들은 도망쳤다.

키트 부카 노얀의 사망과 그때 그가 한 말에 관한 소식이 훌레구 칸의 귀에 들어가자, 그의 죽음을 슬퍼했고 분노의 불길이 타올랐다. 그는 "그런 파멸의 고난 가운데에서도 나를 위한 선의와 봉사를 나타낸 그런 신하를 또 어디에서 찾을 수 있겠는가."라고 말하며, 그에게 남은 사람들을 위로하고 극진하게 대우해주었다.

그에 앞서 하루 전에 그(훌레구)는 알레포의 말릭 나시르에게 은사를 내려 다마스쿠스의 총독직을 주고, 300명의 시리아 기병들과 함께 가도록 했다. 키트 부카의 소식이 도착한 뒤 어떤 시리아 사람이 아뢰기를 "알레포의 말릭 나시르는 당신에게 올바른 마음을 갖고 있지 않습니다. 그는 시리아로 도망쳐 쿠두즈를 도우려고 생각하고 있습니다. 키트 부카를 공격한 것도 그가 사주했기 때문입니다."라고 하였다. 훌레구 칸은 그를 치기 위해 300명의 몽골 기병을 뒤쫓아 보냈는데, 그들의 선발대가 그에게 도착해서 그를 말에서 내리게 한 뒤, "당신에게 잔치를 베풀어 많은 은사를 내려주라는 칙명이 있었다."라고 말하였다. (R1034) 몽골의 관습에 따라 그를 취하게 하고 정신을 어지럽게 했을 때, 갑자기

300명의 기병들 가운데 나머지가 도착하여 말릭 나시르와 300명의 시리아인들을 죽여버렸다. 그 무리 가운데에서 자신이 점성가라는 구실을 대어 목숨을 건진 마히 앗 딘 마그리비(Maḥī al-Dīn Maghribī)를 제외하고 어느 누구도 살아남지 못했다.

훌레구 칸은 일게이 노얀을 대군과 함께 시리아로 보냈다. 그곳에 도착하자 병사들은 약탈하기에 바빴다. 에집트의 군주가 된 분둑다르는 그 소식을 듣고 방어를 위해 밖으로 나왔다. 일게이 노얀이 그의 도착 소식을 듣고 시리아 지역에 머물던 몽골인들을 데리고 룸 방면으로 빠져나갔다. 다마스쿠스에서는 분둑다르의 이름으로 설교(후트바)와 주전(시카)이 이루어졌다. 훌레구 칸은 키트 부카 노얀의 원수를 갚기 위해 다른 군대를 에집트와 시리아로 보내려고 했지만, 뭉케 카안의 사망 및 그와 그의 일족들 안에서 일어난 분란으로 인하여 그것에 필요한 시간과 정황을 얻지 못했다. 그런 연유로 〔그 일은 차후로〕 미루어놓았다.

그해에 불가(Bulghā) 왕자—주치의 손자요 시반의 아들—가 연회 도중에 급사하였고, 그 뒤에는 투타르 오굴(Tūtār Oghūl)이 주술을 부리며 변심을 했다는 혐의를 받게 되었다. 훌레구 칸은 그의 죄를 확인한 뒤 순착에게 동행시켜 베르케(Berkāī)의 어전으로 보내고 그의 죄를 알려주었다. 베르케는 칭기스 칸의 야사 칙명에 따라 그를 훌레구 칸에게로 보냈고, 〔6〕58년 사파르월 17일(1260. 2. 2)에 그를 야사에 처했다. 사드르 앗 딘 사바지(Ṣadr al-Dīn Sāvajī)도 그를 위해서 부적(ta'vīdhī)을 써주었다는 혐의를 받아 순교에 처해졌다. 그 뒤에 쿨리(Qūlī) 역시 사망했다. 이들 제왕들이 사망한 뒤 그들의 속민들이 도망쳤고 데르벤드(Derbend) 길과 길란(Gīlān) 해안길을 거쳐 킵착 지방(vilāyat-i Qipchāq)으로 갔다. 完!

(R1035)요시무트 왕자와 일게이 노얀, 수니테이 등의 아미르들이 디야르 바크르 방면으로 가서 마야파르킨을 정복하고 말릭 카밀을 처형시킨 이야기

요시무트 왕자와 대아미르인 일게이 노얀 및 수니테이 노얀은 훌레구 칸의 명령을 받고 출정했다. 그들이 마야파르킨 부근에 도착했을 때 〔그 도시의 군주인〕 말릭 카밀(Malik Kāmil)에게 사신을 보내어 그에게 복속할 것을 요구했다. 말릭 카밀은 "왕자는 차가운 쇠를 두드리지 말고,[276] 가능하지 않은 것을 기대하지 말아야 할 것이다. 왜냐하면 당신의 말에는 신뢰성이 없고 나는 당신의 다정한 말에 속지 않을 것이기 때문이다. 또한 나는 몽골군을 두려워하지 않으며 내 목숨이 있는 한 칼을 휘두를 것이다. 왜냐하면 당신은 후르샤와 칼리프와 악카의 후삼 앗 딘과 아르빌의 타즈 앗 딘에게 거짓 약속을 했던 그 아버지의 아들이기 때문이다. 특히 말릭 나시르는 당신의 보장으로 왔는데 결국 최후를 맞고 말았다. 그러니 나도 필시 그들이 보았던 최후를 보게 되지 않겠는가."라고 말했다.

〔237r〕 사신들이 메시지를 전달하자 〔요시무트〕 왕자와 아미르들의 마음은 전쟁으로 향하였다. 말릭 카밀은 시민들을 격려하며 이렇게 말했다. "창고와 재고 안에 쌓여 있는 금과 은과 곡식을 당신들이 가져가는 것을 막지 않겠소. 필요한 사람들에게 모두 주겠소. 알라께 감사드리건대 나는 무스타심과 같이 금화나 은화를 숭배하는 사람이 아니요. 그는 인색함 때문에 자신의 머리와 바그다드 왕국을 바람에 날려 보내버렸소." 시민들은 모두 그와 연합했고 말릭 카밀은 다음 날 수많은 기병과 함께 치고 빠지는 전투[277]를 계속했다. 얼마간의 사람들이 양측에서

276) 불가능한 일을 도모하지 말라는 의미.

277) 원문의 karr u farrī라는 표현은 '공격과 후퇴'를 반복하며 적을 괴롭히는 전술을 나타낸다.

죽었다.

말릭 카밀에게 두 명의 용감한 기병이 있었는데, 한 사람은 세이프 앗 딘 루킬리(Sayf al-Dīn Lūkīlī)였고 또 하나는 안바르 하바시(ʿAnbar Ḥabashī)였다. 두 사람은 각자 몇 명을 죽이고 전쟁의 불길을 지폈다. 얼마 지난 뒤 시내로 갔고 성벽에서 전투가 벌어지기 (R1036)시작했다. 둘째 날 바로 그 두 기병이 밖으로 나왔고 〈많은 사람들이〉[278] *10명 가까운 용감한 기병들을 죽였다. 셋째 날과 넷째 날에도 마찬가지였다. 이쪽 〔즉 몽골 측〕에서는 그루지아 출신의 한 용사(aznāūrī)가 그들과 맞서러 나갔는데, 혼자서 약간의 군대를 공격했지만 잠깐 싸운 뒤에* 살해되고 말았다. 그의 죽음으로

詩

투르크의 기병들은 크게 놀라
원한을 품고 손과 손을 마주쳤다.

그들[279]은 다시 시내로 들어갔다. 그곳에는 투석기에 매우 능한 사수가 한 사람 있었는데, 그는 많은 사람들을 돌을 던져서 죽였다. 아미르들은 그로 인해 어쩔 줄을 몰라 하였다. 바드르 앗 딘 룰루는 투석기를 매우 잘 다루는 사수를 하나 보유하고 있었고, 그를 불러서 거대한 투석기를 도시의 투석기에 맞서서 세웠다. 두 사람은 동시에 바구니에서 돌을 쏘아 올렸다. 두 개의 돌이 공중에서 부딪쳐 산산조각이 났다. 양측 사람들은 두 투석기 사수들의 능숙함에 아연하며 놀랐다. 마침내 밖에 있던

---

278) A·B본에는 'bisiyārī(많은 사람들이)'라는 단어가 쓰여 있다. 그런데 B본에는 다른 필사자가 그 단어 가운데에 줄을 그어서 지우고, 대신 * * 부분을 행간과 난외에 추가하였다.

279) 세이프 앗 딘 루킬리와 안바르 하바시를 가리키는 듯하다.

투석기가 불에 타버렸고, 시민들은 더욱 격렬하게 전투를 벌였다.

훌레구 칸이 그러한 상황을 알게 되자 우룩투에게 군대를 주어 일게이 노얀을 도우러 보냈다. 그리고 "시내에 물자(nafaqa)가 다 떨어질 때까지 기다리고 있으라!"는 전갈을 주었다. 우룩투가 도착하여 메시지를 전달하고 있었는데, 바로 그때에 두 명의 기병이 〔도시에서〕 밖으로 나와 몽골군을 공격했다. 우룩투는 술을 잔뜩 마셔서 취한 상태로 그들과 싸우러 나갔고 그들과 맞섰다. 그런데 갑자기 그들이 일게이 노얀에게 와서 그를 말에서 떨어뜨렸다. 몽골 기병들이 사방에서 몰려와 일게이를 말에 올려놓은 뒤, 다시 한 무리의 사람들을 공격하여 물러나게 하였다.

쿠르드인들로 인해 투르크인들은 놀랐고,
용사들은 원한을 품으며 입술을 깨물었다.

(R1037)그 뒤 두 명의 기병이 매일같이 밖으로 나와서 몇 명은 죽이고 몇 명은 부상을 입혔다. 이런 식으로 만 2년이 지나자 도시 안에는 기력도 식량도 남지 않게 되었고 가축들도 사망했다. 시체를 먹기 시작했고 심지어 개와 고양이와 쥐까지 잡아먹었다. 그 뒤에는 사람도 잡아먹었고 마치 물고기처럼 서로가 서로를 잡아먹었다. 〔그 두〕[280] 기병은 건초나 보리 같은 것이 없어지자 자기 말을 죽여서 먹었다. 그들은 차라리 걸어서 밖으로 나와 전투를 하다가 죽기를 바랐지만 말릭 카밀은 허락하지 않았다. 살아 있던 몇몇 사람들이 〔요시무트〕 왕자에게 편지를 써 보냈다. "시내에는 식량과 기력이 남아 있는 사람이 아무도 없습니다. 다만 몇 명이 남았지만 정신만 살아 있을 뿐 육신은 죽은 것이나 다름없

280) A·B본에는 없고 다른 사본에 있는 것으로 보충.

습니다. 아비가 아들을 잡아먹고 어미가 자식을 먹습니다. 만약 지금 군대를 데리고 오신다면 어느 누구도 맞서러 나올 사람이 없을 것입니다."

〔요시무트〕 왕자는 우룩투를 보냈다. 그들이 시내로 들어갔는데, 시민들이 모두 죽었고 〔시신들은〕 겹겹이 쌓여 있었으며 오직 70명만 반쯤 죽은 상태로 집안에 숨어 있었다. 말릭 카밀을 그 형제와 함께 붙잡아 요시무트에게 끌고 갔다. 병사들은 약탈하기에 바빴다. 그 두 명의 용감한 기병들은 집 지붕에 올라가 화살로 지나가는 투르크인들을 죽였다. 우룩투가 그곳에 도착하자 몇 명의 용맹한 투르크인들에게 명령하여 그들을 죽이라고 하였다. 그들은 지붕에서 내려와 방패로 얼굴을 가리고 격렬한 전투를 했지만 마침내 죽임을 당하고 말았다.

말릭 카밀을 유프라테스 강 중류에 있는 탈 바시르(Tall Bāshir)[281]로, 즉 훌레구 칸의 어전으로 데리고 왔다. 이에 앞서서 그(말릭 카밀)는 카안의 어전으로 갔다가 은사를 입고 칙령과 패자를 갖고 돌아온 바 있었다. 그 뒤 훌레구 칸이 바그다드 방면으로 출정할 때 그(말릭 카밀)는 시리아의 말릭 나시르에게 가서 "우리가 많은 군대로 칼리프를 도우러 가는 것이 좋은 방책"이라고 말했으나, 그(말릭 나시르)는 〔그 말을〕 무시하고 주의를 (R1038)기울이지 않았다. 〔말릭〕 카밀은 바그다드 함락 후 겁을 먹게 되었고, 2년 동안 앞서 말한 그런 방식으로 〔237v〕〈207r〉 반란을 도모했던 것이다. 이제 그가 붙잡혀 어전으로 끌려오자, 훌레구 칸은 그의 죄를 헤아리며 이렇게 말했다. "나의 형이 너를 위무하고 은사를 베풀고 너의 가족과 일족에게 칙령을 주었는데, 그것이 어찌 이 같은 반란의 빌미가 될 수 있겠는가." 그러고 나서 그가 죽을 때까지 그의 살을 잘라 그의 입에 넣으라고 명령했다. 657년의 일이었다. 그는 금욕적이고

281) 북부 시리아 지방에 있는 도시. 북쪽에서 알레포로 접근할 때 이곳을 경유하였다.

신심이 돈독했으며, 재봉일로 생계를 꾸렸던 사람이다. 完!

요시무트 왕자가 마르딘 지방으로 가서 그곳 성채들을 함락한 이야기

요시무트 왕자와 아미르들이 마야파르킨의 일을 끝내자, 훌레구 칸은 그들에게 계속 합력하여 마르딘(Mārdīn)을 정복하러 가라고 지시했다. 그곳에 도착하여 포위를 했을 때 그들은 성채의 높고 견고함에 경악했다. 우룩투 노얀은 마르딘 성채의 주인인 말릭 사이드(Malik Saʿīd)에게 사신을 보내 메시지를 전달했다. "성채에서 내려오라. 세계의 제왕에게 복속의 허리띠를 매어서 너와 처자식들의 목숨을 보존하도록 하라.

詩

너의 성채가 비록 견고하고 높을지라도
성벽과 높은 성채를 뽐내지 말지니라

왜냐하면 만약 자기 머리가 하늘에 미칠 정도라 할지라도 몽골군 앞에서는 길바닥의 흙과 같이 될 것이기 때문이다. 만약 축복과 행운이 너를 돕는다면 나의 충고를 듣고 (R1039)그렇게 하도록 하라. 만약 듣지 않고 거역을 행한다면 〔그 결과는〕 영원한 신께서 아시리라."

말릭 사이드가 답신을 보냈다. "나는 복속을 하고 군주의 어전에 가려는 마음을 가졌습니다. 그러나 당신들은 약속을 해놓고도 그들이 당신들에게 보호를 받으러 가면 죽였기 때문에 믿음을 가질 수 없습니다. 성채 안에는—지고한 알라께 찬양을!—비축된 물자가 풍부하고, 투르크 사람과 쿠르드 전사들이 넘쳐납니다." 우룩투는 투석기를 배치하라고 명령했고, 돌과 화살을 퍼부음으로써 전투가 시작되었다. 8개월 동안 양측은 치열한 전투를 벌였는데, 말릭 사이드는 성채의 견고함을 믿고 자만심을 가졌다. 몽골인들은 성채를 정복할 방법이 없어지자 그 부근에 있던 마르딘,[282] 두나이시르, 아르잔(Arzan)[283] 등의 도시들을 약탈하였다. 마침내 성채 안에는 물자가 다 떨어져 기아와 역병이 돌기 시작했으며 매일 수없이 많은 사람들이 죽어나갔다.

말릭 사이드가 병에 걸렸는데 그에게 두 명의 아들이 있었다. 큰 아들 무자파르 앗 딘(Muẓaffar al-Dīn)은 총명한 젊은이였다. 그는 아버지에게 "성채에서 내려가는 것이 상책입니다. 왜냐하면 이 군대와 대적하는 것은 불가능하기 때문입니다."라고 말했으나, 아버지는 그 말을 듣지 않았다. 그는 병중에 있던 아버지에게 약을 주어서 세상을 하직하게 만들었다. 그리고 우룩트에게 전갈을 보내기를 "당신과 대적했던 사람이 죽었습니다. 만일 군대에게 전투를 중단하라고 명령을 내리신다면 나도 내려가서 성채를 바치겠습니다."라고 하였다. 우룩투는 전투를 중지하라고 명령을 내렸고 무자파르 앗 딘은 자기 형제와 따르는 사람들을 데리고 내려왔다.

행운의 군주는 그가 아버지를 살해한 것을 질책하여 말했다. "어떤 사람이 자기 아버지를 시해해도 좋다는 허락을 받은 적이 있는가?" 그는 이렇게 대답했다. "내가 '성채를 바치세요. 사람들의 피를 은신처로 삼지 마세요.'라고 아무리 탄원을 하고 애원을 해도 그가 응답을 하지 않았기 때문에 이런 일을 한 것입니다. 왜냐하면 나는 만약 군주께서 축복을 받아 성채를 함락시킨다면 (R1040) 10만 명에 이르는 무고한 사람

---

282) 말릭 사이드는 마르딘의 '성채(qal'a)'에서 몽골군에 항전하고 있었기 때문에, 마르딘 시(shahr)는 무방비상태였던 것으로 보인다.

283) 마야파르킨에서 동쪽으로 멀지 않은 곳에 위치한 도시. Nahr(혹은 Wādī) al-Sarbaṭ라고 불리는 강의 서안에 있으며 큰 성채를 보유하고 있었다. 14세기 무스타우피는 이를 Arzanah라고 표기하면서 번영하는 곳이라고 기록하였다. Le Strange, *The Lands*, pp. 112~113.

들이 살해되리라는 것을 알았기 때문입니다. 어쨌든 한 사람의 피가 10만 명의 피보다는 더 낫지 않겠습니까. 그는 또한 학정과 독재를 행하는 사람이었기 때문에 자기 아들을 죽인 적도 있어서 사람들은 그에 대해서 불만을 갖고 있었습니다. 소인이 죄를 자복하니 군주께서 저를 용서하시고 저를 아버지의 자리에 앉힐지는 군주께서 결정하실 일입니다."

훌레구 칸은 그를 용서하고 마르딘 왕국을 그에게 주었다. 그는 695년(1295~96)까지 통치하였으며 한 번도 몽골의 군주들에 대항하여 반역과 거역의 길을 걷지 않았다. 그가 죽자 그의 아들 샴스 앗 딘 다우드(Shams al-Dīn Dāūd)를 그의 후계자로 삼았다. 그가 사망하자 또 다른 아들 술탄 나즘 앗 딘(Sulṭān Najm al-Dīn)—알 말릭 만수르(al-Malik Manṣūr)라는 별명을 가졌다—을 그의 자리에 앉혔다. 그는 대단히 현명한 군주였고 총명과 지혜를 소유한 사람이었다. 세상의 군주[284]와 얼마나 친밀하게 지냈는지 그에게 제왕에게 어울릴 만한 산개(傘蓋)와 왕관을 주어서 동료들로부터 그를 구별시켰으며, 디야르 바크르와 디야르 라비아의 일부 왕국들을 그에게 하사해주었다. 完!

〔238r〕〈207v〉 술탄 바드르 앗 딘 룰루의 사망, 그의 아들 말릭 살리흐가 은사를 입었다가 반란을 일으킨 사정 및 모술의 파괴에 관한 이야기

술탄 바드르 앗 딘 룰루는 50년간 통치를 했고 이승에서 넘치는 향락을 누렸다. 659년(1261) 훌레구 칸의 어전에서 돌아갔다가 모술에서 타계하였다. 그의 나이는 96세에 이르렀다. 훌레구 칸은 모술의 통치권을 그의 아들인 말릭 살리흐에게 하사해주었는데, 그는 얼마 후 모술을 버

284) Pādishāh-i jahān, 즉 가잔 칸.

려두고 시리아와 에집트로 가는 바람에, 성공의 정점에서 복속의 최저점으로 떨어졌다. (R1041)루큰 앗 딘 분둑다르는 그를 위무하고 1000 명의 쿠르드인 기병을 데리고 돌아가서 재물과 매장물을 새 것이건 오래된 것이건 모아서 오도록 하였다. 그의 부인인 테르캔 카툰(Terkān Khātūn)은 술탄 잘랄 앗 딘 호레즘 샤의 딸이었는데, 그녀는 그가 에집트와 시리아 지방으로 갔다는 사실을 훌레구 칸의 어전에 알려주었다.

디야르 바크르에 있던 군대에게 그가 오는 길목을 지키라는 명령이 내려졌다. 659년(1261) 산다구 노얀(Sandāghū Nōyān)에게 1만 명의 몽골군과 함께 모술을 정복하고 〔말릭〕 살리흐를 방어하라고 지정해주고, 그의 뒤를 따라 말릭 사드르 앗 딘 타브리즈(Malik Ṣadr al-Dīn Tabrīz)를 1만 명의 타직(Tāzhīk)군과 함께 보냈다. 살리흐가 모술 시에 도착하자 몽골인들은 그에게 접근할 수 있는 모든 길을 장악하였다. 그는 주사크(Jūsaq)에 주둔하면서 연회를 즐기기에 바빴는데, 잔뜩 취했을 때 북치는 소리와 피리 부는 소리가 그의 귀에 들렸다. 모술 사람들의 마음속에는 말로 다할 수 없는 공포와 두려움이 생겨났다. 살리흐는 시내로 들어가 성문들을 걸어 잠갔다. 그곳에는 쿠르드, 투르코만, 슐(Shūl)[285] 등의 병사들이 있었는데, 그들에게 금화와 은화를 주어 전투를 하라고 격려하면서 "분둑다르가 〔이 사실을〕 알게 되면 어떻게 해서든지 에집트에서 나를 도울 군대를 보낼 것이다."라고 말했다.

몽골군이 도착하여 도시 주위를 둘러싸고 주둔하면서 차단벽(chapar)을 쌓았다. 양측은 투석기들을 배치하고 전투에 들어갔다. 도시민들은 〔에집트에서 원군이 올 것이라는〕 살리흐의 미덥지 않은 말에 따라 전투를 시작했다. 양측에서 투석기의 돌과 화살들이 비처럼 쏟

285) 이란의 파르스 지방에 사는 종족의 명칭. Minorsky, "Şūlistān".

아졌고, 한 무리의 쿠르드인들은 용감하게 싸웠다. 거의 한 달 동안 전투의 화덕은 뜨겁게 달아올랐다. 하루는 갑자기 80명의 몽골 용사들이 성벽으로 올라갔는데, 모술 사람들이 그들을 모두 죽인 뒤 그 머리를 잘라 성벽에서 몽골군 가운데로 던져버렸다. 그들은 그 승리로 사기가 충천하였다. 말릭 사드르 앗 딘은 전투 도중에 투구를 벗어버렸는데, 석궁에서 발사된 화살 하나가 그의 정수리를 관통하여 어찌나 피를 많이 (R1042)흘렸는지 산다구 노얀의 허락을 받고 타브리즈로 돌아갔다. 그가 알라탁(Ālātāgh)[286]에서 훌레구 칸의 어전에 도착하여 모술 사람들의 분투에 대해서 보고를 올리자, 〔훌레구는〕 산다구 노얀을 지원하기 위해 또 다른 군대를 파견하였다.

분둑다르가 살리흐에 관한 정황을 알게 되자 아구쉬 아르부즈루르(Āghūsh Arbūzlūr)에게 약간의 군대를 데리고 가서 그를 도우라고 했다. 그가 신자르(Sinjār)[287]에 도착했을 때 자신의 도착을 알리는 편지를 써서 비둘기의 날개에 매달아 날려 보냈다. 그런데 날아온 비둘기가 우연히 몽골 측의 투석기 꼭대기에 앉았고, 투석기 궁사가 그것을 붙잡아 편지를 산다구에게로 가져왔다. 그것을 읽자 그는 그것이 자신의 축복의 징표라고 생각하고, 그들을 막기 위해 즉시 1만 명의 군대를 세 개의 기병대로 나누어 파견하였다.

신자르 부근에 이르러 세 부분으로 나누어 매복을 하고 시리아인들을 공격하였다. *그들은 발을 굳게 버티고 몽골인들에 대항하였다. 갑자기 강한 바람이 불어와 자갈과 돌이 시리아인들의 눈을 때리기 시작하여*[288] 전투를 하기 어려울 지경이 되었다. 몽골인들이 그들을 공격하

---

286) 반(Van) 호 북방에 있는 산지 알라탁은 훌레구와 아바카를 위시하여 여러 일 칸들이 하영지로 삼았던 곳이다.

287) 이라크 서북부 쿠르디스탄 지방에 위치한 도시.

여 많은 사람들을 죽였고 나머지는 도망쳤다. 몽골인들은 신자르 사람들 대부분도 역시 죽이고, 부녀자들을 포로로 끌고 왔다. 〔몽골인들은〕 거기서 시리아인들의 옷을 입고 쿠르드인들의 관습에 따라 머리를 풀어 내린 채 모술로 향했다. 그리고 산다구에게는 〔자신들이〕 승리를 거두었으니 많은 약탈물을 갖고 〔쿠르드인과 같은〕 이런 외모를 한 채 새벽녘에 도착할 것이라고 알려주었다.

다음 날 그들이 〔모술〕 부근에 도달했을 때 도시민들은 도움을 주러 온 시리아인들이라고 생각하고 크게 기뻐하며 환영을 하러 밖으로 나왔다. 〔그러자 변장했던〕 몽골군은 사방에서 〔238v〕〈208r〉 그들을 포위하고 한 사람도 살려두지 않았다. 6개월간 전투가 벌어졌다. 그 뒤 태양이 게자리에 이르러 날씨가 매우 더워졌다. 양측 모두 전투에 지쳤고, 태양이 사자자리에 도달했을 때 시내에는 기근과 역병이 발생했다. 사람들은 배고픔으로 인하여 광야로 향하기 시작했고 몽골인들의 칼의 제물이 되었다. (R1043)말릭 살리흐는 산다구 노얀에게 "내가 한 일을 후회합니다. 지나간 일에 대한 처분을 받으러 나가겠습니다. 다만 두 가지 조건이 있는데, 하나는 과거의 죄를 내게 지우지 말 것이며, 또 하나는 당신이 나를 훌레구 칸에게 보내고 나의 구명을 위해 청원하는 것입니다."라는 전갈을 보냈다. 산다구는 그의 안전을 보장하였다.

〔그러자〕 그는 음식(tūzghū)과 선물을 갖고 나왔다. 산다구는 〔음식을〕 먹지 않았고 그를 자기 앞으로 부르지도 않았다. 몇 명의 몽골인들이 그를 감시하였다. 660년 라마단월(1262. 7~8)에 모술이 함락되고 남아 있던 시민들은 칼에 베어졌으며 일부 장인들은 포로로 끌려갔다. 그래서 모술에는 한 사람도 남지 않게 되었다. 몽골인들이 떠나가자 약

---

288) * * 부분은 A본에는 보이지 않고 B본에는 난외에 다른 필체로 가필되어 있다.

1000명 가까운 사람들이 산과 동굴들 속에 있다가 밖으로 나와 모여들었다. 산다구 노얀은 〔훌레구 칸의〕 어전에 도착하였다. 훌레구 칸은 살리흐에 대해 극도로 분노했고 그를 〔동물의〕 비계로 덮은 뒤 펠트와 끈으로 단단하게 묶어서 여름 태양 아래 놓아두라고 하였다. 일주일이 지나자 비계에서 구더기가 생겨서 그 불쌍한 사람을 먹기 시작했고, 그는 한 달 동안 그러한 고문과 재앙 속에서 고통을 받은 뒤 목숨이 끊어졌다. 세 살짜리 아들이 하나 있었는데, 그 〔아이〕를 모술로 보내서 티그리스 강변에서 반으로 잘라, 그의 몸을 부패하여 없어질 때까지 도시의 양쪽에 본보기로 걸어놓도록 하였다.

詩

썩어서 거기서 사라져버렸구나
그대는 이것으로 충분치 않은가
그 사랑스러운 것을 품에 안고 어루만지다가
구더기 밥으로 주고 말았구나

(R1044)훌레구 칸과 베르케 칸 사이에 반목이 생겨나 노카이가 베르케의 선봉장으로 이쪽에 전투하러 왔다가 데르벤드 지방에서 패배한 이야기

훌레구 칸은 이란땅의 대부분을 정복하고 사방에 있던 적과 반대자들에 대한 걱정에서 자유로워지자, 나라의 사무를 정비하는 데에 몰두하기 시작했다. 그는 베르케의 지시에 염증을 느끼기 시작했다. 그 까닭은 바투가 그(=베르케)를 뭉케 카안과 동행시켜 수도 카라코룸으로 보내서 〔뭉케를〕 형과 동생들 중에서 보좌에 앉히게 하였고, 한동안 뭉케 카안의 권좌를 보좌했기 때문이었다. 그런 연유로 그는 훌레구 칸의 어전으로 사신을 계속해서 파견하여 각종 명령을 내렸고, 훌레구 칸은 베르케가 형(āqā)이었기 때문에 그것을 참았다. 그런데 그의 일족인 투타르와 발라가(Balaghā)[289]와 쿨리가 사망하자 그들 사이에 반목과 원한이 드러났고 날이 갈수록 그것이 깊어졌다.

마침내 훌레구 칸이 이렇게 말했다. "그가 비록 형이긴 하지만 겸손이나 친절과는 거리가 멀고 내게는 위협과 강압으로 말을 하곤 한다. 더 이상 나는 그를 존경으로 대하지 않겠다." 베르케가 그의 분노를 알아차리자 이렇게 말했다. "그는 무슬림의 도시들을 모두 파괴하였고 이슬람의 군주들의 가문을 모두 절멸시켰다. 적과 친구를 가리지 않았고, 형과 아우들과 상의도 하지 않고 칼리프를 없애버렸다. 만약 영원한 신께서 도움을 주신다면 나는 무고한 사람들의 피를 그에게서 돌려받을 것이다." 그는 복수를 위하여 자신의 군지휘관이자 투타르의 친족이었던 노카이(Nōqāī)[290]에게 3만 명의 군대를 주어 선봉장으로 파견하였다. 그(노카이)는 데르벤드[291]를 넘어서 시르반(Shirvān)[292] 뒤쪽에 주둔하였다.

(R1045)훌레구 칸이 이 사실을 알자 이란의 모든 왕국에서 군대

---

289) 앞에서는 Būlghā라고 표기했다.

290) 노카이는 주치의 여덟째 아들인 보알의 아들, 그 보알의 아들인 타타르의 아들이었다. 투타르 역시 보알의 아들인 밍카다르의 아들이었다. 따라서 투타르와 노카이는 사촌간이라고 할 수 있다.

291) derbend(혹은 darband)는 원래 고유명사가 아니라 페르시아어에서 '산 속의 좁은 길'을 의미하는 보통명사이다. 따라서 이러한 이름을 갖는 지명은 여러 곳에 존재하였다. 여기서 '데르벤드'는 카프카즈 지방에 있는 데르벤드를 가리키며, 본문 아래에 나오는 '하자르의 데르벤드' 역시 마찬가지이다. Khazar는 원래 7~9세기에 걸쳐 흑해 북방과 카프카즈 지방을 지배했던 유목민의 이름인데, 그들이 건설했던 왕국이 사라진 뒤에도 그 지역은 '하자르의 땅(Khazaria)'으로 불렸고, 카스피 해도 '하자르의 바다'로 알려졌다. 루브룩은 이곳을 '鐵門(portam ferream, 'iron gate')'이라고 불렀고, 몽골인들은 이를 직역하여 Temür Qahalqa라고 불렀다. 『몽골제국기행』, p. 383; 『칸의 후예들』, p. 165.

292) 현재 아제르바이잔 공화국에 속하는 평원 지역. 카스피 해 서부 해안을 따라 쿠라(Kura) 강까지 펼쳐져 있다. 이 지역의 중심 도시는 샤마히—샤마하라고도 불림—이다.

를 징발하여 여덟 번째 달(sekisīnch āy), 즉 660년 샤왈월 2일(1262. 8. 20) 알라탁에서 출정하였다. 시레문 노얀(Shīrāmūn Nōyān)을 전위(manqalāī)로 보내고, 사마가르 노얀(Samāghār Nōyān)과 아바타이 노얀(Abātāī Nōyān)을 동행시켰다. 둘 히자월(10월 중순)에 샤마히(Shamākhī)[293]에 도착했다. 베르케의 군대는 시레문을 공격하여 엄청나게 많은 사람들을 죽였고 술탄축(Sulṭānchūq)을 물에 빠뜨려 죽였다. 〔239r〕〈208v〉 둘 히자월 마지막 날 수요일(11. 15)에 아바타이 노얀이 도착하여 샤바란(Shābarān)[294]에서 1파르상 떨어진 곳에서 베르케의 군대를 공격하여 많은 사람들을 죽였으며 노카이는 도망쳤다.

훌레구 칸이 적의 패주를 알게 되자 661년 무하람월 6일(1262. 11. 20)에 샤마히 부근에서 베르케를 공격하러 출정하였다. 그렇게 이동하는 동안 한 무리의 고발인들(aīghāqān)이 궁내 재상(vazīr-i khāṣṣ)이었던 사이프 앗 딘 비틱치, 그루지아의 태수들(wilāt) 가운데 한 사람인 호자 아지즈(Khwāja 'Azīz), 호자 마즈드 앗 딘 타브리즈 등을 음해하였다. 그들을 체포하여 샤바란으로 데리고 와서 야르구를 한 뒤 세 사람 모두 야사에 처했다. 무하람월 8일(11. 22) 목요일 밤에 점성가 후삼 앗 딘을 재판에 넘겨 유죄를 확정하였다. 그리고 그를 바그다드에서 〔몽골군이 패배할 것이라고 예언하고〕 맹서(mūchelgāī)한 것에 대한 〔처벌로〕 야사에 처했다. 말릭 사드르 앗 딘 타브리즈, 이라키 아잠과 후라산 일부 지역의 총독인 알리 말릭('Alī Malik)에 대해서는 몇 대의 태형을 가한 뒤

---

293) 10세기의 지리학자 무카다시의 글에 의하면, 이 도시는 산의 발치에 위치해 있었고 돌로 쌓인 성채로 되어 있었으며 정원으로 둘러싸여 있었다고 한다. 이 도시의 지배자는 Shirvān Shāh라고 불렸다. Le Strange, *The Lands*, pp. 179~180.

294) 현재 아제르바이잔 공화국 동부, 바쿠와 쿠바(Quba) 사이에 위치한 지명. 샤마히에서 동북쪽으로 카스피 해 서부 연안에 위치해 있으며 Shamaron이라고도 불린다. 데르벤드에서 20파르상 떨어져 있으며 그 주민들은 주로 기독교도였다고 한다. Le Strange, *The Lands*, p. 180.

에 풀어주었다.

661년 무하람월 23일(1262. 12. 7) 금요일에 모든 병사들에게 갑옷을 입고 출정하라는 명령이 내려졌다. 해가 뜰 무렵에 하자르(Khazar)의 데르벤드에 도착하였다. 한 무리의 적들이 데르벤드의 성벽 위에 있었는데, 이쪽에서 활을 쏘아 그들을 제거함으로써 적들의 손에서 성벽을 빼앗고 데르벤드를 열었다. 데르벤드 저쪽에서 전투가 벌어졌고 적들은 패배를 당했다. 토요일 마지막까지 애를 썼고 사파르월 첫 날(12. 15) 노카이는 그의 군대를 이끌고 모두 패주하기 시작했고, 훌레구 칸의 군대는 승리를 거두었다. 그리고 그들을 지원하기 위해 (R1046)아바카 칸에게 많은 군대를 주어 파견하였다. 노카이가 패주한 뒤 시레문과 아바타이가 그(아바카)에게 말하기를 "왕자께서는 부친의 어전으로 돌아가십시오. 우리는 가능하면 신속하게 적들의 뒤를 추격할 것입니다."라고 하였다. 그러나 〔아바카는〕 열정과 용맹에 넘쳐서 그것을 받아들이지 않았다.

훌레구 칸의 어전에서 명령이 내려왔는데, 일게이 노얀, 투다운 바하두르(Tūdāūn Bahādur),[295] 바투(Bātū), 살지다이(Sāljīdāī), 차간(Chaghān), 불라르구(Bulārghū), 도쿠즈(Dōqūz) 등에게 적을 추격하라는 것이었다. 그들은 베르케 군대의 천막들을 수중에 넣었다. 명령에 따라서 그들은 테렉(Terek)[296] 강을 건넜다. 그 〔강 주변의〕 초원에는 베르케 휘하의 아미르, 귀족, 병사들의 모든 천막들이 마치 별처럼 흩어져 있었다. 그리고 킵착 초원은 그들의 천막으로 가득 차 있었으며, 그 땅은 말과 나귀와 낙타와 소와 양들로 가득 차 있었다. 그들 군대의 남자들은 한 사람도 천막 안에 없었고 모두 도망치고 가족과 아이들은 남겨두었

---

295) 아미르 투다운과 동일 인물.

296) 북부 카프카즈 지방에 있는 강이다. 그루지아 지방에서 발원하여 동쪽으로 흘러 카스피 해로 유입된다.

다. 우리의 군대는 그들의 집에 들어가 머물렀고 사흘 동안 편안하게 쉬면서 연회를 마음껏 즐겼다. 그리고 삼단 같은 머리채를 지닌 달처럼 아름다운 처녀들과 즐겼다. 베르케와 병사들이 자기들 천막과 가족과 하인과 가축들에 대한 정황을 알게 되자, 개미와 메뚜기처럼 엄청나게 많은 사람들을 모아서 그 넓은 초원에서 밀고 내려와 아미르들과 병사들 위를 덮쳤다. 상술한 해의 라비 알 아발월 첫날(1263. 1. 13) 테렉 강가에서 새벽부터 저녁까지 큰 전투를 벌였는데, 적의 지원군이 계속해서 도착했기 때문에 우리 군대는 도망쳐야 했다. 얼어붙은 테렉 강 위를 건넜는데 갑자기 얼음이 깨져서 많은 병사들이 물에 빠져 죽었다. 아바카 칸은 무사히 샤바란으로 와 그곳에 머물렀고, 베르케는 군대와 함께 데르벤드를 지나서 돌아갔다.

훌레구 칸은 주마디 알 아히르월 11일(4. 22)에 타브리즈 부근에 왔다. 그는 이 패배로 인하여 마음이 상해 괴로워했고 지난 일에 대한 복수와 대책에 (R1047) 몰두하였다. 그는 모든 왕국에 대해서 무기를 준비하라고 지시했고, 병사들은 다시 한 번 무기와 의욕으로 무장하였다. 다음 해에 노카이가 데르벤드를 월경하려 한다는 소식이 들어왔고, 훌레구 칸은 셰이흐 샤리프 타브리지(Shaykh Sharīf Tabrīzī)를 레그지스탄(Legzistān)[297]의 산길을 통해 정탐으로 보냈는데, 노카이 군영이 있는 곳에 〔잘못〕 들어가 붙잡혀 노카이에게로 끌려갔다. 그는 온갖 것들에 대해서 물어보았고 그러는 도중에 "훌레구 칸에 대해서 어떤 소식을 알고 있느냐? 아직도 우리의 귀족과 수령들, 수도자와 독실한 신자들과 상인에 대해서 여전히 극도의 분노와 적개심을 갖고 있는가, 아니면 안 갖고 있는가?"라고 묻자, 그는 "군주께서 이전에는 형제들의 반대에 대해

297) '레그지인들의 땅'이라는 뜻으로 남부 다게스탄 지방을 가리킨다. 루브룩의 여행기에서 Legzi는 자음 도치에 의해 Lesgi라고 표기되기도 하였다. Jackson/Rubruck, p. 112 참조.

분노했고 마르고 축축한 것을 가리지 않고 모두 태웠지만,[298] 지금은

詩

그의 정의로움 덕택에 비단은 불에 타지 않고
사슴도 항상 사자의 젖을 빤다.
〔239v〕〈209r〉 그의 공정함 덕분에 사람들은 편안하게 지내고
모든 억압자들은 비참하고 비루하게 되노라."

이러할 즈음에 키타이 방면에서 사신들이 도착하였다. 쿠빌라이 카안이 보좌에 앉았고, 아릭 부케는 그의 명령에 복종하게 되었고 알구는 사망했다. 〔쿠빌라이가〕 훌레구에게 칙명을 내려 '아무다리야에서 시리아와 에집트의 경계에 이르기까지 군주가 되도록 했고, 몽골의 뛰어난 젊은이들로 이루어진 3만 명의 기병이 그를 돕기 위해 파견되었다.'는 소식을 전했다.[299] 노카이는 그 소식에 겁을 먹었고 얼굴이 창백해졌다. 그는 숨을 들이키며 더 이상 말하지 않았다. 셰이흐 샤리프는 〔훌레구 칸의 어전으로〕 돌아와 상황을 보고했고, 그는 셰이흐를 위로해주었다. 지상은 그의 정의와 공정함으로 장식되었다. 完!

---

298) 원문은 khushk o tar sukhtan. 즉 불을 지필 때 나무가 마른 것과 젖은 것을 가리지 않고 모두 태운다는 뜻으로, 여기서는 대상이 누구든지 분노와 살육의 대상이 되었다는 의미이다.

299) 아릭 부케가 쿠빌라이에게 투항한 것은 중국 측 자료에 의하면 1264년 음력 7월이므로, 노카이와의 전투가 벌어지던 1263년 이후의 일이다. 알구 역시 1263년 시점에서는 사망하지 않았다. 따라서 위의 본문에서 라시드 앗 딘이 주장한 내용은 사실과 다르다. 그렇다면 라시드 앗 딘은 어떻게 이런 내용을 쓰게 되었을까. 역자는 이미 다른 글에서 쿠빌라이가 1260~61년 겨울 사신을 훌레구와 알구에게 파견하여 제국의 영역을 삼분하여 분할 통치하자는 제안을 했고, 훌레구가 이를 받아들여 주치 울루스 측과 대립하게 된 사실을 밝힌 바 있다. 쿠빌라이와 훌레구의 연맹이 확정된 뒤 양측 사이에는 사신들이 왕래했을 것이며, 위의 본문에서 묘사된 1263년에 왔다는 쿠빌라이의 사신 역시 그중의 하나였을 것으로 추정된다. 『몽골제국과 고려』, pp. 73~76 참조.

(R1048)훌레구 칸이 생애 마지막에 아바카 칸을 후라산으로 파견하고, 여러 지방을 아미르들에게 위임한 것, 그리고 그가 병에 걸려 사망하게 된 이야기

훌레구 칸은 건물 짓는 것을 매우 좋아하였고 그가 명령하여 세운 건물들 가운데 상당수가 지금도 남아 있다. 알라탁에 궁전(sarāī)을 하나 지었고 후이(Khūī)에는 불교 사원(būtkhāna)들을 건설하였다. 그해(1263)에 그는 스스로 건축에 몰두했고 왕국과 군대와 백성들을 다스리는 좋은 방책들을 지시했다. 가을이 돌아오자 몽골인들이 '차가투(Chaghātū)와 나카투(Naqātū)'라고 부르는 자리나(Zarīna)의 동영지로 출발하였다.[300] 그는 마라가로 가서 천문대의 완성을 독려하였다. 그는 지혜를 무척 사랑하는 사람이어서 기초적인 학문의 토론에 학자들을 초치하곤 하였고, 그들 모두에게 일정한 비용과 경비를 지급해주었다. 그는 자신의 궁전을 현자와 학자들의 참여로 장식하곤 했던 것이다.

그는 또한 연금술('ilm-i kīmiyā)을 무척 애호하였기 때문에 그 부류의 사람들은 항상 은총의 대상이었다. 그들은 여러 가지 기만과 현혹의 장치들을 이용하여 불을 피우고 각종 약품들을 수도 없이 피웠다. 아무 소용도 없는 풀무를 이용하여 크고 작은 사람들에게 바람을 불어댔고, 지혜의 진흙으로 항아리들을 만들었다. 그러나 〔그런 연금술〕 요리법은 그들의 저녁과 아침식사를 빼놓고는 아무 효험도 없었다. 그들은 〔연금술의 진정한〕 변환에는 성공하지 못했지만 (R1049)모조와 변조를 만들어내는 기적은 행한 셈이었다. 한 개의 금화도, 한 개의 은화도 만들어내

---

300) Naghatu는 Taghatu라고도 표기되었다. 무스타우피의 설명에 따르면 차가투와 그 지류인 나가투 두 강은 쿠르디스탄 산지에서 발원하여 우르미야 호수로 유입된다. Le Strange, *The Lands*, p. 165; C. Melville, *The Fall of Amir Chupan and the Decline of the Ilkhanate, 1327-37: A Decade of Discord in Mongol Iran*(Papers on Inner Asia, No. 30, Bloomington: Indiana University, Research Institute for Inner Asian Studies, 1999), p. 55, note 165 참조.

지 못했다. 신성한 위력을 지닌 공방(工房)에 비축물들을 던져서 낭비하고 소멸시켰으며, 필요한 물자의 비용과 그들에게 지급하는 경비를 얼마나 지출했는지 카룬(Qārūn)과 아룬(Arūn)이 평생 동안 연금술을 발휘한다 하더라도 만들어내지 못할 정도였다.[301)]

한마디로 말해 이라크와 후라산과 마잔다란의 왕국들은 아무다리야에 이르기까지 나이도 많고 능력도 뛰어난 아바카 왕자에게 위임하였다. 아란과 아제르바이잔은 요충지[302)]에 이르기까지 *요시무트에게 맡겼고, 디야르*[303)] 라비아는 유프라테스 강가에 이르기까지 아미르 투다운에게 맡겼다. 룸의 왕국들은 무인 앗 딘 파르바나(Mu'īn al-Dīn Parvāna)에게, 타브리즈는 말릭 사드르 앗 딘(Malik Ṣadr al-Dīn)에게, 키르만은 테르캔 카툰(Terkān Khātūn)에게, 파르스는 아미르 왕기야투(Wangiyātū)[304)]에게 맡겼다. 세이프 앗 딘 비틱치를 순교시켰을 때 사힙 샴스 앗 딘 무함마드 주베이니(Ṣāḥib Shams al-Dīn Muḥammad Juwaynī)[305)]를 발탁하여 왕국들의 사힙 디반직을 그에게 위임하였다. 그래서 왕국의 사무들을 정리하고 결정하는 권한을 그의 손에 넘겨서 강력한 권력을 갖게 하였다. 바그다드 왕국은 그의 형제인 사힙 알라 앗 딘 아타 말릭(Ṣāḥib 'Alā' al-Dīn 'Aṭā Malik)에게 하사해주었다. 그는 이러한 사무들을 정비하였지만 탐욕스러운 동족의 사행(邪行)을 안타깝게 생각하여 지나간 일들에 대한 각종의 대책을 마련하는 일에 몰두하고 군대를 정

---

301) 쿠란에 나오는 카룬이라는 인물은 성경에는 코라(Korah)라는 이름으로 등장한다. 구약성경에서 코라는 레위 지파에 속하는 인물로 모세에게 반란을 일으켰다가 징벌을 받은 인물로 등장한다. 그러나 랍비 문학의 전통에서 그는 요셉이 에집트에 묻어둔 보물을 발견하여 엄청난 재화를 얻게 된 인물로 알려져 있다. 아룬은 성경에 나오는 모세의 형 아론(Aaron)에 해당되는 인물이다.

302) 원문은 SYBH. 이는 몽골어에서 '관문, 요충지'를 뜻하는 sübe를 나타낸 것이다.

303) * * 부분은 A에는 보이지 않고 B에는 난외에 다른 필체로 추가되어 있다.

304) 원문의 표기는 불분명하나 WNGYATW로 보인다. 색스턴은 Vangianu로 옮겼다.

305) 그는 『세계정복자사』를 쓴 사힙 알라 앗 딘 아타 말릭 주베이니의 형제이다.

비하였다.

〔훌레구는〕 다와트다르 쿠첵[306]의 아들인 잘랄 앗 딘(Jalāl al-Dīn)을 발탁하여 승진시켰는데, 그는 군주의 울루스 안에서 그 어느 누구보다도 그만큼 애쓰는 사람이 없다는 인상을 군주에게 주었다. 그는 어전에서 이렇게 청원하였다. "만약 〔군주께서〕 킵착 초원을 원정하기로 결정하신다면, 칼리프가 다스리던 지방들에는 아직 수천 명의 킵착계 투르크인(Turk-i Qipchāq)들이 있다〔는 사실을 염두에 두십시오〕. 그들은 킵착바시(Qipchāq-bāshī)의 길과 관습을 잘 알고 있습니다. 만약 명령을 내리신다면 제가 가서 그들을 소집해서 베르케와의 전투에서 선봉에 서도록 하겠습니다." 훌레구 칸은 흡족해 했고 그에게 칙령과 패자를 주어서 (R1050)바그다드의 태수들은 잘랄 앗 딘이 원하는 것은 무엇이건, 금이건 은이건 장비들이건 그에게 주도록 했다. 그리고 그에게 맡겨진 중대한 사무를 잘 처리할 수 있도록 어떤 사람도 그의 일에 끼어들지 말라고 명령하였다.

662년(1264) 그는 명령에 따라서 바그다드로 갔고 병사들 중에서 마음에 드는 사람은 누구나 끌어모았다. 그는 가끔씩 〔240r〕〈209v〉 암시와 은유의 표현을 써서 다음과 같이 말하곤 하였다. "군주는 너희들을 적의 재앙을 막는 방패로 쓰는 것이니, 거기서 죽든지 아니면 이름을 알리든지 해야 할 것이다. 만약 그 전투에서 죽지 않는다면 그는 다른 전투에서 너희들을 똑같은 방식으로 사용할 것이다. 너희는 나의 재능과 계보가 어떠한지 알고 있겠지만 나도 너희와 같은 부류의 사람이다. 훌레구 칸이 아무리 나에게 극진한 은총을 베풀어준다고 하더라도, 나는 너희가 칼의 제물이 되는 것을 용납지 않겠다. 나는 몽골의 행운과 나라

---

306) '작은' 다와트다르라는 뜻으로, 앞에서 나온 무자히드 앗 딘 아이박과 동일 인물이다.

를 버리고, 나 자신과 너희들을 몽골의 명령에서 자유롭게 만들려고 생각하고 있다. 너희도 나와 함께 연합하고 합세해야 할 것이다."

그 종족은 그의 말에 넘어갔다. 그는 그 흩어진 병사들을 모은 뒤 북과 깃발을 갖고 출정했다. 바그다드에서 티그리스 강을 건너 하파자(Khafājāh)[307] 〔부족의〕 아랍인들을 공격하고 버팔로 소(gāvmīsh)와 낙타 몇 마리를 약탈하였다. 그리고 말이나 무기 혹은 비용 등 군인들이 필요로 하는 물자와 경비는 바그다드의 재고에서 취하였다. 그는 또 한 번 군인들에게 부인과 자식, 속민과 물건, 의복과 물자를 함께 챙겨서 이동하라고 지시했고, 다시 이동을 알리는 북을 두드렸다. 그는 〔유프라테스 강의〕 다리[308]를 건넌 뒤에 이렇게 말했다. "성지들을 순례하기 위해 우리의 사람과 가족을 데리고 가자. 왜냐하면 이후로 우리가 머물 곳은 데르벤드와 시르반과 샤마히가 될 것이기 때문이다. 우리 병사들은 이제 가서 우리의 적인 하파자 아랍인들로부터 여행에 필요한 식량을 빼앗아 오자." 그런데 유프라테스 강을 건너자 그는 군인들에게 이렇게 말했다. "나는 시리아와 에집트로 갈 생각이다. 누구든 나와 함께 가도 좋다. 그러나 그것을 원치 않는다면 여기에 남으라." 그들은 목이 날아갈까 두려워 아무도 말하지 못했고 그와 함께 아나('Āna)와 하디싸(Ḥadītha)[309] 길을 거쳐 (R1051)시리아와 에집트로 갔다.

---

307) 이라크와 에집트 방면에 살던 아랍계 부족의 명칭.

308) B본에는 jasr(다리), 그러나 A본에는 Dijle(티그리스 강)이라고 되어 있는데, 여기서는 러시아 교감본을 따랐다.

309) 바그다드에서 티그리스 강을 따라 북방으로 160킬로미터 정도 올라가면 타크리트(혹은 티크리트)라는 도시를 만나게 된다. 거기서 서쪽으로 130킬로미터 정도 가면 유프라테스 강을 만나게 되는데 바로 그 지점에 위치한 도시가 하디싸이다. 아나는 하디싸에서 유프라테스 강을 따라 50킬로미터 정도 북상하면 만나게 되는 도시이다. 하디싸는 북쪽의 자지라(Jazīrah) 지방과 남쪽의 이라크('Irāq) 지방을 나누는 경계점이기도 하다. 티그리스 강변에 있는 또 다른 하디싸와 구별하기 위해 Ḥadīthah al-Nūrah라고도 불렀다고 한다. 야쿠트에 따르면 그곳은 유프라테스 강으로

그 소식이 군주의 귀에 들리자 그는 극도로 분노했다. 그동안 그는 적들을 어떻게 처리할까 하는 문제에 대해 곰곰 생각하고 있었는데, 이 사건이 거기에 보태어진 것이다. 663년 라비 알 아히르월(1265. 1)에 시작하는 소해[310]가 오자 그는 연회와 사냥으로 며칠을 보냈다. 그런데 목욕을 한 뒤 갑자기 그의 몸이 병에 걸려 무겁게 내려앉았다. 그는 환자가 되어 라비 알 아히르월 7일[311](1265. 1. 27) 토요일에 키타이 의사들이 준 설사약을 먹었는데, 그 영향으로 의식을 잃고 마비 상태에 빠졌다. 탁월한 의사들이 구토제를 주는 등 갖은 노력을 다 하였지만, 생명의 기간이 사망의 시점에 이르렀기 때문에 그 처방은 아무 소용이 없었다. 어떠한 방책도 어떠한 약도 그의 운명에 영향을 주지는 못했다.

그때 마치 옥수수처럼 생긴 혜성이 나타나 매일 밤 보였는데, 그 혜성이 사라졌을 때, 즉 663년 라비 알 아히르월 19일(1265. 2. 8) 일요일 밤에 위대한 인물은 사망하고 말았다. 그의 향년은 태양력으로 만 48년이었고 차가투 강가에서 덧없는 이승을 떠나 영원한 거처가 있는 곳으로 갔다. 호자 자한 나시르 앗 딘 투시는 그를 위해 다음과 같은 애가를 지었다.

훌레구가 마라가에서 동영지로 갔을 때
그의 생애는 최후로 운명 지어졌으니,
663년 일요일 밤, 즉
라비 알 아히르월 19일 밤이었노라.

둘러싸인 강력한 요새가 있었으며, 칼리프 우마르가 그 도시를 건설했다고 한다. Le Strange, *The Lands*, p. 64.

310) 1265년 1월 19일부터 을축년이 시작된다. 색스턴은 663년 라비 알 아히르월을 1264년 2월이라고 했는데 이는 잘못이다.

311) A본에는 '제7일'이라는 단어가 빠져 있다.

하라간(Khārakān)[312] 마을 맞은편에 있는 샤후(Shāhū)[313] 산에 그의 대금구(ghurūq-i buzurg)를 만들었다. 그의 오르도들에서 장례를 치렀고 그의 관을 그 금구에 매장하였다. 둘째 달(Īkindīāy) 첫날, 즉 전술한 해의 라비 알 아히르월 28일(2. 17)에 아자이(Ajāī)의 모친 아리칸 카툰(Ārīqān Khātūn)이 사망하였다. 또한 바로 (R1052)그때에 아미르 알구 비틱치(Amīr Alghū Bītikchī)가 죽었다. 톨루이 칸에서 훌레구 칸에게 넘겨진 도쿠즈 카툰은 소해 윤달(Shūn āy) 둘째 날, 즉 663년 라마단월 첫날(6. 17)에 〔사망했다〕. 그녀의 사망은 훌레구 칸이 죽은 지 4개월 11일이 지난 뒤였고 아바카 칸이 즉위하기 사흘 전이었다.[314] 위대하신 신께서 이슬람의 제왕 가잔 칸이 헤아릴 수 없을 정도로 긴 수명과 복락을 유산으로 받고 또 누릴 수 있도록 해주시기를! "모든 일에는 전능하신 분이 적절한 보응을 주신다."[315] 完!

---

312) 이 지명은 때로 Kharraqān이라 표기되기도 한다.

313) 우르미야 호수 동쪽에 있는 샤하(Shāhā) 혹은 샤후 탈라(Shāhū Tala). 원래는 섬이라기보다는 반도라고 할 수 있는데, 주변의 지대가 낮아서 마치 섬처럼 묘사되었다. 그 섬의 정상에는 요새가 하나 지어졌고 거기에 훌레구 및 그의 후손들의 시신이 묻혔다. Le Strange. *The Lands*, pp. 160-161; 本田實信, p. 374.

314) 훌레구의 사망은 회력 663년 라비 알 아히르월 19일이고, 도쿠즈 카툰의 사망은 라마단월 1일이기 때문에 회력을 기준으로 하면 4개월 11일 뒤가 되는 셈이다.

315) 원문은 아랍어.

〔241v〕〈210r〉 (R1053)아바카 칸기

칭기스 칸의 아들 톨루이 칸, 그의 아들 훌레구 칸, 그의 아들 아바카 칸기: 3장으로 구성

그의 상서로운 출생은 말해(Yūnd yīl)[1] 첫 달(Ārām āy) 21일(1234. 1. 21), 즉 회력 631년 주마디 알 아발월 〔19일〕,[2] 처녀자리궁이 장엄하게 떠오를 때에 이루어졌고, 소해[3] 윤달 5일(1265. 6. 19) 금요일, 즉 663년 라마단월 3일에 역시 처녀자리궁이 떠오를 때 군주의 보좌에 앉았다. 〔말〕[4]해 둘째 달 21일(1282. 3. 1) 수요일, 즉 680년 둘 히자월 20일[5]에 사망했다. 향년 49세 7개월이었으며, 재위기간은 17년 4개월이었다.

제1장: 그의 위대한 계보에 대한 설명. 그의 카툰과 자녀들 및 현 시점에 이르기까지 생겨난 후손들에 관한 자세한 서술. 그의 부마들. 그의 자식들의 지파도.

제2장: 그가 즉위하기 이전〔의 상황〕. 보좌의 모습과 그가 칸위에 오를 때 카툰, 왕자, 아미르의 모습. 그의 재위기간 동안 일어난 사건과 정황들의 역사. 그가 치렀던 전투와 획득한 승리들. (R1054)그의 재위기간.

제3장: 칭송을 받을 만한 그의 행적과 고매한 품성. 그가 말하고 지시했던 훌륭한 지혜와 훈유와 덕담들. 그의 치세에 일어났던 일화와 사건들 가운데 앞에 나온 장들에 들어가지 않았던 내용들. 그리고 각종 서적과 사람들을 통해 알게 된 잡다한 사항들.

(R1055)아바카 칸기 【제1장】

그의 위대한 계보에 대한 설명. 그의 카툰과 자녀들 및 현 시점에 이르기까지 생겨난 후손들에 관한 자세한 서술. 그의 부마들, 그의 자식들의 지파도.

아바카 칸은 훌레구 칸의 자식들 가운데 나이도 많고 능력도 탁월했다. 술두스 종족 출신의 이순진 카툰(Yīsūnjīn Khātūn)에게서 출생했다.

그에게는 카툰과 후궁들이 무척 많았다. 훌레구 칸이 사망한 뒤 울제이 카툰(Ūljāī Khātūn)을 취하였다.

또한 훌레구 칸의 후궁이었던 톡타이 카툰(Tōqtay Khātūn)도 자신이 취하여, 토쿠즈 카툰(도쿠즈 카툰) 대신에 보그탁을 그녀의 머리에 얹혀 카툰으로 삼았다.

모든 〔카툰〕들의 선임(muqaddam)은 도르지 카툰(Dōrjī Khātūn)이었는데, 그녀가 사망하자 타타르 종족 출신의 녹단 카툰(Nōqdān Khātūn)을 그녀의 자리에 앉혔다.

그 뒤 키르만의 술탄 쿠툽 앗 딘 무함마드 칸(Sulṭān Quṭb al-Dīn Muḥammad Khān)의 딸인 파디샤 카툰(Pādishāh Khātūn)을 취하였고, 자기 어머지 이순진 카툰의 자리에 앉혔다.

그 뒤 (R1056)쿵크라트 종족 출신의 마르타이 카툰(Martay[6] Khātūn)

---

1) 甲午年.

2) 甲午年 正月 二十一日은 양력으로 1234년 1월 21일이며, 이슬람력으로 631년 주마다 알 아발월 19일에 해당된다.

3) 乙丑年.

4) 원문에는 공란으로 되어 있으나 1282년 壬午年이므로 말의 해가 되어야 옳다.

5) 엄격하게 말하면 1282년 3월 1일 저녁부터 2일 저녁까지의 24시간이다.

6) 그녀의 이름은 때로 Martāī로 표기되기도 한다.

을 취하였는데, 그녀는 칭기스 칸의 딸의 아들인 무사 쿠레겐(Mūsa Kūregān)의 누이였다. 무사의 어머니는 쿠투이 카툰(Qutuy Khātūn)의 어머니이기도 하였다. 그들(마르타이 카툰과 쿠투이 카툰)은 사촌지간이었다. 마르타이 카툰이 아르군 칸의 치세에 사망하자, 아르군 칸은 마찬가지로 쿵크라트 종족 출신인 토다이 카툰(Tōdāī Khātūn)을 취하여 보그탁을 얹혀주고 그녀의 자리에 앉혔다.

노카이 야르구치의 친족인 대불루간 카툰(Bulughān Khātūn-i Buzurg)을 취하였는데, 그녀를 무척 사랑하여 마르타이와 테스피네(Tespine)보다 위에 앉혔다. 아바카 칸이 죽자 아르군 칸은[7] 〈210v〉 그녀를 취하였고, 그녀가 죽자 〔소〕불루간 카툰(Bulughān Khātūn)을 그녀의 자리에 앉혔다.

또 다른 카툰은 테스피네 카툰(Tespine Khātūn)이었는데, 그녀는 〔241r〕 '바실레우스(fāsilīūs)'라고 부르는 이스탄불(Isṭanbūl)의 왕의 딸이었다.[8]

그의 후궁들 가운데 카이미시 에게치(Qāīmīsh Īgāchī)라는 한 후궁

---

7) B본은 여기서부터 1엽이 누락된 것으로 보이며, 다른 필체로 보충해 넣은 1엽이 삽입되어 있다.

8) A본에는 '이스탄불의 왕의 딸', B본에는 '트라브존의 왕의 딸'이라고 되어 있다. 여기서는 A본을 따랐으나, 색스턴과 로샨은 '트라브존의 왕의 딸'을 취하였다. '테스피네 카툰'은 흔히 Despina Khatun이라고도 불렸는데, 그녀는 비잔티움의 황제인 미카엘(Michael) 8세(재위 1261~82)의 사생아로 이름은 마리아 팔레올로기나(Maria Paleologina)였다. 그녀는 훌레구에게 시집가게 되어 콘스탄티노플의 판토크라토르(Pantocrator) 수도원의 승정의 보호를 받으며 이란으로 향했다. 그녀의 일행이 가는 도중에 훌레구의 사망 소식이 전해졌으나 혼인은 그대로 추진되어 그녀는 아바카 칸(재위 1265~82)과 혼인하게 된 것이다. 아바카가 사망한 뒤 그녀는 비잔티움으로 다시 돌아갔다. 그렇지만 14세기 초 오스만 세력이 비잔티움을 위협하자 황제 안드로니쿠스 2세는 형제였던 그녀가 니케아로 가서 일 칸과 다시 혼인관계를 맺기를 희망했다. 그러나 이 혼인은 성사되지 못했고 그녀는 니케아에서 콘스탄티노플로 되돌아왔다. 그녀는 후일 코라(Chora) 사원에서 은퇴생활을 하였으며 그곳에 그녀를 묘사한 모자이크가 남아 있다. Sheila Blair, *A Compendium of Chronicles: Rashid Al-Din's Illustrated History of the World*(London: Nour Foundation in association with Azimuth Editions and Oxford University Press, 1955), p. 51 참조.

이 있었고, 또 다른 사람으로는 쿠케비(Kūkebī)[9]가 있었는데 그녀는 노루즈의 부인인 토간축(Ṭoghānchūq)의 어머니였다. 또 하나는 불가진 에게치(Būlghājīn Īgāchī)였고, 또 하나는 불진 에게치(Būljīn[10] Īgāchī), 또 하나는 현재 아미르 풀라드(Pūlād)의 부인인 시린 에게치(Shīrīn Īgāchī), 또 하나는 알타이 에게치(Altāī Īgāchī)였다. 그 밖에도 다수가 있었으나 그들의 이름은 알려지지 않는다.

아들, 딸, 사위들에 관한 설명

아바카 칸에게는 두 아들이 있었는데 둘 다 군주가 되었다. 〔하나는〕 아르군 칸인데 그의 모친은 카이미시 카툰이었고, 그의 부친의 형제〔인 아흐마드 테구데르〕가 죽은 뒤 칸이 되었다. 〔또 하나는〕 게이하투 칸(Geykhātū Khān)인데 그의 뒤를 이어 군주가 되었다. 그의 모친은 녹단이었다. 그의 자식과 손자들에 대해서는 그의 본기에서 별도로 설명할 것이다. 다만 아바카 칸의 7명의 딸들에 대해서 설명하면 아래와 같다.

첫째 딸 욜 쿠틀룩(Yō〔l〕 Qutlugh)[11]: 그녀의 모친은 토다이 카툰이었다. 그녀를 일치데이 쿠슈치(Īlchīdāī Qūshuchī)에게 주었는데, (R1057) 그가 〔죽은〕 뒤에 일바스미시(Īlbāsmīsh)에게 주었다. 그녀는 가브바리(Gāvbārī)[12]에서 사망했다.

둘째 딸 타가이(Ṭaghāī): 그녀의 모친도 토다이 카툰이었다. 그녀를 쿤축발(Qūnchuqbāl)의 형제인 아흐마드(Aḥmad)에게 주었고, 그 뒤에

---

9) KWKBY
10) A: BLWJYN; B: BWLJYN.
11) A: YWQTL'; B: WQ$LĞ. 그러나 A본도 뒤의 계보도에는 YWLQTL'로 올바로 표기되었다.
12) 가브바리는 아란 지방에 있는 평원의 이름으로, Maḥmūdābād라는 도시가 그곳에 위치해 있다. Mustawfī/Strange, p. 92 참조.

는 돌라다이(Ṭōlādāī)에게 주었다. 그녀 역시 …[13]에서 사망했다.

셋째 딸 말리카(Malika): 그녀의 모친은 불루간 카툰이었다. 그녀를 노카이 야르구치(Nōqāī Yārghūchī)[14]의 아들 토간 부카(Ṭōghān Būqā)에게 주었다. 그녀 역시 사망했다.

넷째 딸 토간축(Ṭōghānchūq): 그녀의 모친은 쿠케비 카툰이었다. 그녀를 아르군 아카의 아들인 아미르 노루즈에게 주었다. 그녀는 690년(1291)에 사망했다.

다섯째 딸 일 쿠틀룩(Īl Qutlugh): 그녀의 모친은 불진 에게치였다. 그녀를 후신 종족 출신의 아랍타이 쿠레겐('Arabtay[15] Kūregān)에게 주었다.

여섯째 딸 울제타이(Ūljītāī): 그녀의 모친 역시 불진 〔에게치〕였다. 그녀를 그루지스탄의 다우드 말릭(Dāūd Malik)의 아들에게 주었다.

일곱째 딸 누진(Nūjīn): 그녀의 모친은 마르타이 카툰이었다.

---

13) 원문 결락.

14) B: NWQAY BWRĞWJY. 여기서는 A본의 표기를 따랐다.

15) A: ΓR$$AY; B: 'R$Y.

아바카 칸과 카툰과 자식들의 계보도[16]

아바카 칸

- 아르군 칸
- 게이하투 칸
- **말리카**(여) 그녀의 남편은 바야우트 종족 출신 노카이 야르구치의 아들 토간 부카였다.
- **토간축**(여) 그녀의 남편은 오이라트 종족 출신 아르군 아카의 아들 노루즈였다.
- **일 쿠틀룩**(여) 그녀의 남편은 후신 종족 출신 아랍타이 쿠레겐이었다.
- **욜 쿠틀룩**(여)
- **울제타이**(여)
- **타가이**(여) 그녀의 남편은 타타르 종족 출신 돌라다이 이데치였다.
- **누진**(여)

---

16) 계보도는 A본에만 보이고 B본에는 없다.

〔241v〕(R1058)아바카 칸기 【제2장】

그가 즉위하기 이전(의 상황). 보좌의 모습과 그가 칸위에 오를 때 카툰, 왕자, 아미르의 모습. 그의 재위기간 동안 일어난 사건과 정황들의 역사. 그가 치렀던 전투와 획득한 승리들, 그의 재위기간.

그가 칸위에 오르기 전의 사정

훌레구 칸이 사망했을 때 그들의 관습이 그러하듯이 도로를 차단하고 어떤 피조물도 자기 자리에서 움직이거나 이동하지 말라는 명령(yāsā)을 내렸다. 그리고 즉시 〈211r〉 사신을 아바카 칸의 어전으로, 즉 후라산 방면으로 파견하였는데, 이는 그가 큰 아들이자 후계자였기 때문이다. 또한 아르군 아카도 소환하였는데, 그것은 그가 재상직을 맡아서 아바카 칸을 모셨기 때문이다. 아바카 칸은 그때 마잔다란의 동영지에 있었다. 데르벤드와 아란 지방을 소유했던 요시무트는 부친이 사망한 지 8일째 되는 날 도착하여, 아미르들의 상태를 확인하고 시기와 상황이 어떤지 잘 관찰하였는데, 〔자신이 대권을 장악하는〕 일이 불가능하리라는 것을 깨달았기 때문에 이틀 뒤 자기가 있던 곳으로 되돌아갔다.

(R1059)아바카 칸은 소해(hūkār yīl)의 …[17] 달,[18] 즉 663년 주마디 알 아발월 19일(1265. 3. 9) 차가투에서 오르도에 숙영했고, 그가 도착할 때 모든 친족과 아미르들이 영접을 하였다. 일게이 노얀은 오르도들의 아미르였고 상당 기간 일 칸의 어전에서 성심껏 봉사를 해왔기 때문에, 아바카 칸에게 음식과 포도주를 바치고 은밀한 가운데 시기와 상황이 어떠한지 또 부친의 사망에 관한 정황이 어떠했는지에 대해 그에게 설명하였다.

---

17) A본에는 māh('달')라는 단어 뒤에 공란이 보이나, B본은 다른 필체로 추가된 것이어서 그런지 dar hūkār yīl(소해에)이라고만 표기되어 있다.

18) 이슬람력의 날짜를 환산하면 乙丑年 三月 二十日이 된다.

장례를 치른 뒤에 모든 카툰, 왕자, 부마, 아미르들이 모여서 그의 즉위에 관해서 논의하였다. 그때 오래된 대아미르들이 무척 많았는데, 예를 들어 일게이 노얀, 순착 노얀, 수니테이 노얀, 사마가르 노얀, 식투르 노얀, 아르군 아카 및 다른 사람들이 있었지만, 그들〔의 이름〕을 일일이 열거하자면 장황해질 것이다. 그 가운데 일 칸이 유언(vaṣiyyat)을 위촉하고 또 훈유(bīlighā)를 위임한 식투르 노얀과, 다른 어떤 아미르들보다 선임자였던 순착 아카[19]가 아바카 칸이 후계자이자 계승자의 자격이 있음을 입증하는 증거를 내놓았다. 그(아바카)는 〔그러한 제의를〕 받아들이지 않고 다른 형제들에게 양보하였다.

형제들은 모두 무릎을 꿇고 "우리는 노복들(bandegān)입니다. 당신이야말로 아버지의 후계자라고 저희는 생각하고 있습니다."라고 말했다. 아바카 칸은 말했다. "나의 형(āqā)[20]은 쿠빌라이 카안이다. 그의 명령도 없이 어찌 내가 즉위할 수 있겠는가." 그러자 왕자들과 아미르들은 "모든 자식들 가운데 형이고 오래된 관례(rusūm)와 관습(yōsūn)과 야사(yāsā) 및 일화들을 잘 알고 있을 뿐 아니라, 훌레구 칸이 생전에 후계자로 임명했던 당신을 제외하고 어떻게 다른 사람이 즉위할 수 있겠습니까?"라고 말했고, 아무런 논란 없이 모두의 의견이 일치되었다. 소해인 후케르 일 윤달 5일 금요일,[21] 즉 호자 나시르 앗 딘 투시—알라께서 자비를!—가 선택한 날인 663년 라마단월 3일(1265. 6. 19), 처녀자리궁이 떠오를 때 파라한(Parāhān) 부근의 차간 나우르(Chaghān Nā'ūr)[22]

---

19) 순착 노얀과 동일인.

20) 쿠빌라이는 계보상으로 아바카의 백부이다. 따라서 여기서 aqa라는 단어는 문자 그대로의 의미는 '형'이지만 집안의 '어른'이라는 뜻으로 사용한 것으로 보아야 할 것이다. 또한 '아카'라는 표현이 사람의 이름 뒤에 붙는 경우가 자주 보이는데 (예: 순착 아카, 볼라드 아카, 아르군 아카 등), 이 경우는 일종의 경칭으로 사용된 것으로 보인다.

21) 丁丑年 閏五月 五日에 해당된다.

에서 아바카 칸을 군주의 보좌에 앉히고, 그와 관련된 모든 관례들을 〈211v〉(R1060)수행하였다.[23)]

〔그가 앉은〕 보좌의 모습은 이러하다.

〔242r〕[24)]

아바카 칸이 국사를 정비하고 제왕의 사무를 장악하기 시작한 이야기

아바카 칸은 칸위에 즉위한 뒤 현금과 보석과 값비싼 의복 등 셀 수도 없이 많은 물건들을 카툰, 왕자, 아미르들에게 나누어 주었는데 그 혜택이 일반 병사들에게까지 미칠 정도였다. 연회와 즉위 축하의 절차를 다 마친 뒤 관심을 울루스와 군대에 관한 중요 사항 및 개선 방안을 마련하는 데로 돌렸다. 비록 쿠빌라이 카안의 어전에서 칙령(yarlīgh)을 지닌 사신이 도착하고, 그(카안)의 이름으로 그가 보좌에 앉고 명령을 발할 때까지는 여전히 왕관과 보좌의 관리자(vālī)였지만 말이다. 그러나 그는 먼저 훌레구 칸이 지시했던 야삭들(yāsāqhā)과 각종 사안에 대해서 발포했던 명령들(farmānhā)을 모두 계속해서 인정하고 시행하며, 그것들을 고치거나 바꾸어 훼손하는 일이 없도록 하라는 명령을 내렸다. 또한 힘센 자들이 약한 자들을 강압하거나 과도하게 대하지 못하도록 하고, 모든 족속들이 조상 대대로 내려온 관습과 관례를 지킬 수 있도록 하라

---

22) '차간 나우르'는 몽골어로 '하얀 호수'라는 뜻이다. 술탄아바드(Sulṭānābād; Arak이라고도 불린다)의 북방인 파라한 지역에 위치해 있으며, 현재의 투알라(Tualā)라는 곳이 이에 해당된다. Boyle ed., *The Cambridge History of Iran*, vol. 5, pp. 355~356 참조.

23) '수행하였다'에 해당되는 구절은 B본에는 보이지 않는다.

24) A본 242r 및 B본 211v의 상단 절반 정도는 아바카 칸이 보좌에 앉은 모습을 그려 넣기 위해서 공백으로 남겨져 있다.

고 명령하였다.

한 주일 지난 뒤 군주께서는 〔영내의〕 모든 왕국에 축복의 즉위 소식이 담긴 칙령(yarlīgh)을 보내고, 어전에 왔던 술탄, 말릭, 아미르, 총독 및 청원자들에게는 원했던 바를 얻어서 돌아가게 하였다. 가장 큰 동생인 요시무트에게는 대군과 함께 파견하여 데르벤드와 시르반과 무간 방면에서 알라탁 부근에 이르는 지역을 관할하고, 적들로부터 그 변경 지방을 지키도록 하였다. 또 다른 동생인 튭신에게도 대군과 함께 파견하여 후라산과 마잔다란 방면에서 아무다리야 강변에 이르는 지역을 관할하도록 하였다.

일게이 노얀의 아들 투구 비틱치(Ṭūghū Bītikchī)와 투다운(Tūdā'ūn)—순착 노얀의 형제이자 (R1061)아미르 추반(Amīr Chūbān)의 할아버지요 말릭(Malik)의 아버지—을 룸 방면으로 보냈다. 그들이 사망하자 〈212r〉 사마가르와 〔242v〕 쿠후르가이(Kuhūrgāī)[25]를 그들 대신 파견하였다. 두르베이 노얀(Dūrbāī Nōyān)을 시리아의 접경인 디야르 바크르와 디야르 라비아[26]로 임명하여 〔보냈다〕. 그루지아는 초르마군의 아들 시레문(Shīremūn)에게 맡기고, 왕령지들(īnjūhā)은 알타추 아카(Āltāchū Āqā)에게 위임하였다. 바그다드와 파르스의 왕국들은 순착 아카에게 주었고, 왕국들의 이크타 관리자(muqāṭi')인 아르군 아카는 계속해서 그 직책을 맡도록 하였다.

---

25) 색스턴은 이를 Kähürgäi로 옮겼는데, 이 이름은 투르크어와 몽골어에서 '쇠북'을 뜻하는 körge와 관련이 있는 말인 듯하다. körge는 때로 köhürge로 표기되기도 하였다. 이에 관해서는 Doerfer, *Türkische und mongolische Elemente*, vol. 1, p. 475 (no. 339) 참조.

26) 디야르 바크르, 디야르 라비아, 디야르 무다르는 시리아, 터키, 이라크가 접경하는 지역, 즉 메소포타미아 북부의 자지라(Jazira) 지방에 위치해 있다. 9세기 아랍의 지리학자인 알 발라두리(al-Baladhuri)에 의하면 7세기 무아위야가 주도하는 아랍 정복군이 이 지역에 진출했을 때 바크르, 라비아, 무다르 등 세 아랍 부족이 정착한 지역에 이들 부족의 이름을 딴 지명이 붙여졌다고 한다.

재상직(wuzārat)은 계속해서 이전에 했던 대로 사힙 사이드 샴스 앗 딘 무함마드 주베이니[27]에게 내려주었다. 타브리즈를 왕국의 도읍으로 삼았다. *그리고 하영지로 알라탁과 시야흐 쿠흐를 선택하고, 동영지로 아란과 바그다드를 선택했는데 때로는 차가투에서 머물렀다.*[28] 사힙 알라 앗 딘 아타 말릭 〔주베이니〕로 하여금 바그다드에서 순착 아카의 부관직(nīābat)을 맡도록 했다. 후라산의 재상직은 호자 이즈 앗 딘 타히르(Khwāja 'Izz al-Dīn Ṭāhir)에게, 그 뒤에는 그의 아들 호자 와지흐 앗 딘(Khwāja Wajīh al-Dīn)에게 맡겼다. 파르스 왕국의 하킴직은 아타벡 아부 바크르의 후손들로 정해졌고, 그곳의 이크타 관리자는 샴스 앗 딘 타지구(Shams al-Dīn Tazīgū)로 하였다.

키르만은 테르켄 카툰(Terkān Khātūn)에게, 타브리즈는 말릭 사드르 앗 딘(Malik Ṣadr al-Dīn)에게, 디야르 바크르는 잘랄 앗 딘 타리르(Jalāl al-Dīn Ṭarīr)와 말릭 라지 앗 딘 바바(Malik Raẓī al-Dīn Bābā)에게, 이스파한과 이라키 아잠의 큰 지방들은 사힙 디반 샴스 앗 딘의 아들인 호자 바하 앗 딘 무함마드(Khwāja Bahā' al-Dīn Muḥammad)에게, 카즈빈과 이라크의 일부 지방은 말릭 이프티하르 앗 딘 카즈비니(Malik Iftikhār al-Dīn Qazwīnī)에게, 디야르 라비아는 말릭 〔무자파르〕 파흐르 앗 딘 카라 아르슬란(Malik Muẓaffar Fakhr al-Dīn Qarā Arslān)에게, 님루즈(Nīmrūz)의 왕국은 말릭 샴스 앗 딘 카르트에게, 그루지아는 다우드 및 그의 아들 사둔(Ṣādūn)에게 맡겼다. 인류의 스승인 호자 나시르 앗 딘 투시—알라께서 자비를!—의 제자들 가운데 어전에서 봉사를 하던 100명에 가까운 학자들에게도 보편적인 은사의 혜택을 입도록 하였

---

27) '사힙(ṣāḥib)'은 '주인, 주군' 등을 뜻하는 경칭이고 '사이드(sa'īd)'는 '행운'을 뜻한다. 따라서 '사힙 사이드'는 샴스 앗 딘 주베이니에 대한 존칭으로 사용된 표현이다.

28) * * 부분은 A본에는 보이지 않고 B본에는 난외에 다른 필체로 가필되어 있다.

다. 그해에 마잔다란 부근에서 동영을 하였고, 663년(1265) 봄 도읍 타브리즈로 (R1062)돌아왔다. 完!

아바카 칸의 군대가 노카이 및 베르케와 전쟁을 한 것과 그들이 패배를 당한 이야기

아바카 칸의 치세 초기에 반목과 적개심을 품은 무리들이 이 지방을 해치려 하였고, 또다시 데르벤드 방면에서 노카이가 투타르의 원수를 갚기 위해 대군을 이끌고 출동하였다. 전초들(qarāūlān)이 그의 도착을 알렸고, 왕자 요시무트는 소해 여섯째달 4일, 즉 〔6〕63년 샤왈월 3일(1265. 7. 19)에 명령에 따라 노카이의 공격을 막기 위해 출정하였다. 쿠르(Kur) 강을 건너서 악수(Āqsū)라고도 불리는 차간 무렌(Chaghān Mūrān)[29] 가까운 곳에서 양측의 군대가 조우하였다. 양측은 전열을 정비하였고 전투를 벌였다. 양쪽에서 많은 사람들이 죽었다. 타가차르 아카(Ṭaghāchār Āqā)의 부친 쿠투 부카(Qūtū Būqā)가 그 전투에서 용맹을 발휘하다가 죽음을 당하였고, 노카이 역시 눈에 화살을 맞았다. 그의 군대는 패배하여 시르반까지 〔물러〕갔다.

아바카 칸이 쿠르 강을 건넜는데, 저쪽에서는 베르케가 3만 명의 기병을 이끌고 도착했다. 아바카 칸은 군대를 이끌고 강의 이쪽으로 되돌아와서 다리를 끊으라고 지시했다. 양측은 쿠르 강 양안에서 각자 몰이사냥 대형을 이룬 뒤 서로를 향해서 활을 쏘아대기 시작했다. 베르케는 40일간 강가에 주둔하였는데, 강을 건너기가 어려워지자 도강을 위해서 티플리스(Tiflīs)로 가려고 하였다.

---

29) aqsu와 chaghan müren은 투르크어와 몽골어로 모두 '흰 강(白江)'을 뜻한다. 현재 아제르바이잔 영내에 있는 Akhsu가 이에 해당한다.

그러나 그는 도중에 병이 들어서 죽고 말았다. 그의 관을 바투 사라이(Sarāī-yi Bātū)[30]로 이송하여 매장하였다. 그의 군대는 흩어져버렸다. 664년(1265~66) 아바카 칸은 (R1063)쿠르 강 저쪽 편의 달란 나우르(Dālān Nāūūr)[31]에서부터 쿠르 강에 인접해 있는 쿠르드만 초원(Dasht-i Kurdmān)에 이르기까지 감시 초소(sībe)[32]를 세우고 깊은 해자를 파라고 지시했다. 그리고 몽골인과 무슬림들로 이루어진 한 무리를 그곳의 방어를 위해 배치하였다. 양측에서 대상단은 〔계속해서〕 서로 왕래하였다. 아바카 칸은 데르벤드 문제를 해결한 뒤 왕자 뭉케 티무르(Möngke Tīmūr)를 사마가르 노얀 및 울제이 카툰과 함께 그곳에 남겨두고 〔66〕5년(1266~67) 겨울 후라산으로 향하였고, 마잔다란과 구르간에서 동영하였다. 完!

마수드 벡이 아바카 칸의 어전으로 온 것과, 저쪽[33]에 남겨졌던 쿠투이 카툰과 훌레구 칸의 유수영이 도착한 이야기

〔243r〕〈212v〉 상술한 해의 겨울에 마흐무드 얄라바치〔의 아들〕 재상 마

---

30) 볼가 강 하류에 위치한 바투의 동영지에 세워진 도시. 현재 아스트라한에서 북방으로 100킬로미터 떨어진 셀리트렌노예(Selitrennoye)에 해당된다. 이후 1332년경에는 볼가 강 중류역에 신(新)사라이(Saray al-Jadid)가 세워졌으며, 그 위치는 현재 볼고그라드 동쪽 85킬로미터 되는 지점이다. 사료에는 '베르케 사라이(Sarāī-yi Berke)'라는 표현이 보이는데, 이 역시 신사라이가 아니라 바투 사라이와 동일한 지점을 가리킨다.

31) 몽골어 dalan na'ur를 옮긴 말로 '일흔 개의 호수'라는 뜻이다.

32) 원문은 SYBH. 이는 몽골어 sübe를 옮긴 것으로 Lessing (740)에 따르면 'narrow passage, defile; strategic point'를 뜻한다. 실은 협곡이나 요충지, 혹은 그런 지점에 세운 초소로 이해하면 옳을 것이다. 색스턴은 이를 'wall'이라고 번역했다.

33) 라시드 앗 딘은 ānjā(저쪽)과 īnjā(이쪽), 혹은 ān ṭarāf(저쪽 방면)과 īn ṭarāf(이쪽 방면)이라는 표현을 자주 사용하였다. 이는 아무다리야를 중심으로 '이쪽'은 훌레구 울루스를 가리키고, '저쪽'은 강 건너의 카안 울루스나 중앙아시아에 있는 제왕들의 울루스를 가리키는 표현으로 사용되었다.

수드 벡이 사신의 명분으로 카이두 칸과 바락의 어전에서 〔이곳으로〕 와서, 그들의 왕령지(īnjū)들에 대한 계산을 처리하고자 하였다. 그가 아바카 칸의 어전에 도착했을 때, 그는 칭기스 칸의 정규 투르칵(tūrqāq-i qā'ūlī) 외투[34]를 입고 있었고, 일게이 노얀을 제외한 다른 모든 아미르들보다 높은 자리에 앉아 있었다. 〔칸은〕 호자 사이드 샴스 앗 딘 알라카니(Khwāja Sa'īd Shams al-Dīn 'Alakānī)에게 그 계산을 일주일 내로 끝내라는 명령을 내렸다. 〔그러나〕 그는 정직한 마음을 갖고 오지 않았기 때문에 돌아갈 때는 서둘러서 갔다.

일주일 뒤 그가 후의와 은사를 입고 귀환의 허락을 받은 뒤 출발하였는데, 바로 그 다음 날 아무다리야 강가에 적군이 출현했다는 소식이 들어왔다. 아바카 칸은 마수드 벡이 계략을 꾸몄으며 바락의 첩자로 왔다는 사실을 알게 되었다. 즉시 사신들을 보내 그를 추격하여 잡아오라고 하였다. 〔그러나 마수드 벡〕 자신도 경계를 했기 때문에 각 지점들마다 이미 역마(ūlāgh)를 준비시켜 놓았다. 사신들이 아무다리야 강가까지 갔는데, (R1064)그들이 도착할 때 마침 그는 강을 건넜기 때문에 그들은 돌아오고 말았다.

아바카 칸은 후라산을 향해 출정했고 사락스(Sarakhs)[35]까지 갔다. 겨울에는 마잔다란과 그 부근에서 동영하였다. 훌레구 칸의 유수영이 도착했다는 소식이 들어와, 그는 그것을 맞으러 갔다. 카부드 자메(Kabūd Jāme)[36] 부근에 쿠투이 카툰이 두 아들 테크신(Tekshīn)과 테구데르

---

34) QBAY JYNGGYZ XAN $WRQAQ $$AWLY. qabā는 '외투'를 뜻하기 때문에 그가 '칭기스 칸〔이 하사한〕 외투'를 일종의 '예복'으로 입은 것으로 보이는데, 후반부의 두 단어가 무엇을 가리키는지 분명치 않다. 러시아 교감본은 이를 YRQAQ $BAWLY로 읽었으나 의미가 통하지 않는다. 여기서는 Doerfer, vol. 1, §261(p. 382)의 견해를 따랐으나, 이 역시 만족할 만한 독법은 아닌 듯하다.

35) 사락스는 후라산 지방의 투스에서 메르브로 가는 도중, 마쉬하드 강 우안에 위치한 도시이다. 이에 관해서는 Le Strange, *The Lands*, pp. 394~395 참조.

(Tegūdār), 줌쿠르(Jūmqūr)의 아들들인 주시켑(Jūshkāb)과 킹슈(Kīng-shū), 타라카이(Ṭaraqāī)의 아들 바이두(Bāīdū), 아바카 칸의 모친인 이순진 카툰 등과 함께 도착하였다. 이들에 관한 이야기는 다음과 같다.

훌레구 칸이 이란땅으로 향했을 때 자신의 유수영을 뭉케 카안의 어전에 남겨둔 바 있었다. 아릭 부케가 반란을 일으켰을 때 줌쿠르는 그와 함께 있었다. [아릭 부케가] 알구와의 전투에서 패배하고 카안의 어전으로 향했을 때, 줌쿠르는 병과 치료를 구실로 그를 따르지 않고 그 부근에 머물렀다. [그에 관한] 소식이 훌레구 칸에게 전해지자 그는 [6]62년(1263~64) 줌쿠르와 유수영을 찾으러 아바타이 노얀(Abātāī Nōyān)을 파견하였다. 줌쿠르가 병에 걸려 도중에 사망했는데, 아바타이 노얀은 그들을 사마르칸드 부근에 내버려둔 채 [자신은] 훌레구의 어전으로 돌아가 상황을 보고하였다. [훌레구 칸은] 그의 죄를 물어 80대의 곤장을 치게 한 뒤, "도중에 자신의 임무를 제대로 수행하지 않고 오히려 먹고 마시고 여자들과 노는 데에 탐닉하였다."고 말했다. 간단히 말해 상술한 해에 어떤 인도 사람이 [사마르칸드에 남아 있던] 그들을 인도(qulāūūzī)[37]하여 올바른 길로 데리고 나와 아무다리야를 건너게 했고, [6][38]66년 주마디 알 아발월 19일(1268. 2. 5)에 카부드 자메 부근에 있던 [아바카의] 어전으로 데리고 온 것이다. [아바카는] 그를 위무하고 타르칸(tarkhān)[39]으로 삼았다.

---

36) '푸른 모스크'라는 뜻을 지닌 이곳은 카스피 해 동남쪽 모퉁이에 위치한 지방이며 Rū'ad 혹은 Rūghad라는 도시가 있다. 이곳은 옥수수와 포도가 풍성한 지역이며 매우 번영했던 지방인데, 14세기 티무르의 원정으로 철저하게 파괴된 뒤 위축되었다고 한다. Le Strange, *The Lands*, p. 375 참조.

37) 투르크어 qulavuz는 '길안내(Wegführer)'를 의미한다. Doerfer, *Türkische und Mongolische Elemente im Neupersischen*, vol. 3, §1504(pp. 490~493) 참조.

38) B본에는 '600'이라는 단어가 다른 필체로 행간에 가필되어 있다.

39) '타르칸'은 과거 돌궐 제국 시대에 고위관리의 명칭으로 등장하였으며, 그 후 투르크 몽골계 유

쿠투이 카툰은 바닥샨 부근에서 훌레구 칸의 사망 소식을 듣고 얼마나 슬피 울었는지 그녀의 눈이 보이지 않게 되었다. 아바카 칸은 그들의 도착에 기분이 좋아지고 즐거워졌으며, 그들을 소중하게 여겨 물자와 재물로 부유하게 해주었다. 아리칸(Arīqān)이라는 이름의 후궁이 하나 있었는데 (R1065)쿠투이 카툰의 오르도〔에 속해 있다가〕 훌레구 칸〔이 원정하러 올 때 그〕의 어전으로 와서 그를 모신 적이 있다. 약탈물이 생기면 쿠투이 카툰의 몫을 그녀에게 맡기곤 했기 때문에 값비싼 물자들이 상당량 모였다. 쿠투이 카툰이 오르도에 도착했을 때 그 〔오르도〕를 갖가지 재물들로 장식하였다. 아바카 칸은 디야르 바크르와 마야파르킨 지방 및 몇몇 다른 지점들에서 〔일부를〕 톤룩(tōnlūq)[40]이라는 명목으로 그들에게 주었고, 매년 그곳에 거의 10만 디나르의 황금이 들어왔다. 그리고 가끔 약속에 따라 그들에게 이행해야 할 책무를 모두 해주었다.

마침내 〔1268년〕 봄에 후라산에서 돌아왔고 〔1268~69년〕 겨울에는 차가투에서 동영하였다. 〔1269년〕 여름에는 알라탁으로 가서 시야흐 쿠흐로 돌아갔다. 그 다음 〔1269~70년〕 겨울은 아란에서 보냈고 668년(1270) 여름에는 바락과 전쟁하기 위해 출정했다.

목사회에서 여러 가지 특권을 부여받은 사람에게 붙여진 호칭으로 사용되었다. 몽골제국 시대에는 죄를 범하여도 일정한 범위까지는 사면을 받는 특권을 받은 사람이나, 혹은 세금의 징수나 군역의 징발을 면제받는 특권을 받은 사람에게 붙여진 칭호로도 사용되었다. 이에 관한 자세한 논의는 Doerfer, *Türkische und Mongolische Elemente im Neupersischen*, vol. 2, §879(pp. 460~474)를 참조하시오.

40) ton은 투르크어로 '의복, 옷'을 뜻한다. tonluq은 군주가 왕비나 후궁에게 일종의 '옷값'으로 하사하는 돈을 의미한다. Doerfer, *Türkische und Mongolische Elemente im Neupersischen*, vol. 3, §990(pp. 645~647).

바락이 마와라안나흐르에서 후라산으로 와서 아바카 칸의 군대와 전투를 벌였다가 패배하고 돌아간 이야기

바락은 무바락 샤를 몰아내고 차가다이 울루스를 지배하게 되자 침략과 공격의 길을 걷기 시작했고, 카이두는 그가 그런 방식으로 행동하는 것을 저지하곤 하였다. 그런 연유로 그들 사이에 반목이 생겼다. 그 당시 모굴타이(Moghūltāī)라는 이름을 가진 투르키스탄의 감관(shaḥna)이 카안의 어전에서 파견되어 와 있었는데, 바락은 아미르 벡미시(Bekmīsh)[41]를 보내어 〔243v〕〈213〉 그〔를 밀어내고 대신〕 그 자리에 앉혔다. 모굴타이는 카안의 어전으로 가서 상황을 보고하였다. 카안은 코니치(Qōnīchī)라는 이름을 가진 대아미르를 6000명의 기병과 함께 파견했고, 그(코니치)는 벡미시를 죽이고 감관직을 장악하였다. 바락은 한 아미르에게 (R1066)3만 명을 주어 그를 치러 보냈고, 코니치는 그들에게 대항할 수 없음을 알게 되자 키타이로 되돌아갔다.

바락은 모든 일이 해결되자 카이두와 뭉케 티무르(Möngkū Tīmūr)[42]를 치려고 하였다. 마수드 벡은 그가 침략하려는 정황을 그들에게 공개하고 그들에게 그와 전쟁하라고 부추겼다. 결국 양측의 군대는 시르다리야 강변에서 만났다. 바락은 매복을 설치하여 계략으로 카이두 및 킵착(Qipchāq)[43]의 군대에 승리를 거두고, 그들 중 많은 사람들을 살해하고 포로로 잡았으며 엄청난 약탈물을 차지하였다. 그는 당당하고 대담해졌고 자만심도 커졌다.

카이두와 킵착의 패배 소식이 뭉케 티무르에게 도달하자, 그는 분노

---

41) A본에는 BKYMYŠ.

42) 뭉케 티무르는 주치의 아들인 바투, 그의 아들 토간의 아들이다. 그는 주치 울루스의 군주로 재위는 1267~80년.

43) 여기서 킵착은 우구데이의 아들인 카단의 아들을 가리킨다. 그는 비시발릭 지방을 자신의 분지로 받았다.

에 사로잡혀 자기 숙부[44]인 베르케체르(Berkāchār)에게 5만 명의 기병을 주어 카이두를 지원하도록 했다. 그(카이두) 역시 흩어진 병사들을 모아서 바락과 전투를 벌였다. 그들은 그(바락)를 패배시켜 군대와 함께 도주하게 만들었고, 그의 병사들 가운데 다수가 죽거나 지쳐버렸다. 바락은 패배하여 마와라안나흐르 지방으로 왔는데, 다시 한 번 흩어진 병사들을 모으고 아미르들과 상의를 하며 이렇게 말했다. "나를 해치려는 이러한 무리들이 있기 때문에 나의 왕국은 안정을 유지하지 못할 것이다. 현재로서는 최상의 방책은 이 번창하는 지방들을 약탈하고 황폐하게 만드는 것이다. 〔그러기 위해〕 먼저 사마르칸드로 가자." 아미르들은 그 말에 매우 기뻐했다.

카이두와 킵착과 베르케체르가 이 같은 소식을 접하자 서로 논의하여, 그를 추격하여 그 지방으로 가서 그를 쫓아내면 어떻겠는가 하고 말하였다. 카이두는 "만약 그가 이러한 상황에 대해 정보를 접하게 되면 〔지금보다〕 훨씬 더 많은 파괴를 자행할 것이다. 사신을 보내 그에게 좋은 말로 충고를 하고 평화를 제안하는 쪽이 더 좋은 방책일 것이다."라고 말했다. 킵착은 "나는 그와 우호의 약속을 맺은 적이 있다. 만약 허락을 해준다면 내가 가서 감언이설로 그를 유인해보겠다."고 하였다. 그들은 킵착의 재능과 능력을 알고 있었기 때문에 200명의 기병을 (R2067) 선발해 그에게 주어서 사마르칸드 쪽으로 가게 하였다. 킵착은 수그드(Sughd)[45]에 숙영을 하며, 자신의 도착을 알리기 위해 한 기병을 바락에게 파견하였고 평화와 연합을 제안하였다.

전갈이 도달하자 바락은 한동안 생각하더니 아미르들에게 "이 평화

---

44) 그러나 실제로 베르케체르는 주치의 아들이었기 때문에, 뭉케 티무르의 '숙부'가 아니라 '작은 할아버지'에 해당된다.

45) 사마르칸드 교외의 촌락. Thackston, *The Baburnama*, p. 88.

의 이면에 어떤 전쟁〔의 의도〕가 있는지 알 수가 없다."고 말했다. 그리고 사신에게 "킵착에게 〔나의〕 궁금한 바를 전달하고, 가능하면 신속하게 이리로 와서 박해받는 자의 눈[46]을 밝히도록 하라."고 말했다. 천막을 웅장하게 장식하고 병사들에게 무장한 채 궁정 앞에 도열하라고 지시한 뒤, 〔자신은〕 군주들의 관례에 따라 위풍당당하게 보좌에 앉았다. 킵착이 도착하자 바락은 보좌에서 내려와 그에게 예의와 환대를 보여주었고 서로를 포옹하였다. 바락은 킵착의 손을 잡고 그를 보좌 위로 데리고 올라가 서로에게 잔을 권하였다.

바락은 그에게 따뜻한 말로 물었다. "마음을 같이하는 고귀한 친구나 친족들과 만나는 것보다 더 좋은 일이 어디 있겠는가?" 킵착은 화평과 연합과 일족의 도리를 운운하며 이야기를 시작했다. 바락이 말했다. "당신의 말이 옳다. 나도 때때로 그러한 도리를 지켜야 한다는 생각을 하면서, 나 자신의 처지에 대해 부끄러움을 느낀다. 왜냐하면 우리는 모두 서로 사촌지간이며, 우리의 좋은 아버지들이 칼로 세상을 정복하여 우리에게 유산으로 남겨주셨기 때문이다. 오늘날 우리는 어찌 서로 합심하여 세상을 향유하지 못하는가? 우리들 사이에 이러한 반란과 분란은 어찌하여 일어나는가? 나와 가까운 왕자들은 커다란 도시들과 좋은 목장을 갖고 있는데, 나만 이렇게 작은 울루스를 갖고 있다. 카이두와 뭉케 티무르는 이 왕국을 〔차지하기〕 위하여 나를 공격했고, 나를 당황하고 방황하게 만들어 사방 각지로 내몰고 있다."[47]

킵착은 그를 칭찬하면서 이렇게 말했다. "당신 말이 맞다. (R1068)그

---

46) 동족들에게 공격을 받는 자신의 처지를 비유한 말.

47) 차가다이 울루스의 상황이 얼마나 어려운지를 호소하는 장면. 여기서 그는 다른 왕자들은 '커다란 도시와 좋은 목장'을 가지고 있는데 자신은 그렇지 못하다고 불만을 표시하면서 '이렇게 작은 울루스(hamīn mukhtaṣar ulūs)'를 갖고 있다고 하였다. 여기서 '울루스'라는 말은 '사람'뿐만 아니라 구체적으로 '토지(도시와 목지)'도 포함하고 있음을 알 수 있다.

러나 지난 일은 모두 잊고 서로 함께 쿠릴타이를 열어서 오래된 원한을 가슴속에서 깨끗이 씻어내고 고집과 완고함을 극복하는 것이 훨씬 더 좋을 것이다. 그러니 여러 상황과 관련해서 합의를 하고 서로에게 도움을 주도록 하자." 바락은 수많은 시도를 한 뒤라 지치고 궁한 상황이었기 때문에 평화에 찬성했다. 그리고 일주일 뒤 킵착에게 돌아가도 좋다는 허락을 해주었다. 카이두와 베르케체르 역시 바락과의 화평에 동의하였고 킵착을 칭찬하였다.

667년(1269) 봄 왕자들은 〔244r〕〈213v〉 탈라스(Talās)와 켄젝(Kenjek)[48]의 초원에 모여서 일주일간 연회를 즐긴 뒤 여덟 번째 되는 날에 쿠릴타이를 열고 논의에 몰두하였다. 카이두가 먼저 입을 열었다. "우리의 좋으신 조상 칭기스 칸께서 탁견과 전략, 칼과 활의 힘으로 세상을 정복하고 자기 일족을 위하여 그것을 정비하고 준비한 뒤 〔유산으로〕 남겨주셨다. 지금 부계 쪽으로 보면 우리 모두는 서로 친족이다. 우리의 일족에 속한 다른 왕자들이 있지만 그들 사이에는 아무런 반목이나 대립이 없다. 왜 우리들 사이에만 있는 것인가?"

바락이 말했다. "〔지금의〕 상황은 바로 그러하다. 그렇지만 나 역시 그 나무의 한 열매이니, 나에게도 당연히 있어야 할 목지(yūrt)와 생계수단이 정해져야 할 것이다. 차가다이와 우구데이는 칭기스 칸의 아들

---

48) 탈라스는 강의 이름이자 도시의 이름이기도 하다. 현재는 카자흐스탄의 잠빌(Zambyl) 성의 수도인 타라즈(Taraz)가 이에 해당된다. 켄젝은 루브룩의 여행기에 Kinchac 혹은 Kinchat라는 이름으로 기록되었다. 도슨(Dawson)은 이를 신강성 타르바가타이 지역에 있는 Chuguchak으로 보았으나 잘못된 추정이다. 마흐무드 카쉬가리의 투르크어 사전에서 이곳은 Kenjek Sengir라는 이름으로 등장하며 Ṭarāz에서 가까운 곳에 있다고 되어 있다. 한편 맘루크의 작가 알 우마리는 탈라스 지역에 서로 1파르상 거리를 두고 떨어져 있는 네 개의 읍 가운데 하나가 켄젝이라고 하였다. 그러나 루브룩은 켄젝을 떠난 지 하루가 되었을 때 탈라스가 후방으로 6일 거리 떨어진 곳에 있다고 하였다. 한편 당시 페르시아측 자료에서 탈라스와 켄젝은 종종 서로 붙어서 연칭되고 있다. 이에 관해서는 Rubruck/Jackson, p. 143 참조.

들이었다. 우구데이 카안에게서 카이두가 나왔고, 차가다이에게서는 내가 나왔다. 그들 중에서 가장 큰 형인 주치에게서는 베르케체르와 뭉케 티무르가 나왔고, 제일 작은 형제인 톨루이에게서는 쿠빌라이 카안이 나왔다. 그는 현재 동방과 키타이 왕국 및 호탄을 장악하였으니, 그 왕국의 길이와 폭이 얼마나 될지는 위대한 신만이 아신다. 서방에는 아무다리야 강변에서 시리아와 에집트의 경계까지 아바카와 그의 형제들이 아버지 〔훌레구〕의 인주(īnjū)라는 명목으로 장악하고 있다. 이 두 울루스 사이에 (R1069)투르키스탄과 킵착바시가 있는데 너희들의 수중에 들어가 있다. 이 같은 상황임에도 불구하고 서로 합세하여 나를 치겠다고 일어난 것이다. 내가 아무리 곰곰이 살펴보아도 내 자신이 잘못을 저지른 죄인이라고 생각되지는 않는다."

그들이 말했다. "너는 진실을 말했다. 〔그러니〕 이렇게 방책을 세우도록 하자. 오늘 이후로는 지나간 일들을 기억하지 말자. 하영지와 동영지의 목지를 분배하자. 이 지방들이 심하게 파괴되어 농사가 이루어지지 않고 있으니, 우리는 산지와 초원에 머무르도록 하자." 그리고 그들은 마와라안나흐르에서 3분의 2는 바락에게 속하도록 하고, 3분의 1은 카이두와 뭉케 티무르에게 주는 데에 합의하였다.[49] 그것을 뭉케 티무르

---

49) 주치, 차가다이, 우구데이 세 가문의 대표들이 모여서 합의한 내용이 마와라안나흐르의 2/3를 바락에게 주고, 나머지 1/3을 뭉케 티무르와 카이두가 분할한다는 것인데, 왜 바락에게 이렇게 많이 주었는가 하는 의문을 가질 만하지만, 사실상 분할의 대상은 '마와라안나흐르'였음을 기억할 필요가 있다. 즉 분할의 대상은 서투르키스탄의 정주지역의 도시와 주민들이었다. 바락이 자신의 '협소함'을 호소한 것에 대해서 그에게 마와라안나흐르에서 징수되는 수입의 2/3를 주고, 나머지 1/3을 다른 두 사람이 나누기로 한 것이다. 그러나 킵착바시를 장악하고 호레즘과 러시아에서 수입을 올리는 주치 울루스는 그렇다 치더라도, 카이두 휘하의 우구데이 울루스는 왜 바락에게 그것을 양보했을까 하는 의문이 든다. 그런데 『원사』「헌종본기(憲宗本紀)」에는 우구데이 일족의 분천(分遷) 기사가 보인다. 즉 우구데이의 2子 쿠텐의 아들 뭉케투는 부친의 거주지(河西 西凉), 4子 카라차르의 아들 투그메는 에밀, 5子 카시의 아들 카이두는 카얄릭, 6子 카단은 비시발릭, 7子 멜릭은 이르티쉬 유역에 배치한 것이다. 이를 보면 우구데이계 제왕들은 하서 지역에서 비시발릭을

에게 제시하여 그와 협의를 거친 후 협상을 완료했다. 최종적으로 그들은 협의하기를 〔다음 해 668년(1270)〕 봄에 바락이 아무다리야를 건너서 군대를 이란땅으로 이끌고 가, 아바카 칸의 왕국에서 일부를 취해 자기 휘하 군대의 목지, 토지, 재산을 넓힌다는 데에 합의하였다.

바락은 말했다. "만약 너희들의 마음이 이 말을 충실히 지키겠다고 생각하면 우리 이 약조를 맺도록 하자." 그들의 관습과 관례에 따라 황금에 손을 얹었다(zar khōrdand). 앞으로는 산지와 초원에 거주할 것이며, 도시들 주변에는 다니지 않을 것이고, 가축들을 농토(kisht)에 풀어놓지 않을 것이며, 농민들에게 비정규적인 요구를 하지 않을 것이라는 서약을 하였다.

그 결정에 따라 산회(散會)하고[50] 각자 자기 목지로 갔다. 바락은 한동안 협약을 지켰고, 왕자들의 제언에 따라 마수드 벡을 각 지방으로 보내서, 농민들을 회유하고 건설과 경작을 회복케 하고 흩어진 농민들을 불러 모으게 하였다. 마와라안나흐르 지방의 사정은 그의 능력의 탁월함에 힘입어 번영을 누리기 시작하였고 과거와 같은 생활을 되찾았다. 〔그러나〕 바락은 다시 한 번 침략과 억압의 손길을 뻗치기 시작했고 사람들에게 각종 요구와 지출을 요구하였다. 이란을 침공하기 위하여 마와라안나흐르의 가축을 모두 몰고 갔고 사람들의 물건과 재산을 강제로 빼앗았

거쳐서 천산 북방과 이르티쉬 유역에 이르는 꽤 넓은 지역에 분포하고 있었다. 반면 차가다이 가문은 카안 울루스에 의해 호탄과 알말릭 방면을 상실한 상태였고, 따라서 바락은 마와라안나흐르에서 더 많은 것을 달라고 요구한 것이다. 과거 이 지역은 정주지역이었기 때문에 칭기스 칸의 네 아들 가문이 모두 일정한 부분을 공유했을 텐데, 그 상호간의 비율을 차가다이 가문에 유리한 방향으로 다시 조정한 것이다. 다만 문제라면 여기서 톨루이 가문이 배제되었다는 사실이다. 그것은 바락이 말한 대로 쿠빌라이 카안과 훌레구의 후손들이 엄청나게 넓은 지역을 차지하고 있어서 더 고려할 필요가 없었기 때문이었을 것이다.

50) 원문의 표현은 targhāmīshī kard. 투르크어와 몽골어에서 targha-는 '해산, 산회하다'라는 뜻이다. 이에 관해서는 本田實信, 『モンゴル帝國史研究』, pp. 419~420 참조.

다. (R1070)마수드 벡은 "이 일에 착수하는 것은 좋지 않습니다. 왜냐하면 그 지방을 정복하지 못하면 이곳으로 돌아올 면목이 없게 될 것이기 때문입니다."라고 말했다. 〔그래서〕 바락은 그 같은 생각을 포기했다.

아바카 칸은 666년(1268) 이란 왕국에서 공평과 정의를 펼치는 데에 열중했다. 차가다이의 아들인 모치 예베의 아들 테구데르 오굴(Tegūdār Oghūl)[51]이 1투만[52]의 군대와 함께 그를 모시고 있었는데 아바카 칸은 예우를 갖추어 그를 후대하였다. 바락은 한 무리의 사신들을 아바카 칸의 어전으로 보냈는데 그들을 통해서 테구데르 오굴에게도 약간의 선물(belegī)을 전달하였다. 그 가운데에는 몽골인들이 토가나(ṭōghāna)[53]라고 부르는 화살도 하나 있었다. 그들은 이것을 전해주면서 매우 은밀한 몸짓으로 그 화살 안에 무언가가 들어 있음을 알렸다. 그(테구데르 오굴)가 혼자서 가만히 그것을 쪼개어보니 그 안에 편지 한 통이 들어 있었는데, 그 내용은 이러했다. "테구데르 아카(āqā)는 내가 전군을 결집하여 아바카를 치려고 한다는 사실을 알고 계십시오. 바라옵건대 그가 우리를 막기 위해 출정할 때 그와 함께 오지 마시고, 그가 우리와 대항하여 마주하지 못하도록 〔배후에 남아서〕 그렇게 행동해주십시오. 그래서 가능한 모든 방도를 동원해서 그의 왕국을 빼앗도록 합시다."

테구데르는 편지의 내용을 알게 되자, 〔아바카에게〕 그루지아의 자기 집이 있는 곳으로 가게 해달라고 요청하였다. 그는 허락을 얻어서 그곳

---

51) oghūl은 투르크어에서 '아들'을 뜻하지만 당시 칭기스 일족을 가리키는 표현으로 사용되었다. 몽골어의 kö'ün, 페르시아어의 shahzāda에 대응하는 말이니, 곧 '왕자, 제왕'을 뜻한다. 색스턴은 그의 이름을 Negüdär라고 표기했다.

52) 즉 1개 만인대(tümen).

53) toghana라 불린 화살에 대해서 Doerfer, *Türkische und Mongolische Elemente im Neupersischen*, vol. 1, pp. 372~373는 'Pfeil mit drei Kolben'이라고 설명했다. 즉 '세 개의 〔작은〕 통이 붙은 화살'이라는 뜻이며, 편지와 같은 것을 넣을 수 있도록 만든 것으로 보인다.

으로 갔고, 자기 아미르들과 함께 그 비밀을 논의하였다. 매일같이 사신들이 후라산 방면에서 도착하여 바락의 상황에 대해 알렸다. 그리고 아바카 칸은 군대와 울루스에 관련된 중요한 문제를 논의하기 위해 테구데르 오굴을 〔244v〕 불렀고, 〈214r〉 그런 목적으로 여러 차례 그를 소환하는 사신들을 보냈는데, 그럴 때마다 그는 이런저런 핑계를 대곤 하였다. 그리고 아미르들에게 "나는 데르벤드 길을 통해서 바락과 연합하기로 작정하였다."라고 하면서 즉시 그 방면으로 향하였다.[54)]

그 부근에 있던 시레문 노얀(Shīrāmūn Nōyān)은 자기 군대를 데리고 그 뒤를 추격하였고, 알리낙(Alīnāq)을 선봉으로 파견하였다. 그리고 아바타이 (R1071)노얀(Abātāī Nōyān)은 다른 군대와 함께 그들의 뒤를 추격했다. 양측의 군대가 언덕 위에서 서로 대치하게 되었다. 테구데르는 전투를 하기도 전에 도망쳐서 데르벤드 쪽으로 향하였다. 길이 막히자 당황하여 말고삐를 그루지아 산지로 돌렸는데, 어떤 삼림 속으로 들어갔다가 길을 잃고 말았다. 그루지아인 아미르들이 삼림을 포위하고 압박해 들어갔다. 말릭 다우드(Malik Dāūd)가 그에게 전갈을 보내 "이 숲에서 밖으로 나가는 길은 없다. 〔말을〕 돌려서 나와라. 너 자신을 괴롭히는 짓을 하지 말라!"고 하였다.

그는 그 숲에서 나왔다. 시레문은 군대를 데리고 그에게 가서 휘하의 군인들을 많이 죽이고 일부를 포로로 삼았다. 결국 668년 라마단월(1270. 4~5)에 테구데르를 궁지로 몰아넣어, 그해 라비 알 아발월(1270. 10~11)에 그는 처자식과 함께 아바카 칸의 어전으로 왔다. 제왕께서는 완벽한 애정으로 그를 용서하고 〔대신〕 그의 비밀을 은폐했던 6명의 아미르를 야사에 처했으며, 그의 군대를 백호·십호로 나누었다.[55)] 50명의

---

54) 테구데르는 당시 그루지아에 있었기 때문에 데르벤드를 거쳐 남하한 뒤 카스피 해 남안을 따라 동진하여 바락의 군대와 합류할 계획이었을 것이다.

몽골인을 간수라는 명분으로 그에게 지정하고, 카부단(Kabūdān)[56]이라 불리는 강〔안의 한 섬〕에 감금하였다. 바락이 패배한 지 1년이 지난 뒤에 그는 풀려났고 사망할 때까지 오르도에 왕래하곤 하였다.

바락은 툽신 오굴에게 전갈을 보내 다음과 같이 자만과 경솔에 가득 찬 말을 했다. "양측 모두 친족의 도리를 수행할 준비가 되어 있다. 바드기스(Bādghīs)[57]의 초원은 나의 조부와 부친의 것이었으니, 너희는 가즈닌의 문에서 인더스 강에 이르기까지의 바드기스 지방을 비워서 나의 일족이 머물 수 있도록 하라." 〔이에 대해서〕 툽신은 이렇게 답장을 보냈다. "이 지방은 나의 아카이자 이란땅의 칸인 아바카 칸에게 속한 것으로서 내게 위탁한 것이다. 바락 아카는 그렇게 말도 안 되는 정신 없는 이야기를 하지 말고 자기가 있는 곳이나 잘 지키시오." 그리고 아바카 칸에게 사신을 보내 그 상황을 알렸다.

아바카 칸은 〔바락에게〕 답신을 보내 "이 왕국은 좋으신 아버지가 내게 유산으로 (R1072)물려주어 나의 인주가 된 것이며, 오늘날 내가 칼〔의 위엄으〕로 소유하고 있는 것이다. 만약 바락이 나를 치려고 한다면 나 역시 그를 막기 위해 준비할 것이다. 만약 그가 협력과 평화의 길을 택한다면 나도 일족의 통합을 위한 길을 걸을 것이다."라고 하였다. 바락이 이 전갈을 접하자 분노하여 군대를 소집하라고 명령하였다. 그리고 모든 준비를 갖추어 후라산으로 향하였다. 그는 아무다리야를 건너

---

55) 앞에서도 이와 비슷한 표현이 있었지만, 이 구절은 '그의 군대를 백호·십호에게 분배해 주었다'로 이해할 수도 있다.

56) '카부단' 혹은 '카부잔'은 우르미야 호수의 아르메니아식 명칭으로 보인다. 이에 관해서는 A. Sprenger tr., *El-Mas'ūdī's Historical Encyclopaedia*, vol. 1(London, 1841), p. 96; Bayarsaykhan, p. 168.

57) 현재 아프가니스탄 서북방에 위치한 지역명으로 헤라트의 동쪽에 인접해 있다. 북쪽으로 투르크메니스탄과 접경을 이룬다. 바드기스 초원은 무르갑(Murghab) 강 주변에 펼쳐져 있다.

려는 계획을 세우면서 카이두에게 사신을 보내 과거에 했던 약속에 따라 자신을 도와달라고 하였다.

카이두는 아미르들과 상의를 한 뒤, 우구데이의 아들인 카단의 아들 킵착 오굴, 구육 칸의 아들인 호쿠의 아들 차바트 오굴(Chabāt Oghūl), 이 두 사람을 그들에게 직속한 군대와 함께 파견하였다. 그러면서 그들에게 말하기를 "바락이 강을 건너면 필시 툽신 오굴이 그와 전투를 벌일 것이다. 그때 그대들은 구실을 대고 되돌아오시오. 왜냐하면 아바카 칸은 태산도 맞서기 힘들 정도의 대군을 이끌고 바락을 치기 위해 금세 도착할 것이기 때문이오."라고 하였다. 그들이 바락에게 갔을 때 그들은 〔자기들끼리〕 은밀히 상의를 하였다. 말릭 샴스 앗 딘 케르트가 그들[58]과 합류하였는데, 그들의 걱정이 하나 정도였다면 그는 그 〔걱정을〕 열 배로 〔부풀려〕 그들의 마음속에 불어넣었다. 바락은 쿠빌라이 카안과 아바카 칸에게 속하는 다른 지방들의 가축도 모두 징발하라고 명령했고 심지어 밭가는 소들조차 남겨두지 않았다.

그들은 아무다리야에 배를 묶어서 〔다리를〕 설치했다. 〔바락은〕 자기 아들인 벡 테무르(Bīk Temūr)를 1만 명의 군대와 함께 자기가 있던 케시(Kesh)와 나흐샤브(Nakhshab)에 남겨두고 자신은 강을 건너 마루축(Marūchūq)[59]에 도착했다. 668년(1270) 툽신 왕자는 그가 도착하기를 기다리고 있었다. 그는 자신의 아미르들을 데리고 아르군 아카와 합세하여 바락과 전투하기 위해 움직였다. 세첵투(Sechektū)라는 이름의 천호장이 하나 있었는데 근본(ūjā'ūr)[60]은 킵착 〔오굴〕에 속하였다. 킵착

58) 바락 측을 가리킨다.

59) 마루착(Maruchaq)이라고도 불리는데, '작은 메르브'라는 뜻이다. 무르갑 강 북안에 위치해 있기 때문에 '강가의 메르브'라는 뜻으로 Marv al-Rūd라고도 불렸다. 이곳은 보다 하류에 위치한 또 다른 메르브(현재 투르크메니스탄의 Mary)와는 다른 곳이다. Boyle/Juwayni, p. 151, note 2 참조. 본문에서 바락이 건넌 강은 무르갑이 아니라 아무다리야를 가리킨다.

이 왔다는 소식을 듣고 그는 바락에게 합류하여 "나의 근본(hūjā'ūr)은 킵착 〔오굴〕에게 속한 사람입니다."라고 말했다. 그(세첵투)를 (R1073) 그(킵착 오굴)가 있는 곳으로 데리고 갔더니, 그는 조공[61]을 바치는 관례에 따라 선별된 아라비아 말들을 끌고 〔킵착 오굴에게로〕 왔다.

간단히 말해서 톱신 오굴은 마잔다란으로 갔고, 〔거기서〕 바락의 도착을 알리는 사신들을 아바카 칸의 어전으로 파견하였다. 아르군 아카는 군대를 열심히 정비하면서 아바카 칸의 군대의 깃발이 도착하기를 기다리고 있었다. 저쪽 편에서는 킵착이 세첵투에게 지시를 내려 〔그가 갖고 온 아라비아 말들 가운데〕 몇 마리의 말을 가지고 가서 바락에게 조공을 바치라고 하였다. 그 다음 날 〈214v〉 바락의 오르도 안에서 아미르 잘라이르타이(Jalāīrtāī)가 킵착에게 말하기를, 〔245r〕 "바락이 수천 명의 군대를 이끌고 와서 칼을 휘두르는 것이 너를 위해서인 줄 아느냐?"라고 하였다. 킵착은 "예의를 갖추어 말하라. 이 무슨 일인가?"라고 하자, 그는 "세첵투가 비록 너에게 속한 사람이긴 하지만, 무엇 때문에 그렇게 오랫동안 너에게 돌아오지 않았던 것이냐? 바락이 위풍당당하게 오니까 이제야 바락에게 걸맞은 좋은 말들을 〔갖고 온 것인데, 그것을〕 네가 빼앗고, 너에게나 걸맞은 것을 바락에게 조공으로 바치라고 명령하지 않았는가."라고 하였다.

킵착은 "너는 도대체 누구이기에 우리 형과 아우 사이에 끼어드는

---

60) ūjā'ūr은 몽골어 huja'ur를 옮긴 말로 본문 다음 줄에서는 hūjā'ūr로 표기되었다. 한자로는 '근각(根脚)'으로 옮겨졌다. 이 말은 어떤 사람의 출신, 가문 등의 뿌리를 나타냈다. 선대 이래로 칭기스 일족에게 많은 봉사를 했던 가문의 사람들은 '대근각(大根脚)'을 가진 것으로 여겨졌다. 본문에서 세첵투의 '근본'이 킵착 오굴에게 속했다는 것은 그가 원래는 우구데이 일족의 킵착 오굴의 울루스에 속했음을 말해준다.

61) tekeshmīshī 혹은 tikishmīshī로 표기되는데, '선물(조공)을 바치는 것, 군주의 앞에서 행하는 고두(叩頭)'를 뜻한다. 本田實信, 『モンゴル帝國史研究』, pp. 420~422 참조.

가?"라고 하였고, 잘라이르타이는 "나는 네가 '너는 누구냐?'고 말해도 되는 너의 종(banda)이 아니다. 나는 군주 바락(shāh Barāq)의 종일 뿐이다."라고 대답하였다. 그러자 킵착은 "평민(qarāchū)이 어찌 감히 칭기스 칸의 일족(ūrūgh)에게 말대꾸를 하고 질문을 할 수 있단 말인가. 너 같은 개(犬)가 어찌 감히 나에게 건방진 대답을 하는가."라고 하였다. 그(잘라이르타이)는 "만약 내가 개라면 바락의 개이지 너의 개는 아니다. 너 자신의 품위나 살피고 너의 도리나 지키라."고 말했다. 킵착은 화가 나서 "네가 건방진 대답을 내게 하니 너를 쳐서 당장 두 동강을 내리라. 바락 아카가 너를 변호하여 내게 무엇이라고 말하겠는가?"라고 말했다. 잘라이르타이는 손에 칼을 쥐고 말하기를 "만약 네가 나를 칼로 친다면 〔이〕 칼로 너의 배를 갈라주겠다."고 하였다.

킵착은 극도로 분노하였지만 바락은 아무 말도 하지 않았고, 〔바락이〕 잘라이르타이의 편을 들려고 한다는 사실을 깨달았다. 그는 극도의 분노를 느끼며 밖으로 나왔다. 바락의 오르도가 있던 마루축의 다리 아래에서부터 킵착의 목지가 있는 곳까지는 약 3파르상이었는데, 킵착은 〔바락의 오르도에서〕 자기 천막으로 돌아와 〔그동안〕 벌어진 일들을 자기 아미르들에게 말했고 모두 분노하였다. 〔킵착은〕 밤중에 가까운 사람들을 전부 데리고 (R1074)사냥을 하러 간다는 구실로 출발하였다. 또한 그가 떠나가면 바락이 자신의 유수영을 공격할지도 모르기 때문에, 〔자신들의〕 천막들도 그곳에 남겨둔 채 2000명의 기병과 함께 〔황급히〕 출발하였다. …[62]라는 이름을 지닌 그의 부인도 밤중에 사람을 바락에게 보내서, 킵착이 잘라이르타이 때문에 화가 나서 자기 군대를 데리고 떠났는데, 지금 어디로 향했는지 알 수가 없다고 알렸다.

---

62) 원문은 $$AY. 어떻게 읽어야 할지 확실치 않다.

바락은 그 같은 상황에 당황하였고 그의 오르도에 있는 사람들도 곤혹스러워하며, 혹시 〔킵착이〕 그들에게 야습을 가하지 않을까 걱정하였다. 바락은 군대를 불러 모으라고 명령했고, 새벽에는 자기 형제들 가운데 무민(Mū'min)과 야사르(Yāsār), 그리고 아바치 비틱치(Ābāchī Bitīkchī)에게 전속력으로 그의 뒤를 추격하라고 지시했다. 그를 따라 잡을 경우 만약 충고와 위로를 해서 그가 돌아온다면 좋지만, 그렇지 않으면 잘라이르타이가 3000명의 기병과 함께 추격해서 강제로 그를 끌고 올 때까지만이라도 어떤 구실을 대서라도 그를 붙잡아두어야 한다고 말했다. 이들 세 사람이 출발하였고 잘라이르타이도 그들의 뒤를 따라 3000명의 기병을 데리고 갔다. 그들 사이의 거리는 1파르상도 되지 않았다.

그날 밤 킵착은 10파르상[63]을 달렸고 새벽에 멈추었다. 말들은 풀을 먹이기 위해 풀어놓았다. 그리고 식사를 다 마친 뒤 말에 올랐다. 그는 바락의 군대에 대해서 걱정하면서도, "만약 우리가 서둘러 간다면 말들이 지칠 테니 천천히 가야 할 것이다."라고 말했다. 둘째 날 메르브 가까이에 도착했을 때, 누군가가 와서 "우리는 바락 아카의 어전에서 왔다. 그의 말을 전달할 수 있도록 잠시 정지하라. 그 다음에는 마음대로 하라."고 말했다. 〔킵착은〕 전갈을 보내기를, "우리는 바락 아카나 당신과 아무런 악감정이 없다. 나는 평민의 말을 참을 수 없었을 뿐이다. 내 자신의 군대를 데리고 온 것처럼 다시 카이두 아카에게로 돌아가는 것뿐이다. 나는 반드시 가야만 하니, 당신네들은 공연한 수고를 하지 말고 돌아가라."고 말했다.

그러는 동안에 무민과 야사르와 아바치가 도착하였고, 서로 (R1075) 옆구리를 붙잡고 울면서 말하기를 "바락 아카가 우리를 보내면서 이렇

---

63) 약 60킬로미터.

게 말했습니다. '카이두 아카가 당신과 차바트를 보내어 나를 도우라고 했는데, 무엇 때문에 마음에 상처를 받았는지 한마디도 하지 않은 채, 잘라이르타이와 말을 하다가 그만 화가 치밀어서 내 대답도 듣지 않고 나가 버렸소. 나는 그 다음 날 그를 징계할 생각이었는데, 그대가 실망하여 떠났다는 말을 들었소. 그러니 꼭 돌아와서 잘라이르타이에게 하고 싶은 대로 하시오.'"이에 킵착은 "나는 어린애가 아니다. 그럴듯한 말로 나를 속이려 하다니. 나는 카이두의 칙령에 의해 왔는데 당신이 나를 원치 않으니 내 집으로 돌아가는 것뿐이오. 오르도와 속민들(muta'alliqān)을 그곳에 남겨두었으니, 무사히 나의 뒤를 따라올 수 있게 해주시오. 만약 그렇지 않다면 당신의 오르도들과 속민들을 그 대신에 빼앗겠소."라고 말했다.

그들은 그가 돌아가지 않으려 한다는 사실을 깨닫고 "당신이 떠나려 하는데 〔마침〕 우리에게 약간의 술이 있으니, 당신과 술을 한잔 한 뒤에 돌아가겠소."라고 말했다. 킵착은 "술은 기분 좋을 때에 마시는 것이오. 바로 지금 그대들의 뒤를 따라 군대가 오고 있으니, 군대가 도착할 때까지 술을 마시게 하여 나를 붙잡아두려는 것 아니오? 먼저 돌아가시오. 그렇지 않으면 그대들을 나와 함께 데리고 갈 것이오. 설령 바락의 군대 전부가 나의 뒤를 추격하여 온다고 해도 나를 되돌리지는 못할 것이오."라고 말했다. 그가 거친 말을 시작하자 그들은 〈215r〉 "〔그의〕 군대가 나타나서 우리를 포로로 잡으면 곤란하다."고 걱정하였고, 즉시 설득을 중단하고 돌아갔다. 킵착은 전속력으로 달려서 아무다리야의 사막(chōl)에 도달하였다.

저녁 기도 시간에 잘라이르타이는 무민과 야사르가 있는 곳에 도착하였고, 그들은 그에게 상황을 설명하였다. 잘라이르타이는 〔245v〕 그(킵착)의 뒤를 추격하려고 했지만 그들은 "킵착은 이미 사막에 들어갔을 것이오. 그가 있는 곳에 간다고 해도 일을 성사시키지 못할 것이오."라고 말했다. 그러나 그는 자신의 명예를 위해서 〔킵착의〕 뒤를 쫓았고 그들도 역시 합세하였다. (R1076)그들이 사막의 경계에 이르렀을 때 〔킵착은〕 이미 가버린 상태였고, 그들의 군대는 달리 어찌할 방법이 없어서 모두 발길을 돌렸다. 바락에게로 와서 상황의 전말을 설명하였다. 바락은 그(킵착)에게 속한 사람들을 안전하게 돌아가도록 하였다. 이 소식을 들은 킵착도 그들의 속민들을 빼앗지 않았다. 그러나 그는 마수드 벡의 자식들은 붙잡아 괴롭히고 해코지를 가했다. 그리고 자신이 귀환했다는 사실을 알리는 전갈을 아바카 칸에게 보냈다.

그 뒤 아바카 칸과 카이두 사이에 협약과 우애가 마련되었고, 상대방을 서로 오르탁(ōrtāq)[64]이라 불렀다. 킵착이 부하라의 변경에 도착하자 바락의 아들인 벡 테무르 오굴이 케시와 나흐샤브에서 그에게 전갈을 보내 "당신과의 만남을 통해 내 눈을 밝게 하고 싶소."라고 했으나, 킵착은 그것에 주의를 기울이지 않고 그냥 통과해버렸다. 그(킵착)는 카이두가 있는 곳에 도착했다. 그는 기뻐했고 〔카이두는〕 그를 위로하였다.

바락은 킵착이 떠나간 뒤 차바트를 감시하였다. 그런데 바락이 헤라트 방면으로 떠난 틈을 타서 그도 역시 자기 군대를 데리고 도망쳤다. 이틀이 지난 뒤 바락은 소식을 들었고 아미르들과 대책을 논의하였다. 그들은 "우리는 전투를 하러 후라산에 왔습니다. 그런데 아직도 적과는 마주하지 못하고 있습니다. 만약 우리가 그의 뒤를 추격하여 군대를 보내서 되돌리려 한다면, 필시 전투가 벌어질 것이고 양측의 군대에서 사망자가 나올 것입니다. 우리는 카이두와 사이가 틀어졌는데, 킵착과 차바트는 자기 마음대로 떠나가 버렸습니다. 사신을 카이두에게 보내서

64) ortaq이란 투르크어로 '동업자'를 뜻하는데, 여기서는 '동지' 정도의 의미로 사용되었다.

'그들을 우리에게 보내서, 적과 전투를 벌일 때 우리를 돕도록 하시오. 아직 적〔이 있는 곳〕에 도착하지도 않았는데 그들은 당신의 칙령을 어기고 자기 마음대로 돌아가버렸소.'라고 말합시다. 그래서 카이두가 그들을 돌려보내는 명령을 내리게 합시다."라고 하였다.

이런 연유로 그는 사신들을 파견하였다. 차바트는 부하라의 변경에 도달하여 하람칸(Ḥarāmkān)[65] 강가에서 며칠을 숙영하였다. 부하라의 아미르들은 타직 아카(Tāzhīk Āqā)와 함께 (R1077)벡 테무르 오굴에게로 가서 차바트의 도착 소식을 알렸다. 벡 테무르가 타직 아카에게 "500명의 탁월한 기병으로는 그를 막을 수 없는가."라고 하자, 타직은 "차바트는 〔칭기스 칸의〕 일족이고 나는 평민입니다. 어떻게 그와 전투를 할 수 있겠습니까."라고 말했다. 그래서 벡 테무르가 출정하여 갑자기 차바트를 덮쳤다. 그는 10명과 함께 도망쳤고, 하람칸의 다리를 부셔 버렸다. 그의 나머지 군인들은 살육되었고, 벡 테무르의 군대는 30파르상까지 그를 추격하였지만 미치지 못하였다.

바락은 킵착과 차바트의 도망을 좋은 징조라고 여기지 않았다.[66] 그러나 〔그들의〕 목지를 군인들에게 분배해 주었고, 말을 타지 말고 살찌우게 하며 군인들에게 연회와 잔치를 마음껏 즐기라고 명령했다. 왕래하는 것은 소나 나귀를 이용하도록 하였다. 이수르(Yīsūr)에게 헤라트〔부근〕의 바드기스 지방을 목지로 주고, 그 군대의 후원자였던 마르가울(Marghāūl)을 니샤푸르와 투스의 길로 향하게 하였다. 그는 이라크 정복의 선봉에 세워질 정도로 정복욕이 강하고 도로들을 잘 알고 있었다. 그리고 〔바락〕 자신은 탈리칸(Ṭāliqān)[67]에 자리를 잡았다.

---

65) 이 강의 이름은 다른 자료에서 확인되지 않는다.

66) 러시아 교감본에는 bi-fāl nadāsht('좋은 징조로 여기지 않았다')라고 되어 있다. 그러나 색스턴은 오히려 그와 반대로 "Baraq took Qipchaq's and Chabat's flight as a good omen."이라고 번역했다.

668년 라마단월 26일(1270. 5. 19) 월요일, 바락의 군대는 니샤푸르를 공격하고 살육과 파괴를 자행한 뒤 그 다음 날 떠났다. 바락은 한 아미르를 지명하여 헤라트를 약탈하러 보냈다. 쿠틀룩 티무르(Qutlugh Timūr)는 "이것은 결코 적절한 조치가 아닙니다. 왜냐하면 그곳의 통치자인 말릭 샴스 앗 딘 케르트가 반란을 일으키게 될 것이기 때문입니다. 먼저 내가 가서 그를 불러오겠습니다."라고 말하자, 바락은 이를 받아들여 그에게 500명의 기병을 주어 〔말릭 샴스 앗 딘을〕 소환하였다.

그가 헤라트에 도착하자 말릭 샴스 앗 딘은 그를 맞이하기 위하여 음식과 선물을 갖고 밖으로 나왔다. 쿠틀룩 티무르는 칼라이 히사르(Qal'a-i Ḥisār)로 말릭 샴스 앗 딘 케르트에게 가서 다음과 같은 바락의 전갈을 전달하였다. "우리가 〔이곳으로〕 와서 후라산을 장악하였고, 〔이제〕 이라키 아잠과 (R1078)아제르바이잔과 바그다드를 손에 넣을 것이다. 만약 네가 〔나를 위해〕 봉사를 한다면 필경 짐의 은총의 시선을 받을 것이요, 후라산 왕국 전부를 너에게 하사할 것이다." 이에 말릭은 "청종하겠습니다."라고 하였다. 이틀 후 그는 쿠틀룩 티무르와 동행하여 바락의 어전으로 왔다. 그는 〔바락의〕 군대가 복수심에 불타 있고, 그들의 이야기에 조급함과 거칠음, 〈215v〉 타브리즈와 바그다드에 대한 살육과 약탈과 복수심이 가득 차 있는 것을 보고는 아연실색하였다.

바락은 그에게 여러 가지 은사를 베풀어준 뒤 "후라산의 왕국들을 너에게 위임(tūsāmīshī)하였다. 또한 이후 정복하는 곳들도 마찬가지로 너에게 위임할 것이다."라고 말했다. 그리고 즉시 그에게, 후라산에서 재

---

67) 주즈잔(Jūzjān) 지방의 발흐 서쪽에 위치한 도시명. Marv al-Rūd에서 발흐를 향하여 3파르상 정도 가다보면 나타나는 곳인데, 현재는 더 이상 그런 이름으로 존재하지 않고 Chāchaktū라는 곳 부근의 폐허가 그곳에 해당된다. 1220년 칭기스 칸이 이끄는 군대가 이 도시를 정복했을 때 주민들은 학살되고 성채는 완전히 파괴되었다. Le Strange, *The Lands*, pp. 423~424.

력이 있는 사람들이 누구인지 그들의 이름을 장부(daftar)에 적어내라고 하였다. 말릭 샴스 앗 딘은 대단히 교활하고 총명한 사람이었다. 그는 그런 생각이야말로 바락의 지배의 몰락을 의미한다고 생각했다. 〔246r〕 간단히 말해서 〔바락은〕 한 무리의 몽골인들을 그의 누케르로 만들어, "헤라트의 부자들로부터 재산과 무기와 가축을 취하라."고 명령했다. 말릭은 물러나도 좋다는 허락을 받았고, 〔헤라트〕 시민들은 그를 영접하였다. 그가 바락의 명령을 설명하자 〔시민들은〕 모두 〔자신의〕 생명과 가족과 재산에 대해 절망적인 상황에 처했다.

그러는 사이에 아바카 칸이 대군을 이끌고 오고 있다는 소식이 이라크에서 도착했다. 말릭은 성채를 나서서 평안한 마음으로 아바카 칸의 군대가 도착하기를 기다렸다. 이쪽[68]에서는 아바카 칸이 툽신을 제외한 모든 형제들을 이끌고 또 아미르들과 대신들과 셀 수도 없이 많은 군대와 함께 이라크와 후라산 방면으로 향하였다. 말해(yūnt yīl)[69] 중반, 즉 668년 라마단월 4일(1270. 4. 27) 일요일에 아제르바이잔의 변경에서 출발하였다. 바로 그때 곡식의 이삭들이 올라오고 있었는데, 완벽한 정의와 공정함으로 칙명(yāsā)을 내려, 어느 누구라 할지라도 이삭 하나 손을 대지 못하도록 하였다.

그가 샤루야즈(Sharūyāz)—콩쿠르 울렝(Qōnqūr Ūlāng)[70]이라고도 부른다—에 도착했을 때, (R1079)테케첵(Tekāchek)이라는 이름의 사신 한 명이 쿠빌라이 카안의 어전에서 아바카 칸에게로 왔는데, 바락은 그를 붙잡고 가지 못하게 하고 있었다. 그는 기회를 엿보아 10필의 말을

---

68) "이쪽"은 아바카 진영을 의미한다.

69) A·B본 원문에는 QW$$D $YL이라고 되어 있다. 회력 668년은 庚午年이므로 말해가 된다. 투르크력에서 말해는 yunt yil이라고 불리므로 YWND YYL로 표기되어야 마땅할 것이다.

70) 이곳은 원래 Sharūyāz라고 불렸는데 몽골식 명칭인 Qongghur Öleng으로 이름이 바뀌었다. 후일 이곳에 술타니야가 건설되었다.

가지고 도망쳐 어전에 도착한 뒤, 바락의 상황을 있는 그대로 아뢰었다. 그리고 설명하기를 "그들은 줄곧 음주와 연회에 몰두해 있고 그들의 말은 무용지물(qadāq)[71]이 되었으며, 테구데르 오굴의 소식은 모르고 있다."라고 하였다.

아바카 칸은 행군에 더욱 속력을 냈다. 그가 라이를 통과할 때 툽신 왕자와 아르군 아카가 영접을 나왔고, 〔아바카 칸이〕 쿠미시(Qumish)[72]에 당도했을 때 〔그들은〕 그의 어전에 이르렀다. 키르만의 술탄 히자즈(Sulṭān Ḥijjāj)도 그들과 동행하였다. 아바카 칸은 이들 모두를 위무하고 은사를 베풀어주었다. 왕자 아르군 칸도 역시 그곳에서 〔아바카 칸의〕 손에 입맞춤하러 와서 위로를 받았다. 그들은 거기서 라드칸 초원으로 갔고 그 목장(yūrt)에서 병사들에게 많은 은화와 금화를 주었다. 또한 아미르들을 우대하고 〔장래에〕 좋은 약속을 해주었다.

〔아바카 칸은〕 거기에서 바하르즈(Bākharz)[73]로 갔다. 카바르투 바하두르(Qabartū Bahādur)를 정찰차 파견하였는데, 그는 가까이 접근하지 못한 채 되돌아왔다. 다시 툽착 바하두르(Tūbchāq Bahādur)와 네구베이 바하두르(Negübāī Bahādur)[74]를 100명의 기병과 함께 파리얍(Farīyāb)[75]이라는 곳에서 파견하였다. 그들은 자신들의 모습을 〔적에

---

71) 이 말의 의미에 대해서는 Doerfer, vol. 3, 420 참조.

72) Kūmish, Qūmish, Qūmis로 표기되며, 엘부르즈 산맥 동남단에 있는 조그만 지방의 이름이다. Juwaynī/Boyle, vol. 1, p. 146, note 16.

73) 이란 동북방의 지명. 마쉬하드에서 동남쪽으로 170킬로미터 떨어진 곳에 위치해 있으며, 헤라트에서 서쪽으로 180킬로미터 지점에 있다.

74) 원문의 표기는 불분명하지만 NKBAY로 보인다.

75) Fariyāb 혹은 Pariyāb라는 이름으로 알려진 곳은 4군데가 있었다. 본문에서 언급된 지점은 북부 아프간 지방에 있는 것으로 현재는 Dawlatābād라는 이름으로 불리며, 과거에는 주즈잔(Jūzjān) 지방에 속해 있었다. 685년 알 아흐나브 빈 카이스(al-Aḥnaf b. Qays)가 이끄는 아랍군에 의해 정복되었다. 다수의 지리학자들은 이 도시가 상당히 규모도 크고 번영을 구가했지만, 몽골 정복으로 파괴된 뒤에는 과거와 같은 중요성을 인정받지 못하게 되었다고 한다. Fariyāb이라는 동일한

게〕 드러냈다. 〔적들이〕 도로를 차단하여 귀환할 수 없게 되자, 그들은 〔적들을〕 직접 공격하고 많은 사람을 죽인 뒤 무사히 돌아왔다. 그리고 〔여러〕 상황에 대해서 획득한 소식을 〔아바카 칸에게〕 아뢰었다.

아바카 칸은 일족들이 지휘하던 군대[76]에 대한 최상의 방책을 결정하여, 요시무트 오굴을 좌익으로 〔정하여〕 보내고, 아바타이 노얀을 중군으로, 툽신 왕자를 마르가울의 목지가 있던 축추란(Chuqchurān) 다리로 보냈다. 〔툽신 왕자가〕 그곳에 도착하자 마르가울의 척후(qarā'ūl)를 공격하여 일부를 죽이고 그의 물자를 약탈하였다. 마르가울은 바락에게 가서 적군의 도착 상황을 설명하였다. 바락은 "만약 툽신과 아르군 아카가 다시 전투하러 왔다면 그들은 우리가 〔전에〕 한번 (R1080)시험해본 자들이라 문제가 없다. 그러나 만약 아바카가 왔다면 그것은 다른 문제이다. 너는 가서 그들이 오는 길목을 장악하고 내가 군대를 정비할 때까지 기다리라."고 말했다.

아바카 칸은 성자들의 순교지와 성묘로 향하였고, 창조주께 간구하며 도움을 요청하였다. 그가 바드기스에 도착했을 때 총명하고 꾀 많은 사신 하나를 바락에게 보내어, "우리가 이라크에서 후라산까지 왔으니, 그대가 행군의 고통과 고난을 겪는 것을 줄여준 셈이다. 그대가 진실로 알아야 할 사실은 세상의 왕국은 폭정과 강압으로는 만들어지지 않으며, 백성들을 위무하고 양육하며 지고한 신의 명령과 금령의 한계를 지켜야만이 가능하다는 점이다. 파국을 종말로 맞이할 그런 일들을 절제하고 자제하는 것이 필수적이요 필요하다는 것을 알라! 그러나 상황은 다음

이름의 지명이 이밖에도 이란의 파르스와 키르만 지방에도 있고, 부하라 부근의 수그드(Sughd) 지방에도 있었다고 한다. *Encyclopaedia of Islam* (new), vol. 2, pp. 52~53 참조.

76) 로샨은 lashkar ke dar sha'n-i ū āyatī būd로 읽었다. 반면 러시아본은 dar sha'n-i ū īnī būd로, 색스턴은 aqa ini로 읽은 듯하다.

과 같다.

詩

너는 불을 지르고 도시들을 불태웠노라

세상을 장악하는 방법을 너는 누구에게서 배웠는가

상황은 이러하지만 만약 네가 분쟁과 전투가 종식되기를 희망한다면 다음 세 가지 중에서 하나를 선택하라. 첫째는 평화이다. 〔그렇게 한다면〕 가즈닌과 키르만[77]까지, 그리고 인더스 강가까지 너에게 주겠다. 둘째는 상서로운 시간에 너의 고장으로 되돌아가는 것이니, 즉 불가능한 일은 〈216r〉 아예 생각도 하지 않는 것이다. 셋째는 전투에 돌입하는 것이다."

詩

보석으로 장식된 칼이 피로 물들 때까지

아니면 행운의 불길이 위로 솟구칠 때까지

바락은 한동안 생각을 한 뒤 자신의 아미르들에게 말했다.

"詩

〔246v〕 협박과 함께 내 앞에 세 가지 길을 내놓았도다

보라, 그가 복수에 찬 충고를 하는 것을.

---

77) Kirmān 다음에 나오는 단어의 표기는 불분명하다. 로샨은 BNYAN이라고 하였고, 색스턴은 … niyan이라고 하였다.

이 세 가지 길 가운데 그대들의 선택은 무엇인가?"식견과 책략에서 다른 아미르들보다 뛰어났던 이수르(Yīsūr)는 (R1081)이렇게 말했다. "평화를 맺는 것이 방책입니다. 왜냐하면 킵착과 차바트는 귀환해버렸고 〔우리의〕 말들은 무용지물이 되었지만, 저들은 준비가 되어 있습니다. 가즈닌 방면으로 가서 거기서 한두 해 머무르도록 합시다. 우리가 전투를 포기한다고 해도 그것은 우리에게 아무런 수치가 되지 않을 것입니다. 왜냐하면 아바카 칸은 〔도량이〕 큰 군주이고 그와 평화를 맺는 것은 우리에게도 자랑이 될 것이기 때문입니다. 또한 〔그렇게 되면〕 그에게서 다른 많은 것들을 요청을 할 수 있을 것이고, 그는 그 모든 것을 받아들여줄 것이기 때문입니다."

이 말에 마르가울은 분노하면서 이렇게 말했다. "제왕의 어전에서 흉조를 말해서는 안 되며 두려움을 표시해서도 안 됩니다. 아바카 칸이 어디에 있단 말입니까. 그는 군대와 함께 에집트와 시리아 방면으로 갔습니다. 툽신 오굴과 아르군 아카가 기만술을 부려서 그가 온다는 소문을 퍼뜨린 것뿐입니다." 또한 잘라이르타이는 "우리는 전투를 하러 왔습니다. 평화를 맺을 것이었다면 마와라안나흐르〔에서 하는 편〕이 더 나았을 것입니다."라고 말했다.

바락은 마르가울과 잘라이르타이의 말이 더 옳다고 여겼고 전투를 하기로 결정했다. 잘랄(Jalāl)이라는 이름의 점성술사가 거기 함께 있었는데 그에게 좋은 시간을 찾으라고 했다. 그는 "만약 한 달을 더 머물〔며 기다린다〕면 좋겠습니다."라고 말했다. 그러나 바락은 머무르라는 말에 대해서 동의하지 않았다. 잘라이르타이는 분노를 터뜨리면서 "이렇게 강력한 적이 가까이 왔는데, 도대체 별의 길조와 흉조가 무슨 의미가 있다는 말인가."라고 말했다. 마르가울도 같은 주장을 했고 그래서 전투를 하기로 결론을 내렸다. 먼저 정탐을 보내서 아바카 칸이 정말로 왔는지 아닌지 확인해 보기로 하였다.

〔한편〕 우리 쪽에서는 바드기스와 헤라트에 가축들이 먹을 초목지가 부족했다. 아바카 칸은 아미르들에게 "바락이 이라크를 정복하기 위해 열을 올리며 왔지만 〔적과의〕 대치와 전투로 벌써 지쳐버렸다. 〔그로서는〕 평화를 맺을 수도 없고, 전투를 하기도 어려운 상황이 되었다." 아바카 칸은 〔전에〕 헤라트를 약탈하라고 지시한 적이 있었는데, 그들에 대해서 (R1082)자비심을 보여서 그들의 죄를 용서해주었다. 헤라트 사람들은 손을 들고 기도를 올렸고, 지고한 신에게 그의 승리를 희구하였다.

〔아바카 칸은〕 아미르 토구즈(Tōghūz)에게 전투하기 좋은 장소를 선택하라고 지시했다. 토구즈는 산기슭이 있고 그 앞으로는 몽골인들이 카라수(Qarāsū)라 부르는 강이 하나 흐르는 넓은 평원을 선택하였다. 그는 거기서 세 명의 정탐을 붙잡아서 아바카 칸의 어전으로 데리고 왔다. 그들을 천막 기둥에 묶고 극도의 공포심을 주면서 심문하라는 지시가 내려졌다. 그중 한 사람이 이렇게 말했다. "상황이 어찌 되었건 나는 사실대로 말하겠습니다. 바락은 아바카 칸이 도착했다는 소식을 모르고 있습니다. 그의 아미르들은 〔이에 대해서〕 의심을 하고 있습니다. 몇몇 사람은 툽신과 아르군 아카가 군대를 모아서 아바카 칸이 왔다는 소문을 퍼뜨렸다고 말합니다. 그래서 우리를 보내서 사실을 확인한 뒤에 다시 오라고 한 것입니다."

아바카 칸이 그들의 상황에 대해서 알게 되자 아주 세심하고 이지적으로 생각하기 시작하였다. 그리고 한 가지 방책을 세운 뒤 장전(帳殿, sarāparde)에서 나왔다. 그는 매우 총명하고 언변이 좋은 몽골인 하나를 오라고 한 뒤에 그와 말을 맞추기를, 그가 마치 사신인 것처럼 급히 〔자기〕 어전으로 와서 〔자기가 미리 알려준〕 말들을 되풀이하기로 하였다. 잠시 뒤 〔아바카 칸은 천막으로〕 다시 돌아와 늘 하던 대로 왕좌에 앉아서 아미르들과 환담을 나누었다. 밤 2시가 지나고 군주와 아미르들이 바락에 관한 이야기를 하고 있을 때, 앞서서 〔칸과〕 말을 맞춘 그 몽골인이 갑옷을 입은 채 갑자기 천막 안으로 들어와 땅바닥에 입을 부비면서 이렇게 말했다. "군주께서 오르도들과 떨어져 있은 지가 벌써 석 달이 되었습니다. 왕국의 사방 각지에서 반도들과 적들이 일어났습니다. 킵착 〔방면의〕 데르벤드(Derbend-i Qipchāq)를 지나 마치 개미와 메뚜기처럼 〔많은〕 병사들이 쳐들어와서, 오르도들과 아미르들의 천막들을 약탈했습니다. 그 지방에는 학살과 약탈로 아무것도 남은 것이 없게 되었습니다. 데르벤드에서 아르메니아와 디야르 바크르에 이르는 곳까지 온통 이방의 군대뿐입니다. 만약 (R1083)서둘러서 돌아가시지 않는다면 오르도들과 울루스와 농민들(ra'iyyat)을 찾으실 수 없게 될 것입니다."

아미르들이 그 몽골인의 말을 듣자 완전히 혼비백산이 되어서 〔자기들〕 가족과 자식들의 상황을 〈216v〉 걱정하기 시작했다. 아바카 칸은 이렇게 말했다. "우리는 좋은 일을 하나 하였다. 헤라트를 반도들로부터 지켜낸 것이다. 〔그러나 우리의〕 고장과 농민들과 오르도들과 권속들을 반도들의 손에 남겨두었다. 방책은 이러하다. 즉 오늘밤 곧바로 돌아가서 처자식을 찾는 것이다. 그래서 그들에 관한 일을 〔247r〕 다 끝낸 뒤에 다시 이라크를 방어하기 위해 이쪽으로 오는 것이다."

그리고 그들은 즉시 쇠북을 치고 이동을 시작하였다. 마잔다란 길을 거쳐서 열흘 만에 타브리즈 부근까지 가려는 것이었다. 그 평원 전체는 장막(khayma)과 천막(khargāh)[78]으로 가득 차 있었지만 그대로 거기에

---

78) 앤드루스의 매우 자세한 연구에 의하면 13세기에 khargāh라는 표현은 trellis tent, 즉 둘레를 격자형 벽으로 막는 천막을 의미하는 반면, khayma는 strut tent(혹은 guyed tent), 즉 버팀목들을 올려 세우고 그 주위를 펠트나 천으로 덮는 원추형 천막을 뜻한다고 한다. 즉 전자는 몽골 유목민들이 전형적으로 사용하던 게르와 같은 거주용 천막이다. Sira Ordo와 같은 것은 이를 대형으로 만든 것으로 khargāh의 한 형태라고 보면 된다. 그것이 대형이기 때문에 bārgāh('宮帳')라고 부르기

남겨두었다. 〔아바카 칸은〕 여러 사람들 앞에서 한 아미르에게 지시하기를 그 세 명의 정탐을 죽이라고 하였다. 그러나 두 사람은 죽이되 〔나머지〕 한 사람은 풀어주라고 은밀하게 말했다. 그런 방식으로 일은 처리되었다.

그리고 거기서 이동을 시작해서 그 다음 날에는 전투할 지점으로 선택했던 지나(Jīna) 평원에 둔영을 쳤다. 헤라트 시로 사신을 하나 보내서 카디 샴스 앗 딘 바바리(QādīShams al-Dīn Babārī)[79]에게 다음과 같은 칙령을 전달하였다. "내일 바락을 영접하러 나가지 말라. 성문을 열지 말라. 그래서 너희들이 우리에게 복속한 한편이라는 사실을 알게 하라." 풀려난 정탐 한 명은 그러는 사이에 말 하나를 잡아타고 도주하였다. 너무 기뻐서 그것을 감추지도 못한 채 신이 나서 바락의 궁장(bārgāh)으로 달려갔다. 그에게 아바카 칸의 상황을 알리고 〔그가 떠나갔다는〕 기쁜 소식을 전해주었다. 그리고 자신이 도망친 것, 말을 잡아타고 온 것 등의 이야기를 허풍을 섞고 익살을 떨면서 설명하였다. 그리고 "현재 그 평원에는 장막과 천막, 외투와 모자와 혁대를 제외하고는 아무것도 없습니다."라고 말했다. 바락은 매우 기뻐하며 웃으면서 스스로에게 이렇게 말했다. (R1084)

半行詩

내가 지금 보는 것이 생시입니까, 주여, 아니면 꿈입니까.

그리고 그 정탐에게 〔아바카 칸의〕 아미르들과 군인들의 배치와 무

도 했다. Andrews, *Felt Tents and Pavillions*, p. 149, p. 195, pp. 546-551 등. 본 역서에서는 양자를 구별하기 위해 전자를 '천막(天幕)', 후자를 '장막(帳幕)'이라고 부르기로 한다.

79) 로샨은 마지막 단어를 BYARY라고 표기.

기, 용맹과 위용에 대해서 물었다. 그가 대답하기를 "무기와 가축은 엄청나게 많지만, 아미르들에게는 그다지 용맹함을 찾아볼 수 없습니다."라고 하였다. 바락은 기분이 좋아지고 느긋해졌다. 마르가울과 잘라이르타이는 그에게 축하를 드리기에 바빴고, 군주와 병사들은 〔목전의〕 승리와 승전을 서로 축하하였다. 새벽이 되자 그들은 모두 출정했고 산과 광야도 그들의 행군에 덜덜 떨 정도로 위엄과 위용을 과시했다.

그들이 헤라트 시 가까이에 도착했을 때, 아미르 마수드 벡이 불과 몇 명을 데리고 먼저 앞으로 달려갔는데 성문이 닫혀 있는 것을 발견했다. 그들은 도시의 책임자(walī)인 카디 샴스 앗 딘 바바리를 불렀다. 그가 나타났는데 성벽의 지붕 위에서 아미르에게 인사를 하였다. 아미르가 그에게 성문을 닫은 것은 무슨 연고이냐고 묻자, 카디는 "아바카 칸이 떠날 때 도시를 〔내게〕 맡기면서 반도들에게는 성문을 열어주지 말라고 명령했습니다. 그리고 그 점에 대해서 소인들에게 맹세를 하게 했습니다. 〔그러한〕 약속을 어기는 일이 비열한 짓이며 배신자는 이승과 저승에서 비난과 저주의 대상이 될 것임을 어르신께서도 잘 아실 것입니다."라고 말했다. 마수드 벡은 "너희들이 마땅히 해야 할 일은 도시의 성문을 열고 음식을 준비해서 이 군대에게 바치는 것이다. 그리고 자신의 무력하고 나약한 처지를 아뢰는 것이다. 그렇지 않을 경우 이 같은 담대함의 종말이 어떨지 나 자신도 〔생각하기〕 두렵다. 너희들이 이 분노에 찬 군대에 피해를 입어서야 되겠는가. 〔그런 일이 일어난〕 뒤에 후회한들 무슨 소용이 있겠는가."라고 말했다. 그러나 그들은 이를 거절했다.

마수드 벡은 되돌아갔고 바락은 헤라트 사람들이 반역한 것을 알게 되었다. 바락은 극도로 분노했지만 〔아바카의〕 군대가 도주한 사실이 너무 기뻤던 나머지 그것에 주의를 기울이지 않았다. 그들이 헤라트 강을 건넜을 때 〔그곳이〕 (R1085)장막과 천막으로 가득 차 있는 것을 보았다. 매우 기뻐하며 그것들을 모두 약탈한 뒤, 헤라트의 남쪽 방향에 둔영을 쳤다. 그날은 연회와 오락으로 보내고 그 다음 날 새벽에 출정하였다. 그들이 2파르상을 달렸을 때 끝도 없이 넓은 평원을 발견했는데, 그곳은 엄청난 수의 병사와 군대로 가득 차 있어 마치 한없는 바다에 물결이 일렁이는 것과 같았다. 바락의 기쁨은 걱정으로 바뀌었다. 그는 헤라트 강에 이어진 카라수 강변에 둔영을 치고 다리 부근에 군영을 세웠다.

바락이 둔영을 친 뒤에 아바카 칸은 아미르들을 소집하고 말했다. "〔나의〕 식견과 책략으로 바락을 올가미에 들여놓았다. 이제 너희들이 해야 할 일은 자신들과 처자식의 생명을 위하여, 너희들의 명성과 명예를 위하여, 또 우리의 오랜 선조들이 남긴 풍성한 은혜를 지키기 위해서, 한마음 한 몸이 되어 전쟁터로 향하는 것이다. 주저함이나 망설임은 마음속에서 〈217r〉 멀리 떨쳐버리고 최대한의 분투를 아끼지 말라. 왜냐하면 이름과 명예를 갖고 전쟁터에서 죽는 것이 적에게 오욕과 수치를 당하는 것보다 낫기 때문이다. 나는 만약 우리가 합심하여 바락에 대항하여 싸운다면 위대한 주님께서 그에게 패배를 안기고 우리가 승리를 거두고 돌아가게 하시리라는 믿음을 갖고 있다." 군주께서 〔247v〕 말을 마치자 모두 한마음이 되어 함성을 질렀다.

詩

당신은 임금이고 우리는 종이기에,
당신의 명령과 깃발에 목숨을 바칩니다.

모두 가식 없는 한마음이 되어 말에 오르고 전쟁터로 몸을 향했다. 아바카 칸은 우익의 군대를 〔툽신〕[80] 오굴과 사마가르(Samāghār)와 힌두 노얀(Hindū Nōyān)에게, 좌익을 요시무트와 수니테이와 아르군 아카와 식투르 노얀과 보롤타이(Bōroltāī)와 압둘라 아카('Abd Allāh Āqā)에게, 술탄 히자즈(Sulṭān Ḥijjāj)와 아타벡 유수프 샤(Atābeg Yūsuf Shāh)와 함께 있는 키르만과 야즈드의 군대는 아르군 아카의 휘하에 배치했다. (R1086) '콜(qōl)'이라고 불리는 중군에는 아바타이 노얀과 〔다른〕 한 무리의 아미르들이 속했다.

야심에 찼던 바락은 이 소식을 듣고 낙담하여 "우리의 생각은 틀렸고 추측은 무용지물이 되었다."고 말했다. 아미르들은 그를 격려하려고 했다. 마르가울은 "우리는 한 번의 공격으로 이 군대를 박살 낼 수 있습니다."라고 했고, 잘라이르타이는 이렇게 말했다. "나는 백인대 하나로 이 군대를 흩어버릴 수 있고, 중군과 양익군을 분쇄시킬 수 있습니다.

詩

나는 오늘 큰일을 하노니, 의심할 나위 없이
이 시대의 명사들은 수치를 당하리.

그대의 행운 때문에 카이두와 뭉케 티무르의 군대는 도망가버렸습니다. 〔요시무트가 이끌고 온〕 이 군대는 그들의 군대[81]보다 더 강하지는 않습니다만, 문제는 그들의 말은 준비가 잘 되어(yarāq)[82] 있지만 우리의 말들은 쓸모없는(qūdāq)[83] 상태이며, 강에 접근할 수 있는 길도 우

---

80) A본에는 TBSYN이라는 단어가 빠져 있음.

81) 카이두와 뭉케 티무르의 군대를 가리킨다.

82) yaraq라는 단어는 투르크어에서 "완전히 준비된, 철저히 훈련된, 전투할 준비가 된" 등을 의미하며, 특히 말(馬)과 관련해서 사용된다. Doerfer, *Türkische und Mongolische Elemente im Neupersischen*, vol. 4 (§1837), pp. 143~147 참조.

83) qudaq라는 단어는 투르크어에서 "무용한, 사용할 수 없는" 등을 의미한다. Doerfer, *Türkische und Mongolische Elemente im Neupersischen*, vol. 3 (§1434), p. 420 참조.

리에게는 차단되었다는 점입니다."라고 말했다. 이에 마르가울은 "내가 먼저 강〔에 접근할 수 있는 길〕을 장악하겠습니다."라고 하였다.

양측은 군대를 정비시키고 대열을 지었다. 마르가울은 왼쪽과 오른쪽으로 달렸고 〔들락날락하면서〕 치고 빠지는 〔전술을〕[84] 펼쳤다. 그런데 돌연 운명을 결정하는 화살이 분노에 찬 그의 가슴에 날아와 꽂혔다.

詩

화살이 그의 손가락에 입 맞추는 순간,
〔그 화살은〕 그의 척추를 관통했도다.
하늘이 말하기를, "그의 손에 자비가 있기를!
그런 사격에 200번의 찬양이 있을지어다."

바락과 그의 군대는 마르가울의 죽음에 놀라고 낙담하였다. 잘라이르타이는 〔바락에게〕 인사를 한 뒤에 "제가 이 군대에 대한 공격을 감행해서 격파하겠습니다."라고 말하고는, 자신의 기병들을 이끌고 〔적진을 향해〕 돌진하여 좌익을 공격하였다. 그는 아르군 아카, 식투르 노얀, 유수프 아타이, (R1087)압둘라 아카를 치고 그들 휘하의 많은 병사들을 죽이고 넘어뜨렸다. 그 나머지는 패배를 당하고 〔퇴각하였다〕. 잘라이르타이는 그들을 추격하여 헤라트의 푸샹(Pūshāng)[85]까지 4파르상 가까이 쫓아갔고, 〔거기서〕 그는 돌아오려고 했다. 그러나 천호와 백호들이 〔여기저기〕 흩어져 있는 상태였기 때문에 자신의 군대의 대열을 정

---

84) 원문은 karrī wa farrī. 이처럼 적을 향해 치고 빠지는 공격을 아랍어에서는 al-karr wa al-farr("charge and retreat")라고 부르는데, 말을 다수 보유하고 비거리가 긴 합판궁을 사용하는 몽골군들은 특히 이 전술을 효율적으로 이용하여 적진을 혼란에 빠뜨렸다.

85) 하리 루드(Hari Rud) 강변에 위치한 도시로 Fushanj라고도 불렸으며, 본문에서 서술되어 있듯이 헤라트에서 서쪽으로 4파르상(24킬로미터) 정도 떨어진 곳에 위치해 있다.

비(yāsāmīshī)할 수 없었다.

〔한편〕 이쪽에서는 중군에서 아바타이 노얀이 맞서서 버텼고, 우익도 역시 굳건하게 버텼다. 〔잘라이르타이의 공격으로〕 좌익이 무너졌을 때 아바카 칸은 요시무트에게 명령을 내려 좌익으로 가서 다시 한 번 올바로 군대를 정비하도록 했다. 잘라이르타이는 겁을 먹고 도망쳤고 바락은 낙담하게 되었다. 아바카 칸은 볼라 테무르(Bōlā Temūr)를 보내 잘라이르타이를 추격하게 하고, 누구라도 잡히는 사람이 있으면 죽여버렸다. 그는 군대를 향해 큰 소리로 "〔오늘은〕 명성과 명예를 드높일 날이다."라고 외쳤다. 병사들은 합심하여 한꺼번에 공격을 개시하며 칼과 창을 움켜잡았다. 좌익과 우익이 공격을 하였고 〔적을〕 무너뜨렸다.

〔이때〕 아흔 살의 수니테이 노얀이 말에서 내려 두 군대의 중간에 의자를 하나 놓고 거기에 앉았다. 그리고 〔자기편의〕 아미르와 병사들에게 이렇게 말했다. "우리는 그렇게 여러 날 동안 아바카 칸에게 은혜를 입었다. 죽음은 어차피 피할 수 없는 것이다. 만약 〔적들이 나〕 수니테이를 죽인다면 아흔 살 먹은 노인 하나를 죽이는 셈이 될 뿐이다. 만약 너희들이 나를 〔이곳에〕 남겨두〔고 가버린다〕면 너희들의 처자식은 아바카 칸과 칭기스 칸 일족의 손에서 떠나 어디로 갈 것인가. 그러니 용기를 내고, 주님께 승리를 내려달라고 마음을 온전히 드리도록 하라."

결국 그들은 공격을 감행했고 격렬한 전투가 벌어져서 세 번째 공격에 바락을 격파했다. 그는 〔말도 잃어버리고〕 두 발로 서서 울부짖으며 누케르들을 불렀다. 병사들 가운데 어느 누구 하나도 그의 말에 귀를 기울이지 않았다. 마침내 친위병들(kezīktānān) 가운데 하나인 살리(Sālī)라는 이름을 가진 자가 그를 알아보고는 말에서 내려 〔248r〕〈217v〉 바락을 자신의 말에 태웠다. 그는 〔바락에게〕 화살을 달라고 청했고, 〔바락은〕 화살통에서 몇 대의 화살을 꺼내서 그의 앞에 던져준 뒤 말을 타고 달려갔다.

(R1088)그는 다음 날 자신의 군대가 있는 곳에 도착했다. 살아서 밖으로 도망 나온 사람들은 〔말도 없이〕 걸어서 헐벗은 채 그의 곁으로 모여들었다. 그의 일족들 가운데 살아남은 사람들은 강을 건넜지만 〔아직〕 둔영을 치지는 않고 있었다. 아바카 칸은 좌우로 공격해 들어갔고 눈에 띄는 사람들은 모두 죽이고 포로로 붙잡았다. 일게이 노얀의 조카인 훌쿤(Hūlqūn)은 2000명의 기병과 함께 복속해왔다.

만약 잘라이르타이의 용맹과 용기가 아니었다면 바락의 사람들(Barāqiyān) 가운데 아무도 살아남지 못했을 것이다. 왜냐하면 그는 패잔병들을 모아서 아무다리야의 백사장으로 몰고 갔기 때문이다. 그래서 〔아바카 칸의 군대가〕 당도하자 그는 전투를 하기 위해 버티고 서서, 패잔병들이 먼저 도망칠 때까지 그곳을 굳게 지켰던 것이다. 그러고 나서 그는 달려갔다. 이렇게 해서 그는 한 무리의 사람들을 칼에서 벗어날 수 있도록 한 것이다.

〔돌아가는〕 길 위에 폐허가 된 전각(kūshkī)이 하나 있었는데 한 무리의 기병들이 그곳에 피신해 있었다. 우리 병사들 중에 한 무리가 그들을 향해서 화살 세례를 퍼부었지만 아무 소용이 없었다. 그런데 갑자기 아바카 칸의 깃발이 나타났고, 그 전각 주위에 엄청나게 많은 장작을 쌓으라고 명령했다. 그리고 거기에 불을 질렀고 모두 불에 타서 죽었던 것이다.

아바카 칸은 승리를 거두고 나서 귀환길에 올랐다. 그는 후라산과 마잔다란의 왕국들에서부터 〔아무다리야〕 강변까지를 자기 형제인 툽신 오굴에게 맡겼다. 또한 천호에 속한 사람들을 위무하고 도망친 아미르들은 문책하였다. 알리낙은 그 전투에서 용감함을 보여서 그런 연유로 권위와 명성을 갖게 되었다. 그 전투는 회력 668년 둘 히자월 첫날(1270. 7. 22)에 벌어졌다. 完!

〔248v〕〈218r〉(R1089) 바락이 패배를 당하여 강을 건너게 된 상황, 그의 추종자와 군대가 흩어지게 된 뒤 그의 최후에 관한 이야기

바락이 패배를 당하고 강을 건넜을 때 그는 당황하고 혼비백산한 상태였다. 여러 일족들을 책망하기 시작했고, 그들을 질책하고 징계할 방책에 대해서 고심했다. 그러다가 그는 몸이 마비되는 병에 걸려서 말에 오르지도 못할 정도가 되었다. 그를 두려워하던 일족과 아미르들은 모두 각자 구실을 대어 그에게서 멀리 떨어져 자기 집으로 향하였다. 그런 무리들 가운데 차가다이의 아들인 부리[86]의 아들 아흐마드 오굴(Aḥmad Oghūl)이 반기를 들고 자기 군대와 함께 〔비시〕[87]발릭(Bīshbālīq) 방면으로 가버렸다. 바락은 화가 나서 이렇게 말했다. "내가 이 사람들에게 도대체 무슨 나쁜 일을 했단 말인가. 그들은 한동안 나의 행운의 그늘 아래서 열락(jirghāmīshī)을 누리고 많은 재화를 모았다. 그리고 일족과 아미르들이 모두 상의하여 우리는 강을 건넌 것이다. 항상 '이렇게 혹은 저렇게 힘을 다 바치겠다'고 말하지 않았는가. 그런데 전투의 날에 자신의 말을 어기고 도망쳐버렸다. 나를 적군 가운데 말(馬)도 없이 남겨두었고, 이제 내가 병에 걸리니 나에게서 얼굴을 돌렸다. 만약 내가 병에서 완쾌되면 그들이 어디로 갈 수 있겠는가."

바락의 부인인 누게 카툰(Nōgā Khātūn)이 그 말을 듣고 바락에게 이렇게 말했다. "당신이 아프니 내가 군대를 이끌고 출정하겠소. 그래서 아흐마드를 붙잡아서 다시 오겠소." 그 말은 바락에게 힘을 북돋아주었다. 그는 아미르들을 불러들여 상의를 한 다음에, 천호장 가운데 하나인 나울다르(Nāūldār)라는 자에게 선봉(mangqalāī)을 맡아서 아흐마드를 추격하라고 명령했다. 그리고 그는 들것에 실려서 그 뒤를 천천히 따라

---

86) 그러나 부리는 차가다이의 장자 무에투켄의 아들이다.

87) A본에는 BYS가 빠져 있음.

갔다. 이틀 거리쯤 갔을 때 차가다이의 아들인 사르반[88]의 아들 네구베이[89]가 호젠트로 갔다는 소식이 들어왔다. 그(바락)는 거기서 네구베이를 추격하기 위해 날리쿠 오굴(Nālīqū Oghūl)—(R1090)그는 차가다이의 아들 무에투켄, 그의 아들 부리, 그의 아들 카다카이의 아들이다—을 군대와 함께 파견하였다.

〔바락이〕 차치(Chāch)[90]에 이르렀을 때 〔자기 동생인〕 야사르 오굴(Yāsār Oghūl)[91]을 카이두에게 사신으로 보내서 이렇게 말했다. "후라산과 이라크 방면으로 향했을 때 나는 카이두 아카와 상의를 해서 대군을 이끌고 출정했습니다. 축추란 강변에서 툽신과 전투를 벌였는데 우리가 승리를 거두었습니다. 그런데 킵착은 잘라이르타이와 술을 마시는 동안 약간의 말다툼이 벌어져서 그것으로 인하여 기분이 상했고, 내가 그들에게 사정을 묻기도 전에 그는 오르도와 천막(khāna)[92]을 남겨두고 돌아가버렸습니다. 그래서 무민, 야사르,[93] 아바치 등을 보내 그를 뒤따라가서 무마하도록 했습니다. 그러나 그에게 아무리 권유의 말을 해도, 또 〔그가 거기에 온 것은〕 카이두의 칙령(yarlīq)에 따라 안다(anda) 〔즉 '의형제'의 자격〕으로 온 것이며, 적군이 가까이에 왔다는 사실을 아무리 말해주어도 그를 돌리지는 못했고, 그는 그 말을 듣지 않았고 돌아서지 않았습니다. 그런 까닭으로 우리 군대는 크게 낙담했습니

88) '사르만'으로 표기되기도 한다. 『칸의 후예들』, p. 231 참조.

89) 그의 이름은 NYKBY, NYKBAY 등으로 표기되어 있으나, Negübei를 옮긴 것이다.

90) 타쉬켄트를 가리킨다.

91) 『칸의 후예들』 215쪽에서는 바사르(Basār)라고 읽었다. 아랍 문자의 b와 y는 점 하나 차이일 뿐이어서 혼동하기 쉬운데, 야사르(Yasār)로 읽는 것이 옳을 것이다.

92) khāna는 페르시아어로 집, 가옥을 뜻하나 당시 몽골-투르크 유목민의 경우 '집'은 곧 천막형 가옥이기 때문에 본문에서는 '천막'으로 옮겼다. 『집사』에서는 천막을 지칭하기 위해 khīma, khargāh 등의 단어들도 사용되었다.

93) 원문에는 BASAR.

다. 우리가 헤라트 쪽으로 갔을 때 차바트 역시 아무런 이유도 없이 그의 뒤를 따라 돌아가버렸습니다. 나는 그를 쫓으러 아무도 보내지 않았습니다. 왜냐하면 그가 충고를 받아들이지 않을 것이며, 〔자칫〕 싸움이 벌어지리라는 것을 알았기 때문입니다. 이런 까닭으로 우리들의 일에 차질이 생겼지만, 나는 군대를 이끌고 헤라트 부근으로 갔습니다. 저쪽에서는 아바카가 많은 군대를 데리고 왔습니다. 비록 우리의 군대는 킵착과 차바트의 이탈로 낙심하였지만 전투에 돌입하지 않으면 안 되었습니다. 그래서 우리가 서로 대치하게 되었을 때 잘라이르타이는 그들의 좌익을 공격하여 패배시켰습니다. 그런데 전투가 벌어지는 도중에 마르가울이 화살에 맞아 죽었고 군대는 완전히 무너지고 말았습니다. 나는 말에서 떨어졌고 모든 병사들이 나를 두고 지나가버렸습니다. 나는 아미르들과 친위병들을 알아보고 그들에게 "나는 바락이다. 너희들의 군주(pādishāh)이다. 내게 말을 달라!"고 소리쳤습니다. 그러나 그런 순간에 아무도 내게 주의를 기울이지 않았고 그대로 지나가버렸습니다. 그러다가 마침내 카라우나(Qarāūna)에 속하는 살리라는 자가 나를 알아보고는 (R1091)말에서 내렸습니다. 그는 나를 말에 태우고 내게 화살을 달라고 해서, 나는 그에게 몇 대의 화살을 주었습니다. 그리고 나는 천신만고 끝에 적들 가운데에서 빠져 나오는 데에 성공한 것입니다. 그 다음 날 나는 다친 몸으로 걸어서 나의 병사들이 있는 곳에 도착했습니다. 모두 내 앞에 모여들었습니다. 나는 그들 중에 한 사람을 누게 카툰에게 보내서 나 자신이 무사하고 안전하다는 사실을 알리면서, '나는 약간의 군대와 함께 걸어서 지친 몸으로 가고 있다. 그러니 당신은 퇴각하지 말고 우리가 도착할 때까지 그곳에 머무르라'고 말했습니다. 거기에 와 있었던 일족들은 모두 우리가 그곳에 도착할 때까지 자리를 지켰고, 유수영에 있던 모든 사람들과 함께 〔249r〕〈218v〉 〔우리의 도착을〕 기뻐하였습니다. 우리가 거기에 머무는 동안 그녀는 말과 무기와 음식과 의복 등 보유하고 있는 것들을 모두 가복(īv-oghlān)들 편에 내게 보내주었습니다. 먼저 떠나가버린 잘라이르타이와 아미르들은 그렇다 쳐도, 다른 어느 누구 한 사람도 나를 마중하러 나오지 않았습니다. 그곳에 왔던 일족들 가운데 어느 누구도 머물지 않은 채 강을 건너가버렸던 것입니다. 나는 누게 카툰에게 왔을 때 일족과 군대의 상황에 관해서 소식을 들었습니다. 나는 극도로 분노하여 이렇게 말했습니다. '내가 그들이 있는 곳에 가면, 각자 어떤 식으로 변명하는지 확인하리라.' 그리고 그 후에 나는 강을 건넜고 유수영에 도착했습니다. 모든 일족들이 한 무리 한 무리 왔지만, 아직 그들이나 〔다른〕 아미르들이 모두 모인 것은 아닙니다. 내 몸은 마비가 되는 병에 걸렸는데, 그런 상황에서 아흐마드 오굴이 반란을 일으키고 비시발릭으로 가버렸습니다. 아무도 믿을 수 없게 되었기 때문에 나는 나울다르에게 1000명의 기병을 데리고 그를 추격하게 했습니다. 그리고 나 자신은 그(아흐마드 오굴)를 되돌리기 위해서 들것에 실려서 천천히 그 뒤를 따라가고 있는 중입니다. 그러는 사이에 네구베이 오굴이 자기 유수영과 군대를 데리고 호젠트로 가버렸다는 소식이 들어왔습니다. 그래서 날리쿠 오굴에게 병사 약간을 주어 그를 추격하게 했습니다. 내가 차치 부근에 도착했을 때 〔나의〕 형제 야사르에게 이 소식을 갖고 〔카이두〕 안다(anda)[94]에게 가서 알리라고 한 것입니다. 안다가 나에게 군대를 지원해주고 내게 반기를 든 이들 무리를 내가 붙잡고 그들의 군대를 내가 다시 되찾을 수 있도록 해주십시오."

(R1092)야사르가 카이두에게 가서 전갈을 전하자 카이두는 이렇게

---

94) anda는 원래 상호 친족 관계가 아닌 사람들끼리 맺는 '의형제'의 관계를 가리키는 말이다. 그런데 카이두와 바락은 같은 칭기스 일족이기 때문에 친족 관계임에도 불구하고 '안다'라고 칭하고 있다. 그것은 아마 이 두 사람이 탈라스 회맹에서 서로 맹서를 했던 사이였기 때문이 아닌가 추측된다.

말했다. “킵착이 실망해서 되돌아갔을 때, 〔바락은〕 당신과 함께 무민과 아바치를 보내어 호의로써 그를 되돌리려고 했다. 〔그런데 그는 이와 동시에〕 당신네들의 뒤를 따라 한 무리의 군대를 보내서 만약 그를 되돌리는 데에 성공하지 못하면, 〔강제로라도〕 붙잡아서 데리고 가려고 했다는 사실을 〔킵착이〕 알게 되었다. 정말 그런 일이 있었는가, 아니면 없었는가?” 이에 대해서 야사르는 “아무런 군대를 〔보낸 적이〕 없었습니다.” 라고 말했다. 이에 카이두는 바락의 사신들과 킵착의 유수영을 상대로 그와 관련된 사정을 조사한 결과, 〔바락이〕 잘라이르타이에게 군대를 주어서 그들의 뒤를 추격하도록 했다는 사실을 확인하였다. 그는 야사르에게 “당신들의 올바르지 못한 생각으로 말미암아 일족과 병사들이 얼굴을 돌린 것이다. 이제 그가 당신을 보내서 내게 도움을 청하기에 내가 당신에게 물어본 것인데, 당신은 거짓으로 대답을 하니, 어떤 사람이 당신과 어떤 정직한 말을 할 수 있겠는가?”라고 말했다.

야사르는 극도의 수치를 느끼고 근심을 하게 되었다. 그 뒤에 카이두는 이렇게 말했다. “바락 안다는 자신의 만용으로 오만해져서 이렇게 말했다. ‘나는 툽신 왕자와 대결하여 그를 꺾었다. 그랬기 때문에 킵착은 기분이 틀어져서 되돌아가버린 것이다. 그를 붙잡아서 데리고 오라. 나는 후라산 왕국을 차지하리라. 그래서 바락이 자기 군대를 데리고 용맹함으로 후라산을 정복했다는 소문이 퍼지게 하리라.’ 당신들 마음속이 악하고 옳지 못하기 때문에 영원한 주님께서 아바카에게 은총과 승리를 주신 것이고, 당신들에게는 패배를 안기고 비참하고 초라한 모습으로 후라산에서 나오게 만드신 것이다. 당신들이 이 지방에 도착했을 때 자기네 일족 사이에 분란과 반란을 일으켰고, 급기야 아파서 들것에 누운 상태에서도 ‘내가 군대를 데리고 가겠다!’고 말할 정도가 된 것이다. 그의 손과 발이 정상적이었을 때 그리고 잘 정비된 군대가 그와 함께 있을 때, 그가 과연 어떤 일을 할 수 있었는지 모른단 말인가. 그런데 건강도 군대도 잃어버린 지금 무엇을 할 수 있단 말인가. 바락 안다는 병든 몸으로 들것에 실려 있으면서 왕국을 정복하려고 하니, 당신은 그가 짜놓은 거짓말을 올바로 풀 수 있겠는가?"

〔카이두는〕 야사르를 감시하라고 명령하였다. 그리고 (R1093)자신의 아미르와 재상들을 소집한 뒤에 이렇게 상의하였다. "바락이 우리의 고장들을 삼켜버린 것이 몇 년째 되었다. 그가 우리와 전투를 하러 왔다가 패배를 당했을 때, 킵착이 사기와 궤휼로써 우리와 평화를 맺고, 다시는 서로 적대하지 않으며 거짓과 기만을 하지 않기로 약속과 맹서를 하였다. 그리고 황금에 대고 맹서하면서, 그는 자기 고장을 다스리고 우리는 우리의 것을 다스리며, 우리는 사신들을 파견해서 우리 고장의 재화(māl)를 가져오기로 결정한 바 있다. 그렇게 약속과 협약을 맺은 뒤에 여러 차례 사신들을 보내어 재화를 걷으려고 했지만 그들[95)]은 그것을 주지 않았고 〔오히려 사신들을〕 때렸다. 서로 맹약을 했기 때문에 나는 인내했다. 마침내 그는 후라산으로 원정을 떠나면서 내게 도움을 청하였다. 나는 올바른 마음을 갖고 킵착과 차바트를 군대와 함께 파견하였다. 그러나 그들은 존중받지 못했을 뿐만 아니라 심지어 평민인 잘라이르타이의 〔모욕적인〕 말을 듣고 상처를 받아 도망쳐서 〔내게로〕 귀환한 것이다. 그는 그의 뒤를 추격해서 군대를 보내 그를 붙잡으려 했지만 뜻을 이루지 못했다. 차바트 역시 낙심해서 귀환했고, 그(차바트)의 아들은 두려움으로 이곳에 왔다. 이제 또다시 그는 들것에 실려서 군대를 이끌고 일족들에게 분란과 혼란을 일으켰다. 또한 자기 동생인 야사르를 이곳으로 보내 기만을 행하며 도움을 청하였다. 만약 우리가 그에

95) 바락과 그의 무리를 가리킨다.

게 군대로써 도움을 준다면 우리의 고장들은 〈219r〉 말발굽에 짓밟혀 〔249v〕 황폐해질 것이다. 만약 도움을 주지 않는다면 그는 우리에게서 도망쳐서 자신이 데리고 있는 소수의 병사들을 데리고 비시발릭으로 갈 것이다. 그래서 카안과 한편이 되어 다시 한 번 반란을 일으키고 우리에게 적대행위를 감행할 것이다. 그래서 내가 보기에 가장 좋은 방책은 그의 형제인 야사르를 이곳에 〔가두어〕 감시를 하면서 내 자신이 직접 2개 투만의 병력을 데리고 출정하여, 그에게 '바락 안다를 돕기 위해 내가 간다'는 전갈을 보내는 것이다. 우리가 도착하기 전에 필시 전투가 벌어질 것이고, 어느 한 편이 패배하게 될 것이다. 만약 바락 진영이 패배하게 되면 우리는 그의 적군과 한편이 되어서 바락을 제거해버리고, 〔나아가〕 그들을 우리에게 복속시키도록 하자. 그리고 이 왕국에서 밖으로 나가지 못하도록 하자. 만약 〔바락이〕 그들을 (R1094)패배시키면 필시 그들의 병사들이 그에게로 갈 것이다. 우리가 그곳에 도착하면 바락을 되돌아가게 하고, 〔그런 다음에〕 최선의 방식으로 그를 없애고 다른 사람을 그의 자리에 앉히는 방도를 찾도록 하자. 그리고 그의 군대를 내게 복속시켜서 이 분란과 반란을 종식시키도록 하자." 아미르와 재상들은 "좋은 방책입니다."라고 말했다.

그 뒤 카이두는 2투만〔의 군대〕를 데리고 출정하였다. 그는 "수천 명의 군대를 지원차 보냈습니다."라는 전갈을 〔바락에게〕 보냈지만, 바락에게 도착할 때까지는 자신의 의도를 드러내지 않았다. 〔한편〕 나울다르는 아흐마드 오굴이 있는 곳에 도착했다. "당신은 왕자이고 나는 평민입니다. 바락이 나를 보내서 당신이 기꺼이 돌아오게 하라고 했습니다. 만약 당신이 돌아오지 않는다면 나는 싸울 것입니다. 그러니 당신이 돌아오는 것이 상책입니다."라고 하면서 극구 〔설득〕하였다. 그러나 아흐마드는 극도로 취한 상태에 있었고, 그의 측근들이 "많은 군대가 왔습니다. 〔우리는〕 되돌아가야 합니다. 그래서 그(나울다르)도 다시 군대를 〔데리고〕 돌아가도록 해야 합니다. 〔술에서 깨어나〕 정신이 맑아진 뒤에 다시 상의를 하도록 합시다."라고 아무리 말해도 그는 주의를 기울이지 않았고 듣지 않았다. 〔오히려〕 그는 나울다르에 대해서 공격을 감행했다.

나울다르는 뒤로 물러나면서 "그는 〔칭기스 칸의〕 일족(ūrūq)이다. 우리가 그와 어떻게 전투를 할 수 있겠는가?"라고 말했다. 나울다르가 도주하자 아흐마드는 다시 돌아왔다. 그러나 나울다르는 다시 그의 뒤를 쫓아갔다. 나울다르가 다시 가까이 온 것을 아흐마드가 보고 술이 취한 상태에서 상상하기를, 자신의 누케르들이 자기를 붙잡아서 나울다르에게 넘겨주려는 것이 아닌가 생각했다. 그는 몇 마리의 말을 골라서 취한 뒤, 병사들 가운데 아주 가까운 자들과 함께 길도 아닌 곳으로 도망쳤다. 나울다르가 이를 알아채고 그 뒤를 추격하며 활을 쏘았다. 그런데 돌연 그 화살 중 하나가 아흐마드의 등에 꽂혀서 가슴으로 관통했고 그 자리에서 숨이 끊어졌다. 병사들은 그것을 보고는 모두 복속하였다. 나울다르는 이 소식을 알리기 위해 바락에게 사신을 보냈다.

한편 저쪽에서는 네구베이 오굴을 추격하던 날리쿠[96] (R1095)오굴이 그에게 전갈을 보내서 "우리가 갈 때까지 〔그곳에 잠깐〕 멈추시오. 우리 함께 갑시다."라고 말했다. 네구베이 오굴은 그의 말을 곧이곧대로 믿고 멈추었다. 날리쿠는 〔다음 날〕 아침 그를 향해 공격을 개시하였고 그(날리쿠)의 군대는 밖에서 화살 세례를 퍼부었다. 네구베이가 활에 맞아 사망하자 〔날리쿠는〕 그의 오르도를 약탈한 뒤 자신의 병사들을 되돌렸다. 그리고 아흐마드 오굴이 나울다르의 손에 죽임을 당했다는 소식이 당도했다. 날리쿠는 아흐마드와 친척이었기 때문에 비시발릭 방면

---

96) A: ALYQW; B: NALYQW. 일부 사본에는 TALYQW로 표기되어 있다. 『칸의 후예들』(p. 227)에는 '탈리쿠'라고 하였다.

으로 도망쳤다.

이 소식들이 바락에게 도착하고 네구베이와 아흐마드의 병사들이 그와 합류한 직후, 카이두는 그(바락)가 있는 곳 가까이에 왔다. 그는 "이만한 군대와 함께 내가 왔소. 어디로 가면 좋겠소?"라는 전갈을 보냈다. 바락은 답신을 보내기를 "카이두 안다는 어찌해서 힘들게 이런 길을 온 것입니까. 아흐마드와 네구베이의 일은 끝나버렸소. 나는 아프기 때문에 돌아가는 길이니, 카이두 안다도 돌아가시오. 내가 건강을 회복한 뒤에 다시 만납시다."라고 하였다. 카이두는 그 말을 듣고 자기 아미르들에게 말하기를 "바락은 거의 죽기 직전인데도 아직 술책을 버리지 않고 있다. 그는 내가 자신의 술책을 알아채지 못하게 하면서 밖으로 빠져 나가려고 한다."라고 하였다. 그리고 그날 밤 전군을 동원하여 출정하였고 바락의 군영을 포위한 채 둔영을 쳤다. 그래서 최상의 시간이라고 생각되는 해 뜰 무렵에 서로 마주하려고 했다. 그 소식이 바락에게 전해졌고, 그는 그러한 상황에 겁을 먹고 그날 밤에 사망하고 말았다.

카이두는 동이 트자 사신들을 보내서 추가의 물자[97]를 요구했는데, 바락의 오르도에서 통곡과 애도의 소리가 들렸고, 친위병들이 머리카락을 풀어헤친 것이 보였다. 그래서 바락이 사망했다는 것을 알게 되었다. 그들은 돌아가서 카이두에게 사실을 알렸다. 그들이 도착하기 전에 무바락 샤, 추베이, 카반 등이 바락의 사망과 카이두의 도착에 관한 소식을 듣고 이미 와 있었다. 〈219v〉 그들은 머리를 조아려 인사[98]를 하고 음식을 먹고 있었다. 그들이 도착하자 〔바락의 사망〕 소식을 확인해주었다. 카이두는 소리를 내어 통곡했고 〔250r〕 모든 일족들이 함께 통곡했다.

---

97) WRĞJWT. 몽골어 örgejüt를 옮긴 말로서 '추가의 물자나 선물(Zusatzgabe)'을 뜻한다. Doerfer, vol. 1, §45(pp. 165~166).

98) 원문에서는 tekeshmīshī(알현하다, 고두하다, 조공하다)라는 표현이 사용되었다.

카이두는 (R1096)자기 심복들 가운데 몇 명을 누게 카툰에게로 보내서 애도의 뜻을 표하고, "우리도 여기서 애통해하고 있습니다."라고 말했다. 그 뒤에 〔카이두는〕 그를 높은 산에 묻으라고 지시했다.

그 다음 날 무바락 샤와 추베이와 카반이 모든 천호장과 만호장들과 함께 와서 카이두에게 무릎을 꿇고 이렇게 말했다. "오늘 이후로 카이두 아카는 우리의 '아카'입니다. 어떤 명령을 내리든 간에 우리는 복종하겠습니다. 바락은 생전에 우리와 자신의 일족 모두에게 폭정을 행했고, 유산으로 물려받은 것이건 새로 장만한 것이건 〔우리의〕 재산을 빼앗았습니다. 만약 카이두 아카께서 우리가 살아갈 수 있도록 보호[99]해주신다면, 우리는 헌신과 힘을 다 바치겠습니다. 만약 그렇게 하지 않으시겠다면 〔그것 역시〕 뜻대로 하십시오. 그러나 우리는 모두 혼란하고 기진한 상태입니다." 이에 카이두는 "그대들이 만약 빼앗긴 재물들을 식별할 수 있다면 다시 찾아가도록 하시오. 그리고 자네들이 나에게 청하니, 나도 역시 〔자네들의〕 고통을 위로하기 위해 할 수 있는 것이 있다면 하겠소. 자네들의 재화와 고장을 자네들에게 돌려주겠소."라고 말했다.

그 뒤에 〔둔영을 걷고〕 이동을 할 때에 무바락 샤는 바락의 재고에 있던 현금과 물건을 모조리 다 걷어 갔다. 누게 카툰이 귀에 걸고 있던 값비싼 두 개의 진주도 자기 손으로 빼내어 가져갔다. 그의 모든 가축과 재산들도 각자 철저하게 배분하여 가져가서 그 흔적조차 남지 않게 되어버렸다. 完!

---

99) 원문에서는 asrāmīshī(보호하다)라는 표현이 사용되었다.

아바카 칸이 바락과의 전투에서 승리하고 귀환한 것, 카안의 어전에서 사신들이 칸위〔를 인정하는〕 칙령과 예물을 갖고 도착한 것, 그가 두 번째로 보좌에 올라 즉위한 이야기

아바카 칸이 바락을 격파하고 후라산 왕국에서 바락 사람들의 분란과 (R1097)반란을 깨끗이 제거한 뒤, 오래된 도읍이 있는 이라크와 아제르바이잔 방면을 향해서 귀환하였다. 〔귀환하는〕 도중에 그렇게 많은 병사들이 있었지만 어느 누구에게도 터럭 하나 해를 입히지 않았다. 〔6〕69년 라비 알 아발월 첫날(1270. 10. 18)에 마라가 시에 머물렀고, 그달 20일 목요일(11. 6)에 차가투에 있는 카툰들의 오르도들과 합류했다. 또한 바로 그해에 카안의 어전에서 사신들이 도착했는데, 아바카 칸을 위해서 칙령(yarligh)과 왕관(tāj)과 예물(tashrīf)을 갖고 왔다. 그래서 그가 자신의 좋은 아버지를 대신해서 이란땅의 칸이 되어 조상 대대로 지켜온 방식과 관습에 따라 〔통치하도록〕 하였다.

669년 라비 알 아히르월 10일 수요일(1270. 11. 26), 즉 말해의 …달[100]에 해당되는 날에 차가투에서 카안의 칙령에 따라서 두 번째로 군주의 보좌에 앉았다. 관례적으로 그랬던 것처럼 축하와 기쁨의 의례를 치렀다. 또한 바로 그 기간 동안에 뭉케 티무르 쪽에서 사신들이 도착하여, 바락〔에 대한 승리〕를 축하하고 갖가지 선물과 여러 종류의 매들을 갖고 왔다. 아바카 칸은 그들을 후하게 대접하라고 지시하고, 그들이 군주가 줄 만한 선물들(bīleghā)을 갖고 돌아가도록 했다.

〔아바카 칸은〕 669년 사파르월 23일(1270. 10. 11)[101]에 차가투 부근

---

100) 원문 결락. 1270년 11월 26일은 음력으로 庚午年 閏十月 十三日에 해당되므로 〔Shūn〕이라는 단어가 빠진 셈이다.

101) 이 사건은 11월 25일에 있었던 제2차 즉위식 뒤에 서술되어 있지만, 시간적으로는 그 이전에 일어난 일이라고 볼 수밖에 없다.

에서 사냥을 했는데, 우연히 산에 사는 소의 뿔에 고귀한 목[102]을 다쳐 동맥이 파열되었고 피가 멈추지 않았다. 툭 테무르 이데치(Tūq Temūr Īdāchī)의 아버지인 쿠르찬 아카(Qūrchān Āqā)가 활을 집어 들고 〔피를〕 빨아낸[103] 뒤에 그 줄로 상처가 난 곳을 묶었다. 그래서 그곳이 팽창해 오르고 피가 멈추게 되었다. 아바카 칸은 그에게 따뜻한 배려를 해주었다. 또한 그날 그의 무기를 들고 성심으로 봉사를 다한 테게첵(Tegechāk)에게도 은사를 베풀고 그〔의 지위〕를 높이고 중요하게 만들었다. 그런 연유로 〔아바카 칸은 계속〕 상처를 안고 있었고, 어전에 있던 어의들(aṭbā'-yi buzurg)도 (R1098)그것을 감히 열어서 〔수술을 하지〕 못했고, 〔그래서 상처는〕 참을 수 없는 지경이 되었다. 세상의 스승이자 아미르들 가운데 한 사람이었던 나시르 앗 딘 투시—그의 무덤이 향기롭게 되기를!—는 〔상처를〕 열어도 그에게 아무런 피해가 가지 않을 것이라고 확약을 해주었다. 〔그래서〕 그는 의사인 아불 이즈(Abū al-'Izz)에게 〔상처를〕 열어서 깨끗이 하라고 명령했다. 그 즉시 통증은 수그러들었고 일주일 만에 그 통증으로부터 해방되었다. 사람들은 모두 기뻐하였다.

〔6〕69년 둘 히자월 8일(1271. 7. 18) 토요일 요시무트 왕자가 사망했다. 그가 죽은 뒤 〔6〕70년 사파르월 4일(1271. 9. 11)에 튭신 오굴이 타계했다. 그해 라비 알 아히르월 마지막 날(1271. 12. 5) 기르드쿠흐의 주민들이 내려와서 〔투항하고〕 〈220r〉 성채를 넘겨주었다. 상술한 해 주마다 알 아히르월(1272. 1)에 아바카 칸의 모친인 이순진 카툰이 〔250v〕 사망했고, 그녀의 오르도는 파디샤 카툰에게 주었다. 그 뒤 오랫동안 이란 땅의 주민들은 아바카 칸의 정의와 공정함에 힘입어 그 그늘 아래에서

---

102) Rashīd/Thackston(p. 535)은 "his royal hand"라고 했는데, 원문은 ḥalq-i mubarakish.

103) chāshnī dādan(맛보다). 그러나 색스턴은 "unstrung it"으로 번역.

평안을 누렸고, 자신들의 도리를 다해서 그의 행운을 기원하는 기도를 드렸던 것이다. 完!

아크 벡이라는 자가 아바카 칸의 어전으로 와서 부하라를 파괴하기 위해서 군대를 취해 간 것, 그 이야기의 결말, 타브리즈 시의 지진에 관한 이야기

한동안 아무야(Āmūya)[104] 성채의 수비 책임자였고 바락을 위해서 〔아무다리야〕 강을 감시했으며, 자신의 사악함으로 사람들에게 고통을 주곤 하던 아크 벡(Āq Beg)이라는 인물이 671년(1272~73)에 키투(Kītū?)[105]라는 곳에 있던 아바카 칸의 어전으로 와서 이렇게 아뢰었다. "강의 저쪽에 있는 이방인 병사들이 부하라에서 병력을 증강하여 이 지방을 공격하려 하고 있습니다. 그곳을 폐허로 만드는 것이 최상의 방책입니다." (R1099)아바카 칸은 툽신 오굴 이후에 이수데르 오굴을 후라산의 총독(ḥākim)으로 임명한 바 있는데, 그를 부하라 〔공격의 책임자〕로 지명하면서, "만약 그곳의 주민들이 고향을 떠나서 후라산으로 오는 것에 동의한다면 그들을 괴롭히지 말라. 그러지 않으면 부하라를 약탈하라."고 명령했다. 네구베이 바하두르, 차르두(Chārdū), 알라두(Alādū)에게 1투만의 병사를 주어 그와 동행시켜 보냈다.[106]

---

104) 아무다리야 강가에 위치한 도시로 Amu 혹은 Amul이라는 이름으로도 알려졌다.

105) AB 원문의 표기가 불명확하며, 러시아 교감본 역시 K$TW로 표기했다.

106) 알라두는 후라산에 주둔하던 소위 '카라우나스 만인대(萬人隊)'의 수령이었다. 그리고 네구베이는 쿵그라트부 출신으로 역시 후라산 카라우나스 만인대에 속하는 1개의 천인대를 지휘하던 인물이다. 한편 차르두 역시 바드기스 지방에 주둔하고 있었는데, 후일 아르군이 즉위한 직후인 1284년 후라산 지역의 카라우나스 만인대의 지휘관인 힌두 비틱치가 반란을 일으켰을 때 이를 진압하였다. 따라서 본문에서 언급된 3인의 지휘관들은 모두 후라산과 바드기스 지방에 주둔하던 카라우나스 만인대와 관련된 인물들임을 알 수 있다. 이에 관해서는 Shimo Hirotoshi(志茂碩

이들이 저쪽 변경에 이르렀을 때 케시와 나흐샤브를 몇 차례 공격하였다. 그러고 나서 부하라를 치기 위하여 그 도시 부근에 둔영을 쳤다. 아미르 마수드 벡은 카이두의 오르도에 있었기 때문에, 그의 부재 시에 사드리 자한(Ṣadr-i Jahān)이 사무를 총괄하고 있었다. 아크 벡은 그곳에 자기 하인들 가운데 부하라 출신으로 라친(Lāchīn)의 아들인 지라크(Zīrak)라는 이름을 가진 자를 두고 있었는데, 아주 시끄럽고 말썽을 잘 일으키는 사람이었다. 〔아크 벡은〕 그를 또 한 명의 몽골인 누케르와 함께 사신으로 시내에 보내서 다음과 같은 전갈을 전했다. "아바카 칸〔의 칙령〕이다. 도시를 떠나라. 처자식과 재물과 가축을 데리고*[107]밖으로 나와서 후라산 지방으로 오도록 하라." 그러나 무뢰배와 하층민들은 사드리 자한의 말에 귀를 기울이지 않고, 그(지라크)를 죽이고 몽골인 누케르는 돌려보냈다. 라친의 아들 지라크가 죽임을 당했다는 소식이 아크 벡에게 전해지자, 그들은 즉시 도시를 향해 출정했다.

부하라 사람들은 성문을* 잠그고 하루 온종일 전투를 벌였다. 밤중에 사드리 자한은 도시의 귀족들을 불러서 평화를 맺는 것이 최상의 방책이라고 말했다. 아크 벡은 인도 여자의 아들이었으며, 타즈 앗 딘 지라크(Tāj al-Dīn Zīrak)의 손자였다. 그는 성문 하나〔의 공격〕을 맡고 있었다. 그는 아침에 그것을 〔공격하여〕 열었고 병사들은 부하라 안으로 들어갔으니, 닭해의 아람월(Arām Āy)[108], 즉 671년 라잡월 1일(1273. 1. 22)의 일이었다. 〔병사들은〕 살육과 약탈과 강탈에 혈안이 되었고 피의 강물이 도시에 흘렀다. 그곳에 있던 신학교들 가운데 규모도 가장 크고 사람도

敏), "The Qaraunas In the Historical Materials of the Ilkhanate," *The Memoirs of the Toyo Bunko* Vol. 35 (1977), pp. 150~151 참조.

107) * * 사이의 내용은 A본에 빠져 있으나 B본에는 보인다.

108) Arām Āy는 음력 正月을 가리킨다. 1273년 1월 22일은 癸酉年 正月 二日에 해당된다.

가장 많았던 마수드 벡 마드라사에 불을 질러, 그 〔건물과〕 귀중한 책들을 태워버렸다. 일주일 동안 (R1100)약탈에 몰두하다가 마지막 밤에는 도시에 불을 지르려고 생각했다.

그런데 갑자기 몇 명의 몽골 기병들이 당도해서 소식을 전하기를, 추베이(Chübei)[109]와 카반(Qabān) ―차가다이의 아들인 바이다르, 그의 아들인 알구의 아들들―이 1만 명의 기병들과 함께 오고 있다고 하였다. 아크 벡과 네구베이는 그곳에서 이동하여 수많은 재화와 가축과 노예와 포로들을 데리고 하람칸 강을 건넜고, 이른 새벽에 카반과 부쿠(Būqū)[110]와 나쿠(Naqū)[111]가 저쪽 편에서 강가에 도착했다. 그리고 소리쳐 묻기를 "도대체 무엇 때문에 이런 일을 저지른 것이냐?"고 하였다. 〔아미르들은〕 "너의 아카인 아바카 칸의 명령에 따라 그렇게 한 것이다. 이것이 그의 칙령이다."라고 말했다.

카반은 〔강을〕 건너서 그들을 공격하는 것이 좋은 방책이 아니라고 생각했는데, 그것은 자신에게 5000명 정도의 기병밖에 없었기 때문이다. 그는 아크 벡과 네구베이로부터 '사우카트(sawqāt)'[112]를 원했고, 그들은 재물과 약탈물 가운데 일부를 그에게 보내주었다. 〔그러자〕 그(카반)도 되돌아갔고, 〔아크 벡과 네구베이가 부하라에서 끌고 온〕 나머지 사람들은 칼로 모두 다 죽여버렸다. 거의 5만 명 가까운 사람들이 학살

---

109) A·B본에는 CABAY로 표기되어 있지만 이는 CBAY 혹은 CWBAY의 오사(誤寫)로 보아야 할 것이다.

110) TWQW로 읽을 수도 있다. 차가다이의 손자인 부리, 그의 아들 카다카이 세첸, 그의 아들 부쿠(혹은 투쿠)라는 인물이 있는데, 본문에 언급된 인물과 동일인인지는 불분명하다. 『칸의 후예들』, p. 214, p. 227 참조.

111) 나쿠는 우구데이 가문 소속으로 구육의 아들.

112) 이는 몽골어에서 '선물(present)'를 뜻하는 sauqa(복수형 sauqat)를 옮긴 말이다. 이 말은 어떤 사람이 여행을 하는 도중에 입은 환대와 신세를 되갚기 위해서 제공하는 증물(贈物)로, 받는 사람은 관례에 따라 응당 그것을 받을 것으로 예상하였다. 제3자에게는 종종 뇌물로 오해되기도 하였다. de Rachewiltz, *The Secret History*, vol. 1, p. 433 참조.

되었다. 3년이라는 기간 동안 아크 벡과 카반 · 추베이 양측은 학살과 약탈을 계속했고 마침내 커다란 도시 〔부하라〕와 그 지방들은 〈220v〉 완전히 황폐해졌다. 7년 동안 그 부근에는 어떠한 생명체도 존재하지 않았다.

아크 벡이 그 같은 약탈물로 인해 부유하고 출세하게 되자, 〔거기서〕 도망쳐서 카이두에게로 가려고 했다. 그의 형제들 가운데 한 사람이 아르군 왕자의 어전에 찾아와 그가 꾸미는 계획을 아뢰었다. 왕자는 사신을 보내서 그를 붙잡아서 데리고 오라고 하였다. 그리고 그를 아바카 칸의 어전으로 보냈다. 그를 심문했으나 그가 〔자신의 잘못을〕 실토하지 않자 〔251r〕 곤장을 쳤다. 그는 실토를 했고 쿡체 텡기즈(Kōkche Tenggīz)라는 곳에서 야사에 처하였다.

같은 해인 671년 겨울(1273년 초)에 타브리즈에 강력한 지진이 발생하여 미나렛 꼭대기가 떨어지고 수많은 가옥이 파괴되었다. 그해 둘 히자월(1273. 6~7)에 말릭 사드르 앗 딘 라이(Malik Ṣadr al-Dīn Rayy)를 (R1101)순교시켰다. 군주들에게 높은 존경을 받았고, 〔특히〕 훌레구 칸과 아바카 칸이 극도의 존경을 바치던 창라운 박시(Changlā'ūn Bakhshī)가 같은 해 둘 히자월 19일(1273. 7. 7)에 사망했다. 673년 둘 히자월(1275. 6)에 아미르 아르군 아카가 투스의 라드칸 평원에서 별세하여 그를 그곳에 매장하였다. 完!

분두다르(Bunduqdār)[113]가 룸 방면에 와서 아바카 칸이 그 방향으로 향한 것, 그가 룸 주민들에게 분노하여 룸의 일부 아미르들을 순교시킨 것, 사힙 디반 샴스 앗 딘이 그쪽 방향으로 가게 된 이야기

674년(1275~76)에 지야 앗 딘(Ḍiyā al-Dīn)과 하티르(Khaṭīr)의 아들

과 무인 앗 딘 술레이만 카시 파르바나(Mu'īn al-Dīn Sulaymān Kāshī Parvāna)의 아들이 룸 지방에서 100명을 데리고 시리아 방면으로 가서 루큰 앗 딘 분둑다르(Rukn al-Dīn Bunduqdār)에게로 가버렸다. 그리고 그에게 룸을 공격하라고 부추겼다. 〔이에〕 그는 〔6〕75년(1276~77) 대군을 이끌고 룸 지방으로 향했고 아불루스탄(Abulustān)[114] 길을 경유하여 출군하였다.

몽골의 아미르들 가운데 일게이 노얀의 아들인 토쿠, 그의 형제인 우룩투(Ūruqtū), 술두스부 출신으로 수둔 〔노얀〕의 아들이자 순착 노얀의 형제인 투다운(Tūdā'ūn) 등이 각자 1만 명의 병사를 데리고 그 변경 지역에 주둔하고 있었다. 상술한 해의 둘 카다월 10일 금요일(1277. 4. 15), 즉 소해 세 번째 달(ūtūnj āy)의 12일 되는 날[115]에 〔양측의〕 군대가 조우하여 전투가 벌어졌다. 엄청나게 추운 날이었다. 토쿠와 투다운은 병사들과 함께 말(馬)도 없이 격렬한 전투를 벌였다. 정오가 지나자 몽골군

---

113) 그의 본명은 루큰 앗 딘 바이바르스(Rukn al-Dīn Baybars, 재위 1260~77)로 에집트에 세워진 맘루크 왕조의 술탄이었다. 그는 원래 킵착계 투르크인이었으나 800디르함의 가격으로 다마스쿠스에서 노예로 팔렸다. 그런데 그를 구매한 사람은 이 노예의 눈에 흰색 반점이 있는 것을 보고 계약을 해지하였다. 마침내 그는 아미르 아이다킨 알 분둑다르(Aidakīn al-Bunduqdarī)라는 사람에게 팔렸다. '분둑다르'는 아윱 왕조의 술탄 휘하의 관직명으로 술탄이 격구를 즐길 때 공을 술탄에게 건네주는 임무를 수행했다. 맘루크의 관습에 의하면 노예는 주인의 이름으로 불렸기 때문에, 그는 바이바르스 알 분둑다리라는 이름으로 불리게 된 것이다. 그러나 아윱 왕조의 술탄은 아이다킨에게서 바이바르스를 빼앗아 그를 승진시켰고, 그는 마침내 바흐리 맘루크 집단의 중요한 수령이 되었다. 후일 바이바르스는 아윱 왕조를 무너뜨리고 맘루크 왕조의 술탄이 되었고, 자신의 옛 주인인 아이다킨을 장군으로 삼아 다마스쿠스 시의 장관직을 주었다. 마르코 폴로의 『동방견문록』에는 그의 이름이 Bondocdaire로 기록되었다. d'Ohsson/佐口透, 『モンゴル帝國史』(佐口透 譯. 東京: 平凡社, 1968~79), 卷4, p. 343; 『마르코 폴로의 동방견문록』, p. 86 참조.

114) 후일 Al-Bustān이라는 이름으로도 알려졌고, 비잔틴에서는 Ablastha, 그리이스에서는 Arabissus로 불렸다. 비잔틴 제국의 국경 도시로 카이사리아 동쪽에 위치해 있었다. 무스타우피에 의하면 중급 크기의 도시였다고 한다. Le Strange, *The Lands*, p. 146. 현재 터키의 아프신(Afšin)에 해당된다.

115) 丁丑年(1277) 三月 十二日.

은 패배하였고 소수만 목숨을 건졌다.

분둑다르는 카이사리아(Qayṣariyya)[116]로 왔다. 일주일간 그곳에 머무르며 주전(시카)과 설교(후트바)를 자신의 이름으로 하였는데, 식량이 부족하게 되었다. 무인 앗 딘 파르바나는 (R1102)투카트(Tūqāt)[117] 성채에 있었는데 분둑다르가 그를 소환하기 위해 사신을 보냈다. 그가 대답을 하지 않자 분둑다르는 일부 기독교도와 아르메니아인들을 죽인 뒤 돌아갔다. 돌아가는 도중에 그들의 말들이 역병(ṭabaqa?)에 걸려서 많은 수의 군인들이 말이 없는 상태가 되었다.

투다운의 누케르들 가운데 부케데이(Būkedāi)라는 자가 있었는데 그가 와서 그러한 상황을 보고했다. 아바카 칸은 극도로 분노하여 바로 그날 수도 타브리즈에서 출정하여 〔6〕76년 사파르월(1277. 7) 즉 봄의 계절에 룸 왕국을 향해서 갔다. 그가 아불루스탄과 악차(Aqcha)[118]에 도착했을 때 술탄 기야쓰 앗 딘이 사힙 파흐르 앗 딘 이스파하니와 함께 어전을 찾아왔다. 아불루스탄에서 죽임을 당한 사람들을 보고 쓰러지며 그들을 위해 애통해했다. 토쿠와 투다운〔의 죽음〕으로 인하여 크게 슬퍼하였고, 그는 극도로 분노해서 반란을 촉발시킨 투르코만 사람들 가운데 한 무리와, 룸의 귀족들 가운데 한 무리를 처형하였다. 그리고 룸

---

116) 아나톨리아 반도 중부의 도시. 현재 카이세리(Kayseri)가 이에 해당된다.

117) 흑해 연안의 도시인 카라 히사르(Qara Hisar)의 별칭.

118) A본에는 '악차'라는 지명이 빠져 있다. Aqcha라는 단어는 투르크어로 '희다'는 뜻의 aq에 -cha라는 접미사가 붙은 것으로 '흰 색이 나는(whitish)'을 뜻한다. 맘루크 측 기록에 의하면 바이바르스가 1277년 4월 군대를 이끌고 룸 지방으로 진군할 때 치중(輜重)을 알레포 근처의 하일란이라는 곳에 남겨두고 아인 타브와 둘루크를 거쳐 북상하여 카이누크라는 곳에 도착했다. 거기서 맘루크 군대는 괵 수(al-Nahr al-Azrak)라는 강을 건너서 4월 13일 토로스(Taurus) 산맥 가운데 누르하크 다르라는 곳에 있는 악차 데르벤드(Aqcha Darband, '흰색의 협곡')를 통과했다고 한다. 이 협곡을 지난 뒤에 비로소 넓은 들판으로 나오게 되었다. 악차 협곡에 대해서는 Het'um도 le pas Blanc라고 불렀다고 한다. Amitai, *Mongols and Mamluks*, pp. 168~169.

지방들 가운데 일부를 학살하고 약탈하라고 지시했다. 〔그러나〕 사힙 샴스 앗 딘이 아뢰기를 "정의의 군주는 개별적 범죄에 대하여 총괄적 처벌을 내리지는 않습니다."라고 하였다. 그는 이 말을 받아들여 그들의 죄를 용서해주고, 누르 앗 딘 자랑기(Nūr al-Dīn Zarangī)와 자히르 앗 딘 이븐 후드(Ẓahīr al-Dīn b. Hūd)를 순교에 처하였다.

아바카 칸은 시리아로 향하고자 했으나 거의 여름이 가까웠다. 아미르들은 가을이 끝날 때나 겨울이 〔원정에〕 적당할 것이라고 아뢰었다. 그런 연유로 〔행군을〕 중지하라고 명령하고 분둑다르에게 〈221r〉 사신을 보내어 협박과 위협의 언사로 이렇게 말했다. "당신은 도둑들처럼 갑자기 우리의 초병들과 순찰병들을 공격하고 일부를 죽였다. 소식이 내게 도착했을 때 당신을 치기 위해 나는 출정하였다. 그런데 당신은 도둑처럼 도망을 쳐버렸다. 만약 내게 맞서 싸울 생각이 〔251v〕 있다면 사나이답게 전쟁터로 나와서 굳건한 발걸음을 내디뎌(R1103)보라.

詩

나의 창끝을 볼 수 있도록 나오라
나의 고삐를 한 번이라도 잡아보라
만약 네가 산이라면, 발밑으로 내려오게 하리라
만약 네가 바위라면, 그 자리에 남아 있지 못하게 하리라
너는 전투하는 용사를 어디서 보았는가
너는 여우의 울음소리도 못 듣지 않았는가.

설령 당신이 오지 않는다고 해도 겨울이 시작되면 나의 군대는 당신을 공격할 것이다. 어찌 되든 나의 분노의 불길이 시리아 지방에 도달하게 되면 당신이 갖고 있는 귀하고 천한 것 모두를 태워버릴 것이다. 왜

냐하면 오래된 주님께서 세상의 왕국들을 칭기스 칸과 그의 일족에게 주셨고, 고집 센 수령들을 우리의 동아줄 속에 복속하도록 했기 때문이다. 행운의 주인들에게 반항하는 사람이라면 그 누구라도 불행의 표시가 될 것이다."

분둑다르가 다마스쿠스에 도착했다. 그런데 이에 앞서 과거에 그는 예언자—그에게 평화와 평안이 있기를!—를 꿈에서 본 적이 있었다. 〔꿈속에서 예언자는〕 그에게 칼을 건네주었고, 바로 그 주일에 그는 술탄의 자리에 앉았다. 그런데 이번에도 그를 꿈에서 보았는데 "내가 맡겨놓은 그것을 다시 내놓아라."라고 하면서 그 칼을 다시 빼앗아 '알피(Alfī)'라는 별명으로 유명한 말릭 만수르 술탄 세이프 앗 딘 칼라운(Malik Manṣūr Sulṭān Sayf al-Dīn Qalā'ūn)[119]에게 주었다. 그는 꿈에서 깨어났고, 마침내 자신의 생명이 다하고 행운이 알피에게 가리라는 것을 알게 되었다. 〔분둑다르는〕 그를 불러서 "너는 술탄이 될 것이다. 나의 자식들을 잘 돌보아달라."고 말했다. 그리고 676년 둘 히자월(1278. 5)에 다마스쿠스 시에서 사망했고, 그를 그곳에 있는 신학교에 매장하였다.

아바카 칸은 쿵쿠르타이 오굴 왕자에게 대군을 주어 룸 〔지방〕을 맡겨서, 반도들로부터 그곳을 방어하도록 하였다. 또 투카트 성채와 무인 앗 딘 파르바나의 집이 있던 쿠가니야(Kūghāniya) 요새를 부수도록 하였다. (R1104)소해 즉 676년(1277)에 해당되는 해에 알라탁으로 귀환했다. 파르바나가 겁에 질려 떨면서 오르도로 왔다. 아미르들은 그가 세 가지 죄를 지었다고 말했다. 첫째는 반도들로부터 도망친 것이요, 둘째는 분둑다르가 다시 왔을 때 즉시 〔칸에게〕 아뢰지 않은 것이며, 셋째는 어

---

119) 그 역시 킵착계 투르크인이었으나 아윱 왕가의 알 카밀의 가정에 노예로 팔려 왔다. 1000디나르에 팔렸다고 해서 '천'이라는 뜻의 아랍어인 알 알피(Al-Alfī)가 그의 별명이 되었다. 바이바르스 사후 그의 후계자가 되어 1279년부터 1290년까지 맘루크 왕조의 군주로 통치하였다.

전에 즉각 나타나지 않은 것이었다. 간단히 말해서 〔칸은〕 그를 감시하라는 명령을 내렸다. 분둑다르의 사신들이 다시 와서, "나는 파르바나의 요청에 따라 온 것이다. 내가 오면 룸 지방을 내게 맡기겠노라고 그가 약속했기 때문에 온 것이다. 그곳에 내가 오니 그는 도망쳐버렸다."고 〔분둑다르가〕 말했다고 전하였다. 아바카 칸이 그러한 보고를 듣고는 그(파르바나)를 야사에 처하라고 명령했다. 그는 676년 라비 알 아발월 초(1277. 8. 2)에 알라 타그 하영지에서 쿠첵 토가치(Kūchek Tōghachī)의 손에 〔처형되었다〕[120].

같은 해 라비 알 아히르월 17일(1277. 9. 17)에 사힙 샴스 앗 딘을 파견하여 백성들을 위무하고 적을 위협하며 룸 왕국을 장악하도록 했다. 사힙은 그곳으로 가서 파괴된 도시들을 다시 세우고, 룸의 왕국에서 관습적으로 부과하지 않던 탐가세(tamghā)[121]를 실시했다. 룸 변두리에 있는 우치(Ūch) 가까운 곳에 카흐라만(Qahramān)이라는 자가 숲속에 숨어 있었는데, 그자 때문에 도로들이 안전하지 못했다. 사힙 디반은 쿠후르가이 노얀(Kuhūrgāī Nōyān), 아르카순 노얀(Arqasūn Nōyān) 등과 함께 출정하여 그를 숲과 함께 태워버렸다.

676년 사파르월(1277. 7)에 〔그 전에〕 10명과 함께 도망쳐서 이곳에 와 있던 시리아인 이즈 앗 딘 아이벡에게 은사를 베풀어 말라티야

---

120) '처형되었다'는 구절은 B본의 난외에 추가되어 있다.

121) tamgha는 원래 동물에게 찍는 낙인을 뜻하는 말이었다. 그러나 몽골제국 시대에는 칸이 명령문에 날인하는 인장을 의미하여, Al Tamgha는 칸이 사용하는 적인(赤印)을 뜻하였다. 그런가 하면 tamgha는 시장에서 유통되는 화물들에 부과하는 '상세(商稅)'를 의미하기도 했고, 개인이 보유하는 재산에 대한 일종의 재산세(1/240)를 가리키기도 했다. 상세를 징수하는 관리를 '탐가치(tamghachi)'라고 불렀다. 상세/tamgha는 일종의 인두세적인 성격인 과차(科差)/qubchur, 농작물 등 수확에 대해서 징수하는 세량(稅粮)/qalan과 함께 몽골제국이 시행한 3대 세목의 하나였다. M. Minovi & V. Minorsky, "Naṣīr al-Dīn Ṭūsī on Finance," *Bulletin of the School of Oriental and African Studies*, vol. 10, no. 3 (1940), pp. 781~782

(Malāṭiya)[122]의 태수직(ḥākimī)을 위임하였다. 그와 그의 군대에 필요한 식량을 위해서 매년 5000디나르를 지정해주었다. 그는 말라티야에 도착하자 사람들에게 곤장의 위협을 가하며 30만 디르함을 탈취하고는 다시 시리아로 도망쳐버렸다. 사힙 디반 샴스 앗 딘은 룸에서 귀환할 때 데르벤드를 거쳐 엘부르즈 산맥 〔즉 카프카즈 산맥〕과 레그지스탄(Legzistān)[123]으로 갔다. 그곳의 종족들은 어떤 약속을 해줘도 복속하지 않았는데 (R1105)좋은 방책을 사용하여 복속시키는 데에 성공했다.

호자 나시르 앗 딘 투시—그의 무덤이 향기롭게 되기를!—가 672년 둘 히자월 17일(1274. 6. 24)[124] 월요일 해질녘에 평안의 도시 〔바그다드〕의 다르 수시얀(Dār Sūsiyān)[125]에서 사망하였다.

詩

고결과 학문이 그의 죽음과 함께 죽었도다
고결과 학문이여 평안할지어다

말릭 샴스 앗 딘 케르트가 이쪽 지방으로 왔다가 감금되어서 사망한 이야기

〔252r〕〈221v〉 말릭 샴스 앗 딘 케르트는 구르(Ghūr) 왕국 출신이었고 능력이 매우 출중하고 현명하며 용맹한 사람이었다. 훌레구 칸이 마와

---

122) 아나톨리아 동부의 도시.

123) Legiz, Lagiz, Lesgi, Lasgi 등은 카프카즈 산지에 사는 종족의 명칭이며, Legzistan은 그들이 사는 지역, 즉 현재 남부 다게스탄 지역을 가리킨다. 루브룩은 'the Sea or Lake of Etilia', 즉 카스피 해 너머에 사는 사라센인들을 Lesgi라 부른다는 기록을 남겼다. Rubruck/Jackson, p. 112, note 5.

124) A본에는 17일이라는 날짜가 빠져 있다.

125) 바그다드 시내에 있는 구역의 명칭.

라안나흐르에 있을 때 어전으로 와서 은사를 입고 헤라트와 사브자바르(Sabzavar)[126]와 구르[127]와 가르차(Gharcha)[128]의 말릭으로 임명되었다. 바락이 오자 즉시 그와 협약을 맺어 헤라트의 문을 반도에게 열어주었다. 〔툽신 오굴이〕 여러 차례 그를 소환했으나 응하지 않았고 〔아바카 칸의〕 어전에도 오지 않았다. 그런 연유로 아바카 칸은 분노하여 〔6〕74년(1275~76)에 그를 붙잡기 위해 군대를 파견하려고 했다. 그러나 아미르들과 사힙 〔디반 샴스 앗 딘 주베이니〕[129]는 후라산이 파괴된 상태여서 군대가 오가는 것을 견디지 못할 것이니 그를 회유하여 오게 하는 것이 더 나을 것이라고 아뢰었다. 〔그래서〕 사힙 디반에게 가보라고 명령했다. 그는 "만약 칙령을 내리신다면 소인의 아들로서 〔현재〕 이라크에 있는 바하 앗 딘 무함마드 〔주베이니〕에게 이 중책을 맡기십시오."라고 아뢰었다. 그렇게 하라는 지엄한 명령이 내려졌다.

바하 앗 딘은 카디 파흐르 앗 딘 헤라트(Qāḍī Fakhr al-Dīn Herāt)와 니잠 앗 딘 아우비히(Niẓām al-Dīn Awbihī)와 상의한 끝에 말릭 샴스 앗 딘 〔케르트〕에게 (R1106)편지를 썼다. "소인은 〔각하를〕 찾아뵙기를 희망했지만 많은 어려움으로 인하여 그러한 행운을 얻지 못했습니다. 현재 〔칸이 베풀〕 은사와 호의는 아무것도 남은 것이 없습니다. 〔그러니 이제는 내가〕 찾아가는 수밖에 없겠습니다." 사힙 사이드 샴스 앗 딘 사힙 디반[130]—그의 무덤에 향기가 있기를!—도 시를 한 수 적어서 즉시 그

---

126) 니샤푸르 서쪽에 위치한 도시.

127) 아프가니스탄 중부의 산간지대. 헤라트의 동부 및 동남부.

128) 가르치스탄(Gharchistān)의 별칭. 현재 아프가니스탄 서북부의 피루즈쿠(Firuzkuh) 부근.

129) 본문에는 '사힙'이라고만 되어 있으나 이는 '사힙 디반' 즉 재상을 뜻하며, 곧 샴스 앗 딘 주베이니에 다름 아니다.

130) A본에는 "사힙 샴스 앗 딘 디반"이라고 기록되었다. 즉 바하 앗 딘의 아버지인 샴스 앗 딘 〔주베이니〕를 가리킨다.

에게 보냈다.

詩

말릭 샴스 앗 딘 무함마드 케르트의 왕국이 비추는 광휘여,
그대는 마치 천사와도 같이 머리끝에서 발끝까지 모두 영혼입니다.
당신과의 이별이 내 영혼에 가져다준 고통이 얼마나 극심한지
사람도 정령도 그 깊이를 알지 못할 것이요
내 눈에는 〔이승과 저승〕 두 세계 모두 들어오지 않습니다.
그대의 행렬이 일으킨 흙먼지는 사람들의 눈을 씻어주는 약입니다.
슬프고 병든 마음에 고통이 무슨 의미가 있겠습니까,
만약 〔그대가〕 은혜로써 이쪽으로 발길을 옮기지 않는다면.
나의 몸은 건강을 잃어버리고 말 것입니다,
만약—그런 일이 없겠지만!—〔그대가 이곳으로 오지 않고〕 발길을 〔다른 곳으로〕 돌린다면.
그대는 밝고 세심한 분별의 눈을 갖고 있으니, 진실로
〔제가 보내는〕 이 같은 갈망의 편지를 읽는 것이 마땅합니다.
그대의 행차가 일으키는 바람은 그대가 품은 결심의 불길을 일으키고,
〔그대가 뿌리는〕 은혜의 강물은 존재하지도 않은 먼지를 잠재울 것입니다.

상술한 대인들[131] 역시 이렇게 〔말릭 샴스 앗 딘 케르트에게〕 편지를 썼다. "만약 호자 바하 앗 딘이 이라크의 말릭 · 사드르 · 대인들과 함께 헤라트로 가게 되면, 그는 말릭 〔샴스 앗 딘〕에게 적절한 예우를 보이지 않을 것이고 오래된 명예(nāmūs-i qadīm)를 표시하지도 않을 것이

131) 카디 파흐르 앗 딘 헤라트와 니잠 앗 딘 아우비히를 가리킨다.

며, 다시 헤라트 왕국에 욕심을 갖게 될 것입니다. 그러니 걱정하지 말고 〔당신이〕 이곳으로 오는 것이 더 나을 것입니다."

말릭 샴스 앗 딘 〔케르트〕는 바하 앗 딘이라는 이름을 가진 자신의 시종관(ḥājib)과 자말 하룬(Jamāl Harūn)이라는 인물을 사신들과 동행시켜서 파견하여, (R1107)"소인이 곧 찾아뵐 테니 호자 〔바하 앗 딘〕께서는 걱정 근심을 놓으십시오."라는 전갈을 보냈다. 〔호자〕 바하 앗 딘은 그들을 위무하고 외투를 주었다. 그리고 명예의 외투들을 말릭에게 보냈고, 〔마침내〕 자말 앗 딘〔이라는 사람〕이 가서 그에게 오도록 권유하였다.

〔샴스 앗 딘 케르트는〕 이스파한을 향해서 출발했고 〔호자〕 바하 앗 딘은 그를 극진한 예우로 맞아주었다. 그리고 군주의 〔알현에 필요한〕 물품들, 즉 가축과 의복과 기타 다른 것들을 모두 자신이 준비해주었다. 얼마 있다가 그와 동행하여 어전으로 그를 데리고 와서 타브리즈에서 〔군주와〕 알현하게 되었다. 아바카 칸은 극도로 화가 나 있었기 때문에 그에게 관심을 주지 않았다. 그러나 사힙 샴스 앗 딘 〔주베이니〕는 선의의 책략을 써서 아바카 칸이 그에게 관용을 베풀게 하려 했지만 성공하지 못했다. 그는 타브리즈 성채의 감옥에 갇혀버렸다. 그는 사힙 〔디반〕과 그의 아들 〔바하 앗 딘〕에게 불만을 토로했지만, 자신이 살해될 것이고 집도 약탈되리라는 것을 알았다. 그의 시종들이 그가 끼고 있는 반지 안에 독이 들어 있다고 말해주자, 그는 〔그 독과 함께〕 음식[132]을 먹고 〔6〕76년(1278) 그 감옥에서 사망했다.

이 사실을 보고하자 〔칸은〕 그가 꾀 많은 사람이기 때문에 죽은 것으로 가장했다가 〔나중에〕 탈출하려 할지도 모른다고 하면서, 교역을 담

132) 원문은 TTMAJ. Steingass(282)는 tutmāj를 'Thin slices of paste, vermicelli'라고 설명했고, 색스턴은 'noodles'라고 번역했다.

당하는 아미르(?amīr-i misās)[133]인 훌쿠투(Hūlqūtū)에게 가서 그의 관에 못을 단단히 박은 뒤에 무덤에 넣으라고 명령하였다. 그런 방식으로 예방조치를 취하였다. 이와 같은 해에 고발자들이 말릭 이프티하르 앗딘 카즈비니(Malik Iftikhār al-Dīn Qazwīnī)를 탄핵하며 그가 많은 재물을 취했다고 아뢰었다. 그는 감사[134]를 받지 않으려고 50투만을 바쳤다. 그는 2년 가까이 오르도 안에서 비참하게 지내다가 678년(1279~80)에 사망했다. 完!

〔252v〕〈222r〉(R1108) 아바카 칸이 샤흐루드 지방에서 사냥을 한 것과 그곳의 종족이 반란을 일으킨 이야기

〔아바카 칸은〕 674년(1278)에 해당되는 돼지해에 아란(Arrān)에서 동영을 하였다. 하루는 사냥을 하러 말을 타고 나섰다. 샤흐루드(Shāhrūd)에서 5파르상쯤 지났을 때 어떤 숲에서 야생소를 사냥하고 있었는데, 그곳에 있던 사람들 가운데 모습은 인간이지만 야수 같은 행동을 하는 한 무리의 사람들이 칼과 창을 들고 전하의 신하들을 죽이려고 덤벼들었다. 기병들이 그들을 공격했고 전투가 벌어져서 결국 그들은 도망쳤다. 〔그래서〕 여러 지방의 병사들을 불러서 그들을 소탕하라는 명령을 내렸다. 병사들이 모이자 그 종족의 수령이 두려움에 떨며, 칼과 수의(kafan)를 갖고 어전으로 왔다. 〔칸은〕 그 상황에 적절한 군주다운 관용과 자비를 베풀고 그의 목숨을 살려주었다. 完!

---

133) Dehkhoda 사전은 이 단어에 대해서 그 정확한 뜻은 불분명하지만 '상업, 교역' 등을 의미하는 것이 아닌가 추정하고 있다. 「가잔사」 다른 곳에서 masāschī라는 단어가 나오고 그것이 '상인(bāzārgān)'이라는 뜻으로 쓰였다고 하였다.

134) muvājiha. 즉 감사(監査), 구고(鉤考)를 뜻한다.

네구데리 군대가 파르스와 키르만 방면에 와서 약탈을 자행한 이야기

호랑이해 즉 677년(1278) 겨울에 약 2000명 가까운 네구데리(Negū-deriyān) 기병들이 파르스 지방을 공격하였다. 〔그래서〕 그곳의 감관인 볼간(Bolghān), 무함마드 얄라바치의 친척인 무함마드 벡(Muḥammad Beg), 토이낙(Tōīnāq), 샴스 앗 딘 타지구(Shams al-Dīn Tāzīgū) 및 파르스 〔지방〕의 아미르들이 군대를 이끌고 밖으로 나왔다. 네구데리 사람들은 칼바르(Kalbār)[135] 부근에서 매복하고 있었고, 그 앞에는 깊은 물길이 하나 있었다. 나즘 앗 딘 슐(Najm al-Dīn Shūl)이 "전진하는 것이 상책은 아니다."라고 말하자, 무함마드 벡은 그를 채찍으로 치면서 "오, 이 못된 사람아. 어째서 병사들을 겁주는가?"라고 말했다. 나즘 앗 딘은 그 때문에 화가 나서 (R1109)그들을 그곳에 남겨두고 돌아가버렸다. 네구데리 사람들은 매복에서 튀어나와 그 군대를 모두 죽여버렸다.

샴스 앗 딘 타지구와 볼간은 온갖 술책을 다 써서 목숨을 건지고 빠져나왔지만, 토이낙과 무함마드 벡은 군대와 함께 죽임을 당하고 말았다. 네구데리 사람들은 시라즈 시의 성문까지 도달하여, 피루지 정원(Bāgh-i Pīrūzī)에서부터 말들을 달리게 하면서 도시의 주위를 공격하고 약탈하였다. 〔6〕98년(1298~99)까지 네구데리 사람들의 수령은 차가다이의 손자이자 부지(Būjī)[136]의 아들인 압둘라('Abd Allāh)였고, 그 뒤 바락의 아들인 두아가 그를 불러들여 억류하였다. 그리고 자기 아들인 쿠틀룩 호자를 그 대신 보냈다. 그 역시 700년(1300~01)에 파르스 변경으

---

135) 파르스 지방에 속한 지명으로 보이나 확인이 안 된다.

136) 로샨 및 러시아 교감본에는 BWCY; 색스턴은 MWCY로 읽음. 그러나 라시드 앗 딘은 「차가다이 칸기」에서 차가다이의 큰 아들 무에투켄에게 바이주라는 아들이 있었고, 이 바이주에게 토단이라는 아들이 있었는데, 토단의 아들로 부지(Būjī)가 있고 그의 아들로 압둘라('Abd Allāh)를 거명했다. 따라서 본문에서 말하듯이 부지는 차가다이의 '손자'가 아니라 '고손자'인 셈이다.

로 군대를 보내 약탈을 했다. 그들이 감히 그렇게 할 용기를 갖게 된 것은 아바카 칸의 어기(御旗)가 시리아 지방으로 향하여 그쪽 방면이 비게 되었기 때문이다. 完!

아바카 칸의 깃발이 후라산으로 향해 가서 카라우나의 아미르들을 복속시킨 것과 아르군 칸이 시스탄으로 간 이야기

닭해[137] 즉 677년 무하람월 1일(1278. 5. 25) 아바카 칸은 타브리즈에서 후라산 방향으로 출정하였다. 〔6〕78년 라비 알 아발월 3일(1279. 7. 14) 네구데리 사람들을 막기 위해 아르군 왕자를 군대와 함께 보냈고, 그래서 그는 시스탄으로 가서 그곳을 포위한 뒤에 돌아왔다. 〔아르군 왕자는〕 무바락 샤[138]의 큰 아들인 울제이 부카와 그의 다른 일족들을 데리고 왔다. 그해 라비 알 아발월 14일(1279. 7. 25) 아바카 칸은 헤라트 시로 갔고, 그달 마지막 날(8. 10)에 카라우나의 아미르들이 복속하러 (R1110)왔다. 라비 알 아히르월 2일(8. 12)에 알현했고 〔아바카 칸은〕 그들을 위무한 뒤 도읍인 타브리즈로 돌아왔다.

그리고 그는 "〔우리의〕 좋으신 아버지께서 이렇게 넓은 왕국들을 정복하셨으니, 그의 카툰들과 왕자들에게 일정한 몫(naṣībī)을 주어야 마땅할 것이다."라고 말했다. 〔그래서〕 마야파르킨 지방은 쿠투이 카툰에게 주고, 디야르 바크르의 일부와 자지라 지방은 울제이 카툰에게, 살마스(Salmās)는 줌쿠르의 부인인 놀룬 카툰과 그의 아들들인 주시켑과 킹슈에게 주었고, 후궁들에게서 출생한 다른 왕자들에게도 일부 지방들을

137) 원문은 ṭāwushqān yīlī. 그러나 677년 무하람월 1일은 1278년이고 이는 戊寅年 즉 호랑이해에 해당되므로, 닭해라고 한 것은 오류이다. 실제로 닭해는 1279년 己卯年이다.

138) 무바락 샤는 차가다이의 장자인 무에투겐의 막내 아들 카라 훌레구의 장남이다.

주었다.

잘라이르 종족 출신으로서 〔252r〕〈222v〉 후쿨라이 코르치(Hūkūlāī[139] Qōrchī)의 아들인 아미르 부카(Amīr Būqā)는 그의 부친이 사망했을 때 어린애였다. 아바카 칸은 그를 양육해서 성장하게 했고 그를 자신의 강력한 근신(īnāq)으로 삼아서 귀중한 재물들(narīn)이 있는 재고를 그에게 위임하고, 적인(赤印, āl)을 그에게 맡겼다. 그는 여러 아미르들 가운데 우두머리가 되었다. 용해[140] 즉 679년 사파르월(1280. 6)에는 아바타이 노얀이 사망했다. 完!

마즈드 알 물크 야즈디가 아바카 칸의 어전에서 고발을 시작하고, 사힙 샴스 앗 딘과 그의 동생인 알라 앗 딘—그들의 묘지에 향기가 있기를!—이 몰락하게 된 이야기

677(1278~79)년 사힙 디반 사이드 샴스 앗 딘—지고한 알라께서 그에게 자비를!—을 탄핵하는 고발자들이 여러 사방에서 들고 일어났는데, 그 무리들 가운데 한 사람이 마즈드 알 물크 야즈디(Majd al-Mulk Yazdī)였다. 그의 부친은 사피 알 물크(Ṣafī al-Mulk)라 불렸고 야즈드의 아타벡들을 위해 봉사했던 인물이다. 그는 한동안 이스파한에서 호자 샴스 앗 딘 사힙 디반의 아들인 호자 바하 앗 딘을 모셨는데, 거기서 옮겨 호자 샴스 앗 딘에게 (R1111)몸을 의탁하였다. 〔호자는〕 그를 후원하였고 두세 차례 그에게 사무를 맡겼다. 그런 일들 가운데 한 번은 그루지스탄[141]의 호구조사(shumāra)[142]를 하도록 그 지방으로 파견한 적이 있다.[143]

---

139) A: HW?KWY; B: HWKWLAY.

140) 庚辰年.

141) 그루지아를 가리킨다.

그러나 그에게서 신뢰할 만한 것을 찾기 어렵다고 판단하고는 그를 환영하거나 후원하지 않게 되었다.

---

142) 페르시아어에서 shumāra는 '숫자'를 뜻하지만 몽골제국 시대에는 호구조사 및 그 장부를 의미하기도 하였다. 러시아에서는 같은 뜻을 지닌 단어인 chislo가 사용되었고 한자로는 수적(數籍)이라는 표현이 사용되기도 하였다. 호구조사 결과 정복된 주민들에 대해 일종의 인두세와 같은 것이 부과되었는데, sar-shumāra 혹은 khāna-shumāra라는 표현이 사용되었다. 몽골제국 시대의 호구조사와 관련된 내용에 대해서는 T. T. Allsen, *Mongol Imperialism*, 제5장(Population Registration), pp. 116~143 참조.

143) B본에는 난외에 다른 필체로 상당히 긴 내용이 가필되어 있다. 본서에서는 러시아 교감본(p. 154~155)을 토대로 번역하여 첨가하였다. 색스턴(vol. 3, pp. 541~542) 역시 이 부분을 번역하였지만, 로샨은 이 부분을 넣지 않았다. 〈그에 관한 이야기는 다음과 같다. 그는 야즈드의 아타벡들〔을 위해 봉사한〕 재상의 후예였다. 그의 부친 사피 알 물크(Ṣafī al-Mulk)는 두 번이나 카안의 어전에 갔고 칙령(yarlīgh)과 패자(pāīza)를 갖고 돌아왔다. 그(마즈드 알 물크) 자신이 탁월한 기예를 소유했고 대단한 달변과 유능함의 소유자였다. 그 당시 이마드 앗 딘 우마르 카즈비니(ʿImād al-Dīn ʿUmar Qazwīnī)를 바그다드의 하킴으로 파견했는데, 그는 오르도 안에 있다가 그와 함께 그곳에 갔다. 몇 년 동안 그는 바그다드 왕국의 세무를 담당하면서 엄청난 재산을 축적하였다. 이마드 앗 딘을 야사에 처했다는 소문이 그곳에 전해지자, 그는 자신이 갖고 있던 것을 챙겨서 와시트(Wāsiṭ)와 바스라로 갔다가, 바닷길을 거쳐서 파르스로 향했다. 그런데 해상에서 도적들이 그를 덮쳐서 재화를 빼앗고 포로로 만들어 힌두스탄으로 끌고 갔으며 그를 사슬에 묶어놓았다. 꽤 오랜 시간이 지난 뒤에 그는 풀려났고 그 재화 가운데 일부를 다시 찾아 그것으로 장사를 했다. 그러나 이 지방으로 와도 좋다는 허락을 받지 못했다. 마침내 그 재화의 대부분을 그곳에 남겨둔 채 도망쳐서 야즈드로 왔다. 그곳 사람들은 〔그를 보고〕 기뻐했고 아타벡인 쿠툽 앗 딘 유수프 샤는 그에게 재상직을 주기를 원했지만, 그는 사양하였다. 집요한 요청이 있은 뒤 그는 다음과 같은 조건을 전제로 수락하였다. 즉 금후로 그 집에서 어느 누구든 자신에게 정해진 직무를 열심히 수행하고 그 이외의 다른 일에 대해서는 건드리지 않는다는 것이었다. 아타벡은 이를 받아들였고 여러 종류의 하인과 속료들에게 각자의 직분을 맡기고 각자에게 적절한 임무를 지정해 주었다. 모든 업무의 처리를 그의 권한 아래에 두었다. 이렇게 합의를 하고 난 뒤 그가 취임할 날짜를 정하였다. 모든 수령들이 다 모였다. 관례에 따라 잉크통 하나를 아타벡이 있는 곳에서 디반〔에 속한 사람들〕이 모여 있는 곳(majlis-i dīvān)으로 갖고 와서 금실로 짠 탁상보 위에 올려 재상의 앞에 놓았다. 그가 그것으로 문서에 서명을 할 수 있도록 하기 위함이었다. 아타벡을 위해 쟁반 나르는 사람들(tashtīyān) 가운데 하나가 있었는데, 그는 매우 거만하여 항상 시종관(ḥājib)이 하는 일을 자신이 하곤 했다. 그는 늘 해왔던 것처럼 오만하게도 잉크통과 금실 탁상보를 자신이 재상의 앞에 놓을 수 있게 해달라고 아타벡에게 요청했고, 아타벡은 약속했던 것을 잊어버리고 그의 요청을 들어주었다. 정해진 시간이 다가왔고, 쟁반잡이가 들어와서 탁상보와 잉크통을 마즈드 알 물크의 앞에 놓고, 문서 하나를 그에게 주어서 서명할 수 있게 하였다. 마즈드 알 물크는 화가 치밀어 올라 그 문서를 내팽개치고, 일어나서 극도로 분노하면서 나가버렸다. 그러고는 그 즉시 이스파한으로 가버렸다. 그는 "이런 조건과 약속을 했음에도 불구하고 최초의 업무부터 시종관이 해

마즈드 알 물크는 그러한 사정을 눈치 채고 그곳을 떠나서 야즈드로 갔다. 얼마간 자기 집에 머물다가 다시 한 번 거기서 나와 호자 바하 앗 딘에게 가서 그를 모시기 시작했다. 그런데 호자 샴스 앗 딘 사힙 디반—알라께서 그의 거처를 깨끗하게 하소서!—이 그에게 어떤 사무를 처리하라고 룸으로 파견했다. 그는 얼마간 그곳에 있다가 다시 돌아와서 전처럼 호자 샴스 앗 딘을 모셨다.

그러다가 우연히 어느 날 사힙 사이드 호자 알라 앗 딘—알라께서 그에게 자비를 베푸시기를!—의 부관이었던 마즈드 앗 딘 〔이븐 알〕 아씨르(Majd al-Dīn b. al-Athīr)가 그와 같이 길을 가게 되었는데, 이야기를 하는 도중에 에집트 군대의 위용과 군용 및 그들의 막대한 숫자와 역량에 대해서 말하게 되었다. 〔마즈드 알 물크는〕 이것을 구실로 삼아서 이수 부카 쿠레겐(YīsūBūqā Kūregān)에게 가서 이렇게 말했다. “사힙 디반 〔호자 알라 앗 딘〕의 부관이 그 두 형제[144]와 상의하고 합의하여, 반도들인 에집트인들과 한편이 되었고, 〔이곳의〕 모든 정황들을 그들에게 알려주고 있습니다. 그래서 군대가 그쪽에서 이 지방으로 오면 바그다드 왕국을 그들에게 넘겨주기로 하고 고대하고 있습니다.”

이수 부카 쿠레겐은 그 이야기를 아바카 칸에게 보고했고, 마즈드 앗 딘 이븐 알 아씨르를 붙잡아 오라는 지엄한 명령이 떨어졌다. 그에게 이

야 할 일을 쟁반잡이에게 시키고 있으니, 하킴이 수행해야 할 중요한 업무들을 어떻게 장악할 수 있겠는가?”라고 말했다. 아무리 그를 만류해도 그는 듣지 않고 가버렸다. 이스파한에서 그는 호자 바하 앗 딘을 모시게 되었고 얼마 동안 그의 측근의 무리에 들었다. 그러나 그가 얼마나 잔혹한지 그리고 그의 성품이 얼마나 변덕스러운지를 알게 되자, 계책을 써서 사힙 사이드 샴스 앗 딘의 휘하로 들어가서 그를 모시게 되었다. 사힙은 그루지아의 호구조사를 위해 그를 파견했고, 그는 짧은 시간 안에 그 일을 모든 사람들이 놀랄 정도로 잘 수행하였다. 그러자 또다시 그를 모술과 디야르 바크르로 보내어 세금을 걷고 그 지방을 안정시키도록 하였다. 그는 그 일도 매우 만족스럽게 완수한 뒤에 돌아왔고, 그의 탁월한 능력과 유능한 방책을 확인하였다.〉

144) 즉 주베이니 가문의 두 형제인 샴스 앗 딘과 알라 앗 딘을 가리킨다.

런 이야기를 심문했고 상급 법정(yārghū-i bālāī)에서 100대의 곤장을 쳤다. 그러나 그의 죄는 확증되지 않았고 그를 사힙 디반(샴스 앗 딘)에게 맡겼다. 〔사힙 디반은〕 마즈드 알 물크가 일으킨 일들을 없었던 일로 하고 그를 (R1112)시바스의 태수(ḥākim)로 임명하는 문서를 자기 이름으로 발행했다. 그리고 그의 곤궁한 처지를 알게 되자 금 1발리시와 한 조각의 루비를 주고, 룸의 사힙을 상대로 1만 디나르 액면의 바라트(barāt)[145] 한 장을 자신의 이름으로 발행해서 그에게 주었다.

〔그러나〕 마즈드 알 물크는 자신이 그런 행동을 했다는 것에 대해서 걱정과 우려를 하였고, 그런 까닭에 이수 부카 쿠레겐의 부하가 되었다. 그리고 항상 두 사힙 디반[146]을 해치고 방해하는 일에 전심하였고 기회를 기다렸다. 마침내 678년 둘 카다월 초(1280. 3)에 아바카 칸이 후라산을 향해 떠났고, 그가 카즈빈에 도착하자 아르군 왕자가 마중을 나왔다.

마즈드 알 물크는 자기가 가까이 데리고 있는 사람들 가운데 아야치(Āyāchī)라는 자를 왕자에게 보내어 이렇게 아뢰었다. "소인이 몇 가지 말씀을 아뢰려고 기다린 지가 벌써 1년이 넘었습니다. 그런데 아미르들이나 측근의 입을 통해서 아뢸 수 없었습니다. 〔그렇게 하려고〕 시작하기만 하면 항상 사힙 디반 〔샴스 앗 딘〕이 그것을 알아차리고 군주의 재

145) 즉 룸의 재무장관(사힙)에게 1만 디나르를 받을 수 있도록 하는 청구서. barāt는 일종의 지불명령서로서, 이것을 휴대하고 현금이나 현물을 청구하려는 사람(barātdār)은 사신(ilchī)의 자격으로 현지의 책임자에게 가서 기록된 액수를 요구하면, 현지의 관리는 이를 핑계 삼아 주민들에게 새로운 세금을 걷었다. 그러나 그는 걷은 돈을 다 바라트 소지자에게 주지 않고 자신이 일부를 착복하였다. 그래서 바라트 소지자는 다시 중앙정부로 가서 지불명령을 재확인받고 다시 지방으로 내려가곤 하였다. 그럼으로써 바라트 제도는 많은 문제점을 야기하였다. 또한 훌레구 울루스 궁정은 이것을 남발하여 필요한 재정을 충당하려고 했지만, 결국 그것은 재정의 파탄이라는 결과를 낳았고, 가잔 칸 시대에 추진된 재정 개혁 가운데 그것을 혁파하는 것이 중요한 과제의 하나였다. 이에 관해서는 本田實信, 『モンゴル帝國史硏究』, pp. 274~281 참조.

146) 샴스 앗 딘과 알라 앗 딘을 가리킨다.

고에서 엄청난 뇌물을 꺼내서 그들에게 주고 그 입을 막아 버리곤 했기 때문입니다. 그런데 아미르들은 군주의 물자를 선물이나 뇌물로 팔겠지만, 왕자는 자신의 이해를 팔지 않으리라는 생각을 최근에 하게 되었습니다. 그런 까닭으로 제가 〔이렇게〕 와서 아뢰는 것입니다. 모든 왕국들에서 아무리 많은 것들이 재고에 들어온다고 하더라도, 그것은 사힙 디반의 수입이 됩니다. 〔253v〕〈223r〉 〔그러나 그것은 사실〕 군주의 재산의 일부일 뿐입니다. 그(샴스 앗 딘)의 배은망덕함은 심지어 에집트의 술탄들과 한편이 될 정도가 되었습니다. 룸의 파르바나는 그와 협의하여 분둑다르와 한편이 되었고, 토쿠와 투다운 바하두르와 아룩투는 그의 사악함으로 인하여 죽었습니다. 그의 동생 알라 앗 딘은 바그다드 왕국을 장악하였고, 군주들에게 적합하게 장식된 왕관을 자신을 위해서 만들었습니다. 끝도 없는 재물을 모으고 수도 없는 재화를 땅에 숨겼습니다. 만약 군주께서 소인에게 은사를 (R1113)내리신다면, 사힙 디반이 4000투만 가까운 재화를 군주의 재산에서 자기 이름으로 취했으며 추가로 2000투만 〔상당〕의 현금과 가축들을 갖고 있다는 사실을 밝혀드리겠습니다. 군주의 모든 재고 안에는 이단자들의 성채들과 바그다드에서 가져온 것 이외에도 1000투만의 황금이 있을 것입니다. 만약 그렇지 않다면 소인이 죄를 받아서 죽겠습니다. 소인이 이런 사정을 알게 되고 그러한 정보를 갖게 되니까, 〔샴스 앗 딘은〕 소인에게 시바스의 태수로 보내는 임명장과 1발리시의 황금과 한 조각의 루비와 1만 디나르의 바라트 한 장을 '입막음(ḥaqq al-sukkūt)'〔의 댓가〕로 주었습니다."

그는 이 모든 것들을 아르군 왕자에게 공개했고, 왕자는 그 이야기를 아바카 칸의 어전에 보고했다. 그러자 〔칸은〕 "신중하게 처리할 때까지 이 이야기를 누구에게도 말하지 말라!"는 명령을 내렸다. 아바카 칸은 도읍인 타브리즈에 왔고 아란 부근에서 동영하였다. 그리고 *말릭 라지 앗 딘 바바이 카즈비니(Malik Raẓī al-Dīn Bābā'ī Qazwīnī)와 잘랄 앗 딘 하티(Jalāl al-Dīn Khaṭṭī)가 그해 겨울에 순교했다.*[147] 그해 봄 그가 샤루야즈에 왔을 때 리바티 무슬림(Ribāṭ-i Muslim)의 욕탕에 있었다. 마즈드 알 물크는 아미르 타가차르의 후원을 받아 욕탕의 탈의실로 가서, 그전에 〔아르군 왕자에게〕 이야기했던 것들을, 아니 그보다 더 많은 것들을 〔칸에게〕 아뢰었다.

아바카 칸은 사힙 디반에 대해서 분노했다. 그는 어전에서 〔자신이〕 있는 앞에서 그 사건을 세밀하게 조사할 수 있도록 왕국의 모든 지역으로 사신들을 보내서 〔사힙 디반의〕 부관들을 붙잡아 오고 장부들(dafātir)을 갖고 오도록 했다. 사힙 디반은 울제이 카툰에게 도움을 청하였고, 현재 자신이 매입한 모든 재산은 군주의 재산이라는 각서를 하나 썼다. 카툰은 그 각서에 더하여 그의 〔진실된〕 상황에 대해서 아뢰며 그를 두둔하였다. 그래서 아바카 칸이 그에게 은총을 베풀게 하고 사힙 디반을 파멸의 심연에서 구원해주었다.

〔칸은〕 사신들을 다시 불러들이고 사힙 디반의 부관들을 괴롭히지 말라는 칙령들을 내렸다. 마즈드 알 물크는 절망에 빠져 〔다음과 같은 내용의〕 청원서(ūtūk)[148]를 한 장 썼다. "군주께서 (R1114)사힙 디반에 대해서 은사를 내리셨으니 그는 소인을 한시라도 평안하게 내버려두지 않을 것입니다. 소인의 소망은 그의 해악으로부터 저를 보호해줄 아미르에게 소인을 맡기시든가 아니면 소인에게 이 왕국에서 나가라는 명령을 내려주십시오." 아바카 칸은 "내가 사힙 디반에게 은사를 내린 것은 사실이지만 마즈드 알 물크에게 죄를 내린 것은 아니다. 그에게 오르도에

147) * * 부분은 B본에 난외에 다른 필체로 가필되어 있다.

148) 원문은 AWTWK. 이는 '칸에게 올리는 청원서'를 뜻하는 투르크어 ötük를 옮긴 것이다. Doerfer, vol. 2, §574(p. 134) 참조.

서 봉사를 계속하도록 하고, 타가차르와 〔주시(Jūshī)와〕[149] 오르도 키야(Ōrdō Qīyā)와 함께 지내도록 하라."는 대답을 주었다.

마즈드 알 물크는 안심을 하게 되었고 효력이 발휘된 명령에 따라 봉사를 하게 되었다. 그래서 사드르 앗 딘 잔자니(Ṣadr al-Dīn Zanjānī)와 연합하여 기회를 엿보며 기다렸다. 마침내 …[150] 해 즉 679년(1280) 봄 마즈드 알 물크 야즈디를 아무다리야에서부터 에집트의 문에 이르기까지 모든 왕국들의 감독관(musharraf)으로 임명하고, 샤힙 디반과 협동해서 통치를 하라는 강력한 칙령을 내렸다. 하루는 아바카 칸이 모든 카툰과 왕자들과 아미르들과 국가의 대신들과 어전의 귀족들과 함께 마라가의 불사(佛寺)에 있었다.

〔거기서〕 그는 그 칙령을 낭독하라고 명령했다. 모든 사람들이 "이제까지 몽골의 군주들이 타직인에게 이러한 칙령을 내린 적은 없었습니다."라고 말했다. 그러나 아바카 칸은 마즈드 알 물크에게 이렇게 말했다. "왕국과 재화와 재고와 인마(人馬)[151]의 사무에 관해서 유의하고, 모든 일을 파악하고 인지하고 있으라. 너의 부관들이 하는 모든 일을 감독하라. 너 자신을 신중하게 살피고, 어떤 상황에서건 오르도에 관한 일은 소홀히 하지 말라. 만약 누가 너를 해하려고 한다면 그에 대한 대응은 내가 하겠노라." 그가 이렇게 과도할 정도의 후원을 받자 모두 그를 경외하고 극도로 중시하게 되었다.

그런 연유로 사힙 디반 샴스 앗 딘의 처지는 쇠락하게 되었고 그가 아무리 애를 써도 그의 상황은 더 나아지지 않았다. 마즈드 알 물크는 다

149) A본에는 Jūshī라는 이름이 빠져 있다.

150) 원문에는 누락되어 있으나 1280년은 庚辰年이므로 용해(lūū yil)가 되어야 옳다.

151) 원문은 AYRAXTH. 이 단어는 투르크어의 er(사람)와 akhta(말)의 합성어이다. 기병을 의미하기도 하지만 여기에서는 그 원의에 충실하고 또 당시 한문 자료에 많이 사용되던 인마(人馬)라는 말로 옮겼다. 이에 관해서는 Doerfer, vol. 2, §638(pp. 178~179) 참조.

음과 같은 사행시를 사힙 샴스 앗 딘—알라께서 그에게 자비를! —에게 써보냈다. (R1115)

詩

너의 슬픔의 바다에 나는 잠수하리라
그러면 익사하든가 아니면 진주를 건지든가 하리라.
너를 치는 것은 위험한 일이다. 그러나 나는 하리라
그로 인해 붉게 되리라, 나의 얼굴이 아니면 목이.[152]

〔254r〕〈223v〉 이에 대한 대답으로 그는 다음의 시를 다시 보냈다.

임금께 야르구(yarghū)[153]를 드리는 것은 적절치 않으니
세월에 대한 슬픔을 삼킬 수밖에.
네가 발을 들여놓은 이 일에서
그로 인해 너는 얼굴도 붉게 되고 목도 그렇게 되리라.

마즈드 알 물크는 자신의 계략이 사힙 디반에게 영향을 주지 못하는 것을 보고, 그의 동생인 알라 앗 딘에게 관심을 돌려서 어떤 식으로든 그를 해하려 했다. 그래서 그를 붙잡아 들이라는 명령이 내려졌고, 그의 부관인 마즈드 앗 딘 이븐 알 아씨르가 그와 마주한 채 앉아서 어느 곳에서 얼마나, 어떤 사람에게서 얼마나 받았는가에 대해서 증언을 하였

---

152) "승리로 얼굴이 자랑으로 밝게 빛나거나, 아니면 실패로 목을 잃어서 붉은 피가 흐르거나"의 의미인 듯하다.

153) 원래 yarghu는 몽골어에서 '법정, 심판'을 뜻하는데, 여기서는 자신의 처지를 호소하는 탄원서와 같은 것이 아닐까 생각된다.

다. 사힙 샴스 앗 딘이 상황이 절망적임을 깨닫고 동생에게 전갈을 보내 "네게 위해를 가하지 않는 한 어떤 식으로든 부인하지는 말라. 왜냐하면 '재앙에 말려든 뒤에는 알라의 축복도 소용없다'는 말이 있으니까."라고 하였다.

알라 앗 딘은 300투만의 황금을 〔벌금으로〕 주기로 승낙하였다. 뒤에서 설명하겠지만 그것을 지불한 뒤에도 더 많은 액수를 그에게 요구했고, 심지어 그를 사슬에 묶어서 바그다드의 다리 위에 매달아놓기까지 하였다. 온갖 매질과 고문을 받자 그는 갖고 있는 것을 모두 내주었고, 그 다음에는 자식들까지 팔았다. 결론적으로 말해서 그의 처지는 완전히 파탄에 이르게 되었으나, 마즈드 알 물크의 지위는 더욱더 높아졌다.

(R1116)아바카 칸이 시리아 방면으로 간 것, 뭉케 티무르 왕자가 에집트인들과 전투를 한 것, 군주께서 이슬람의 땅 바그다드로 귀환한 것에 관한 이야기

아바카 칸은 시리아인들이 룸과 디야르 바크르 변경으로 와서 약탈을 자행하고 무슬림들의 지방을 황폐하게 만들고 곡물을 먹어치우며 혼란을 일으켰기 때문에, 그들 무리에 대해서 분노하여 그 지방에 대한 원정을 감행하였다. 그는 사냥을 하면서 하부르(Khābūr)[154]와 라흐바 앗 샴(Raḥba al-Shām)[155]까지 갔으나 유프라테스 강을 건너지는 않았다. 〔대신〕 자기 동생인 뭉케 티무르를 선봉으로 파견하였다. 그가 홈스에 도착하여 둔영을 쳤을 때 아바카 칸은 강 이쪽 편에서 다이르 비르(Dayr Bīr)와 마주한 곳에 자리 잡았는데, 다이르의 주민들은 도망쳤다.

154) 유프라테스와 합류하는 강의 이름이다.

155) 유프라테스 강가에 위치한 알 라흐바(Al-Raḥba). 현재 시리아 영내이며 이라크와 접경하고 있다.

그는 그곳을 약탈하고 잘리비아(Zalibiyā) 성채를 불태우라고 명령했다. 그리고 라흐바 사람들(Raḥbiyān)[156]과 전투를 하였다. 〔아바카는〕 그해 곧 680년 주마다 알 아히르월 29일(1281. 10. 15)에 신자르(Sinjār) 방면으로 돌아왔고, 라잡월 중순(10. 30)에는 모술에 속하는 무할라비야(Muḥallabiya)에서 오르도들과 합류하였다.

뱀해[157]의 아홉 번째 달 17일 즉 라잡월 14일 목요일(1281. 10. 29)에 〔양측의 군대는〕 홈스 부근에서 마주쳤다. 거의 4파르상에 가까운 넓이로 전열을 폈다. 마죽 아카(Māzūq Āqā)와 힌두쿠르(Hindūqūr)의 〔우리〕 군대가 우익이 되었고, 알리낙과 타이추 바하두르와 훌라추 및 카라부카이(Qarā Būqāī) 등의 왕자가 좌익이 되었다. 투르크인들은 화살을 비처럼 쏘았고 에집트인과 시리아인들 가운데 한 무리에 타격을 가했다. 알리낙은 한 번의 공격으로 그들의 우익을 밀어내고 홈스의 성문까지 다가갔다.

그들은 그러한 공격에 겁을 먹고 모두 한꺼번에 〔우리의〕 중군을 공격하기 시작했다. 뭉케 티무르는 아직 어린아이였고 격렬한 전투를 본 적이 없었다. 대아미르들 가운데 테그네(Tegnā)와 돌라다이 야르구치(Dōlādāī Yārghūchī)가 〔전투를〕 지도하고 (R1117)있었는데 꽤나 걱정을 하게 되었고 퇴각을 하였다. 병사들은 패주하기 시작했고 몽골군 가운데 상당히 많은 진영이 붕괴되었다.

이러한 소식이 아바카 칸에게 전해지자 아미르들에 대해 극도로 분노하면서 이렇게 말했다. "여름에 쿠릴타이를 열 때 잘못을 저지른 자들을 심문할 것이다. 내년에는 내가 직접 그곳으로 가서 이 일에 대한 보복을

---

156) A·B본 모두 BA RJYYAN이라고 표기되었으나, 여기서는 러시아 교감본에 따라 BA RḤBYAN으로 읽었다.

157) 辛巳年.

할 것이다." 라잡월 17일 일요일(11. 1)에 티그리스 강을 건너서 카샤프(Kashāf)[158]에 머물렀고, 거기서 다시 바그다드 방면으로 향했다. 샤반월 2일 일요일(11. 16)에 무하왈(Muḥawwal) 근교에 둔영을 쳤다.

마즈드 알 물크는 호자 알라 앗 딘이 내기로 했던 300투만의 벌금을 걷기 위해 바그다드에 왔다. 〔알라 앗 딘은〕 자기가 갖고 있는 모든 것을 다 주었고 심지어 자식들도 팔았다. 그 뒤에는 앞으로 만약 〔은화〕 1디르함이라도 나온다면 처벌을 받겠다는 서약(mōchelgā)을 했다. 아바카 칸은 그에게 자비를 베풀어 680년 라마단월 4일(1281. 12. 17)에 감옥에서 풀어주었다. 마즈드 알 물크는 〔254v〕〈224r〉 다시 한 번 그를 해치려고 했다. 그래서 그가 타가차르 및 오르도 키야와 함께 바그다드로 가서 호자 알라 앗 딘에 대해서 다시 조사했고, 그가 아직 갚지 않고 남아 있던 130투만〔의 금〕을 걷으라는 명령이 내려졌다. 그러나 아무것도 나오지 않자 그를 고문하고 괴롭혔고, 그를 시내에 끌고 다니면서 매질을 했다.

〔아바카 칸이 바그다드에서 돌아올 때 하마단 시에서 사망한〕[159] 이야기

아바카 칸은 680년 둘 카다월 3일(1282. 2. 13)에 (R1118)바그다드 도읍(dār al-mulk)에서 하마단으로 향했다. 둘 히자월 6일 수요일(3. 18)에 하마단 시에 도착하여 말릭 파흐르 앗 딘 마누체흐르(Malik Fakhr al-Dīn Manūchehr)의 궁전에 숙영하였다. 줄곧 연회를 하고 맛있는 음식을 먹으며 시간을 보냈다. 680년 둘 히자월 20일 수요일(1282. 4. 1) 즉 …[160]

---

158) 모술에서 동남쪽으로 46킬로미터 떨어진 곳에 위치해 있으며 티그리스 강 동안에 위치하고 있다.

159) A본에는 〔 〕 부분이 결락되어 있다.

160) 원문 결락. 1282년은 壬午年 말해이다.

해 둘째 달 21일, 과도하게 음주를 한 뒤에 자정이 지나서 용변을 보기 위하여 밖으로 나왔다. 정해진 운명과 목숨이 검은 새의 모습을 하고 그 지방에서 자라나는 나무들 가운데 하나의 가지 위에 앉았다. 그는 "저 검은 새는 무엇인가?"라고 소리치면서, 코르치에게 그것을 활로 쏘라고 명령했다. 그러나 아무리 살펴보아도 어떤 새를 찾을 수 없었다. 갑자기 그가 눈을 감았고 황금의 왕관 위에 그의 소중한 목숨을 내놓았다.

681년 무하람월 16일 일요일(1282. 4. 26)에 뭉케 티무르 역시 모술의 한 성묘(buq'a)에서 사망했고, 아바카 칸의 오르도들 안에서 장례가 치러졌다. 그의 관을 샤후 탈라(Shāhū Tala)[161]로 갖고 가서 위대한 일 칸들 옆에 매장하였다. 그의 유명한 일족이 그의 자리를 계승하였다. 完!

---

161) 라시드 앗 딘은 훌레구의 유해가 우르미야 호수 중앙부에 있는 탈라(Tala) 산에 매장되었다고 기록하였다. 샤후 탈라는 바로 이 섬을 가리킨다.

(R1119)아바카 칸기 【제3장】

칭송을 받을 만한 그의 행적과 고매한 품성. 그가 말하고 지시했던 훌륭한 지혜과 훈유와 덕담들.
그의 치세에 일어났던 일화와 사건들 가운데 앞에 나온 장들에 들어가지 않았던 내용들.
그리고 각종 서적과 사람들을 통해 알게 된 잡다한 사항들.

...[162]

162) 원문 결락.

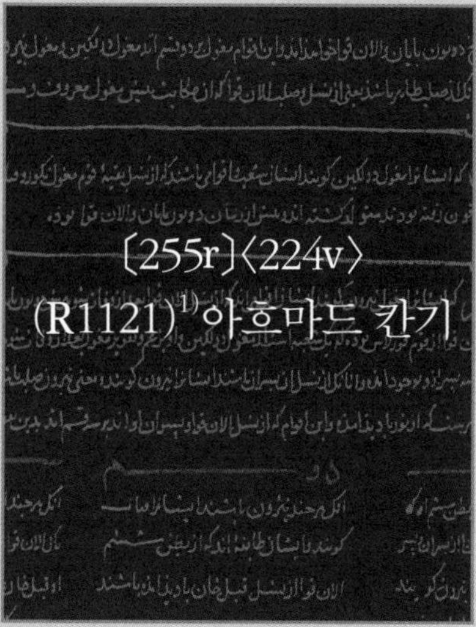

〔255r〕〈224v〉 (R1121)[1] 아흐마드 칸기

칭기스 칸의 아들인 톨루이 칸, 그의 아들인 훌레구 칸, 그의 아들인 테구데르는 군주가 되자 술탄 아흐마드(Sulṭān Aḥmad)라 불렸다.

제1장: 그의 계보에 대한 설명. 그의 카툰들과 현재까지 분파되어 온 아들, 딸, 손자들에 대한 상세한 설명. 그리고 그의 사위들에 대한 설명. 그의 자식들의 지파도.

제2장: 그가 즉위하기 전의 사정 및 즉위할 때 그의 보좌와 카툰들과 아미르들 및 왕자들의 모습. 그의 통치 시기의 연대기 및 일화들. 그 기간에 일어난 반란들과 사건들.

제3장: 그의 행동과 성품. 그의 관행과 습관. 그와 관련된 몇 가지 일화 및 그의 치세에 일어난 진기한 사건들. 그리고 앞의 두 장에 삽입되지 않은 이야기들과 여러 사람들을 통해 알게 된 여러 이야기들.

(R1122)【제1장】

그의 계보에 대한 설명. 그의 카툰들과 현재까지 분파되어온 아들, 딸, 손자들에 대한 상세한 설명. 그리고 그의 사위들에 대한 설명. 그의 자식들의 지파도.

아흐마드는 훌레구 칸의 일곱 번째 아들로 쿠투이 카툰(Qūtī Qātūn)에게서 출생했다. 그에게는 카툰과 후궁들이 무척 많았는데, 첫 번째 카툰은 쿵크라트 종족 출신의 토쿠즈 카툰(Toqūz Khātūn; 도쿠즈 카툰)이었다. 그 다음에 역시 같은 쿵크라트 종족 출신인 아르마니 카툰(Armanī Khātūn)을 부인으로 맞았다. 그 다음에는 후세인 아카(Ḥusayn Āqā)의 딸인 바이티긴(Bāītigīn)을, 그 다음에는 무사 쿠레겐(Mūsa Kūregān)의 딸인 투다구 카툰(Tūdāgū Khātūn)을, 그 다음에는 킹슈의 딸이자 토가착(Ṭōghāchāq)—주술을 했다는 이유로 그를 쿠르(Kūr) 강에 빠뜨려 죽였다—의 어머니인 일 쿠틀룩(Īl Qutlugh)을 맞이하였다. 그는 〔칸위에 올라〕 통치하던 기간에 그녀를 맞아들였고 보그탁을 씌워주었다. 마지막으로 토다이 카툰(Tōdāī Khātūn)을 맞아들였다. 그에게는 세 명의 아들이 있었는데 순서는 다음과 같다.

카블란치(Qablānchī)
아르마니 카툰에게서 출생했다.

아르슬란치(Arslānchī)
그의 어머니 역시 아르마니 카툰이다.

---

1) B본의 224v-225r은 원본이 아니라 다른 필체로 쓰인 1엽이 삽입되어 있다.

토카치르(Tōqāchīr)
그의 어머니는 쿠르쿠친(Qūrqūchīn)이라는 이름을 가진 후궁이었다.

그런데 그의 딸은 여섯 명이었고 다음과 같다.

첫째 딸 쿠축(Kūchūk): 토쿠즈 카툰(도쿠즈 카툰)에게서 출생했고, 그녀를 알리낙에게 주었다.

(R1123)둘째 딸 쿤첵(Kūnchek): 그녀의 어머니는 아르마니 카툰이며 현재 대〔아미르〕이자 사루자의 아들인 이린친(Īrinchīn)의 부인이다.

셋째 딸 치첵(Chīchek). 역시 아르마니 카툰에게서 출생했다. 그녀를 부라추(Būrāchū)—두르베이(Dūrbāī)의 아들이자 디야르 바크르의 아미르—에게 주었다.

넷째 딸 마이누(Māīnū): 역시 아르마니 카툰에게서 출생했다. 그녀를 기레이 바우르치(Girāī Bāūrchī)의 아들인 잔단(Jandān)에게 주었다.

다섯째 딸 사일룬(Sāīlūn): 투다구 카툰에게서 출생했다. 그녀를 우룩 카툰의 오르도에 속하는 가복들 가운데 하나인 카라차(Qarācha)에게 주었다.

여섯째 딸 켈투르미시(Keltūrmīsh): 쿵쿠르친(Qūnqūrchīn)이라는 이름의 후궁에게서 출생했다. 그녀를 투구(Tūghū)의 아들인 샤디(Shādī)에게 주었는데, 그는 만호장이었다. 현재 〈225r〉 샤디의 아들인 토간(Ṭōghān)이 취하고 있다.

*술탄 아흐마드의 자식들의 지파도

〔255v〕

술탄 아흐마드와 그의 카툰들 및 자식들의 지파의 모습*[2]

2) * * 사이의 부분은 A본에만 보인다. A·B본 모두 지파도가 들어갈 부분은 공백으로 남아 있다.

(R1124) 【제2장】

그가 즉위하기 전의 사정 및 즉위할 때 그의 보좌와 카툰들과 아미르들 및 왕자들의 모습.
그의 통치 시기의 연대기 및 일화들. 그 기간에 일어난 반란들과 사건들.

그가 즉위하기 전의 사정

아바카 칸이 사망하자 카툰들과 왕자들과 아미르들은 차가투에서 장례로 분주했다. 아흐마드는 쿠르디스탄[3] 방면에서 와서 도착했다. 아바카 칸이 사망하기 전에 타브리즈의 감관이던 나르두이 아크타치(Nārdūī Akhtāchī)는 어떤 용무로 인하여 아르군 왕자를 부르러 갔고, 〔그래서〕 그는 혼자서 이쪽(차가투)으로 왔다. 그 당시 사람들은 식투르 노얀에게도 사람을 보내 오라고 하였다. 그(식투르 노얀)는 네 번째 유숙지(manzil)에서 〔아르군〕 왕자를 만났다.

〔아르군〕 왕자는 몇몇 소수의 사람들과 함께 마라가 시로 들어가 카툰들 및 왕자들과 만났다. 그들은 〔그의〕 부친의 죽음을 조문하며 그에게 잔을 바쳤다. 부카(Būqā)[4]가 그의 시중을 들었고 그는 아바카 칸에게 직속되어 있던 슈쿠르치들, 아크타치들, 코르치들[5] 및 한 무리의 근시들

---

3) 쿠르디스탄(Kurdistān)은 아제르바이잔 동남부 산간지역(Jibal province)을 가리킨다. 이란의 서북부에 해당되며, 키르만샤(Kirmānshāh)는 쿠르디스탄에서 가장 크고 중요한 도시이다. Le Strange, *The Land*, p. 15, p. 19 참조.

4) 여기서 언급된 부카는 잘라이르부 출신의 아미르였다. 그는 부친 우겔레이 코르치가 사망한 뒤 어려서 아바카 칸에게 양육되어 장성한 뒤에 아바카의 유력한 측근이 되었다. 아바카가 사망한 뒤 그의 아들인 아르군의 즉위를 지지했지만, 결국 아흐마드가 즉위하게 되자 아흐마드 휘하에 들어갈 수밖에 없게 되었다. 그 뒤 아흐마드와 아르군이 대립하게 되자 그는 아흐마드를 배신하고 아르군을 지지하였고, 아흐마드의 부마였던 알리낙에게 감금되어 있던 아르군 칸을 구출하여 그를 즉위시키는 데에 결정적인 공을 세웠다. 그러나 아르군이 즉위한 뒤 권력 다툼에서 밀려나자, 부카는 주시켑 왕자를 옹위하려고 기도하다가 발각되어 처형되고 말았다. 志茂碩敏, 『モンゴル帝國史研究序說』, 106.

(muqarribān)에게 관례에 따라 〔아르군〕 왕자를 모시라고 명령했다. 대아미르들 가운데 부카와 시시 박시(Shīshī Bakhshī)와 돌라다이 이데치, (R1125)주시와 오르도 키야가 시중을 들었다.

장례 의식을 치른 뒤 그들은 나가투(Naghātū)[6]로 갔다. 아르군 왕자가 도착하기 전에 〔그곳에〕 있던 왕자들은 〔테구데르,〕[7] 아자이, 쿵쿠르타이, 훌라추, 토가 티무르, 주시켑, 킹슈, 바이두 등이었다. 〔그들은〕 카툰들과 아미르들과 함께 왕위의 문제를 놓고 논의를 했다. 권좌가 비어 있기 때문에 혹시 다른 왕자들이 도착하기 전에 왕국에 어떤 위해가 생겨서는 안 된다고 우려하였다. 그래서 아미르들 가운데에서는 식투르 노얀과 순착 아카, 아랍과 아식과 카라 부카가 다른 한 무리의 사람들과 함께 〔256r〕 아흐마드를 군주로 앉히자고 결정했다. 〈225v〉 울제이 카툰은 그녀와 함께 있던 한 무리의 아미르들과 함께 뭉케 티무르를 세우기를 희망했다. 그러나 부카와 그의 형제인 아룩 및 아크 부카, 그리고 아바카 칸을 모시던 다른 근시들은 아르군이 총명함과 판단력, 능력과 엄정함에서 다른 사람들보다 더 뛰어나다고 여기고, 그가 군주가 되는 것이 마땅하고 합당하다고 생각했다.

그러는 사이에 뭉케 티무르가 사망했다는 소식이 전해졌기 때문에 그에 관해서는 염려할 필요가 없어졌다. 쿠투이 카툰 역시 아르군 왕자 쪽으로 기울었고, 그런 방향으로 애를 썼다. 한마디로 말해서 여러 사람

---

5) 슈쿠르치(shukūrchī, 速古兒赤)는 sükür 즉 산개(傘蓋)를 담당하는 사람을 뜻하나, 보다 널리 군주의 의복을 담당하는 직무를 지닌 사람을 가리켰다. 아크타치(aqtāchī, 阿塔赤)는 aqta 즉 거세마(去勢馬)를 관리하는 사람을 뜻하고, 코르치(qōrchī, 虎兒赤)는 qor 즉 활통을 차고 군주를 시위하는 사람을 뜻한다. 모두 케식들이 담당하는 직무들이었다.

6) 원문의 표기가 불분명하나 러시아 교감본에 따랐다. Naghātū 혹은 Taghātū 강은 하류에서 Jaghātū 강과 합류하여 우르미야 호수로 유입된다. Mustawfī, *Nuzhat*, pp. 222~224 (tr., pp. 215~216) 참조.

7) A본에는 테구데르의 이름이 누락되어 있다.

들 사이에 이견이 분명히 드러나기 시작했다. 시시 박시는 대단히 현명하고 수완이 뛰어난 아미르였는데, 다수의 아미르들이 아흐마드 쪽으로 기우는 것을 보고 아르군 왕자에게 이렇게 말했다. "당신과 우리들이 취할 최상의 방책은 아흐마드에게 왕위를 인정하고, 그래서 이들 무리가 있는 곳에서부터 무사히 살아서 빠져 나가는 것입니다." 〔아르군〕 왕자는 군대를 대동하지 않았기 때문에 하는 수 없이 그렇게 하라고 허락을 내렸다.

양해 셋째 달 제7일,[8] 즉 681년 무하람월 26일(1282. 5. 6)에 모든 아미르들은 이 문제에 관해서 합의를 하였고 왕위는 아흐마드에게 확정되었다. 아르군 왕자는 사흘 뒤에 알라탁에서 (R1126)귀환하여 시야흐 쿠흐 방면으로 나섰고, 부친의 재고를 손에 넣었다. 타가차르가 파르스에서 와서 거기서 〔왕자의〕 어전에 도착했다. 쿠투이 카툰은 그녀와 뜻을 함께 하는 왕자들과 함께 알라탁 방면으로 갔다. 샴스 앗 딘 사힙 디반은 아르군 왕자를 모셨다.

왕위가 아흐마드에게 확정되었다. 그는 쿠투이 카툰의 오르도의 아미르였던 아식(Āsīq)을 보내서 〔그녀를〕 아흐마드의 한 오르도로 모셔 왔다. 681년 라비 알 아발월 13일 일요일(1282. 6. 21), 즉 …띠해 …달[9]에 관례에 따라서 서약을 하였다. 쿵쿠르타이는 아흐마드의 오른손을 잡고 식투르 노얀이 왼손을 잡고, 그를 보좌에 앉혔다. 몽골인들에게 익숙한 방식에 따라 경축과 찬사의 의식을 진행하였다. 그가 이슬람을 받들었기 때문에 그를 '술탄 아흐마드(Sulṭān Aḥmad)'라고 불렀다.

---

8) 681년 무하람월 26일 즉 1282년 5월 6일은 양해가 아니라 말해 즉 壬午年 三月 二十七日이다.

9) 말해 壬午年 五月 十五日이다.

〔256v〕〈226r〉 아흐마드가 즉위한 뒤 아르군 왕자가 그에게로 온 것, 쿵쿠르타이 왕자가 죽임을 당한 이유, 호자 알라 앗 딘 아타 말릭이 후원을 받게 된 것과 마즈드 알 물크가 야사에 처해지게 된 이야기.

경축 의식이 끝난 뒤 〔아흐마드〕는 샤후 탈라에 있던 재물들을 가져오라고 명령했고, 그것을 카툰들, 왕자들, 아미르들, 근시들 및 필요로 하는 사람들에게 나누어 주었다. 모든 군인들에게는 기병 한 사람마다 20디나르를 주었다. 그때 갑자기 아르군 왕자가 2000명의 기병과 함께 도착해서 "내가 와서 당신을 보좌에 앉힐 때까지 기다리지 않고 어찌해서 벌써 즉위식을 치렀느냐?"며 항의했다. 아흐마드는 그를 극진하게 맞아서 환대해 주었고, 그를 위해서 보관해 두었던 20개의 발리시를 자기 손으로 (R1127)직접 그에게 건네주었다. 바이두 왕자에게는 2개를 주었다. 그날 아르군과 쿵쿠르타이 사이에 아주 돈독한 우애가 맺어졌고, 그 우호관계를 맺어준 톡타이 카툰의 오르도에서 약조를 하였다. 그 뒤 그들 사이에는 사신들이 왕래하게 되었는데, 그런 까닭에 쿵쿠르타이가 처형되었다. 그 사정에 대해서는 곧 설명할 것이다.

아르군 왕자는 아흐마드의 허락을 받고 알라탁에서 귀환길에 올랐다. 라비 알 아발월 26일(1282. 7. 4)에 시야흐 쿠흐에 하영하고, 사신들을 하마단으로 보내 마즈드 알 물크 및 감옥에 갇혀 있던 사힙 알라 앗 딘 아타 말릭을 불러오게 하였다. 마즈드 알 물크의 후원자(murabbī)는 아흐마드의 어전에 있던 알타추 아카(Altāchū Āqā)의 아들인 이수 부카(Yīsū Būqā)였다. 그(이수 부카)가 호자 샴스 앗 딘에 대해서 과거와 똑같은 증오를 나타내기 시작했고, 다시 한 번 전국의 행정(ashraf-i mamālik)을 그(마즈드 알 물크)에게 위임할 참이었다. 사힙 샴스 앗 딘은 아르마니 카툰에게 자신을 후원해달라고 청원을 했고, 그는 과거의 관례에 따라 매우 중용되었다. 그리고 한 무리의 사람들을 부추겨서 마즈드 알 물크를 비방하기 시작했고, 그에 관한 사실과 거짓의 이야기들이 전달되었다.

그러는 사이에 마즈드 알 물크는 아르군 왕자에게 전갈을 보내서, "나는 당신의 사속민(īnjūī)입니다. 사힙 디반은 당신의 부친에게 독을 주었습니다. 그는 내가 그 같은 정황을 눈치챘다는 사실을 알고는 나를 죽이려 합니다. 만약 어떤 사태가 벌어진다면 왕자님께서도 알고 계셔야 할 것입니다."

사아드 앗 딘(Sa'd al-Dīn)이라는 칭호(laqab)를 갖고 있던 마즈드 알 물크의 조카가 그러한 상황에 대해 소식을 들었다. *마침 그 당시 마즈드 알 물크는 그와의 사이에 반목이 생겨나 그를 자신의 재고관리직에서 해임하였고,*[10] 〔사아드 앗 딘은〕 그로 인해 고통을 받고 여기저기 유랑하고 있었다. 그래서 사힙의 친구 몇 명이 그를 부추겨 사힙에게로 데리고 갔다. 그는 그를 이라키 아잠 지방의 총관(istīfāī)에 임명하기로 약속을 하고 즉각 그의 마음을 사로잡았다. 그러자 그는 마즈드 알 물크가 (R1128)아르군 왕자를 지지하고 있으며, 그의 어전으로 사신 한 명을 보냈다는 사실을 이야기하기에 이르렀다.

마침내 몰수되어 빼앗겼던 호자 알라 앗 딘 아타 말릭의 재산과 물건들을 모두 되돌려주라는 지엄한 칙명(yarlīgh)이 내려왔고, 그에게 온갖 은사를 내리고 아울러 옷감과 물건을 그에게 되돌려 주었다. 알라 앗 딘은 그것들을 모두 내보이면서 탄원하기를 "우리 형제가 얻은 것들은 모두 다 일 칸의 풍성한 은사품들입니다. 소인은 이것들을 이번 쿠릴타이에서 선물을 올리는 관례에 따라서 바치려고 합니다." 〔그러자 칸은〕 그것들을 모두 노략하라는 신호를 보냈다.

그리고 〔칸은〕 대아미르들인 순착 아카와 아룩에게 마즈드 알 물크에

---

10) * * 부분은 A·B본에 누락되어 있으나 러시아 교감본에 의거해서 보충했다.

대한 재판을 하라고 명령했다. 그의 옷감들 가운데 사자 가죽으로 된 것을 찾아냈는데, 거기에 알 수 없는 글자로 노란색과 붉은색으로 무언가가 쓰여 있었다. 몽골인들은 주술을 극도로 기피했기 때문에 거기 쓰인 것을 두려워하며 그것을 법정에 내놓았고, 그것에 관해서 많은 논란을 벌였다. 박시들과 무당들은 이 부적을 물에 씻어서 그 즙을 그에게 마시도록 해서 그것의 마법이 그에게 씌워지도록 하라고 말했다.

그들은 마즈드 알 물크에게 그렇게 하라고 강요하였지만, 그는 그 부적이 셰이흐 압둘 라흐만(Shaykh ʿAbd al-Raḥmān)이 만든 것이고 그가 옷감 속에 집어넣은 것이라고 하면서 거부하였다. 또한 그것이 사기나 속임수와 연관된 것이 분명하다고 주장했다. 그의 죄가 확정된 뒤에도 순착 아카는 그의 피를 흘리는 것에 찬성하지 않았다. 〔사람들이〕 아무리 그(순착 아카)를 설득하려 해도 듣지 않았다. 그런데 갑자기 그에게 통풍이 발생했고, 셰이흐 압둘 라흐만은 그(순착 아카)를 방문하여 〔처형에〕 동의하라고 극력 설득하였다. 〔순착 아카는〕 결국 그를 처형하는 것에 동의하였다. 그를 적대자들에게 넘겨주라는 〈226v〉 아흐마드의 칙명이 내려졌다.

그를 〔적대자들에게〕 넘겨주기로 했다는 소식이 〔257r〕 전해지자 많은 사람들이 모여들었다. 사힙 샴스 앗 딘—알라의 자비가 함께하기를!—은 그의 처형에 동의하지 않았고 그를 용서하려고 했다. 호자 알라 앗 딘과 호자 하룬은 극구 (R1129)〔처형을〕 주장했고 그를 한밤중에 군중들에게 내주었고, 그들은 그의 사지를 찢어버렸다. 681년 주마다 알 아발월 8일(1282. 8. 14) 수요일 밤에 알라탁에서 죽임을 당했고 그의 시체를 각지로 보냈다. 아흐마드는 호자 알라 앗 딘에게 은사를 내리고 바그다드를 그에게 주었다. 그가 일을 하지 않은 시간이 꽤 되었기 때문에, 그는 그곳에 가지 않고 사무의 처리를 위해 대신 부관들을 보냈다. 完!

아흐마드와 아르군 왕자 사이에 불화가 시작되고, 아르군이 후라산에서 바그다드 방면으로 왔다가 다시 후라산 방면으로 돌아간 이야기

아흐마드는 부카를 소환하기 위하여 여러 차례 아르군에게 사신들을 보냈으나, 그럴 때마다 어떤 구실을 대곤하였다. 마침내 그는 허락을 했고 부카는 울면서 떠났다. 그가 아흐마드에게 왔을 때 쿠투이 카툰은 그를 정중하고 극진하게 대접했고, 위대한 일 칸이 입는 의복들 가운데 외투 하나를 그에게 입혀주었다. 그는 거기에 머물렀지만 어떤 일을 시작하지는 않았다. 아르군 왕자가 수구를룩(Sughūrlūq)[11]에서 후라산으로 향했다. 아흐마드는 681년 라비 알 아히르월 4일(1282. 7. 12)에 쿵쿠르타이를 위무하면서 토키야타이 카툰(Tōqiyatai[12] Khātūn)을 그에게 주고, 많은 군대와 함께 룸 지방을 방어하라고 보냈다. 라비 알 아히르월 19일(7. 27)에 아미르 아크 부카를 그의 뒤를 쫓아 파견했다.

〔아흐마드는〕 셰이흐 압둘 라흐만을 극진하게 대접하면서 그를 '아버지(bābā)'라고 부르곤 하였다. 그는 또한 바비 야쿱(Bābī Yaʻqūb)의 제자였고 아란 〔지방〕에 직책을 갖고 있던 이샨 멩글리(Īshān Menglī)를 '형제(qarindāsh)'라고 부르곤 했다. 그는 종종 그들의 집에 갔고 (R1130)그들의 집은 오르도 뒤(ʻaqab)[13]에서 가까운 곳에 있었다. 그는

---

11) 타흐티 술레이만(Takht-i Sulaymān)의 투르크-몽골식 명칭.

12) A·B본 원문의 표기는 불분명하나 TWQYTY로 읽는 것이 옳은 듯하다.

13) 색스턴(551)은 이를 'the back gate of ordu'라고 번역했다. 몽골제국 시대 오르도의 배치를 보면 일반적으로 오르도의 후방으로는 다른 사람들이 천막을 치는 것이 금지되어 있었다. 예를 들어 카안 울루스의 토곤 테무르(惠宗)의 치세에 권신 哈麻가 처벌을 받았는데 그 이유와 관련하여 『원사』는 다음과 같이 기록하고 있다. "그 죄악을 열거하며 그를 탄핵하였는데, 그가 범한 작은 죄는 선양왕(宣讓王)으로부터 낙타와 말 등 여러 물건을 받은 것이요, 큰 죄는 어악(御幄)의 뒤에 장방(帳房)을 설치함으로써 군신(君臣) 간의 구분을 무시한 것이다."(『元史』, 「姦臣傳」, p. 4582). 따라서 아흐마드 테구데르가 셰이흐 압둘 라흐만과 이샨 멩글리와 같은 수피들과 가까이 지내면서 그들에게 오르도 후방에 천막을 세우는 것을 허락했다는 것은 그들에게 대단한 특전을 베풀었음을 의미한다.

가무(samā')[14]에 빠졌고 나라의 사무를 정리하고 처리하는 데에는 거의 신경 쓰지 않았다.

그의 모친인 쿠투이 카툰은 매우 총명하고 유능한 사람이었는데, 아식과 함께 국사를 처리하였다. 또한 그는 식투르 노얀과 순착 아카의 노력과 헌신으로 군주가 되었음에도 불구하고, 식투르에게 산개(傘蓋, chatar)를 주고 성의를 표시했을 뿐 다른 이들에게 별다른 관심을 표하지 않았다. 어쨌든 셰이흐 압둘 라흐만과 사힙 샴스 앗 딘의 건의에 따라서 지상의 학자들 가운데 으뜸이었던 마울라나 쿠틉 앗 딘 시라지(Mawlānā Quṭb al-Dīn Shīrāzī)를 〔6〕81년 주마다 알 아발월 19일(1282. 8. 25) 에집트에 사신으로 보냈다.

〔6〕81년 무하람월 첫날(1282. 4. 11) 호자 알라 앗 딘의 후원자인 아미르 알리 장기반(Amīr 'Alī Jangībān)[15]과 그의 노예의 자식인 쿠틀룩 샤(Qatulugh Shāh)가 아르군 왕자의 어전에 왔다. 그리고 아뢰기를 "사힙 디반 〔샴스 앗 딘〕이 누군가를 호자 바지흐 앗 딘 〔장기〕(Khwāja Vajīh al-Dīn Jangī)에게 보내서 왕자에게 독약을 주려고 한다."고 하였다. 이에 호자 바지흐를 쿠찬(Qūchān)으로 붙잡아 오고 그의 집을 노략하라는 명령이 내려졌다. 그러나 불루간 카툰의 중재로 그를 용서해주었다. …[16]년 주마다 알 아히르월 23일(9. 28)에 그를 풀어주라고 지시하였다.

---

14) samā'는 아랍어로 '(음악을) 듣는다'는 뜻을 지녔다. 이는 수피들이 행하는 의식들 가운데 알라의 존재를 마음속으로 기억하는 소위 디크르(dhikr: 念)의 한 형식이기도 하다. 보수적인 수피 교단에서는 디크르 의식을 행하는 도중에 큰 소리를 내거나 음악을 듣거나 춤을 추는 행위를 금하였으나, 야사비(Yasavī)나 메블레비(Mevlevī)와 같은 교단에서는 오히려 그러한 것을 더 중시하고 강조하기도 했다.

15) 아미르 알리라는 이름 다음에 나오는 단어가 A·B본 원문에는 표기가 불분명하다. 러시아 교감본은 JKYBAN이라고 했고 Rashīd/Thackston(551)은 Chākibān, Rawshan(1130)은 Jankībān이라고 옮겼다.

16) 원문 결락. 618년을 보충해야 한다.

그리고 아미르 알리에게 그 사건을 조사할 때까지 어전에서 봉사하라는 명령이 내려졌다. 그리고 〔아르군은〕 동영지로 가기 위해 바그다드 방면으로 향했고, 라이(Rayy)에서 말릭 파흐르 앗 딘(Malik Fakhr al-Dīn)에게 은사를 베풀어 전처럼 그 지방의 하킴(ḥākim)으로 임명하였다.

아흐마드가 이 소식을 듣자 사신을 보내서 말릭 〔파흐르 앗 딘〕을 붙잡아 시르반 부근으로 데리고 오도록 했다. 그리고 그에게 온갖 방법으로 고통을 가하였다. 아르군 왕자가 이 소식을 듣자 아미르들과 사힙 디반에게 전갈을 보냈다. "나의 아버지가 말릭 〔파흐르 앗 딘〕을 내게 주었고, 나는 그에게 예민한 사안을 지정해주었다. 그를 억압하고 고문하는 것은 무슨 의도인가. 만약 그에게 고통을 가하는 사람이 있다면 내가 그 복수를 해주겠노라. 사힙 디반은 자신이 (R1131)한 일을 내가 그냥 지나치리라고 생각했단 말인가."

〔아르군〕 왕자가 바그다드에 도착했을 때 호자 알라 앗 딘의 부관인 나즘 앗 딘 아스파르(Najm al-Dīn Asfar)가 사망했다. 〔아르군은〕 "나의 아버지 때에 알라 앗 딘에게 남았던 부채를 내가 받겠노라!"는 명령을 내렸다. 그래서 그의 부관들과 속료들을 붙잡아서 압류(mū'ākhadha)와 징발(muṭālaba)을 지시했다. 나즘 앗 딘 〈227r〉 아스파르를 무덤에서 끌어내어 길에 던져버렸다. 이 소식이 〔257v〕 호자 알라 앗 딘에게 전해지자 그는 극도로 분노하고 슬퍼하였다. 그런데 그는 두통이 심해져서 681년 둘 히자월 4일(1283. 3. 5)에 아란에서 사망하고 말았다. 그 대신에 호자 샴스 앗 딘의 아들인 하룬(Hārūn)을 바그다드의 지사로 파견하였다.

아르군 왕자는 그해 겨울 바그다드에 있었다. 바그다드에서 동영하고 시야흐 쿠흐에서 하영하던 아바카 칸 직속의 1투만의 카라우나 군대(lashkar-i Qarāūna), 그의 오르도들에 속한 신하들, 왕자들의 선임인 게이하투와 바이두, 아미르들 중에서는 타가차르, 자우쿠르(Jāūqūr), 중

쿠투르(Junqūtūr), 돌라다이 이데치, 알치 투트카울(Alchī[17] Tutghāūl), 주시, 쿤축발(Qunchaqbāl) 및 아바카 칸의 여타 친위병들(kezīktānān)과 근시들이 모두 아르군 왕자를 선호하고 있었다. 아흐마드는 〔아르군을 지지하는〕 그들이 연합할 것을 두려워하여 군대를 지정하였는데, 그 〔군대〕의 지휘관은 주시켑과 아룩(Arūq)과 쿠룸시(Qūrumshī)였으며 디야르 바크르에서 동영하도록 하였다. 그래서 이들 〔군대〕로 인하여 〔자신에게 반대하는〕 그 무리가 룸과 바그다드 사이에서 서로 연결하기 어려워지는 반면 자신이 안전할 수 있도록 한 것이다.

아르군 왕자는 봄에 바그다드에서 후라산으로 되돌아갔다. 주시켑을 상술한 아미르들과 함께 오르도들을 돌보게 하기 위해 남겨두고, 오르도 키야와 부카다이 아크타치(Būqadāī Aqtāchī)를 자기와 동행시켜 데리고 갔다. 그가 라이에 도착했을 때, 아흐마드 쪽에서 그곳에 임명한 감관 하나를 곤장으로 심하게 때리고 나무 형틀(dō-shākha)에 채워 나귀에 앉힌 뒤 아흐마드에게 보냈다. 그 뒤 아버지에게 독을 주었다고 한 사힙 디반을 소환하려고 (R1132)여러 번 〔사신들을〕 보냈고, 자신에게 직속된 속료들로서 아흐마드에게 구금되어 있던 사람들을 돌려달라고 하였다. 그런 이유로 그들 사이에는 분란의 불길이 타오르기 시작했다.

그가 마잔다란에 도착했을 때 에메게치 노얀(Emegāchī Nōyān)이 1투만의 군대와 함께 영접을 나왔다. 2투만의 군대를 데리고 아무다리야 강변을 방어하며 힌두 노얀(Hindū Nōyān)을 불러와서 그들과 함께 이렇게 이야기했다. "나의 아버지는 생전에 나를 불렀고 나는 군대도 없이 명령에 따라 달려갔다. 거기에 도착하니 그는 이미 타계했고 사태는 혼란에 빠져 있었다. 나는 군대를 갖지 않았기 때문에 방도가 없었고, 할

17) 러시아 교감본은 AYḤY라고 했지만 ALJY로 읽는 것이 옳을 듯하다.

수 없이 〔아흐마드의 즉위를〕 인정할 수밖에 없었다. 이제 만일 너희 아미르들이 나를 지원해준다면 칼로 상처를 입는 한이 있어도 아버지의 왕관과 보좌를 찬탈자의 손에서 내가 빼앗으리라. 그대들의 노력에 감사하겠노라. 그리고 우리의 좋은 이름이 남을 것이다."

이에 대해서 힌두 노얀이 말했다. "현재의 상황은 비록 왕자께서 말씀하신 그대로입니다만, 아흐마드는 아카입니다. 만일 그가 저 지방에서 칸이라면, 알라께 감사드리건대 당신도 역시 이 지방에서 통치자이자 군주입니다. 이 늙은이의 말에 귀를 기울이시고 그와 적대하지 마십시오. 만일 그가 당신을 해하려고 한다면, 그때는 우리 종들도 목숨을 다 바칠 것이고 대책을 세울 것입니다."

그는 이런 방식으로 많은 충고의 말을 하였다. 왕자는 말을 듣지 않았고 힌두 노얀은 돌아가버렸다. 그런 까닭에 그는 아흐마드 쪽으로 기울었다. 왜냐하면 출신(ūjā'ūr)〔이라는 점〕에서 그는 쿠투이 카툰의 오르도에 속했기 때문이다. 왕자는 여전히 같은 방식으로 그 문제에 대해서 생각을 계속했다. 完!

(R1133)쿵쿠르타이 왕자의 사건과 그의 죽음, 아흐마드가 후라산으로 향한 것, 아르군 왕자가 역경이 지난 뒤 승리를 거둔 것에 관한 이야기

아흐마드는 이쪽에서 〔출발하여〕 알라탁의 하영지로 왔다. 셰이흐 압둘라흐만을 에집트에 사신으로 보냈는데, 〔그들은〕 그를 다마스쿠스의 감옥에 가두었고 그는 죽을 때까지 그 감옥에 있었다. 아흐마드는 쿵쿠르타이를 쿠릴타이라는 명분으로 불렀고 그는 명령에 따라 나타나서 그를 모셨다. 그(쿵쿠르타이)는 자신의 부하 가운데 체릭(Cherīk)이라는 사람에게 룸 지방의 보화(tangsūq)들을 지참하게 하여 아르군의 어전으로 보내 사과를 했다. 아르군은 체릭에게 온갖 은사를 내리고 그의 편에 두 마리의 표범을 쿵쿠르타이에게 보냈다.

아흐마드가 그 같은 사실을 알게 되자 쿵쿠르타이에 대해서 완전히 실망하게 되었고, 그들 두 사람의 낯에 변심의 징표가 역력하게 드러날 정도로 관계가 악화되었다. 〔258r〕〈227v〉 쿵쿠르타이가 아르군과 합의하여 신년 축하를 하는 날에 아흐마드를 붙잡기로 했다는 소문이 들렸다. 그리고 이 협의에 쿠축 오눅치(Kūchūk Onūqchī)와 샤디 아크타치(Shādī Aqtāchī)가 가담했고, 그(아흐마드)의 전횡으로 마음이 돌아선 다수의 군인들이 쿵쿠르타이와 한편이 되어 그를 붙잡기로 했으며, 그러한 거사를 치를 밤을 정했다는 것이었다.

아흐마드는 그들이 연합했다는 소식을 듣고 신년 축하일 하루 전날 그의 사위였던 알리낙('Alīnāq)의 집으로 찾아갔다. 그리고 그에게 다음날 새벽에 쿵쿠르타이를 덮쳐서 그를 붙잡아 자기 앞으로 데려오라고 했다. 682년 샤왈월 26일(1284. 1. 17) 그는 아흐마드에게 이렇게 말했다. "술탄께서는 마음을 놓으십시오. 제가 아르군도 마찬가지로 손을 묶어서 어전으로 데리고 오겠습니다."

아흐마드는 알리낙에게 (R1134)은사를 내리고 적극 후원하였다. *또한 그를 중용하여*[18] 병사들을 그에게 맡겼다. 다음 날 새벽 원숭이해[19]의 시작 즉 신년 축하일(1284. 1. 19)에 아란의 카라바그(Qarābāgh)[20]에서 쿵쿠르타이를 잡고, 오르도를 쿠리엔(kūrān)[21]으로 차단한 채 엿새

18) * * 부분은 A본에 누락되어 있다.

19) 甲申年.

20) 카라바그('검은 정원')라는 지명은 여러 곳에 있는데, 본문에 나오는 곳은 아란 평원에 있는 것이므로 오늘날 아제르바이잔 서쪽의 카라바그(Qarabagh)와는 다른 곳이다.

21) 몽골어 küriyen을 옮긴 말이다. 몽골어에서 '바퀴(輪)'를 뜻하는데 당시 유목민들의 대규모 집단 이동의 단위였다. 보통 1천호가 한 쿠리엔을 이루었다고 본다. 라시드 앗 딘(A: 70r)은 쿠리엔의

동안 야르구를 열었다. 쿠축 오눅치와 샤디 아크타치를 야사에 처했다. 그 일을 끝낸 뒤 주시켑과 우룩 및 아르군 휘하의 일군의 아미르들, 즉 바그다드에서 오르도들을 돌보고 있던 그들을 붙잡아 오라는 명령이 내려졌다. 마찬가지로 타가차르, 차우쿠르, 중쿠투르, 돌라다이,[22] 알치 투트카울, 주시, 쿤축발 등도 타브리즈에서 구금되었다. 이들은 〔후일〕 아르군 칸이 도착한 뒤에 풀려났다.

게이하투가 복속을 청해왔다. 그는 아흐마드에게로 보내졌는데, 도중에 무클란(Mūklān)에서 도망쳐 사바(Sāva) 길을 통해서 아르군 칸의 어전으로 갔다. 아흐마드는 알리낙에게 군대를 주어서 아르군과 전투를 벌이도록 하였다. 그 같은 소문이 카즈빈에 전해지자 카디 라지 앗 딘(Qāḍī Raẓī al-Dīn)은 라이의 감관(bāsqāq)[23]에게 소식을 알렸고, 그 〔감관〕은 역마(ūlāgh)를 타고 달려서 아르군의 어전으로 와서 이렇게 보고하였다. "그들은 쿵쿠르타이를 없애버렸고 그의 아미르들과 근신들을 야사에 처했으며 대아미르들을 가두었습니다. 아흐마드는 알리낙에게 딸을 주고, 또한 그에게 대군을 붙여주어 당신을 치기 위해서 선봉대(mangqalāī)로 보냈습니다. 그리고 그 자신은 뒤따라서 오려고 합니다."

아흐마드는 683년 무하람월 18일 목요일(1284. 4. 6) 토다이 카툰을 맞아들였고 혼례를 치렀다. 그는 10만 명이 넘는 기병들을 몽골, 무슬림, 아르메니아, 그루지아인들 가운데 골라서 온갖 장비를 갖추게 하였다.

의미를 유목집단이 수령을 중심으로 그 주변에 마치 고리(ḥalqa, 環)와 같은 모양을 이루며 형성하는 둔영이라고 설명했다. 블라디미르초프(Vladimirtsov)에 의하면 제국 성립 이전에는 2~3개의 장막이 단위가 되는 ayil식 이동과 대규모 집단이 단위가 되는 küriyen식 이동이 공존했으나, 통일 이후에는 küriyen식 이동은 소멸되었다고 한다. 『몽골사회제도사』(주채혁 역. 서울: 대한교과서 주식회사, 1990), pp. 56~57 참조.

22) 원문은 TWLADAY로 되어 있는데 ṬWLADAY가 되어야 옳다.

23) bāsqāq은 투르크어로 '감관'을 지칭한다. 페르시아어로 shaḥna와 동일하다.

682년 둘 카다월 9일(1284. 1. 29)에는 선봉대로 투부트(Tūbūt)와 알리낙, 그리고 야사르 오굴(Yāsār Oghūl)과 아주 슈쿠르치(Ājū Shukūrchī), 가잔 아카(Ghāzān Āqā), 아식 토글리(Ashik Tōqlī), 순착의 아들 샤디(Shādī) 등을 1만 5000명의 기병과 함께 파견하였다.

(R1135)사흘 뒤 큰 눈이 내렸고 그 난관으로 인하여 선봉에 섰던 투부트와 야사르가 늦어지게 되었다. 그 뒤 알리낙과 야사르 오굴, 아흐마드의 젖형제(kūkeltāsh)[24]인 타가이(Taghāī)가 선봉대로 카즈빈을 출발했다. 그들은 바라민(Varāmīn)까지 진격했고, 아르군 칸에게 속해 있던 3백호의 장인(ūz)들을 모두 포로로 잡았다. 그들의 집을 약탈한 뒤 군대가 있는 곳으로 돌아왔다.

이 소식을 들은 아르군은 가라칸(Garrakān)의 재고로 사신들을 보내서 거기에 있는 것을 모두 가져오라고 했다. 또한 니샤푸르, 투스, 이스파라인에 있는 작업장들(kār-khānahā)로도 사람을 보내 의복들을 갖고 오라고 하였다. 20일 사이에 많은 양의 황금과 보화와 보석과 의복을 주르잔(Jurjān)의 아딜리야('Adiliyya)로 보냈고, 그것을 군대의 아미르들에게 분배해주었다. 라이의 말릭 파흐르 앗 딘은 그것을 기록하였고, 회계를 담당한 그(ṣadr al-dhikr-i ḥisāb)는 다음과 같이 썼다. "승리의 군대에게 나누어준 것들."

〔마침 그때〕 아르군이 재고로 들어와서 그(말리 파흐르 앗 딘)의 손에서 장부를 빼앗았다. 그(아르군)가 비록 페르시아어(Farsī)를 알지는 못했지만 펜을 잡고 우연히 '승리(manṣūr)'라는 단어를 아주 깨끗하게 썼다. 파르스 〔지방〕의 재상이었던 카밤 앗 딘(Qawām al-Dīn)이 거기 있었는데, 그처럼 신기한 일을 보고 놀라서 이렇게 아뢰었다. "승리라는 단어를

---

24) KWKLTAŠ는 투르크어에서 '젖을 같이 빨아먹은 형제'라는 뜻을 지닌 kökeltash를 옮긴 말이다. 이 단어에 대한 자세한 설명은 Doerfer, vol. 1, §343(pp. 481~482) 참조.

폐하께서 글로 쓰셨으니, 이것은 높으신 주님께서 폐하께 승리를 내려주시리라는 증거입니다." 그 다음 날 라이에서 사신이 한 명 와서 알리낙이 누케르들과 군인들과 함께 카즈빈의 변경에 왔다는 소식을 전했다.

아르군은 울라 티무르(Ūlā Tīmūr)를 선봉대로 보내고 에멕친 노얀(Īmegchīn Nōyān)을 뒤따라 보냈으며, 자신은 타미샤(Tamīsha)[25] 길을 통해서 출발하였다. 시시 박시에게 유수영을 돌보도록 하였다. 683년 사파르월 8일(1284. 4. 26) 〈228r〉 아흐마드는 8투만의 군대를 데리고 무간의 필수바르(Pīlsūvār)에서 출발하였다. 그달 13일(5. 1)에 사신이 도착했는데 〔258v〕 아르군의 군대가 (R1136)탈리칸 부근에 나타났다고 보고했다. 아흐마드는 아르다빌 변경에서 알리낙〔의 아들〕 쿠룸시를 그의 아버지에게로 보내면서 "만약 너희들의 숫자가 더 많으면 전투를 하라. 그렇지 않으면 우리가 도착할 때까지 참고 기다리라."고 지시했다. 그는 유수영을 돌보도록 에부겐(Ebūgān)을 남겨두고 사파르월 18일(5. 6)에 아르다빌 시에서 출발하여 두 차례 이동(dō kūch)을 하였다. 아르군 역시 노루즈에게 사신을 보내서 그의 휘하에 있던 1투만의 카라우나를 뒤이어 오도록 했다. 또한 힌두 노얀에게 군대를 데리고 오라고 하고, 자신은 6000명의 기병과 함께 진격하였다.

헤일리 부주르그(Khayl-i Buzurg) 부근에서 〔양측의〕 전초병들이 서로 조우했다. 아르군의 전초병들 가운데 하나를 붙잡아서 알리낙에게 데리고 왔다. 그를 〔술로〕 취하게 한 뒤에 심문했다. 〔이렇게 적의〕 상황을 확인한 뒤, 아르카순(Arqasūn) 휘하의 1투만 병력에 더하여 투부트와 야사르 오굴과 샤디 쿠레겐 등은 1만 5000명의 기병을 이끌고 출정

25) 카스피 해 동남쪽 연안에 위치한 도시. 서쪽에서는 찰루스(Chalus)부터 시작되는 타바리스탄 지역의 동쪽 경계를 이룬다. V. Minosky tr., *Ḥudūd al-Ālam. The Regions of the World: a Persian Geography, 372 A.H.-982 A.D.*(London: Luzac, 1937), p. 134.

하였다.

683년 사파르월 16일 목요일(1284. 5. 4) 양측 군대는 카즈빈 부근의 아크 호자(Āq Khwāja) 근처에서 마주하였다. 아르군 왕자가 마치 성난 사자처럼 적군을 향해 공격하여 많은 무리를 처치하였다. 한낮부터 저녁까지 전투가 계속되었고 마침내 투부트와 알리낙이 패배하여, 자말아바드(Jamālabād)에서 아브하르 변경까지 거의 10파르상을 후퇴하였다. 저쪽에서는 아주 슈쿠르치(Ājū Shukūrchī), 가잔 바하두르, 잘라이르 출신의 아식 토글리(Ashik Tōqlī) 등이 아르군의 보급대(bana)를 공격했고, 나집 하딤(Nājib Khādim)을 위시하여 일부 짐들을 약탈해 갔다. 아르군은 격분했고 안정을 찾을 수 없었으며 패주한 사람들을 추격하기를 원했다. 그러나 아미르들은 그것이 좋은 방책이 아니라고 보았다.

알리낙에게 아랍종 암말이 하나 있었는데 전투가 벌어졌을 때 그의 뒤를 따라다녔다. 그런데 그는 자신의 준마가 나동그라지자 그 〔암말〕을 타려고 했다. 그러나 〔암말은〕 그때 혼비백산해서 전쟁터를 헤매고 다녔는데 알리낙을 알아보지 못했다. 아르군이 그 암말을 알아보고 그것을 올무(yerge)로 잡아오라고 지시했다. 아미르 노루즈가 그것을 끈으로 묶어서 데리고 오자 (R1137)아르군은 그것을 그에게 하사하였다. 그리고 알리낙에게 전갈을 보내 말하기를, "나는 너와 같은 용사와 사나이가 이렇게 적은 군대를 〔이기지 못하고〕 도망치리라고는 전혀 생각하지도 못했다. 우리는 너의 이름난 말을 마치 야생 나귀처럼 붙잡았다. 너는 마치 성난 사자의 울음소리에 놀란 산양처럼 도망치고 말았구나."

〔아르군은〕 이런 식으로 전갈을 보낸 뒤 아미르들의 방책대로 귀환하기 시작했다. 그가 라이의 테헤란(Ṭehrān)에 도착했을 때 에멕친 바하두르와 다른 아미르들은 이렇게 합의하였다. "우리가 우리의 군대와 유수영이 있는 곳에 도착하고 저쪽에서 카라우나 〔군대〕가 우리와 합세하

였을 때, 만약 아흐마드가 우리를 추격해 오면 자자름(Jājarm) 위에 있는 칼푸시(Kālpūsh)[26]에서 그들과 전투를 벌이자. 〔그러면〕 우리가 집으로 돌아가서 말도 쉬게 할 수 있게 될 테니 더 나을 것이다." 이런 생각을 하면서 돌아갔다. 〔그러나〕 그가 담간(Dāmghān)에 도착했는데도 카라우나의 종적을 찾을 수 없었다. 왜냐하면 그들이 오던 도중에 아르군의 군대가 패배했다는 소식을 들었고 그런 연유로 돌아갔기 때문이다. * 그들은 돌아가는 도중에 약탈을 하였다.*[27]

아르군이 비스탐(Bisṭām)[28]에 도착하여 '수피들의 술탄'인 아부 야지드(Abū Yazīd)[29]—알라께서 그의 고귀한 영혼을 정결케 하시기를!—〔의 성묘〕를 참배하러 갔다. 그리고 지고한 주님에게 자신이 승리를 거둘 수 있도록 도움을 달라고 탄원하였다. 〔한편〕 아흐마드는 셰이흐 바비(Shaykh Bābī)와 그의 추종자들에게 가서 〔영혼의〕 피난처를 찾았고 그들에게 도움을 청하였다. 그래서 마침내 지고한 신의 어전에서 그들이 각자 얼마나 인정을 받는지 분명히 드러나게 되었다.

詩

죽은 바비에게서 피난처를 찾는 그 사람은
의심할 나위 없이 몰락하고 말겠지만,

---

26) 샤흐루드(Shāhrūd) 지역에 위치해 있으며, 현재 구르간(Gurgān)에서 동남쪽으로 60킬로미터 떨어진 지점이다.

27) * * 부분은 A본에 빠져 있다.

28) 비스탐 혹은 바스탐으로 알려진 이 도시는 카스피 해 동남쪽의 이란 동북부 심난(Semnān) 성에 속한다.

29) 바야지드 비스타미(Bāyazīd Bistāmī, 804~874), 즉 아부 야지드라는 이름으로 널리 알려져 있다. 그는 '수피들의 술탄(Sulṭān al-Ārifīn)'이라는 별명으로 알려졌으며, 초기 수피즘의 형성에 매우 큰 역할을 한 인물이다.

바야지드[30]에게서 도움을 청하는 그 사람은
더욱 더 창성하게 될 것이다

사파르월 20일 월요일(5. 8) 투부트의 사신이 〔아흐마드에게〕 도착하여 "우리는 아르군과 전투를 했습니다. 그는 도망쳤고 수많은 그의 병사들을 (R1138)붙잡아서 오고 있습니다. 그러나 후위의 군대가 우리에게 아직 도착하지 않고 있습니다."라고 전하였다. 그날 그들은 환호를 올렸고 사파르월 23일(5. 11)에 아흐마드는 샤루야즈에서 투부트와 조우했고, 투켈 박시의 아들인 체릭 티무르(Cherīk Timūr)를 아르군에게 동조하였다는 이유로 야사에 처하였다. 그 다음 날 훌라추 오굴에게 1투만의 군대를 주어 라이 방면으로 보냈다.

〔아흐마드는〕 아미르들에게 부카가 〔지시하는〕 말을 어기지 않겠노라는 〔서약의〕 글을 모두 써서 내놓으라고 지시했다. 알리낙을 제외하고는 모두 그렇게 하였다. 사파르월 28일(5. 16)에 쿵쿠르 울렝에서 이동하였고 아르마니 카툰과 오르도들은 거기에 남겨두었다. 순착 아카에게 그녀를 모시도록 〈228v〉 하였다. 병사들은 카즈빈 변경에서부터 다시 약탈과 노략을 시작하였다. 특히 그루지아 병사들은 후라산에 도착할 때까지 사람들에게 〔259r〕 갖가지 방식으로 해악을 가하였는데, 빼앗은 것은 모두 다 끌고 가면서 약탈을 자행했다.

아르군은 그가 가려는 곳을 알아채고 흩어진 군대를 모으려고 하였다. 릭지(Ligzī)와 오르도 부카(Ordō Būqā)를 사신으로 삼아 아흐마드에게 파견했다. 그들이 카즈빈 부근에 있는 아크 호자라는 곳에 도착했을 때 화평을 청하였고, 다음 날 약조를 맺고 되돌아갔다. 아르군의 전갈은

30) Bāyazīd는 아부 야지드를 가리킨다.

다음과 같은 것이었다. "내가 어떻게 자신의 '형'[31]을 향해서 칼을 뺄 수 있겠습니까. 나는 그에게 반대할 생각은 해본 적도 없습니다. 그러나 알리낙이 와서 나의 장인(匠人)들을 약탈하고 포로로 끌고 갔습니다. 그래서 나는 그에 대해서 방어를 하고 포로가 된 나의 사람들을 풀어내려고 조치를 취한 것뿐입니다. 그는 극도로 오만해져서 군대를 이끌고 온 것이고, 그래서 나는 그와 전투를 할 수 밖에 없었던 것입니다."

아미르들은 모두 함께 "아르군은 당신의 자식입니다. 양쪽 군대 모두 〔실은〕 하나입니다. 날씨도 더워졌고 가축들도 많이 소모되었습니다. 아르군도 자신의 행동을 후회하고 있으니 최상의 방책은 돌아가는 것입니다." 그러나 아흐마드는 듣지 않았다. 그 다음 날 호자 나시르 앗 딘 투시의 아들들인 호자 사드르 앗 딘(Khwāja Ṣadr al-Dīn)과 아실(R1139)앗 딘(Aṣīl al-Dīn)이 "천문의 지시에 따른다면 군대를 출정시키는 것은 상책이 아닙니다."라고 아뢰자, 그는 극도로 화를 내면서 그들을 견책(qāqmīshī)하였다.

683년 라비 알 아발월 14일 수요일(1284. 5. 31) 심난에 속하는 수르하(Surkha)[32]라는 마을에서 가잔 왕자와 테구데르 오굴의 아들인 우마르 오굴이 도착하였다. 노카이 야르구치(Nōqāī Yārghūchī)는 그들과 함께 있었고, 시시 박시와 아르군의 사신들은 메시지를 전하고 화평을 맺기 위해서 왔다. 셋째 날에 그 메시지에 대한 회답으로 리바티 아하리(Ribāṭ-i Akharī)에서 타가〔이〕 티무르(Ṭaghā〔ī〕 Tīmūr)와 수케이(Sūkāī)와 부카의 아미르들과 돌라다이 야르구치를 보내서, "만약 아르군이 복속하고자 한다면 본인이 오든가 아니면 게이하투를 보내라"는 내용의 전갈을 보냈다.

---

31) 아흐마드는 실제로는 아르군의 숙부이다.

32) 심난 서남쪽 20킬로미터에 위치.

부카는 “만약 우리가 화평을 맺어야 한다면 우리가 먼저 가서는 안 됩니다.”라고 말했다. 그러자 그(아흐마드)는 “나는 너희들이 올 때까지 초원이 있는 하라칸에 있겠다.”라고 말했다. 라비 알 아발월 17일(6. 3) 그는 거기서 이동하여 다음 날 담간(Dāmghān)에 도착했고, 약탈을 하고 사람들에게 온갖 고통을 가하였다. 상술한 달 20일(6. 6)에 하라칸에 도착했다. 거기서 가잔 왕자와 그의 동료들은 되돌아갔다. 그 이틀 동안 지르쿠다이(Jīrqūdāī) 천호장과 그의 형제인 이수데르(Yīsūdār), 시라즈의 감관인 불간(Bulghān), 한 무리의 쿠슈치들이 복속해 왔다. 알리낙을 선봉대로 삼아 군대와 함께 파견하고 상술한 달 28일 수요일(6. 14)에 칼푸시에 하영하였다. 라비 알 아발월 마지막 날 금요일(6. 16) 게이하투 왕자가 타가이 티무르와 수케 등의 왕자들, 부카와 노루즈와 부랄기 등의 아미르들과 함께 도착했다.

부카는 아흐마드가 〔약속했던〕 말을 지키지 않고 참고 기다리지 못한 것을 보고는 화를 내면서, 그것을 아르군의 행운 때문이라고 여겼다. 그 다음 날 라비 알 아히르월 첫날(6. 17)에 노루즈와 부랄기를 다시 돌아오도록 했고, 그달 셋째 날 월요일(6. 19)에는 칼푸시에서 이영하였다. 그때 이틀 동안 불라 티무르, 수니테이 노얀의 아들 에멕친이 (R1140)복속해 왔다. 아흐마드는 부카 및 다른 아미르들이 정지했다는 이유로 그들에게 화를 내며 부카에게 말했다. “나의 의견이 더 나았는가, 아니면 자네들의 의견이 더 옳았는가?” 부카는 “폐하의 말씀이 옳습니다. 저희 평민(qarāchū)의 의견이 당키나 하겠습니까?”라고 말했다. 아흐마드는 “우리가 쿠투이 카툰이 있는 곳으로 가게 되면 이 이야기를 거기서 할 것이다.”라고 말했다.

〔이렇게〕 그는 위협적으로 말하면서 부카를 경멸하였고 그 대신 아크부카를 높여주었다. 부카는 아르군의 득세를 바라고 그를 지지하는 마

음이 일어났다. 라비 알 아히르월 9일 일요일(6. 25)에 쿠찬에 도착했는데, 아르군이 칼라트 쿠흐(Kalāt Kūh)에서 성채를 강화한다는 소식을 들었다. 아르군은 부랄기와 노루즈와 부카다이 아크타치와 타르바이 등과 함께 밤중에 쿠찬에서 칼라트 쿠흐로 향했고, 새벽녘에는 직속해 있던 몇 사람 이외에는 별로 남아 있지 않게 되었다.

아르군은 불루간 카툰과 함께 칼라트 성채로 들어갔고, 노루즈는 알리낙이 도착했다는 소식을 듣고는 아르군에게 무릎을 꿇고 아뢰기를 "최상의 방책은 지금 즉시 말을 타고 출발하여 아무다리야를 건너서 코니치(Qōnīchī)[33]에게로 가는 것입니다. 거기서 그의 지원을 받아서 적을 제압하러 다시 오는 것입니다."라고 하였다. 그러나 아르군은 그의 말에 귀를 기울이지 않았다. 라그지와 그의 부인, 그리고 아르군 아카의 부인이 아흐마드에게 복속해 왔고, 라그지는 "만약 명령을 내리신다면 내가 가서 아르군을 데리고 오겠습니다."라고 말했다. 아흐마드는 이를 승락했고 라그지는 군대를 데리고 떠났다.

그는 쿠틀룩 카툰의 오르도를 공격했고 그들의 짐을 약탈했다. 노루즈가 그에게로 가서 그녀를 돌려달라고 했지만 그는 거절했다. 라그지는 오만하게 그의 앞으로 와서 노루즈의 말고삐를 잡고는 〔259v〕〈229r〉 "너를 보내지 않겠다. 너를 아흐마드에게 데리고 가서 그를 모시도록 하겠다."고 말했다. 노루즈는 손으로 칼을 잡고 말하기를 "내 목숨이 붙어 있는 한 아르군을 버리지 않을 것이며, 나의 삶을 그의 생명을

---

33) 코니치는 주치의 장자인 오르다, 그의 장자인 사르탁타이의 장자이다. 그는 조부 오르다의 울루스, 즉 주치 울루스의 '좌익'을 지배했으며 그가 죽은 뒤 그의 큰 아들인 바얀(Bayan)이 계승했다. 라시드 앗 딘은 오르다의 울루스는 시르다리야 북방의 남부 카자흐스탄 초원에 위치해 있었기 때문에 카이두의 울루스와 인접했고, 두 울루스 사이에서는 전쟁이 자주 일어났다고 전했다. 마르코 폴로는 Conci라고 옮기고 있다. Rashīd/Boyle, *Successors*, 24, pp. 100~103; Pelliot, *Notes on Marco Polo*(Paris: Librairie Adrien-Maisonneuve, 1959), vol. 1, p. 404 등 참조.

위하여 바칠 것이다. 세상이 항상 똑같은 상황에 머무르지 않으니 그것이 그의 행운이 될 것이다."라고 하였다. (R1141)

詩

네가 반지를 한 번 돌리는 사이
이 세상은 백 번을 돌 것이다

라그지는 〔그를 붙잡는 것이〕 불가능하리라는 것을 알고는 그를 놓아주고, 재물을 모두 끌고 아흐마드에게로 왔다. 아흐마드는 그 재물들 가운데 많은 부분을 그에게 주었다.

아르군이 성채 안에서 아미르들과 상의를 하고 있을 때 알리낙이 도착했다. 아르군은 성채에서 혼자 내려와 알리낙과 병사들에게 가까이 가서는 소리쳤다. 그(알리낙)는 전열 〔앞으로 나와〕 말에서 내려 땅바닥에 입을 맞추고는 말했다. "오, 지상의 왕자시여! 당신의 숙부께서 당신을 보기를 원합니다." 이에 알타이(Altāī)[34]는 "아르군은 아흐마드를 보러 갈 것이다."라고 말했다. 그는 즉시 불루간 카툰과 함께 아흐마드의 오르도로 향했고, 라비 알 아히르월 13일 목요일(1284. 6. 29) 아흐마드가 있는 곳에 도착했다. 〔아흐마드는〕 그를 껴안으며 그의 얼굴에 입맞춤을 했다. 그리고 알리낙에게 그를 맡기며 "그를 잘 살피도록 하라. 그래서 우리가 쿠투이 카툰이 있는 곳에 도착하면 그를 심문하기로 하자."고 말했다.

이에 알리낙은 "적이 수중에 들어왔으니 오늘 밤에 당장 그의 일을 처리하는 것이 더 낫습니다."라고 말했다. 그러나 아흐마드는 "그는 군

34) 아바카의 후궁이었던 '알타이 에게치'를 가리킬 수도 있으나 단언하기는 어렵다.

대도 재물도 없는데 도대체 무엇을 할 수 있겠는가."라고 말하며, 시시 박시와 카다안(Qadān), 우즈 티무르 쿠슈치(Ūz[35] Tīmūr Qūshchī)와 부랄기(Būrālghī)를 체포하라고 지시했다. 그는 라비 알 아히르월 14일 금요일(6. 30)에 귀환하였고, 15일 토요일(7. 1)에는 불루간 카툰의 연회(ṭōī)가 열렸다. 우즈 티무르 쿠슈치와 네구베이 쿠슈치(Nīgbī Qūshchī)와 그의 형제인 카차르 아크타치(Qāchār Akhtāchī)를 아르군을 지지했다는 이유로 처형시켰다. 아흐마드는 토다이 카툰을 보고 싶은 마음에, 알리낙을 〔아르군의〕 감시를 위해 남겨두고, 또 왕자들은 군대를 돌보기 위해 남겨둔 채, 자신은 근시들과 함께 라비 알 아히르월 16일 일요일(7. 2)에 유수영으로 향하였다.

부카가 〔아흐마드에게〕 아뢰기를 "주치 카사르 집안의 킵착 오굴(Qipchāq Ōghūl)이 〔저의〕 딸과 혼인하기를 원하기에 제가 허락을 했습니다. 그래서 우리 사이에는 우호와 연대감이 생겨나게 되었습니다. 그래서 저는 그와 함께 하나가 되어 그가 〔폐하께〕 잔을 바쳤으면 합니다."라고 말했다. 아흐마드는 "좋다'고 말했고, (R1142)이런 까닭으로 부카는 〔그곳에〕 머물렀다.

아르군은 감시인들의 손에서 슬프고 우울했는데 불루간 카툰이 그의 기분을 돌리면서 말하기를 "밤이 찼습니다."[36]라고 말했다. 아미르 부카는 아바카 칸이 베푼 은총에 대한 의무를 다하기 위해 아르군의 일을 도왔고 그가 군주의 자리를 차지하기를 원했다. 먼저 자신의 일족인 이수 부카 쿠레겐과 아룩과 쿠룸시를 설득했다. 〔그러고 나서〕 테게네(Tegenā)에게 제안을 했고, 그 뒤에는 쿠케 일게이의 아들인 아르카순 노

---

35) 러시아 교감본은 AWR라고 했지만 AWZ가 옳을 듯하다.

36) 원문 al-layl ḥubla는 문자 그대로 '밤이 임신했다'는 의미이지만, 이는 라마단 금식월에 달이 차면 (즉 임신하면) 곧 금식이 끝나니까 조금만 참고 기다리라는 뜻이다.

얀 및 아미르들과 하나씩 은밀하게 이야기했다. "아흐마드는 자신의 근신인 수케, 투부트, 알리낙, 에부겐 등과 상의를 해서, 아르군의 일을 처리하고 난 뒤에는 아미르들 모두를 이스파라인 부근에서 처형하기로 했다. 일이 이러하니 절호의 기회인 오늘 우리 자신들의 문제를 해결하지 않으면 어떻게 될 것인가?"

주시켑을 모시고 있던 아룩이 이렇게 말했다. "이 말이 옳다. 왜냐하면 힌두쿠르의 아들인 쿠룸시가 와서 말하기를, 불루간 카툰이 베푼 잔칫날에 〔아흐마드가〕 알리낙과 자신의 누케르들에게 바로 그런 똑같은 말을 했다고 보고했기 때문이다." 부카와 아룩은 그것을 주시켑에게 전달했고, 테게네는 훌라추에게 전달했다. 부카와 아미르들은 "이 일을 수행하기 위해서 왕자들 쪽에서는 훌라추가 선봉에 서야 합니다."라고 말했다. 또한 그들은 "아미르들 쪽에서는 연장자인 부카가 있다."라고 말하고, 모두 다 그의 말을 어기지 않기로 합의하였다. 아르카순 노얀도 역시 자신의 만인대와 함께 연합하였다. 알리낙은 승리를 거둔 뒤 건방지고 오만해져서 낮이고 밤이고 환락에만 몰두하였고, 상황이 반전되고 있는 것을 까맣게 모르고 있었다.

아미르 부카는 아르군을 감시하던 사람들 중에서 에메첵(Īmechek)이라는 자를 불러서 몽골어로 맹서를 하게 하였다. 그에게 말하는 비밀을 절대로 누설하지 않겠다고. 그리고 그에게 말하기를 "아르군에게 가서 오늘 밤 알리낙의 환심을 사놓으라고 말하라. 그와 누케르들에게 술을 잔뜩 마시게 하되 자신은 깨어 있어야 한다고 말하라."고 하였다. 그 뒤 아미르들은 아르군의 젖형제였던 부랄구(Būrālghū)에게 똑같은 방책을 일러주어 그의 어전으로 (R1143)보냈다. 그리고 아룩과 쿠룸시와 모의하기를 카라 노카이(Qarā Nōqāī)와 타이탁(Tāītāq)에게 술을 마시게 해서 정신을 잃게 하자고 하였다.

그리고 모두 함께 연회를 열어서 알리낙을 불렀다. 그는 "아르군을 감시하는 데에 오늘 밤이 나의 당번(kezīk)이라 술을 마실 수 없다."고 말했다. 주시켑은 〔자기가〕 그를 감시하겠다고 약속을 하고 알리낙을 술자리로 이끌고 갔다. 저녁 기도 시간이 되었을 때 〔알리낙은〕 만취하여 잠이 들었다. 부카는 밤중에 세 명의 기병을 데리고 마치 감시를 하는 것처럼 〔위장하며〕 포위망 안으로 들어갔다. 〔260r〕〈229v〉[37] 그리고 한 명을 살금살금 천막 안으로 들여보내 아르군을 깨우고는 "여기 부카가 충성을 바치러 왔습니다. 당신의 승리를 위하여 왕자들과 아미르들과 군인들을 한마음으로 만들고, 당신을 밖으로 모셔내기 위한 준비가 다 되었습니다."라고 말했다. 아르군은 그 말이 위계(僞計) 아닌가 생각하며 적이 걱정과 두려움을 느꼈다. 그 사람은 자기가 진실을 말하는 것이며 아무런 두려움을 가질 필요가 없다고 맹서를 했다.

아르군은 천막 밖으로 나왔고 부카를 보았다. 그는 "이 반란은 무엇인가?"라고 물었다.

詩

행운이 너의 벗이 되었다고 말하라

적의 운수는 뒤집어졌노라.

그는 아르군을 말에 앉혔다. 그들이 세 번째 포위망에 이르렀을 때 한 몽골인이 "너희들이 들어갈 때는 네 명의 기병이 있었는데, 지금 다섯 명의 기병이 나오니 도대체 어찌된 일인가?"라고 물었다. 부카는 "우리는 〔처음부터〕 다섯 명이었는데 너의 눈이 졸려서 그렇게 보았거나 아

---

37) B본은 229v부터 231r까지 원본은 결락되고 대신 다른 필체로 쓰인 2엽이 들어가 있다.

니면 두 명의 기병이 합쳐져 하나로 온 것처럼 착각을 한 것이다."라고 대답했다. 그 몽골인은 "정말 그랬나 보다."라고 하였다.

간단히 말해서 그들은 무사히 〔포위망을〕 빠져나와 부카의 집으로 갔다. 아르군은 갑옷을 입고 아라비아 말에 올라탔다. 그리고 먼저 알리낙을 치러 가서 그를 천막 안에서 죽였다. 타브리즈의 탐가치(tamghāchī)[38]였던 아미르 알리(Amīr 'Alī)는 부카의 시종이었는데, 천막 자락을 들고 〔들어가〕 그의 머리를 잘라서 밖으로 (R1144)던져버렸다. 683년 라비 알 아히르월 18일 화요일(1284. 7. 4) 밤의 일이었다.

같은 날 밤에 아르카순을 훌라추와 테게네에게 사신으로 보내서, "우리가 알리낙과 타이탁을 시르 쿠흐(Shīr Kūh)에서 죽였으니 너희들도 야사우르 오굴과 에부겐을 죽이도록 하라."고 전했다. 야사르와 관계가 나빴던 훌라추는 그를 활시위로 목을 졸라서 죽이고 에부겐은 감시하에 두었다. 그날 밤 알타추 비틱치의 아들 카라 부카와 타이탁과 투부트를 다른 한 무리의 사람들과 함께 체포했다. 그 다음 날 그 일부를 죽였으며 일부는 풀어주었다.

〔이렇게 해서〕 밤중에 감옥에 있던 아르군은 새벽녘에 지상의 군주가 되었다. 아흐마드가 그 소식을 들었을 때는 아직 주르바드(Jūrbad)[39]에 도달하지 못했고, 토다이 카툰의 오르도들과도 합하지 못한 상태였다. 킹슈 왕자가 그와 함께 있었고 아미르들 가운데에는 에멕친과 아크 부

---

38) '탐가치'라는 말은 몽골어에서 인장(印章)을 뜻하는 tamgha와 chi 접미사가 결합한 형태로서 두 가지 의미로 쓰였다. 하나는 변경의 수비 사령관이고 또 하나는 상세 징수관이다. D. Bayarsaykhan, *The Mongols and the Armenians (1220-1335)*(Brill: Leiden, 2011), p. 101 참조. 타브리즈는 훌레구 울루스의 도읍이었기 때문에 변경 수비대가 주둔했다고 보기는 어렵고, 따라서 여기서는 상세 징수관으로 보는 것이 옳을 듯하다.

39) Rashīd/Thackston(395)에 의하면 주르바드(Jūrbad, 아랍어형으로는 Jarbādhqān)라는 지명은 두 곳이 있는데, 하나는 이스파한과 하마단 사이에 있는 것(현재 Golpayegan)이고, 또 하나는 여기서 언급된 곳으로 Astarabad(현재의 Gorgan)와 Jurjan(현재의 Gobad-e-Kavus) 사이에 있다.

카와 레그지가 있었다. 정오에 타이탁의 천호에 속하는 한 사람이 그에게 와서 상황을 설명했다. 아흐마드는 아미르들과 상의를 한 뒤 전투를 하기 위해서 되돌아섰다.

그런데 갑자기 마죽 쿠슈치(Māzūq Qūshūchī)에 속한 한 사람이 와서 그에게 말하기를 "당신에게 속한 사람들을 그들이 모두 죽였고 〔이제는〕 합심해서 당신을 죽이려고 합니다. 사태는 이미 감당할 수 있는 단계를 지났으니, 만약 당신에게 힘과 기회가 있다면 도망쳐서 목숨을 구하도록 하시오."라고 하였다. 아흐마드는 패배하여 퇴각하였다. 그는 칼푸시에 도착하여 잠시 토다이 카툰과 함께 지냈다. 〔6〕83년 라비 알 아히르월 19일(7. 5) 이스파라인 부근에서 도주하였다. 도중에 마잔다란에서 오고 있던 불라이 티무르(Būlāī Tīmūr)와 그의 속료들과 마주치자, 그들을 죽이고 쿠미시(Qūmish)와 페르시아[40] 쪽으로 도망쳤다.

왕자들과 아미르들이 알리낙을 죽인 뒤 이스파한의 감관인 부라(Būra)를 파견해서, 시야흐 쿠흐 부근에 주둔하고 있던 〔1〕[41]투만의 카라우나에게 출정을 해서 아흐마드를 잡으라고 하였다. 쿵쿠르타이의 오르도의 아미르였던 체릭(Cherīk)이라는 (R1145)이름의 한 몽골인에게 400명의 기병을 주어 아흐마드를 추격하러 보냈다. 그리고 그 뒤를 이어 돌라다이 야르구치에게 400명의 또 다른 기병을 주어 가게 하였다. 그들이 아흐마드의 뒤를 얼마나 바짝 추격했는지 〔아흐마드가〕 이영(移營, kūch)한 바로 〔다음에〕 그곳에 하영할 정도였다.

부라가 카라우나에게 도착하자 그들 역시 즉각 출정하여 아흐마드를

---

40) 원문은 'Irāq이지만 여기서는 색스턴이 그러했듯이 페르시아로 옮긴다. 당시에 'Iraq는 오늘날의 이란 지방과 이라크 지방을 모두 포괄하는 개념이었고, 구분할 필요가 있을 때에는 'Irāq-i 'Ajam과 'Irāq-i 'Arab이라는 명칭을 사용했다. 쿠미시라는 곳이 엘부르즈 산맥의 동남방에 위치해 있기 때문에 여기에서는 페르시아 지방이라고 보아야 할 것이다.

41) 원문에는 없지만 '1'을 보충해서 이해하는 것이 옳을 듯하다.

잡으러 달려갔다. 훌라추와 킹슈는 라비 알 아히르월 24일(7. 10) 월요일에 하라칸에서 아르군에게 왔다. 아흐마드의 고문(īnāq)이었고 부카를 괴롭히던 아미르 아크 부카를 체포했다.

왕자들과 〈230r〉 아미르들은 왕위에 관해서 상의를 하고 논쟁을 벌였다. 부카는 아르군에게 기울었지만 아룩은 주시켑을, 테게네는 훌라추를 지지했다. 테게네가 말했다. "훌라추는 훌레구 칸의 아들이다. 아들이 있으니 손자들에게 〔왕위가〕 돌아가서는 안 된다." 그러자 아룩과 쿠룸시가 말하기를 "대유르트(yūrt-i buzurg)는 주시켑이 보유하고 있으며, 나이로 볼 때에도 그가 형(āqā)이니 그가 되어야 마땅하다."라고 했다. 이에 부카는 이렇게 말했다. "온 세상의 군주이자 칭기스 칸 일족 전체의 형이신 카안께서는 이란땅의 여러 지방의 왕위를 자기 형제인 훌레구 칸의 다음에 그의 큰아들이자 특별히 총명하고 완벽한 아바카 칸에게 위임하셨다. 그 뒤로는 상속(arth)의 관례에 따라 그의 진정한 후계자인 아르군에게로 가야 마땅하다. 만약 말 많은 사람들이 중간에 끼어들지 않았다면, 그는 왕관과 보좌를 그의 자식들에게 주었을 것이며 이 모든 분란도 일어나지 않았을 것이다. 세상을 다스리는 주님이 이 분란의 끝이 어디로 갈지 아실 것이다."

테게네가 거칠고 날카롭게 〔말하기〕 시작하자 부카는 칼을 빼들고 "내 손이 이 칼에 머물고 있는 한 아르군 이외에 다른 사람을 임금으로 앉힐 수는 없다."고 말했다. 아미르들이 텡기즈 쿠레겐에게 "아바카 칸의 유언〔260v〕은 어떠했느냐?"고 물었다. 그는 "나와 식투르 아카는 그가 말하는 것을 들었다. '내가 죽은 다음에는 뭉케 티무르를 임금으로 해야 한다. 그리고 그 다음에는 아르군을 임금으로 (R1146)해야 한다.'"라고 하였다. 그러자 〔테게네는〕 그에게 "너는 이 이야기를 어디서 들었느냐? 스스로 지어낸 것이다."라고 소리쳤다.

이에 아르군은 "나를 내버려두라. 나는 임금이 되고 싶지 않고 나의 부친이 내게 주신 후라산만으로도 만족한다."고 말했다. 부카는 "오, 왕자여! 처음에는 당신이 잘 모르고 아흐마드를 임금으로 받들었는데, 지금은 고의는 아니겠지만 분란이 확산되는 것을 조장하고 계십니다. 그건 그렇다고 치더라도 아직 적을 잡지도 못했는데 어째서 우리는 분란과 논쟁을 벌이는 것입니까? 〔지금〕 최상의 방책은 이렇습니다. 몇 개의 그룹으로 나누어 나라 안 각지로 보내서 아흐마드를 잡아오도록 합시다. 그 뒤에 울제이 카툰과 다른 카툰들이 있는 곳에 가서, 모든 사람들이 왕위에 대해서 상의를 하고 왕자들 가운데 한 분을 결정하도록 합시다. 그가 아르군을 치러 왔으니 〔아르군이〕 그를 추격하는 데에 선봉에 서도록 합시다."라고 말했다. 이런 말로써 〔논의를〕 마치고 라비 알 아히르월 25일 화요일(7. 11)에 아르군과 부카는 선봉에 서서 아흐마드를 추격하러 나섰다. 그들 뒤로는 아룩과 주시켑이, 그 뒤로는 훌라추와 테게네와 킹슈가 모든 유수영들을 관할(bāshlāmīshī)하였다.

라비 알 아히르월 27일 목요일(7. 13) 아흐마드가 쿵쿠르 울렝에 하영하고 부카의 집을 약탈하였다. 그의 부인과 아이들까지 괴롭히려고 했지만 순착이 못하게 하였다. 다음 날 샤루야즈에서 출발하여 683년 주마다 알 아발월 2일 월요일(7. 17)에 자신의 오르도들에 도착하여 어머니에게 "아르군에 관한 일은 처리했습니다. 당신을 보려고 먼저 온 것입니다."라고 말했다. 그러고는 도망칠 준비를 하느라 바빴고 데르벤드 방면으로 나가려고 하였다.

식투르 아카가 이를 눈치 채고 쿠투이 카툰에게 사람을 보내서 "우리는 보좌를 모시는 종들입니다. 바로 지금 사신들이 도착해서 모든 왕자들이 아흐마드를 잡으라는 명령을 내렸다고 말합니다. 우리 종들이 무슨 죄를 지었습니까. 최상의 방책은 아흐마드를 혼자 (R1147)숙소

(wathāqī)에 남겨두고, 〔그의〕 일족이 서로 만나서 비방(tāpshmīshī)할 것이 있으면 서로 하게 하는 것입니다."라고 말했다. 쿠투이 카툰은 이를 허락하고 식투르 노얀에게 300명을 주어 감호의 관례대로 아흐마드를 맡겼다.

갑자기 많은 수의 군대가 당도하여 그 오르도들을 얼마나 심하게 약탈했는지, 목지들(yūrthā)에는 못 쓰는 솥들을 제외하고는 아무런 흔적도 찾아볼 수 없을 정도였다. 쿠투이 카툰과 토다이 카툰과 아르마니 카툰을 알몸으로 남겨두었다. 그들 중에서 2000명을 정해서 아흐마드를 감시하도록 했다. 아르군이 주마다 알 아발월 11일 수요일(7. 26)에 타무르(Tamur) 강을 건너서 카툰들의 오르도들이 있는 곳에 하영하였다. 누르가이 야르구치(Nurgāī Yārghūchī)를 보내서 아흐마드를 감시하게 하고, 일요일(7. 30)에는 유즈 아가치(Yūz Āghāch) 부근에 있는 슈르(Shūr) 강가에 하영하였다. 〈230v〉 그의 아미르들 가운데 타브리즈에 갇혀 있던 타가차르와 쿤축발과 돌라다이는 풀려나 그날 바로 어전에 도착했다.

카툰들과 아미르들은 아르군을 왕위에 앉히기로 합의하였고 충성을 다짐하였다. 그들은 아흐마드를 불러냈고, 테게네와 〔누르가이〕 야르구치와 쿵쿠르타이의 누케르들이 그를 심문하여 이렇게 물었다. "쿵쿠르타이와 쿠축은 아바카 칸을 위해서 성심을 다하여 봉사하였고, 또 당신을 임금의 자리에 앉히는 데에 도움을 주었건만, 무슨 이유로 그들을 죽였는가? 아르군은 부친의 자리를 자신이 물려받아야 마땅함에도 불구하고, 당신을 임금으로 받아들이고 다만 후라산만으로 만족하였는데, 어째서 알리낙을 보내서 그의 장인들과 속민들을 약탈하고 포로로 끌고 갔는가?" 이에 그는 "내가 잘못했다. 앞으로는 그러지 않겠다."고 말했다.

아르군과 아미르들은 그의 어머니인 쿠투이 카툰이 너무 높은 지위에 있다 보니 그의 죄를 보지 못했다는 점을 배려하려고 했지만, 쿵쿠르타이의 어머니와 그의 자식들 및 속민들은 소리를 지르며 〔항의하였다〕. 그러는 사이에 이수 부카 쿠레겐이 도착하여 말하기를 (R1148)"훌라추와 주시켑 등의 왕자들이 하마단 변경에서 큰 무리를 만들어서 반란을 일으키려 하고 있는데, 지금 어떻게 용서를 논한단 말이냐?"라고 말했다. 그런 연유로 쿵쿠르타이의 피에 대한 복수로서 아흐마드를 야사에 처하라는 지엄한 칙령이 내려졌다. 683년 주마디 알 아발월 26일 목요일(1284. 8. 9)—닭해[42] 여섯째 달 제28일에 해당—밤에 일어난 일이었다. 쿵쿠르타이를 죽인 것과 동일한 방식으로 아흐마드를 없애버렸다. 알라는 도움을 주시는 분이다!

---

42) 원문은 dāqīqū yīl이라고 되어 있는데 이는 잘못된 것이다. 1284년은 甲申年이기 때문에 원숭이해가 되어야 옳다.

(R1149)아흐마드 〔테구데르〕 칸기 **【제3장】**

〔그의 행동과 성품. 그의 관행과 습관. 그와 관련된 몇 가지 일화 및 그의 치세에 일어난 진기한 사건들. 그리고 앞의 두 장에 삽입되지 않은 이야기들과 여러 사람들을 통해 알게 된 여러 이야기들〕

그에 관한 정황은 이러하다. 完!

아르군 칸기

〔261r〕(R1150) 칭기스 칸의 아들 톨루이 칸, 그의 아들 훌레구 칸, 그의 아들 아바카 칸, 그의 아들 아르군 칸기: 3장으로 구성

[1]그의 축복받은 출생은 닭해 아람월 25일 토요일 즉 회력 660년(1261) …[2], 태양이 5도 떠오르던 그날 첫 시, 쌍어궁 자리에 있던 시기에 바일라칸(Bailaqān) 부근에서 일어났다. 그리고 683년 주마다 알 아발월 27일 금요일 즉 닭해[3] 여섯 번째 달 29일(1284. 8. 11)에 보좌에 올랐다. 690년 라비 알 아발월 7일 토요일 즉 …[4]해 두 번째 달 8일(1291. 3. 10)에 사망했다. 그의 향년은 33세이고, 재위는 7년이다.

제1장: 그의 고귀한 계보 및 그의 부인들과 오늘날까지 분파된 그의 아들들 및 손자들에 대한 자세한 설명. 그의 사위들과 일부 그의 〔친족〕 및 그들의 상황에 대한 언급. 그의 자식들의 지파도.

제2장: 그가 즉위하기 전의 사정. 그가 칸위에 오를 때 그의 보좌, 부인들, 왕자들 및 아미르들의 모습. 그의 통치기의 역사, (R1151)그가 수행했던 전투들과 그가 거두었던 승리들. 그의 재위 기간.

제3장: 그의 칭송받을 만한 행동과 선별된 성품, 현명한 이야기들과 성훈과 일화들, 그가 말했거나 지시했던 명령들, 그의 치세에 일어났던 일화와 사건들 가운데 앞의 두 장에 들어가지 않았던 것들, 기타 단편적으로 알려진 것들.

〈231r〉(R1152) 【제1장】

그의 고귀한 계보 및 그의 부인들과 오늘날까지 분파된 그의 아들들 및 손자들에 대한 자세한 설명. 그의 사위들과 일부 그의 〔친족〕 및 그들의 상황에 대한 언급. 그의 자식들의 지파도.

아르군은 아바카 칸의 큰아들이었다. 카이미시 에게치(Qaymīsh Īgāchī)에게서 출생했다. 그에게는 카툰들과 후궁들이 있었는데, 가장 먼저 텡기즈 쿠레겐의 딸인 쿠틀룩 카툰(Qutlugh Khātūn)과 혼인하였다. 그녀가 사망하자 그녀의 질녀이자 술라미시의 딸인 울제타이(Ōljetāī)를 맞이하였다. 그녀의 어머니는 투다가치(Tūdāgāch)였다. 그런데 그녀가 아직 어린애였기 때문에 그녀에게 다가가지는 않았다. 그 다음에 케레이트 종족 출신인 사루자의 딸이자 아미르 이린친(Amīr Īrinchīn)의 자매인 우룩 카툰(Ūrūk Khātūn)을 맞아들였다. 사루자는 토쿠즈 카툰(도쿠즈 카툰)과 형제였다. 그 뒤에 룸의 술탄 루큰 앗 딘의 딸인 셀주크 카툰(Seljūq Khātūn), 그 다음에는 아바카 칸의 부인이었던 대불루간 카툰을 맞이하였다. 그녀가 사망한 뒤 그녀 대신에 지금도 생존해 있는 아바타이 노얀(Abatāī Nōyān)의 아들인 우테만(Ūtemān)의 딸 〔소〕불루간 카툰과 혼인하였다.

그 다음에는 그의 후궁들. 그는 아버지의 후궁이었던 토다이 카툰을 취해서 그녀를 마르타이 카툰(Martāī Khātūn)의 자리에 앉혔다. 또 하나는 쿨타크 에게치(Qūltāq Īgāchī). 또 하나는 후세인 아카의 아들인 쿠틀

---

1) * * 부분은 B본에는 보이지 않는다.

2) 원문 결락. 닭해(辛酉年) 아람월(정월) 25일은 양력으로 1261년 2월 25일이며 회력으로는 660년 라마단월 23일이 된다.

3) 1284년은 甲申年이므로 '원숭이해'가 되어야 옳다. 닭해는 그 다음 해인 1285년(乙酉年)이다.

4) 辛卯年이므로 '토끼해'가 되어야 한다.

룩 부카의 딸인데, 쿠투이(Qūtī)라는 이름을 갖고 있었다. 또 하나는 에르케 에게치(Erke Īgāchī)인데 전에는 (R1153)〔아바카 칸의〕 후궁이었다.

그에게는 네 아들이 있었는데 다음과 같은 순서이다.

첫째 아들 가잔 칸(Ghāzān Khān)
그의 모친은 쿨타크 에게치

둘째 아들 이수 티무르(Yīsū Tīmūr)
그의 모친은 우룩 카툰이었다.

셋째 아들 울제이투 술탄(Ōjāītū Sulṭān)
그의 모친 역시 우룩 카툰.

넷째 아들 키타이 오굴(Khitāī Ōghūl)
그의 모친은 쿠틀룩 카툰. 전에는 그를 상다시(Sangdāsh)[5]라고 불렀다.

〔261v〕 그에게는 역시 네 딸이 있었는데 다음과 같은 순서이다.

첫째 딸 울제타이(Ōljetāī). 그녀의 모친은 우룩 카툰. 처음에는 쿤축발에게 정해주었는데 그 다음에는 아크 부카에게 주었다. 지금은 그의 아들인 아미르 후세인이 데리고 있다.

둘째 딸 울제 티무르(Ūljā Timūr). 그녀의 모친 역시 우룩 카툰이었다.

---

5) A본에는 SNGYR KAS로 표기되어 있고, 여기서는 러시아 교감본과 함께 B본을 따랐다.

그녀를 처음에는 투켈(Tūkāl)에게 주었는데, 그 다음에는 그녀를 아미르 쿠틀룩 샤 노얀에게 주었다. 그녀는 그보다 먼저 사망했다.

셋째 딸 쿠틀룩 티무르(Qutlugh Tīmūr). 그녀 역시 우룩 카툰에게서 출생했다. 남편을 맞을 때까지 이르지 못하고 사망했다.

넷째 딸 돌란지(Dolānjī). 불루간 카툰에게서 출생했는데, 어렸을 때 사망했다.

*아르군 칸과 그의 부인들과 자식들의 모습[6]

6) A·B본에는 초상화가 그려져 있지 않다.

(R1154) 【제2장】

그가 즉위하기 전의 사정. 그가 칸위에 오를 때 그의 보좌, 부인들, 왕자들 및 아미르들의 모습.
그의 통치기의 역사, 그가 수행했던 전투들과 그가 거두었던 승리들. 그의 재위기간.

그가 보좌에 오르기 전의 사정

아흐마드 〔칸〕기에서 설명한 바와 같이 아흐마드와 관련된 사건이 끝난 뒤 모든 카툰들과 아미르들이 유즈 아가치 부근에 있는 슈르 강가에 모여서 〔262r〕〈231v〉 아르군을 임금으로 앉히는 데에 합의하였다. 그는 그곳에서 이영하여 수게투(Sügetū) 목지에 하영하였다. 〔홀라추와 게이하투〕 왕자들이 왔고 그 〔왕위〕 문제에 관해서 그들과 합의하였다. 683년 주마다 알 아발월 27일 금요일(1284. 8. 11) 즉 닭해[7] 여섯 번째 달 29일에 점성가들의 선택에 따라 상서로운 궁수자리가 올랐을 때, 홀라추는 아르군의 오른손을 잡고, 안바르치(Anbārchī)는 그의 왼손을 잡고, 그를 보좌에 앉혔다. 모두 함께 혁대를 목에 걸치고, 관례에 따라 무릎을 꿇었다. 그리고 술잔을 들고 연회와 잔치를 즐겼다.[8]

(R1155)아르군 칸이 즉위 후에 왕국의 모든 사무와 정비에 관해서 내린 명령들에 관한 이야기

연회와 잔치가 끝난 뒤 무엇보다도 먼저 백성들을 위무하고, 그래서 혼란한 세상을 진정시키는 사안과 관련된 제왕의 칙명(yarlīgh-i shāh)을

---

7) 앞에서 지적한 바와 같이 甲申年이므로 원숭이해가 되어야 맞다.

8) A·B본에는 여기서부터 반 페이지가량이 공백으로 남아 있는데, 이는 아르군의 즉위식을 묘사한 삽화가 들어갈 부분이다.

전국 각지로 보냈다. 그 뒤 왕자들에게 많은 은사를 내리고 좋은 약속으로 그들을 위무하였다. 주마다 알 아발월 말일(1284. 8. 14)에 킹슈 왕자가 도착했다. 비록 전에는 그와 주시켑이 〔아르군을〕 인정하지 않고 반심을 품었지만, 그날은 모든 사람들과 함께 서약을 하였다. 그 뒤 초르마군의 아들인 시레문 노얀의 아들 에부겐(Ebūgān)을 재판하였다.[9] 그는 아흐마드의 근신이었기 때문에 야사에 처하였다.

그 뒤 아흐마드의 속민들에게 어떠한 해악이나 고통도 가하지 말라는 지엄한 칙령을 내렸다. 그리고 각자 조상들의 관례를 잘 지키고 서로가 서로에게 폭력이나 강제를 가하지 말며, 백성들은 편안한 마음으로 건설과 농사에 전념하도록 하라고 선포하였다. 왕자들 가운데에는 주시켑과 바이두, 아미르들 가운데에는 아룩, 〔262v〕〈232r〉 이들을 바그다드와 디야르 바크르의 하킴직과 아미르직에 임명하여 보냈다. 훌라추와 게이하투 왕자들은 룸 왕국으로 보내고, 그루지아는 자신의 숙부인 아자이(Ajāī)에게 주었다. 후라산과 마잔다란과 쿠미스와 라이는 자기 자식인 가잔에게 맡기고, 킹슈 왕자에게는 그를 돕도록 하였다. 노루즈를 후라산의 아미르직에 임명하였다.

거기서 파영(targhāmīsh)을 명령하고 이영을 시작해서 수구를룩 방면으로 향했다. 왕국의 재상(vazīr)직에는 부카를 임명하는 지엄한 칙령을 내렸다. 683년 라잡월 3일(1284. 9. 15) 그의 머리 위에 황금을 쏟아 부어서 그의 모습이 보이지 않을 정도까지 하라는 명령을 (R1156)내렸다. 그는 몽골인들 가운데에서는 극도로 유능하고 지략이 많으며 식견과 방책을 갖춘 사람이었다. 왕국의 사무에 관한 총괄적인 것과 세부적인 것들을 모두 그에게 위임하고, 독자적인 명령권을 부여하였다.

---

9) '재판하다'는 yārghū dāshtan이라는 표현을 사용하였다.

아흐마드 사후 사힙 사이드 샴스 앗 딘 사힙 디반의 정황, 그가 〔도주하다가〕 페르시아('Irāq) 〔지방〕에서 멈추고 아르군 칸의 어전으로 간 것, 은사를 입었다가 순교를 당한 이야기.

후라산에서 알리낙이 죽임을 당하고 아흐마드가 패배를 당하자 사힙 샴스 앗 딘은 낙타를 타고 도망쳤고, 그에게는 단 세 명의 누케르만이 있었다. 그는 황야를 통과하여 이스파한으로 왔다. 이스파한의 주민들은 시대가 바뀐 것을 알고 그를 잡으려고 하였다. 그들은 타바나이(Tabanāī)라는 이름을 가진 야즈드의 아타벡—그는 아르군 칸을 지지했기 때문에 한 번도 아흐마드의 어전에 간 적이 없었고, 그래서 이스파한의 감관에 의해 체포되어 이스파한 시 안에 감금되어 있었다—과 상의를 하였다. 그는 아직 상황을 확인할 수 없었기 때문에 그 문제에 관해서 〔결정을 하지 못하고〕 머뭇거렸다.

사힙은 군중들의 의도를 알아채고 순례를 한다는 구실로 시내에서 밖으로 나와 선별된 말들을 타고 쿰(Qum)으로 향했다. 그곳에 도착하자 그는 시외에 위치한 고귀한 성지에서 하마하여 그 축복받은 성묘에 은신하였다.[10] 그의 속료들은 각자 장차 어떻게 할지 생각했고, 호자께서 호르무즈 항구로 가서 거기서 자신의 일을 처리하는 것이 상책이라는 데에 합의를 하였다. 그러나 사힙은 "자식들을 몽골인들의 손에 포로로 남겨두고 〔다른 곳으로〕 향하는 것은 좋은 방책이 아니다. 폐하의 어전으로 나아가는 것이 옳은 길이다. (R1157)만약 오랜 친분이 있는 부카의 중재로 아르군 칸의 마음을 돌릴 수 있다면 그것은 바라던 바이다.

---

10) 현재 이란에서 마쉬하드 다음가는 성지로 꼽히는 도시이다. 이곳에는 시어파의 제8대 이맘인 이맘 레자(Imām Riḍā)의 여자 형제인 파티마(Fāṭima Ma'suma)의 성묘가 있는 곳으로 유명하다. 그녀는 후라산에 있던 이맘 레자를 만나기 위해 동방으로 여행을 가던 도중 사바(Savah)에서 적의 공격을 받고 죽임을 당한 뒤 쿰에 묻혔다는 설화의 주인공이기도 하다. 본문에서 말하는 '성묘'는 아마 그녀의 묘소를 가리키는 것으로 보인다.

그러지 못한다면 주님께서 허락하시는 대로 나를 맡기겠다."라고 말했다. 그리고 며칠 동안 그런 생각을 하면서 머물렀다.

갑자기 말릭 이맘 앗 딘 카즈비니(Malik Imām al-Dīn Qazvīnī)가 폐하의 어전에서 〔당시의〕 상황에 대한 자세한 소식을 갖고 왔다. 그의 뒤를 이어 루르 〔지방〕의 아타벡 유수프 샤(Atābeg Yūsuf Shāh)와 쿠마리(Qūmārī)가 연이어 도착하여 그에게 희소식을 전해주었다. 즉 아르군 칸은 "영원한 주님께서 나에게 은사를 내리셔서 나의 좋으신 아버지의 왕관과 보좌를 내게 허락하셨다. 모든 죄인들의 죄를 용서해주었노라. 만약 사힙 디반이 축복받은 어전으로 온다면 그를 위로해주겠노라."는 명령을 내렸다는 것이다.

쿠마리와 사힙은 사바에서 서로 만났고, 이틀 뒤에 그들은 출발하였다. 〔6〕83년 라잡월 10일 금요일(1284. 9. 22)에 쿠르반 시레(Qurbān Shīre)라는 곳에 이르러 부카가 있는 곳에 왔다. 그들은 오랜 친구였기 때문에 서로 보게 된 것을 기뻐했다. 부카는 그 다음 날 그를 아르군 칸의 어전으로 데리고 가서 알현(ōljāmīshī)의 관례를 행했다. 아르군 칸은 그를 극진하게 환대하였고 화를 내지도 않았다. 그가 집으로 왔을 때 〔그를〕 필요로 하는 사람들이 그에게로 왔다. 사힙은 말했다. "장차 아미르 부카의 부관직을 맡는다면 모르겠지만 그 밖에 다른 어떤 감독의 직책도 맡지 않을 것이다. 그것도 그(부카)가 여기 있는 동안에만 그렇다."

아미르 알리 탐가치(Amīr ʿAlī Tamghāchī)가 타브리즈로 갔는데, 〔사힙의〕 아들인 야흐야(Yaḥya)를 붙잡아 가두고, 사힙의 재산과 물건들을 몰수한 바 있다. 그와 파흐르 앗 딘 무스타우피(Fakhr al-Dīn Mustawfī)와 히삼 앗 딘 하집(Ḥisām al-Dīn Ḥājib)은 모두 사힙이 발탁한 사람들이었는데, 그에 대해 적개심을 품고 그를 없애기로 합의한 뒤 부카에게 이렇게 말했다. "사힙이 있는 한 당신의 일은 성공을 거두지 못할 것입니다. 그가 자리를 잡게 되면 그가 아르군 아카나 다른 아미르들에게 했던 것과 똑같은 일을 당신에게 할 것입니다." 그들은 부카를 움직여 아르군 칸의 어전에서 (R1158)그를 없애도록 하였다. 부카다이 이데치를 사힙의 감시자로 붙였는데, 빚쟁이들이 그를 괴롭히는 것을 막기 위해 그를 모신다는 명분을 내세웠다.

〔칸은〕 아란의 동영지로 출발했다. 우잔에서 2000투만의 금을 사힙으로부터 징수하라는 지엄한 명령이 내려졌다. 그(사힙)는 부카에게 사람을 보내 "내게는 현금이 한 푼도 없습니다. 왜냐하면 무식한 사람들처럼 금을 땅에 묻어놓지 〔263r〕〈232v〉 않았기 때문입니다. 내 손안에 들어온 것은 모두 부동산을 사는 데 썼습니다. 현재 나는 거기서 매일 1000디나르의 수입을 거두고 있습니다."라고 말했다. 그는 부카에게 전갈을 보내 "오, 아미르 부카여! 그렇게 하지 마십시오. 임금에게 재상을 죽이라고 가르치지 마십시오. 왜냐하면 오늘은 나를 죽이겠지만 곧 당신도 죽일 것이기 때문입니다. 당신이 그것을 분명히 알게 될 때면 소용이 없게 될 것입니다."라고 하였다.

그들은 돌라다이 야르구치와 카단(Qadān)을 보내서 그를 야르구에 세웠다. 그는 현금에 대해서는 아무런 자백도 하지 않았고 했던 이야기를 똑같이 되풀이했다. 그는 자기 재산을 기록할 잉크통과 종이를 달라고 요구했다. 그리고 유언장을 썼는데, 그 사본은 아래에 삽입된 것과 같다. 그의 손으로 쓴 사본의 내용은 다음과 같다.

〔사힙 샴스 앗 딘의 유언장〕

내가 쿠란으로 점을 쳤더니 다음과 같이 나왔다. "'우리의 주님은 알라'라고 말하면서 올바르게 사는 사람들에게는 천사가 내려올 것이다. 그러니 두려워하지 말고 슬퍼하지 말라. 그리고 낙원이 너희에게 약속되었다는 것을 기뻐하라."[11]

전능하신 주님께서는 자신의 종을 이 덧없는 세상에서 잘 보호해주시고 그가 희망하는 어떤 것도 마다하지 않으셨고, 이 덧없는 세상 안에 있을 때에도 영원한 세상에 대한 기쁜 소식을 주셨다. 그렇기 때문에 이 기쁜 소식을 조금이나마 나의 신앙의 형제들인 마울라나 무히 앗 딘(Mawlānā Muḥī al-Dīn), (R1159)마울라나 파흐르 앗 딘(Mawlānā Fakhr al-Dīn), 마울라나 샴스 앗 딘(Mawlānā Shams al-Dīn)과 마울라나 하맘 앗 딘(Mawlānā Hamām al-Dīn), 그리고 여기서 일일이 다 호명하기도 어려운 고명한 셰이흐들에게 전해야 한다고 생각했다. 그래서 우리가 이제 〔이승의〕 인연을 끊고 간다는 사실을 알리고자 한다. 항상 축복이 [그대들과] 함께하기를 기원하노라.

나의 자식들—지고한 알라께서 그들을 보호해주시기를!—도 나를 위해 기도하라. 내가 그들을 지고한 주님께 위탁하였노니, '알라께서는 위탁받은 것을 잃지 않는 분이시다.' 나는 〔우리가 서로〕 만날 수 있고 그래서 〔직접〕 유언을 할 수 있으리라고 생각했는데, 그런 날이 없게 되었으니 다음 세상에서나 가능하리라. 자식들을 보호하는 데에 힘을 아끼지 말고 그들에게 공부에 대한 열망을 갖도록 해라. 공직에 나아가지 않도록 하고 주님께서 주신 것을 행하도록 하라. 만약 내 아들 아타벡(Atabeg)과 그의 모친 호샥 카툰(Khōshak Khātūn)이 지방으로 내려가기를 원한다면 그렇게 하도록 하라. 노루즈(Nōrūz)와 마스우드(Mas'ūd)는 모친과 함께 불루간 카툰을 모시도록 하고, 우리 두 형제의 묘지 가까이에 있도록 하라. 만약 셰이흐 파흐르 앗 딘의 수도장(khānqāh) 주위에 건물을 짓는다면 모든 지원을 하도록 하라. 그리고 그들도 거기에 가도록 하라. 다음에, 풀라니(Fulānī) 역시 한 번도 우리에게서 안식을 찾지 못했는데 만약 원한다면 남편을 맞이하도록 하라. 파라지

---

11) 『쿠란』 41:30.

(Farāj)와 그의 모친은 아타벡과 함께 있도록 하라. 자카리야(Zakariyā)는 샤힌샤 아니(Shāhinshāh Ānī) 및 다른 곳에 있는 부동산과 함께 경애하는(amrāq) 부카에게 주었으니, 그것은 그에게 주도록 하라. 다른 부동산들은 조사를 하도록 하라. 만약 무엇인가 남는다면 그것으로 좋다. 그렇지 않을 경우에는 〔현재 상태로〕 만족하도록 하라.

전능하신 주님께서 우리에게 자비를 베풀고 너희들에게 축복을 내리기를 바란다. 지금 나의 마음은 창조주께로 향하고 있노라. 우리의 소중한 부분을 잊지 않도록 하고, 무엇을 하든지 영원한 축복이 있기를 바란다. 만약 부동산 가운데 무엇인가 혜택을 받는다면 그것을 취하고 그것으로 만족하도록 하라. 나의 큰 부인은 타브리즈를 떠나 어디로 갈 수 있겠는가. 거기에 있도록 하라. '인도된 길을 따르는 사람에게 평안이 있도다.'

(R1160)그리고 이 종이를 감시자들에게 던져주었다. 그들이 읽어보고 현금〔에 대한 언급〕이 없자, 잘라이르 출신의 투글룩 카라우나(Tūqlūq Qarāūnā)는 〔그를〕 몽둥이로 심하게 때렸지만 소용이 없었다. 그를 야사에 처하라는 명령이 내려졌다. 683년 샤반월 4일 월요일(1284. 10. 16) 두 번째 기도 시간이 지난 뒤 강가에 있는 아하르(Ahar) 시 성문에서 그를 순교시켰다. 지고한 알라의 자비가 그에게 있기를!

그때 마울라나 누르 앗 딘 라사디(Mawlānā Nūr al-Dīn Raṣadī)는 그의 사망 연대를 다음과 같은 시로 지었다.

詩

이 넓은 세상에 질서를 가져다준 사힙 디반,

무함마드의 아들 무함마드는 고금의 진귀한 보석.

683년 샤반월 4일

월요일 아하르 강변에서,
자신의 선택에 몸을 맡기고
독으로 찰랑거리는 칼의 잔을 마셨도다.

부카는 아미르 알리를 타브리즈로 보내어 그의 부동산과 물건들을 몰수하도록 했다. 그러고 나서 얼마 지난 뒤 타브리즈의 광장에서 그의 아들 야흐야도 순교시켰다. 그의 다른 자식들의 정황에 대해서는 각각의 자리에서 설명하게 될 것이다. 지고한 알라께서 뜻하신다면!

(R1161)쿠빌라이 카안의 어전에서 볼라드 칭상과 다른 사신들이 도착한 것, 오르도 키야가 그쪽에서 도래한 것, 아르군의 칸위에 관한 칙명을 갖고 온 것, 그가 두 번째로 왕좌에 오르게 된 이야기

〈233r〉 아르군 칸이 아란의 사라이 만수리야(Sarāī Manṣūriyyā)에 왔을 때 카안의 어전에서 볼라드 칭상(Bōlād Chīngsāng)과 이사 켈레메치(Īsa Kelemechī) 및 다른 사신들이 도착했다. 그해 겨울에 레그지를 야르구에 붙였고 100대의 곤장을 쳤다. 봄에는 하영지로 향했고 사라우(Sarāū)와 아르다빌 사이에 있는 사인(Ṣāīn)이라는 곳에서 큰 쿠릴타이를 열었다. 〔6〕84년 라잡월 11일(1285. 9. 12) 아룩을 바그다드로 보냈다. 수구를룩에서 하영을 한 뒤 〔6〕84년 라잡월 20일(1285. 9. 21) 타브리즈로 왔다.

거기서 아란의 동영지로 향하였다. 아란에 도착했을 때 아비시 카툰(Abish Khātūn)의 아타벡에 대한 야르구가 열렸다. 아르군 칸의 칙명을 받들어 파르스의 하킴으로 갔던 이마드 알라비(ʿImad ʿAlavī)를 그의 속료들이 죽였기 때문이다. 아비시 카툰의 친족인 말릭 칸(Malik Khān)

은 죄가 검증된 뒤에 야사에 처해졌고 파르스의 하킴들은 곤장에 처해졌다.

〔68〕4년 〔263v〕 둘 히자월 27일(1286. 2. 23) 카안의 어전에서 오르도 키야(Ōrdō Qiyā)가 도착하여, 아르군 칸을 아버지 칸의 자리에 앉히고 부카에게 (R1162) '칭상(chīngsāng)'의 칭호를 부여하는 칙령을 갖고 왔다. 685년 사파르월 10일(1286. 4. 7)에 다시 한 번 아르군 칸을 칸의 보좌에 앉혔고 오랜 관례에 따라서 행하였다. 完!

학카르 산을 방어하기 위해 군대를 파견한 것, 불루간 카툰의 사망과 호자 하룬 사건에 관한 이야기

685년 사파르월 20일(1286. 4. 17) 아미르 마죽 쿠슈치(Māzūq Qūshchī), 노린 아카(Nōrīn Āqā), 잘라이르 출신 아식 토글리의 형제 가잔(Ghāzān) 등의 아미르들에게 1만 6000명의 병사를 데리고 쿠르디스탄의 학카리(Hakkār)[12] 산지 방면으로 가도록 하였다. 그들은 도적질을 일삼거나 분란을 일으키던 일부 쿠르드인들을 처형하였다. 〔6〕85년 사파르월 23일(1286. 4. 20) 불루간 카툰이 쿠르 강변에서 사망하였고, 그녀의 관을 수자스(Sujās)[13] 산으로 가지고 갔다.

아르군 칸은 봄에 타브리즈로 왔다. 부카 칭상은 그에게 연회를 베풀었고 합당한 선물들을 바쳤다. 라비 알 아히르월 12일 금요일(1286. 6. 7)

---

12) 학카리(Hakkār 혹은 Hakkārī)는 터키 동부, 즉 우르미야 호와 반 호 사이에 위치한 산간지대로, 주로 쿠르드인들이 거주하던 지역이다. Cf. Rashīd/Boyle, p. 48.

13) 이스타흐리에 의하면 Sujās와 Suhravard는 몽골 침입 이전에는 중요한 지역이었다고 한다. 현재 이 지명은 찾아볼 수 없으나 1840년경 H. Rawlinson은 술타니야에서 남쪽으로 5리그(약 30킬로미터) 떨어진 곳에 Sujas와 Suhravard라는 조그만 마을이 여전히 있었다고 기록하였다. Le Strange, *The Lands*, p. 223; Le Stragne tr., *The Geographical Part of the Nuzhat-al-qulūb*, p. 69. 참조.

거기서 이영하여 마라가 길을 통해서 수구를룩으로 이동하였다. 그해 여름 아미르 아룩이 바그다드에 있던 한 무리의 비틱치들과 함께 어전으로 왔다. 사힙 샴스 앗 딘의 아들인 호자 하룬(Khwāja Harūn)은 그의 근시였다. 아룩은 자기 형제의 높은 지위를 믿고 오만해져서 마즈드 앗 딘 이븐 알 아씨르(Majd al-Dīn ibn al-Athīr)와 파흐르 앗 딘 무스타우피(Fakhr al-Dīn Mustawfī)의 형제인 사아드 앗 딘(Sa'd al-Dīn)과 알리 자키반('Alī Jakībān)을 군주의 허락도 없이 죽여버렸다. 그런데 마즈드 앗 딘 이븐 알 아씨르는 게이하투의 사속민(īnjūī)이었다. 그런 연유로 그(게이하투)는 아룩에 대해서 화가 나서 그를 죽이려고 하였다. 이수 부카 쿠레겐 역시 그 계획에 가담했다.

(R1163)부카는 자신의 높은 지위를 믿고 자기 동생을 보호하려고 노력했다. 한 무리의 사람들이 게이하투에게 "아룩은 하룬의 말을 듣고 이런 행동을 했다."고 말했다. 그(게이하투)는 룸으로 향했고 하룬을 자기와 함께 데리고 가서 알라탁에 이르렀을 때 거기서 그를 순교시켰다. 이수 부카 쿠레겐은 그 즈음에 사망했고 그 분란은 가라앉았다.

아르군 칸은 가을에 타브리즈로 왔고 〔6〕85년 샤반월 6일 금요일(1286. 9. 27)에 그곳에 하영하였다. 〔68〕5년 라마단월 28일 목요일(1286. 11. 17)에 그는 아란 방면으로 향했다. 하루는 그가 머리를 빗는데 머리카락이 많이 빠졌다. 그는 "이것은 이즈 앗 딘 타히르('Izz al-Dīn Ṭāhir)의 아들인 바지흐(Vajīh)가 내게 독을 주었기 때문이다."라고 하면서 그런 일이 일어난 것에 대해서 분노했고, 그래서 그를 야사에 처하였다.

〔6〕85년 둘 카다월 20일(1287. 1. 7)과 그해 둘 히자월 5일(2. 6)에 아르군 칸은 토다이 카툰을 부인으로 취하고 마르타이 카툰의 자리에 앉혔다. 〔6〕86년 사파르월 19일(1287. 4. 5) 빌레사바르(Bīlesawār)에 왔고, 그해 라비 알 아히르월 24일(6. 8)에는 타브리즈로 왔다. 여름에는 알라

탁으로 갔다가 거기서 되돌아왔다. 〔6〕86년 라마단월 2일(10. 1)에 아란에서 동영을 했다. 687년 무하람월 15일(1288. 2. 20) 후라산에서 킹슈와 노루즈가 보낸 사신들이 와서 소식을 전하기를, 카이두의 군대 3만 명이 이수르 노얀(Yīsūr Nōyān)의 지휘 아래 편잡 강을 건너서 발흐와 메르브 부근 및 샤부르간 근처를 약탈하고 하프(Khwāf)와 상간(Sangān)까지 이르렀다는 것이다. 그해 사파르월 7일(1288. 3. 13) 오이라트 출신 텡기즈 쿠레겐(Tenggīz Kūregān)의 딸이자 키타이 오굴의 모친이기도 한 쿠틀룩 카툰이 사망했다. 라비 알 아발월 7일(1288. 4. 11) 노카이[14] 울루스에서 사신들이 도착하여 주이 나우(Jūī-yi Naw)[15]에 있을 때 사리(shārīl)[16]를 가져왔다. 우상숭배자들에 의하면 샤카무니 부르한(Shakamūnī Burkhān)[17]을 (R1164)화장했을 때 〈233v〉 그의 가슴 앞쪽에 있던 마치 구슬처럼 투명한 뼈들이 타지 않았고 그것을 사리라고 부른다는 것이다. 그들의 견해에 따르면 어느 누구라도 샤카무니 부르한처럼 위대한 경지에 이르면 태워도 사리는 타지 않는다고 한다.

간단히 말해서 그들은 그것을 갖고 왔고, 아르군 칸은 그들을 영접하였다. 황금을 그 위에 뿌렸고 기뻐했으며, 며칠 동안 연회와 잔치를 벌이며 즐겼다. 라비 알 아발월 말일(1288. 5. 4) 아르군 칸은 빌레사바르 근교에 하영하였다. 톡타이(Tōqtāī)〔가 파견한〕 탐마(tammāī)〔군을 지휘하는〕 마르타드(Martad)[18]가 5000명의 기병과 함께 데르벤드를 지나와서

---

14) 원문은 NWQA.

15) 무스타우피는 술타니야에서 데르벤드까지 가는 루트를 묘사하면서 바자르반(Bājarvān)에서 8파르상을 가면 빌레사바르에 도착하고, 거기서 6파르상을 가면 주이 나우에 이르며, 거기서 6파르상을 가면 마흐무드아바디 가브바리(Maḥmūdābād-i Gāvbārī)에 이른다고 하였다. Le Strange tr., *The Geographical Part of the Nuzhat-al-qulūb*, pp. 180~181.

16) 이는 물론 부처의 몸에서 나온 사리를 가리킨다.

17) 이는 물론 석가모니를 가리킨다. '부르한'은 몽골어에서 '신' 혹은 '부처'를 뜻한다.

18) 원문은 tammāī Tōqtāī Martad. 색스턴은 이를 Tamma Toqtai Märtäd라고 하여 하나의 이름인 것

모든 오르탁들(ortāqān)과 상인들을 약탈하였다. 〔아르군 칸은〕 〔6〕87년 라비 알 아히르월 첫날 토요일(1288. 5. 5) 그들을 막기 위해 이동하였고 쿠르 강을 건너서 상술한 달 5일(5. 9) 샤마히에 도착하여 어떤 언덕 위에 멈추었다. 부카와 쿤축발을 몇몇 왕자들과 함께 선봉대로 보냈다. 그 후 4~5일 지난 뒤 다시 되돌아왔다. 적들이 퇴각하여 데르벤드를 거쳐서 돌아갔다는 희소식이 전해졌다. 完!

사아드 앗 다울라가 바그다드의 세금을 많이 받아내면서 명성이 높아진 이야기

683년(1284~85) 툰스카(Tūnskā)를 바그다드의 감관으로 파견했다. 그가 그곳에 도착했을 때 무핫딥 앗 다울라 아브하리(Muhadhdhib al-Dawla Abharī)의 아들인 히바트 알라(Hibat Allāh)의 아들 사아드 앗 다울라를 자신의 부관(nā'ib)이자 시종관(ḥājib)으로 임명하였는데, 그는 대단히 능력이 뛰어나고 부유하였으며 바그다드 지방의 사무에 관해 전체적인 것과 세부적인 것을 모두 잘 알고 있는 인물이었다. 그는 〔자신을 드러낼〕 다른 방도가 없었지만 자신의 능력과 경험, 그리고 〔264r〕 (R1165) 상황에 대한 지식을 통해서 전권을 갖는 통치자(ḥākim-i muṭlaq)가 되었다.

그 당시 바그다드의 하킴직(ḥākimī)은 알라 앗 딘 사힙 디반의 종의

처럼 이해하였다. 그러나 역자는 이를 주치 울루스의 군주 톡타 칸이 데르벤드 북방에 주둔시킨 탐마군의 지휘관 마르타드로 이해하는 것이 옳지 않나 생각한다. 탐마군은 한문 자료에 탐마(探馬)로 음사되었으며 진수군(鎭戍軍)으로 풀어서 사용되기도 하였다. 훌레구 울루스에 탐마군이 있었던 것은 잘 알려진 사실이다. 그러나 역자가 과문한 탓인지는 모르겠지만 주치 울루스에 탐마군이 존재했는지에 대해서는 아직 알려진 바가 없다. 위의 구절에 대한 역자의 해석이 옳다면, 이는 주치 울루스 내부에 탐마군이 존재했음을 말해주는 매우 귀중한 자료라고 할 수 있다.

아들로서 쿠틀룩 샤(Qutlugh Shāh)라는 이름을 가진 사람이 갖고 있었고, 그의 누케르들인 마즈드 앗 딘 카바티(Majd al-Dīn Kabatī)와 다른 자들이 〔그를 도와 통치하고〕 있었는데, 그(사아드 앗 다울라)가 있었기 때문에 그들은 일을 제대로 할 수 없었다. 그들은 〔6〕86(1287)년 수구를룩 하영지의 어전으로 와서 아미르들과 재상들, 그리고 주시(Jūshī)와 쿠찬(Qūchān)과 한 무리의 슈쿠르치들에게 그를 비난하면서, "사아드 앗 다울라는 비할 바 없이 훌륭한 의사이니, 어전에서 〔칸을〕 모시는 것이 마땅합니다."라고 말했다. 그들은 이런 내용을 〔칸에게〕 아뢰었고 〔이에 따라 그에게 어전에서〕 봉사하고 바그다드에는 가지 말라는 칙령이 내렸다.

그해 가을과 겨울 〔사아드 앗 다울라는〕 오르도 키야가 얼마나 중요한 인물인지 알고는 그와 친분의 기초를 쌓았다. 그리고 그에게 설명하기를 "바그다드의 세금(amvāl)에는 추가로 징수할 부분(tawfīr)이 매우 많습니다. 만약 당신이 그곳의 하킴직을 차지한다면 소인이 모시도록 하겠습니다. 그러면 국세(amvāl-i khazāna)도 다른 사람들보다 제가 더 많이 거두어서 드릴 것이고, 아미르의 몫에도 잉여분이 생기게 될 것입니다. 또한 바그다드의 세리들에 대해서도 엄청나게 많은 미징수분(baqāyā)의 세금이 있는데 그것도 내가 처리하겠습니다."라고 하였다. 오르도 키야는 아르군 칸의 어전에 상주했다. 〔칸은〕 "바그다드에서 미징수분이 얼마나 되는가?"라고 물으니 사아드 앗 다울라가 "500투만"이라고 대답하였다.

군주는 사아드 앗 다울라의 능력과 설명에 만족하고 그에게 은사를 내려 칙령과 패자를 주고 미징수분의 해결과 국세의 징수를 위해서 바그다드로 보냈다. 그들이 그곳에 가서 곤장과 고문의 방법을 동원하여 많은 세금을 거두고 돌아왔다. 쿵쿠르 울렝이라는 곳에서 어전으로 왔고 국고(khazāna)에 대해서 보고하니 군주는 대단히 흡족해 하였다.

〔6〕87년 주마다 알 아발월 4일(1288. 6. 6) 바그다드의 아미르직을 오르도 키야에게 주었다. 툰스카가 사망하자 바이두 슈쿠르치(Bāīdū Shukūrchī)를 감관으로 임명하고 샤라프 앗 딘 심나니(Sharaf al-Dīn Simnānī)를 말릭에, 사아드 앗 다울라를 재무관(musharrafī)[19]으로 임명하였다. 그들은 함께 바그다드로 갔고 (R1166)그 직책들을 수행하기 시작했다. 바로 그럴 즈음에 아미르 쿤축발에게 은사를 내려 그의 조부 아바타이 노얀이 수행하던 직책을 그에게 내려주었으니, 곧 중군(qōl-i lashkar)의 아미르직이었다. 完!

부카의 상황, 그에 대해 적의를 품던 아미르들이 그를 해치려고 한 것, 그들이 승리를 거두고 그를 죽이게 된 이야기

사힙 사이드 샴스 앗 딘을 순교시킨 뒤 부카의 위세가 극도로 강화되고 짧은 시간에 많은 재화를 모으게 되자, 그는 〈234r〉 자기 지위와 재산에 대해 극도의 자만심을 갖고 자신의 분수를 넘게 되었다. 특히 아미르 아르군 타가차르(Arghūn Ṭaghāchār), 쿤축발, 돌라다이 이데치, 술탄 이데치(Sulṭān Īdāchī), 토간(Ṭoghān), 주시, 오르도 키야와 같은 폐하의 근신들을 그는 깔보기 시작했고, 그들은 그 때문에 몹시 마음이 상해서 그와의 관계가 악화되었다. 특히 술탄 이데치와 토간은 항상 그의 오만과 거만에 대해서 서로 이야기를 하였고 임금의 고귀한 귀에도 그것을 전하였다. 그러나 그는 〔아미르 부카에게〕 진 신세가 있었기 때문에 그다지 주의를 기울이지 않았다. 토간은 두 차례나 부카의 명령으로 곤장에 처

---

19) Rawshan(1265): musharafī.

해지는 야사를 받았고[20] 그에게서 심한 욕을 먹어 무척 괴로웠기 때문에 그를 없애려는 데에 혈안이 되어 있었다.

간단히 말해서 앞서 말한 무리들은 기회만 있으면 그의 상황에 대해서 부정적이고 역겨운 내용을 아르군 칸에게 알렸다. 아룩 역시 바그다드에서 아미르들의 방식에 맞게 지내지 않고 군주들의 모양을 하며 살고 있었다. 아르군의 사신들에게 관심을 기울이지도 않았으며 그곳의 세금을 국고로 보내지도 않았다. 한 번은 오르도 키야와 사아드 앗 다울라가 500투만의 세금을 (R1167)온갖 항목으로 거두어서 갖고 오자, 아르군 칸은 아룩이 매년 그만큼의 액수를 착복하고 있었다는 사실을 알게 되었다. 그는 스스로 그런 내색을 하지 않았지만 오르도 키야와 말릭 샤라프 앗 딘과 사아드 앗 다울라와 같은 무리를 그곳에 아미르직, 말릭직, 감찰관(ishrāf)으로 보내고 아룩을 해임시켰다.

타가차르 쪽에서는 그의 부관이었던 사드르 앗 딘 잔자니가 그를 없애려고 나섰는데, 그것은 부카가 파르스 〔지방〕에서 미징수분을 내라고 그에게 요구했기 때문이었다. 그는 타가차르에게 이렇게 말했다. "부카는 자신을 위해서 왕국을 만들고 있습니다. 왜냐하면 임금의 명령을 따르지도 않고 아미르들과 협의도 하지 않고, 무엇이건 자기가 희망하는 대로 하고 또 자기가 원하는 바에 따라 세금을 지출하기 때문입니다. 세상의 누구도 아르군 칸을 임금으로 여기지 않고 오히려 부카를 그렇게 여깁니다. 그래서 칙령과 패자를 휴대하고 타브리즈로 가는 모든 사신들도 부카의 알 탐가 〔즉 주인(朱印)〕이 〔찍혀 있지〕 않으면 그곳의 대관

20) 원문은 be-ḥukm-i Būqā chūb-i yāsā khūrde būd. 러시아 번역본(119)은 "ему дважды пришлось перенести наказание палками по приговору Букая"라고 번역했으나, Rashīd/Thackston(568)은 "Toghan had twice been caned at Buqa's order for infractions of the Yasa"라고 번역하였다.

(代官, valī)인 아미르 알리(Amīr 'Alī)는 그들에게 아무런 신경도 쓰지 않기 때문에 빈손으로 되돌아오는 지경에 이르게 되었습니다."

이러한 종류의 이야기들이 아르군 칸의 귀에 들어가자, 그는 부카에 대해서 마음이 돌아섰고 그가 있는 것에 대해서조차 염증을 느끼기 시작하였다. 그런 일이 벌어지는 사이에 부카는 병에 걸렸고 앞서 말한 아미르들은 그를 제거하는 데에 노력을 집중하였다. 그가 건강을 회복하자 아르군 칸은 그를 불러서 전과 마찬가지로 그를 위무하고 일을 다시 하도록 보냈다. 그러나 그가 관할하던 왕실 직할령(vilāyat-i īnjū)을 타가차르에게 주고, 중군(qōl-i lashkar)은 아미르 쿤축발—그의 조부의 직책이었다—에게 맡겼다. 이로 인해 부카는 화가 나서 오르도를 덜 찾아왔고, 그로 인해서 그를 찾아 들락거렸던 사람들은 모두 그의 무리라는 비난을 받게 되었다. 그로 인해서 한 무리의 몽골인 아미르들을 제외한 다른 사람들은 그와 함께 있는 것을 기피하게 되었고, 그래서 그는 다시 한 번 분노를 품었다. 사람들은 그를 더 이상 전과 같이 존경하는 눈으로 바라보지 않았기 때문에, 그는 아프다는 구실을 대며 바깥에 다니지도 않았다.

사람들은 아르군 칸의 어전에 부카가 〔264v〕〔거짓으로〕 칭병하고 있다고 아뢰었다. 그의 집에 있던 디반(dīvān)[21]과 장부(daftar)를 회수하고, 그의 부관들과 속료들을 (R1168)디반의 직무에서 해임하라는 칙령이 내려졌다. 먼저 타브리즈의 하킴인 아미르 알리 탐가치가 해임되었다. 〔이로 인해〕 부카의 일에 큰 차질이 생겼고 그는 몰락하기 시작하였다. 그 뒤를 이어 파르스에서 고발자들이 도착하여 그곳에서 그의 부관직을 수행하던 히삼 앗 딘 카즈비니(Ḥisām al-Dīn Qazwīnī)가 150투만

---

21) 재무에 관한 사무를 총괄하는 관아를 가리키는데, 아마 그 당시에 부카는 '칭상(宰相)'으로 임명되어 디반의 사무를 총괄하였고 그의 사저에 그 관청이 두어졌던 것으로 보인다.

의 세금을 물어내야 한다는 사실을 밝혔다. 디야르 바크르와 그쪽 지방에서는 아룩에 대한 불평의 이야기가 여러 가지 형태로 연이어서 들어왔다. 부카는 완전히 아르군의 눈 밖에 났다. 그는 일이 자신이 어쩔 수 없는 상황으로 돌아가자 완전히 절망하였다.

그는 한 무리의 아미르들의 환심을 사기 위해 셀 수 없을 정도의 재산을 나누어 주고, 자기편으로 만들어 아르군 칸을 제거하기로 했다. 그들은 다음과 같았다. 그의 형제인 아룩, 힌두 노얀의 아들이자 만호장이었던 쿠룸시, 무기를 담당하는 아미르(amīr-i silākh)였던 아미르 우잔(Amīr Ūjān), 카단 일치(Qadān Īlchī), 나야 노얀(Nāyā Nōyān)의 아들이자 울제이 카툰의 오르도의 아미르인 장기(Zangī), 천호장인 마이주(Māījū)와 다른 무리들. 그리고 자신의 속료들 가운데에는 가잔 바하두르, 4천호장인 아식 토글리, 그의 형제인 이샥 토클리(Ishāk Tōqlī), 천호장인 투클룩 카라우나(Tuqlūq Qarāūnā) 등으로 모두 잘라이르〔부〕에 속한 무리들. 또한 바얀(Bayan), 알구 비틱치(Ālghū Bītikchī)의 아들 메르키테이(Merkītāī), 체릭 비틱치 등 그의 다른 속료들과 동조자들이 있었는데, 이들을 모두 열거하려면 너무 장황해질 것이다.

〔사람들은〕 부카가 왕자 한 사람만 〔잘〕 이용하면 아르군 칸을 제거할 수 있다는 것을 알고 있다고 이야기했다. 〔당시〕 주시켑 왕자는 유프라테스 강가에 있었다. 그는 그에게 사신을 보내서 다음과 같은 전갈을 보냈다. "아르군 칸은 타가차르, 술탄 이데치, 토간 및 다른 나의 적들의 말을 듣고 나에 대해서 분노하고, 나의 은덕을 〈234v〉 망각하였습니다. 당신이나 모든 왕자들과 모든 울루스는 그가 나의 후원에 힘입어 부친의 보좌를 차지하게 되었다는 것을 알고 있습니다. 그런데 그는 지금 나를 무시하고 다른 사람들을 기용하여 자신의 비밀을 일임하였습니다. 당신은—신께 찬양을!— 훌레구 일족 가운데 〔누구보다도〕 군주의

징표(farr)를 갖고 있으니, 당신의 도움이 없이는 이 일이 성공을 거두지 못할 것입니다. (R1169)만약 당신이 내 말을 받아들여 이 중대한 일에 나선다면 나는 〔당신을 위해〕 복속의 혁대를 두르고 당신에게 보좌와 왕관을 바치겠습니다. 또한 아미르들과 군인들 가운데 많은 무리가 이 일에 관해서 나와 한마음이 되어 있습니다."

이러한 전갈이 주시켑에게 전해지자 그는 놀라서 말하기를 "알라께 찬양을! 왕국의 군주인 아르군 칸을 두고 다른 사람을 선택하려고 하다니, 그는 이성을 잃고 미쳐버린 것이다. 그가 지금 갖고 있는 이 지위 이상으로 바라는 것이 무엇인지 말해보라. 그가 보좌까지도 탐내는 것이 분명하며, 임금의 자리에 대한 환상으로 나를 유혹하려는 것이다. 그는 아흐마드에 대해서도 똑같은 장난과 술책을 벌였다. 필시 그는 나도 이 같은 배신자로 생각하는 모양이다."라고 하였다. 그리고 사신에게 말하였다. "돌아가서 부카에게 나의 안부를 전하라. 그리고 '나에 대해서 품고 있는 생각은 대단히 좋지만, 나의 마음은 그대의 말을 믿지 못하겠노라. 만약 그것이 진정이라고 한다면 너와 이 일에 함께 가담한 사람들의 이름을 쓴 서약서(mōchelgā)를 보내라. 그래서 내게 완전한 증거를 내놓도록 하라.'고 말하라." 부카와 그 협의를 함께 했던 아미르들은 모두 서약서를 써서 그에게 보냈다.

주시켑은 그 종이를 보고 스스로 두려움을 느꼈다. 그리고 다시 부카에게 전갈을 보내 "도모하는 일이 실패하지 않으려면 본격적으로 나서야 할 것이다. 내가 약정한 날 밤에 군대를 이끌고 갈 테니 기다리도록 하라."고 하였다. 그리고 그 상황을 한시라도 빨리 아르군 칸에게 아뢰어서 그 해악으로부터 피해를 입지 않도록 하려고 했다. 그는 그런 목적으로 출발했다. 부카는 약속한 날 밤에 한 무리의 무장한 군인들과 출정하여 그가 오기를 기다렸지만 그는 그날 밤에 오지 않았다. 새벽녘에 술탄 이데치가 아르군 칸에게 "그날 밤에 한 무리의 기병들이 무장을 하고 있는 것을 보았습니다."라고 소식을 전했다.

그때 바로 주시켑 왕자가 도착하여 천막 안으로 달려 들어갔다. 아르군 칸은 그를 따뜻하게 맞이하고 그의 방문을 (R1170)기뻐했다. 아미르들이 해산(targhāmīshī)한 뒤 주시켑은 부카의 음모에 대한 상황을 아뢰었다. 아르군 칸은 "그에 대한 나의 신임은 세월의 흐름이나 그에 관한 모든 사람들의 이야기에도 불구하고 없어질 수 없다. 도대체 무슨 증거로 그가 도모하는 일의 베일을 벗길 수 있겠는가?"라고 말했다. 주시켑은 그와 아미르들이 작성한 서약서를 내어놓고 아뢰었다. 아르군 칸은 그와 아미르들이 적은 종이들을 보고는 극도의 분노에 치를 떨면서 이렇게 말했다. "나는 부카를 모든 아미르들 위에 세웠고 왕국들을 그의 손안에 쥐어주고 백성과 군대를 그의 손에 주었는데, 나에게 기만과 배신을 도모하다니!" 그리고 바로 그날 밤 부카를 체포하기 위해 군대를 출정시켰고, 쿠르 강가에 있던 그의 천막들(khānahā)을 사냥대형의 모양으로 포위하였다.

이른 아침 술탄 이데치와 돌라다이와 토간이 부카의 집 안에 들이닥쳤지만 그를 찾지 못했다. 왜냐하면 그는 그 같은 상황을 눈치 채고 배를 타고 쿠르 강을 건너 울제이 카툰의 집으로 가서 피난처를 구했기 때문이다. 그러나 그를 받아주지 않았기 때문에 다시 발길을 돌렸는데, 울제이 카툰의 오르도의 아미르이자 나야의 아들인 아미르 장기가 그를 자기 집에 숨겨주었다. 돌라다이와 토간이 이 소식을 듣고 밤중에 강을 건너서 울제이 카툰의 천막들 안으로 들이닥쳤다. 아미르 장기는 극도로 겁에 질려 떨면서 앞으로 나왔다. 그에게 부카의 상황을 물으니 그는 "이 천막 안에 있습니다."라고 말했다.

그 즉시 그를 붙잡아서 아르군 칸의 어전으로 데리고 왔다. 아미르 식투르는 그에게 "네가 일으킨 이 분란과 반란은 도대체 무엇인가. 너는 매일 새로운 임금을 앉히려 하는가?"라고 말했다. 이에 부카는 "나는 임금〔을 세우는 것〕과는 아무런 관계가 없다. 다만 나의 적들인 술탄 이데치와 토간 쿠히스타니(Ṭoghān Quhistānī)와 문제가 있을 뿐이다. 나는 그들에 맞서기 위해서 일어선 것뿐이다."라고 말했다. 〔이에〕 주시켑은 그와 누케르들의 글들을 꺼내 놓았다. 그러자 부카는 사지를 떨면서 침묵하였다.

아르군 칸은 당장 그에 관한 일을 끝내라고 지시하였다. 그를 질질(R1171)밖으로 끌어냈다. 주시켑은 그를 처형시킬 것을 요구하였다. 처형장에 이르자 토간은 그의 가슴을 발로 한 번 걷어차면서 "네 머릿속에서 보좌와 임금의 자리를 탐하였으니 그 보응은 바로 이것이다."라고 말했다. 주시켑은 한 번의 가격으로 그의 머리를 잘라버렸다. 〔265r〕 그리고 자기 손으로 그의 등에서 가죽을 벗기고 그의 머리는 〈235r〉 지푸라기로 채운 뒤, 차하르 바자르(Chahār Bāzār) 끝에 있는 차간(Chaghān) 다리 아래에 그를 본보기로 걸어놓았다. 687년 둘 히자월 21일 토요일(1289. 1. 16)이었다.

그 다음 날 재판들(yārghūhā)을 시작하였다. 앞에서 언급했던 그와 연합한 몇몇 아미르들을 야사에 처했다. 카단은 카안의 사신이었기 때문에 목숨을 건졌다. 바얀 비틱치는 사실대로 이야기를 했기 때문에 역시 목숨을 건졌다. 메르키테이는 아미르들의 동정으로 인해 용서를 받았다. 타직인들 가운데 아미르 알리 탐가치(Amīr ʿAlī Tamghāchī), 히삼 앗 딘 카즈비니(Ḥisām al-Dīn Qazwīnī), 이마드 앗 딘 무나짐(ʿImād al-Dīn Munajjim), 룸 칼라(Rūm Qalʿa)라는 이름으로 알려진 시므운(Shimʿūn), 바하 앗 다울라 아불 카람 나스라니(Bahāʾ al-Dawla Abū al-Karam Naṣrānī) 등은 모두 야사에 처하였다.

부카를 체포하던 바로 그날 바이트미시 쿠슈치(Bāītmish Qūshchī), 테무데이 아크타치(Tāmūdāī Aqtāchī), 토쿠(Tōqū)의 아들 샤디(Shādī)에게 500명의 기병을 주어 아룩과 그의 권속들을 잡아오게 했다. 그들은 아란에서 엿새 만에 아르빌에 도착했다. 가잔(Ghāzān)이라는 이름을 갖고 있던 부카의 큰 아들이 아룩의 근시로 있었는데 그도 거기서 죽였다. 아룩을 카샤프(Kashāf) 성채로 붙잡아 왔는데 차간 다리 옆에 도착했을 때 그(부카)의 머리가 걸려 있는 것을 보고, "그의 누케르이자 무기를 담당하는 아미르(amīr-i salīḥ)였던 우잔(Ūjān)의 머리는 어디에 있는가?"라고 물었다. 688년 무하람월 29일(1289. 2. 22) 아룩과 우잔도 죽였다.

사안이 아미르 장기에 미치자 아르군 칸은 "그에 관한 처리는 울제이 카툰이 알아서 하게 하라."고 말하고 그를 그녀에게 보냈다. 울제이 카툰은 "그의 머리를 자르라!"고 명령하면서, "만약 (R1172)내 아들 안바르치가 장기가 지은 것과 같은 죄를 지었어도 똑같은 지시를 내렸을 것이다."라고 말했다. 부카의 아들 아바치(Ābāchī)는 아버지가 죽은 뒤 토간을 모셨고 토간은 그를 후원하면서 그를 풀어주기를 원했다. 그러나 그는 〔너무〕 서둘렀다. 하루는 그가 "아바치를 오라고 해서 알현(hūl-jāmīshī)을 하시지요."라고 아뢰었는데, 임금은 아직 분노가 가라앉지 않았기 때문에 "그의 일족을 멸하라!"고 명령했다. 아바치와 그의 형제들인 말릭과 타르칸 테무르(Tarkhān Tīmūr)와 쿠틀룩 티무르(Qutlugh Tīmūr) 등을 모두 죽였다. 完!

주시켑에 관한 정황, 그의 처형, 노루즈와 연합했다고 고발된 왕자들이 구금당한 이야기

아르군 칸은 〔6〕88년 사파르월 말(1289. 3) 부카와 아룩을 처형하고 그 재판들을 모두 끝낸 뒤 주시켑에게 은사를 베풀고 돌아가게 하였다. 그 뒤 〔칸은〕 그가 자신을 정직하게 대하지 않고 있다는 것을 눈치 채고 한 무리의 아미르들을 보내 그를 뒤쫓아 가서 돌아오게 하였다. 그는 시리아 지방으로 가려고 했는데 아르잔과 마야파르킨 사이에 있는 카라만(Qaramān) 강가에 있을 때, 아르카순 노얀, 바이트미시 쿠슈치, 아랍타이 쿠레겐, 두르바이의 아들 보르추(Bōrchū), 부가다이(Būghadāī) 등이 그에게 당도하였다. 그는 이들과 전투를 벌였고 〔당하지 못하고〕 도망을 쳤지만 사흘 뒤에 붙잡혀 아르군 칸의 어전으로 끌려왔다. 〔6〕88년 주마다 알 아발월 15일(1289. 6. 6)[22]에 어전에 도착하였고 그 역시 처형되었다.

아르군 아카의 아들인 노루즈가 후라산에서 반란을 일으켰고, 훌라추 왕자와 요시무트의 아들 카라 노카이 왕자가 그와 연합했다는 비난을 받았기 때문에, 카라 노카이의 속료이자 그의 반란을 털어놓은 무크빌(Muqbil)—오르도 키야의 형제—의 말에 따라 상술한 해 주마디 알 아발월 8일(1289. 5. 30)에 그들을 붙잡아 기르드쿠흐의 성채로 보냈고, 라마단월 20일(1289. 10. 7)에 담간에서 (R1173)그들 역시 끝장이 나고 말았다. 그달 28일(10. 15) 가잔 왕자를 도와 노루즈에 대항하기 위해 토간에게 군대를 붙여서 후라산 방면으로 파견하였다. 完!

---

22) Rashid/Thackston(p. 571)에는 주마다 알 아울라 19일(1289. 6. 10)로 되어 있다.

고(故) 잘랄 앗 딘 심나니의 순교, 그로 인해 사아드 앗 다울라의 위세가 강화된 이야기

상술한 이해(1289)에 아르군 칸은 아란의 동영지에서 돌아와 쿵쿠르 울렝의 하영지에 하영하였다. 오르도 키야와 사아드 앗 다울라는 다시 바그다드에서 왔는데 또 한 번 재물을 다 거두어서 왔다. 아르군 칸은 이를 몹시 기뻐하였고, 사아드 앗 다울라는 "만약 반대하는 비틱치들이 막지만 않았다면 이 재물보다 훨씬 더 많이 가져왔을 것입니다."라고 아뢰었다. 그러자 그 무리를 야사에 처하라는 명령이 내려졌다. 라비브 앗 딘 아바치(Rabīb al-Dīn Abachī)와 쿠틀룩 샤를 처형하고 〈235v〉 그들의 머리를 바그다드로 보냈다. 마즈드 앗 딘 이븐 알 카바티(Majd al-Dīn ibn al-Kabatī)와 호자 알라 앗 딘의 아들 만수르(Manṣūr)를 힐라(Ḥillah)로 데려와 다르 샤티나(Dar Shāṭina)의 성문에서 순교시켰다. 말릭 잘랄 앗 딘 심나니 역시 토간을 공격했기 때문에 부카의 반란에 관여되었다는 비난을 받았지만, 바란다 박시(Baranda Bakhshī)의 선처로 살아남았다. 그러나 오랫동안 군주를 볼 수 없는 처지가 되었다.

688년 주마다 알 아히르월 초(1289년 6월 말경) 아르군 칸은 수구를룩의 하영지에서 사아드 앗 다울라를 재상(vazīr)으로 임명하였고, 말릭 잘랄 앗 딘 〔심나니〕의 형제 샤라프 앗 딘 심나니는 바그다드의 미수 세금을 이유로 감금시켰다. 아침에 〔말릭 잘랄 앗 딘은〕 그를 보기 위해 길을 나섰다가 아미르 볼라드 아카와 마주쳤다. 그는 말릭에게 안부를 물었고 그(샤라프 앗 딘 심나니)가 해임된 정황과 그 이유에 대해서 캐물었다. (R1174)말릭은 "소인에게는 죄가 없습니다. 임금께서 한 유태인을 저보다 더 중용하시고 그를 후원하고 계십니다."라고 말했다. 그 이야기가 즉각 군주의 귀에 들어갔고 〔군주는〕 볼라드 아카에게 그것을 캐물어보았다. 그는 이야기를 있는 그대로 다시 말해주었다. 군주는 "그를 왜 살려두었는지, 〔265v〕 그 잘못은 바로 내게 있다."라고 말하고, 당번(kezīk)을 서던 테케첵(Tekechek)에게 명령하여 가서 말릭을 야사에 처하도록 하였다. 688년 라잡월 18일(1289. 8. 6) 시야흐 쿠흐의 사라이 무자파리야(Sarāī Muẓafariyya)에서 생긴 일이었다.

그를 처형한 뒤 사아드 앗 다울라의 처지는 더 좋아졌고 극도로 강력하게 되었다. 그의 위세와 위엄은 날로 커져갔다. 호자 바하 앗 딘 무함마드 사힙 디반의 자식들인 마흐무드와 알리는 자신들이 몰락한 상황을 아뢰었고, 이라크에 있는 사힙의 부동산 중 일부를 그들에게 〔되돌려〕 주라는 지엄한 칙명이 내려졌다. 알리와 그의 모친—이즈 앗 딘 타히르의 딸—은 그 사안을 위해서 이스파한으로 갔다. 이라크의 왕실령의 징세관인 마즈드 앗 딘 무미난 카즈비니(Majd al-Dīn Mūminān Qazwīnī)가 와서 "경작이 가능한 모든 왕실령을 〔사힙의〕 자식들이 장악하고 있기 때문에 이라크의 왕실령의 세금이 모두 소실되었습니다."라고 말했다.

아르군 칸은 화가 나서 사힙 디반 샴스 앗 딘의 자식들을 모두 야사에 처하라는 명령을 내렸다. 라잡월 3일(7. 23) 마스우드(Mas'ūd)와 파라즈 알라(Faraj Allāh)를 타브리즈에서 순교에 처했다. 반디드 박시(Bandīd Bakhshī)와 감관 타르두(Tārdū Shakhna)는 무함마드를 보호하였다. 그것은 칙령에 사힙의 '아들들(pisarān)'이라고 쓰여 있는데 그는 손자(nawāda)였기 때문이다. 〔그러나〕 그는 두려움으로 인하여 호흡 곤란 증세에 시달렸고 게이하투 치세의 말년에 사망하고 말았다.

야즈드의 아타벡을 체포하기 위해 파견된 이수데르는 이스파한에서 알리('Alī)를 야사에 처하라는 명령을 받았다. 카샨(Kāshān)에서 누케르 한 사람을 보내서 알리를 (R1175)체포하고 순교시켰다. 그가 처형되고 묻힌 곳은 중요한 순례지가 되었다. 이수데르 역시 16일 뒤에 야즈드에서 살해되었다. 사힙 아타벡의 자식들 가운데 살아남은 사람은 아무도 없었다. 다만 자카리야(Zakariyā)는 아브하즈(Abkhāz)에 있었기 때문에 그 〔죽음의〕 구덩이에서 살아남을 수 있었고, 나머지는 모두 죽임을 당했다.

사아드 앗 다울라의 위세는 그런 이유로 더욱 강화되었고, 바그다드에서 칼리프의 궁전 앞에 있던 큰 북(nawbat)은 그의 집 문 앞으로 옮겨졌다. 〔6〕88년 샤반월 7일(1289. 8. 26)에 자기 형제인 파흐르 앗 다울라(Fakhr al-Dawla)와 무핫딥 앗 다울라(Muhadhdhib al-Dawla)와 자말 앗 딘 다스타지르다니(Jamāl al-Dīn Dastajirdānī)를 바그다드의 하킴으로 파견했다. 파르스 왕국은 문타집 앗 다울라 무나짐(Muntajib al-Dawla Munajjim)의 아들 샴스 앗 다울라(Shams al-Dawla)에게 주었다. 디야르 바크르는 다른 동생인 아민 앗 다울라(Amīn al-Dawla)에게 맡겼다. 타브리즈의 감찰관직은 자신의 사촌인 무하집 앗 다울라 아부 만수르 타빕(Muhadhdhib al-Dawla Abū Manṣūr Ṭabīb)에게 주었다.

그는 식투르 노얀, 타가차르, 사마가르, 쿤축발 및 다른 대아미르들에 대해서 항상 두려움을 느꼈고 의식하고 있었다. 그래서 미리 조심을 하기 위해서 그의 신변을 보호해줄 조력자(mu'āwinī)를 원했다. 그는 아르군 칸의 어전에서 "소인 혼자만으로는 중요한 일들을 모두 처리할 수 없습니다. 유능하고 사심이 없는 몇 명의 누케르들이 필요합니다. 그래서 매일 밤 〔재정의〕 증가(tawfīr)와 감소(taqṣīr) 및 당일의 현황에 대해서 폐하께 아뢸 수 있으면 좋겠습니다."라고 말했다. 그는 오르도 키야를 조력자로 삼아 자신에게 직속케 하였다. 시라즈의 아미르직을 주시(Jūshi)에게 주고, 아란과 타브리즈는 쿠찬에게 주었다. 이 세 사람이 그의 누케르이자 조력자(nūkār wa mu'āwin)가 되었다. 그는 어느 누구도 자신의 누케르인 이들 세 사람을 제외한 다른 아미르들의 집에는 갈 수 없도록 그렇게 조치를 취하였다. 그해 아미르 주시와 순착 아카의 아들인 사르반(Sārbān)이 파르스의 아미르이자 징세관(istikhrāj)으로 갔고, 그 다음 해에 돌아왔다.

잘랄 앗 딘 사르비스타니(Jalāl al-Dīn Sarvistānī)는 "시라즈에서 100투만의 추가 징세(tawfīr)를 〔거두어〕 드리겠습니다."라는 서약서(möchelgā)를 〔아르군 칸에게〕 써주었다. 〔그러자 그〕 구역(bulūk)[23]의 아미르들과 그곳의 비틱치들은 (R1176)"잘랄 앗 딘을 묶어서 우리에게 준다면 500투만의 초과징세를 주겠습니다."라는 서약서를 써주었다. 〔그래서 아르군 칸은〕 그를 묶어서 그들에게 〈236r〉 보냈다. 주시와 사르반 등의 아미르들은 그 문제를 해결하기 위해 〔시라즈로〕 돌아갔다. 그들이 거기 가서 무척 노력을 했지만, 구역의 수령들(aṣḥāb)과 비틱치들이 자신의 말을 듣지 않았기 때문에 아무런 성과를 거두지 못했다. 그러자 그들(수령들과 비틱치들)을 야사에 처하라는 지엄한 칙령이 내려졌다. 샴스 앗 딘 후세인 알라카니(Shams al-Dīn Ḥusayn ʿAlakānī), 그의 아들인 재상 니잠 앗 딘 아부 바크르(Niẓām al-Dīn Abū Bakr), 사이프 앗 딘 유숩(Sayf al-Dīn Yūsuf), 마즈드 앗 딘 루미(Majd al-Dīn Rūmī), 파흐르 앗 딘 무바락 샤(Fakhr al-Dīn Mubarak Shāh)를 시라즈 근교의 쿠슈키 자르(Kūshk-i Zar)[24]라는 곳에서 순교시켰다. 사아드 앗 다울라는 디반의 사무와 세금의 징수에 재주를 갖고 있었고 그 방면에서 그는 어떠한 실수도 없이 최선의 노력을 다했다.

---

23) bölük 즉 'division'을 의미. Minorsky, "Pūr-i Bahā's Mongol Ode," p. 267 참조.

24) '황금의 전각'을 뜻한다.

아르군 칸이 아란의 동영지로 향한 것, 적들이 데르벤드 쪽에서 온 것과 그들의 패배에 관한 이야기

아르군 칸은 688년 라마단월 4일(1289. 9. 21)에 마라가에 하영하고 천문대를 구경하러 갔다. 검은색 약을 먹기 시작한 것이 거기에서부터인데, 그에 관한 이야기는 뒤에서 할 것이다. 그는 아란의 동영지로 향했고 〔6〕89년 라비 알 아발월 9일 수요일(1290. 3. 22) 즉 호랑이해 두 번째 달 2일[25]에 아바타이 노얀의 아들인 우테만의 딸 불루간 카툰(Būlūghān Khātūn)을 부인으로 맞았고 〔대〕불루간 카툰(Bulughān Khātūn)의 오르도에 들였다.

라비 알 아발월 13일(3. 26) 사신들이 도착하여 데르벤드 방면에서 적군이 도착했다는 소식을 전했다. (R1177)투켈, 식투르 노얀, 쿤축발 등에게 원정을 나서도록 명했고, 그달 15일(3. 28)에 타가차르와 다른 아미르들에게 그 뒤를 따라가도록 했다. 적에 관한 불안한 소식들이 연이어 도착했고, 군주는 라비 알 아히르월 첫날(4. 13) 빌레사바르에서 이동하여 샤바란(Shābarān) 너머에 있는 토이낙(Tōīnāq)[26] 언덕까지 갔다. 15일(4. 27)에는 샤바란에 도착하여 유수영이 있는 곳에 왔다.

그달 17일(4. 29)에 〔적〕군의 선봉대를 데르벤드 너머에 있는 카라수 강가에서 마주쳤다. 저쪽에서는 아야치(Āyāchī),[27] 뭉케 티무르의 아들인 멩글리 부카(Menglī Būqā), 에케체(Īkīche), 톡타이 마르타드(Tōqtāī Martad) 등이 1만 명과 같이 있었고, 이쪽에서는 타가차르, 쿤축발, 토쿠의 아들이자 쿤축발 휘하의 천호장인 토그릴차 등이 있었다. 토그릴차와 타이추는 강을 건너기 위해서 강으로 돌진했고, 적군은 그 용맹함

---

25) 庚寅年은 맞지만 음력 二月 二十二日이 되어야 1290년 3월 22일과 일치한다.

26) 색스턴(p. 573)은 Nuntaq로 읽었다.

27) A본: A$AJY.

에 놀라서 도망쳤다. 그들 가운데 거의 3000명에 가까운 기병들이 죽임을 당했고 몇 명만이 포로가 되었다. 〔266r〕 죽은 사람들 가운데에는 보롤타이(Bōrōltāī), 예케체의 형제이자 천호장 가운데 하나였던 카다이(Qadāī)라는 자가 있었다. 포로가 된 사람들 중에는 톡타이의 휘하에 있던 대아미르 체릭타이(Cherīktāī)가 있었다. 거기서 승리를 거둔 뒤에 라비 알 아히르월 20일(1290. 5. 2)에 빌레사바르로 돌아와 오르도들에 하영하였다. 며칠간 연회와 잔치와 열락을 즐겼다. 사아드 앗 다울라는 그 승리의 소식을 전령들(mubashirān) 편에 각지로 보냈다. 完!

타가차르가 후라산 군대에 도움을 주러 간 것, 샴미 타브리즈라는 곳에 아르구니야 시를 건설한 이야기

라비 알 아히르월 말(1290년 5월 初)에 후라산에서 반란군의 동향과 불안에 대한 소식이 들어와 타가차르는 그들을 제압하기 위해서 출정했다. 같은 (R1178)주일에 호자 나집 앗 다울라(Khwāja Najīb al-Dawla)를 토간의 누케르로 삼아 후라산으로 보내서 그곳의 재화를 군인들에게 나누어 주도록 하였다. 주마디 알 아발월 7일(1290. 5. 18) 이수 티무르 왕자의 사망 소식이 그의 부친인 아르군 칸에게 전해졌다. 그에 앞서서 순착 아카와 그의 아들 샤디가 마라가에서 사망했다.

라잡월 말(1290년 8월 初) 어기(御旗)가 타브리즈에 도착했다. 샤반월 2일(8. 10) 마즈드 앗 딘 무미난 카즈비니를 타브리즈에서 야사에 처하였다. 어기가 알라탁의 하영지로 향했고 13일(8. 21)에 그곳에 도착했다. 거기서 반(Vān)과 부스탄(Vustān)[28] 길을 거쳐서 귀환하였다.

---

28) 반 호 남안에 위치한 지명으로 현재는 게바시(Gebaş)라는 이름으로 알려져 있다. 지중해 동부의 알레포와 타브리즈를 연결하는 교역로상에 위치한 지점이다. J. Woods, *The Aqquyunlu: Clan,*

그 유숙처에서 마울라나 쿠틉 앗 딘 시라지(Mawlānā Quṭb al-Dīn Shīrāzī)가 어전에 와서 서방의 바다와 해협들과 해안가들—서방과 북방의 많은 지방들이 거기에 속했다—의 모습에 대해서 ⟨236v⟩ 아뢰었다. 군주는 그와의 대화에 기분이 대단히 좋아졌는데, 그가 룸 지방들에 대한 설명을 해주었기 때문이다. 그러는 동안 군주의 눈길이 룸 지방 안에 있던 암모리야('Ammoriya)[29]로 향했고 마울라나에게 그곳에 대해 설명하라고 했다. 그는 군주에 대한 기도와 찬양으로 이루어진 아주 멋진 설명을 하였고 그 〔지방의〕 정황에 대해서도 설명해주었다. 〔아르군은〕 그에 대해서 매우 좋게 생각했고, 사냥에 나서면서 마울라나에게 말하기를 "당신이 아주 이야기를 잘하니, 내가 돌아오면 우리 다시 이야기를 나눌 수 있도록 〔또〕 오시오."라고 하였다.

그리고 그는 사아드 앗 다울라에게 "세 사람—즉 아미르 샤(Amīr Shāh)와 파흐르 앗 딘 무스타우피(Fakhr al-Dīn Mustawfī)와 핫지 레일리(Ḥājjī Laylī)의 아들—이 룸에서 붙잡혀 왔으니 그들을 모두 부르도록 하시오."라고 지시했다. 마울라나 쿠틉 앗 딘은 아미르 샤 때문에 사아드 앗 다울라를 질책[30]했고, 〔그러자 그는〕 군주를 쫓아가서 그(아미르 샤)를 풀어주도록 했다. 핫지 레일리의 아들은 죽였고, 파흐르 앗 딘에게는 감시인을 붙였다가 일주일 뒤에 순교에 처하였다. 〔6〕89년 라마단월 23일(1290. 9. 29) 아크 부카, 돌라다이, 알치(Alchī), 카반(Qabān) 등이 룸에서 도착했고, 샤왈월 5일(10. 11)에 아크 부카는 그곳으로 돌아갔다.

Confederation, Empire(Salt Lake City: University of Utah Press, 1999), p. 272, note 50.

29) 아나톨리아 중서부 지방에 위치한 지명. 비잔티움 시대에는 Amorium이라는 이름으로 번성했으나 아랍의 공격으로 파괴된 뒤 쇠퇴하였다.

30) A·B본은 mu'ātiba(고문하다)로 표기했으나 이는 문맥에 맞지 않으므로, 러시아 교감본처럼 mu'āqiba(꾸짖다, 질책하다)로 읽는 것이 맞을 듯하다. 쿠틉 앗 딘은 사아드 앗 다울라가 아이르 샤를 붙잡아온 것에 대해 질책한 것이다.

아르군 칸이 타브리즈에 도착하자 이드 라마단(ʿĪd Ramaḍān)[31] 축일이 가까웠다. (R1179)그는 타브리즈 시내에 4군데의 설교단(minbar)을 세우고 판관들과 이맘들과 무슬림들 다수를 부르도록 하였다. 거창한 의식을 갖추고 이드 축제의 기도를 하였다. 그리고 판관과 하팁(khaṭīb)[32]들을 후하게 대접하고 위무한 뒤 돌려보냈다.

아르군 칸은 거대한 건설을 좋아했기 때문에, 샴미 타브리즈(Shamm-i Tabrīz)라는 곳에 거대한 도시를 하나 건설하고 그 안에 높은 집들의 기초를 놓았다. 그리고 "어느 누구라도 그곳에 집을 짓고자 한다면 그렇게 하도록 하라."고 말했다. 그는 운하(kahrīz)를 하나 만들도록 하였다. 그리고 그는 그 〔도시를 자기 이름을 따서〕 아르구니야(Arghūniyya)라고 명명하였다. 그 전에 샤루야즈 안에도 또 하나의 커다란 도시를 건설했는데, 많은 재화를 지출했지만 완공에 이르지 못했다. 그는 연금술에 대단한 열정을 가졌는데, 한 무리의 사람들이 그가 그런 기술에 빠지도록 종용했다. 完!

아르군 칸이 박시들의 말에 따라 유황과 수은을 섞은 약을 먹고, 그들의 도에 따라 은둔에 들어갔지만, 아프기 시작한 이야기

아르군 칸은 박시들과 그들의 도(道, ṭarīqa)를 대단히 신임하여 항상 그 무리를 후원하고 지원해주었다. 인도 방면에서 한 박시가 와서 장수를 위해 기도를 올리곤 하였다. 〔칸은〕 그에게 "그곳 박시들의 생명은 어떤 도를 통해 연장되는 것이오?"라고 물었다. 그가 대답하기를 "특별한 약 때문입니다."라고 하였다. 아르군 칸은 "여기서도 약을 가질 수 있소?"

---

31) 라마단 금식월이 끝나는 날 저녁에 거행되는 축제. 이드 알 피트르(ʿĪd al-Fiṭr)라고도 부른다.

32) 모스크에서 기도하는 사람 혹은 설교하는 사람을 가리킨다.

라고 묻자, 그는 "그렇습니다."라고 말했다. 그러자 그는 그것을 만들라고 지시했다. 박시는 조제물을 만들었는데 그 안에는 유황(gūgird)과 수은(zaybaq)이 있었다. 〔칸은〕 거의 8개월 동안 그것을 복용했다. 마침내 타브리즈의 한 성채에 은신하였고 그동안 오르도 키야, 쿠찬, 사아드 앗 다울라를 제외하고는 다른 어느 누구도 그에게 가까이 갈 수 없었다. 다만 박시들은 예외여서 그들은 밤낮으로 그를 모시며 믿음에 대한 대화에 (R1180)몰두하였다.

그가 은신처에서 나와서 아란의 동영지로 가려고 했을 때 바로 거기서 그의 신체에 이상이 나타났다. 호자 아민 앗 다울라 타빕(Khwāja Amīn al-Dawla Ṭābīb)이 그를 모시고 있다가 치료를 했고 다른 의원들과 함께 진력을 다했다. 얼마 동안 그들이 최선의 노력을 다하자 치유의 결과가 나타났다. 그런데 하루는 갑자기 한 박시가 나타나서 아르군 칸에게 세 잔의 시럽(sharāb)을 주었다. 그것이 몸에 흡수되자 그는 졸도했고 병은 만성적인 것이 되어버렸다. 의사들에게도 치료할 방도가 없었다.

두 달 동안 병상에 있었는데, 아미르들은 병의 원인에 대해 추궁하였다. 일부 사람들은 '사악한 눈(chashm-i zakhm)' 때문이라며 헌물을 바쳐야 한다고 말했다. 또 일부는 무당들이 점을 쳐보니 병의 원인은 주술(saḥar) 때문이라고 말한다고 하였다. 그리고 그러한 비난은 토가착 카툰(Ṭōghachāq Khātūn)에게 향하였고 그녀에게 곤장을 치고 고문을 가하면서 야르구에서 심문하였다. 마침내 그 카툰을 일군의 다른 부인들과 함께 강물에 빠뜨렸다. 690년 무하람월 16일(1291. 1. 19)의 일이었다. 完!

〔266v〕 아르군 칸의 병이 심해지고 그런 이유로 아미르들이 반란을 일으킨 것, 일부 아미르들과 사아드 앗 다울라가 죽임을 당한 이야기

〈237r〉 〔아르군 칸은〕 690년 무하람월 24일(1291. 1. 27) 쿠르 강을 건너서 아란의 바그체(Baghche)라는 목지(yūrt)에 하영하였다. 병이 심해져서 아미르들은 그의 생존에 대해서 체념하였다. 타가차르와 다른 아미르들은 서로가 서로를 괴롭혔다. 모두 사아드 앗 다울라와는 관계가 나빴고 그의 거만함과 무관심으로 인해 고통받고 있었다.

사파르월 4일(2. 6) 그들은 서로 연합하였고, 〔6〕90년 사파르월 14일(2. 16)에 타가차르와 쿤축발은 (R1181)투켈(Tūkāl) 및 토간(Ṭōghān)과 맹서를 하고 연맹하여 적들에 대한 공격을 시작하였다. 먼저 술탄 이데치에 대한 불평을 이야기하면서 이렇게 말했다. "무당 한 사람이 말하기를, 어린아이들인 훌라추와 카라 노카이가 아르군 칸 앞으로 오는 것을 보았는데, 그들이 그(아르군 칸)에게 '우리가 무슨 죄를 지었다고 죽이라고 명령했느냐'고 말하자, 그는 '나는 그것에 대해서 모른다. 술탄 이데치가 나의 허락을 받지 않고 너희를 죽였다.'라고 했다."

사파르월 28일(3. 2)에 술탄 이데치를 한 무리의 다른 아미르들과 함께 붙잡았고 야르구로 끌고 갔다. "상술한 어린 왕자들과 토가착 카툰을 왜 죽였느냐?"라고 묻자 그는 "칙령에 따라서"라고 대답했다. 아미르들은 오르도 키야를 오르도로 보내서 물어보게 하였다. 그(오르도 키야)는 다시 돌아와 "군주께서는 '나는 이에 관한 상황을 알지 못한다.'고 말했다."고 하였다. 술탄이 말하기를 "군주께서는 너무 병환이 심해서 한동안 말을 할 수 없었는데, 이런 말을 하셨다고 하니 놀랍다."고 하였다. 아미르들은 하나가 되어서 "그가 말씀을 할 수 없으니, 너는 그들을 네 마음대로 죽인 것이다. 군주께서 병이 난 이유는 바로 너의 강압과 포악함 때문이다. 죄는 네가 짓고 벌은 그분이 받는다니 어찌된 영문인가."라고 말하였다. 그리고 그런 연유로 라비 알 아발월 초(1291. 4. 2)에 그를 야사에 처하였다.

같은 날 키타이 오굴 왕자의 생일을 축하하는 연회가 열렸고, 주시와 오르도 키야를 체포하였다. 토간을 보내서 쿠찬과 사아드 앗 다울라를 붙잡았다. 그날 밤에 주시와 쿠찬을 죽이고, 그 다음 날에는 타가차르의 집 안에서 오르도 키야와 사아드 앗 다울라를 야르구에 세워서 처형하였다. 투켈과 토간은 사아드 앗 다울라의 천막들이 있는 지역으로 갔고, 병사들은 약탈을 시작했다. 그곳에는 무슬림과 유대인들의 집들이 있었는데 모두 약탈을 당했고, 장막과 천막들을 쳤던 땅은 매장된 것을 찾기 위해서 파헤쳤다. 새벽녘에 병사들은 이동을 했고 분란을 (R1182)일으키며 손에 잡히는 것은 모두 가져갔다. 사람들은 혼란과 분란 속에 휘말려 들었다. 完!

아르군 칸의 병이 마지막에 이르러 그가 아란의 바그체라는 곳에서 사망한 이야기

아르군 칸은 〔689년〕 샤발월 첫날(1290. 10. 7)[33]부터 〔690년〕 라비 알 아발월 초(1291년 3월 초)까지 그 병으로 고통을 받았다. 그런 이유로 국사는 혼란에 빠졌고 여러 사람들의 처지에 많은 어려움이 일어나게 되었다. 그러다가 마침내 690년 라비 알 아발월 7일 토요일(1201. 3. 10) 즉 … 띠 해 두 번째 달[34]에 오전 중에 아란의 바그체라는 곳에서 별세하고 덧없는 세상을 자신의 유명한 일족에게 남겨두고 떠났다. 〔그의 유해를〕

33) 원문에는 '샤발월 첫날'이라고 되어 있는데, 이는 689년으로 보아야 옳을 것이다. 689년 샤발월은 1290년 10월 7일부터 시작된다.

34) 1291년 3월 10일은 토끼해인 辛卯年 二月 八日에 해당된다.

수자스(Sujās) 방면으로 운구했다. 지고한 창조주께서 이슬람의 제왕 가잔 칸에게 수많은 해와 무수한 세대의 수명을 유산으로 주시기를! 축복과 행운과 장엄과 위엄을 받으시기를! "자유로운 예언자 무함마드와 그의 일족 그리고 그의 좋으신 벗들의 거룩함에 힘입어!"[35]

아르군 칸이 사망한 뒤 아미르들 사이에 일어난 분란과 당시 그들의 상황에 대한 설명

라비 알 아발월 12일 목요일(1291. 3. 15) 즉 〔음력〕 두 번째 달 13일[36]에 가잔 칸을 부르러 카반 아크타치를 보냈다. 그 다음 날 아바카 칸의 젖친구이자 (R1183)아흐마드의 오르도의 아미르였던 쿠바이 노얀(Qūbāī Nōyān)의 아들 타이탁(Tāītāq)을 바그다드 방면에 바이두 왕자를 부르러 보냈고, 또한 게이하투를 부르러 레그지를 룸으로 보냈다. 아미르들은 여러 그룹으로 나뉘어 이영을 할 때에는 스무 군데도 넘는 곳에서 북(kuhūrgāī)을 쳤다.

바이두는 겸손하고 신중한 왕자였고 아미르들과 군대에 대해서 단호한 명령을 내리지 않았기 때문에, 분란을 일으키던 타가차르와 쿤축발과 토간과 〈237v〉 투켈 등의 무리는 가잔의 위엄과 위세를 두려워하여 바이두를 〔옹립하기를〕 원했다. 식투르, 사마가르 노얀, 돌라다이 이데치, 테그네, 일치데이 쿠슈치, 부가다이 등의 아미르들과 좌익(dast-i chap)의 아미르들은 그들과 연합하였다. 그러나 그는 아직 도착하지 않았다.

라비 알 아발월 11일(3. 14) 그들은 이 문제에 관해서 상의한 뒤, 16일

35) 원문은 아랍어.

36) 사실상은 13일 일몰부터 다음 날인 14일 일몰 전까지에 해당된다.

(3. 19) 카툰들에게 아뢰기로 합의하였다. 라비 알 아발월 16일 월요일(3. 19)에 사마가르 노얀을 룸으로 보냈고, 그 다음 날 발리야 자드(Bāliya Zād)를 레그지를 뒤쫓아 보내서 되돌아오게 하였다. 라비 알 아발월 21일 토요일(3. 24)에 이즈 앗 딘 잘랄('Izz al-Dīn Jalāl) 〔267r〕—사아드 앗 다울라의 부관이었고 항상 병약했다—을 죽였다. 라비 알 아히르월 첫날(4. 3)이 될 때까지 후라산에서 두 차례나 사신들이 도착해서 혼란의 소식을 알렸다. 라비 알 아히르월 26일 금요일(4. 28) 아미르들은 모두 함께 오르도에 모였고, 왕자들의 어전에서 도착한 사신들을 되돌려 보냈다.

주마다 알 아발월 8일(5. 9) 아미르 알라두(Alādū)가 후라산과 이라크에서 와서 보고하기를, 루르(Lur)인들이 발호하여 이스파한을 장악하고 이스파한의 감관인 바이두(Bāīdū)와 다른 한 무리의 사람들을 죽였고, 그 부근에 주둔하던 몽골 군인들을 공격하여 그들을 흩어지게 만들었다 하였다. 뒤이어 그들이 일으키는 분란과 혼란에 관한 소문들이 연이어 들어왔다. 바로 그날 바이두 왕자를 부르러 부쿠(Būqū)[37]의 아들 샤디(Shādī)와 칭쿠르(Chīngqūr)의 아들 부랄기(Būrālghī)를 보냈다. 루르인들의 공격을 막기 위해 돌라다이 이데치를 임명하였다.

(R1184)주마디 알 아발월 21일 수요일(5. 23) 수케(Sūkā) 왕자를 위시하여, 아미르들 가운데 추반과 알리낙의 아들 쿠룸시 등이 카툰들의 오르도들을 이동시켜 알라탁 방면으로 게이하투 왕자의 어전으로 가려고 했다. 그것은 투켈과 합의한 결과였다. 4천호의 아미르였던 불라르구 키야타이(Būlārghū Qiyātay)는 그들을 뒤쫓아 갔고, 그런 연유로 바이두의 일은 망가지게 되었다. 이것은 우룩 카툰이 생각한 방책이었다. 그 다음

37) 원문의 표기가 불분명하다. 색스턴은 Toqu로 읽었다.

날 아미르들은 수구를룩 부근에 쿠이 불닥(Kūī Būldāgh)이라는 곳에서 바이두 왕자의 어전에 도착했다.

25일 밤(5. 27)에 사티와 쿠반과 투다추가 도망쳐 게이하투 왕자와 함께 하려고 룸 쪽으로 향했다. 그 다음 날 밤에는 오르도들의 가복들이 또다시 떠났다. 그 다음 날 밤에는 일치데이 쿠슈치와 티무르 부카가 떠났고, 다음 날 밤에는 쿤축발과 모두가 게이하투에게로 향했다. 그런 연유로 바이두를 군주로 앉히려는 계획은 성취되지 못했고 게이하투로 정해지게 되었다. "알라께서 진실을 가장 잘 알고 계시며 그분이야말로 우리가 돌아갈 곳이다."

(R1185) 【제3장】

그의 칭송받을 만한 행동과 선별된 성품. 현명한 이야기들과 성훈과 일화들.
그가 말했거나 지시했던 명령들. 그의 치세에 일어났던 일화와 사건들 가운데
앞의 두 장에 들어가지 않았던 것들. 기타 단편적으로 알려진 것들.

---

*[38] 아르군 칸은 현명한 군주였고 온화한 품성에 밝은 마음을 지닌 분이었다. 그는 이성적으로 설명하거나 논리적인 주장을 편 사람은 누구라도 잘 받아들였다. 사람들은 그의 호의의 그늘 아래에서 편안한 휴식을 얻었다. 그는 건물을 짓는 것에 대단한 관심과 애정을 가졌고, 조부나 부친과 마찬가지로 건물과 건축에 매우 열정적이었다. 타브리즈의 서쪽 즉 샨브(Shanb)라는 이름의 교외—일반 사람들은 샴(Shāmm)이라고 부른다—에 두 개의 높은 궁전(qaṣr)을 짓고, 그 두 궁전 사이에 도시를 하나 건설했다. 그리고 거기에 두 개의 높은 아치(ṣuffa-i 'alī)를 지었는데 마치 크테시폰의 아치(aywān-i Kasrī) 같았다. 그는 벌집 모양의 장식이 된 천정(saqfhā-yi muqarnas)과 활처럼 휜 지붕(ṭāqhā-yi muqawwas), 사람의 마음을 사로잡는 아름다운 벽화가 그려진 건물들을 지으라고 명령했다. 〔그 도시를〕 아르구니야(Arghūniyya)라고 명명했는데, 이에 관해서는 〔앞에서 서술한〕 이야기들 가운데에서 설명한 바 있다.

그의 치세에 타브리즈 주민의 숫자가 얼마나 많았는지 마치 에집트와 같았고, 아르구니야는 군주의 도읍인 카이로와 같았다. 뿐만 아니라 그는 쿵구르 울렝 초원에, 즉 샤루야즈(Sharūyāz)[39] 옆에 도시를 하나 건설하고, 〔그 안에〕 샘들과 수로들(qanawāt)을 흐르게 하였다. 그는 〔그

---

38) * * 부분은 A·B본에는 보이지 않기 때문에, 러시아 교감본에 의거하여 보충하였다. 로샨본에는 보이지 않는다.

39) 러시아 교감본은 Sharūnār로 적었으나 잘못된 것이다.

도시의 건설을 위해〕 많은 재화를 쏟아 부었으나 그의 생애가 짧았기 때문에 치세 동안에 완성하지는 못했다. 울제이투 술탄이 자신의 치세 동안에 그것을 완성시켰고, 그것을 술타니야(Sulṭāniyya)라고 이름 지었다. 또한 〔아르군 칸은〕 라르(Lār) 하영지, 즉 다마반드 산기슭에 높은 전각을 하나 세웠는데, 지금 그곳은 아르군 전각(Kūshk-i Arghūn)이라는 이름으로 알려져 있다. 이런 방식으로 그는 여러 곳에 장대한 궁전들과 고귀한 장식들을 지었다.

또한 그는 연금술에 크게 열광하여 사방 각지에서 연금술사들이 그의 어전으로 모여들었다. 그래서 군주에게 그러한 기술을 〔연마하라고〕 부추겼다. 그것을 위해 엄청난 재화를 썼지만 한 번도 그들을 책망하지 않았고, 오히려 추가의 비용을 다시 허락해주었다. 하루는 마울라나 쿠틉 앗 딘 시라지가 있을 때 난해한 주제에 관해서 이야기가 오고 갔다. 연금술사들이 해산한 뒤에 아르군 칸은 마울라나에게 말했다. "나는 한 사람의 투르크인이고 너는 지식이 많은 사람이다. 그러니 그대는 그들이 나를 미혹시키고 있다고 생각하겠지? 나는 몇 번이고 그들을 없애버리려는 생각을 했다. 그러나 〔연금술이라는〕 이 기술이 존재하는 것은 분명하니, 누군가는 이 고귀한 지식을 알아야 하지 않겠는가. 만약 내가 〔이〕 무지한 자들을 후원하지 않고 칼로 베어 죽여버린다면, 그러한 지식을 가진 사람이 나에게 어떠한 믿음도 갖지 않게 되지 않겠는가."

간단히 말해서 아르군 칸의 치세에 〔그〕 기술을 가진 사람들은 농축, 증발, 용해, 제조, 탐색, 증류, 연화, 화농, 정화, 표백, 발효, 변화, 전환, 연소, 환원, 여과, 탈색, 가습[40] 등 〔갖가지 실험〕을 시행했다. 수많은 실험과 시험을 거친 뒤 비로소 의심의 베일이 사람들의 눈에서 벗겨지게 되

---

40) 연금술에 활용된 다양한 실험의 종류와 그 명칭에 대해서는 러시아 번역본을 참고했다. 색스턴은 이 부분을 번역하지 않았다.

었다. 연금술을 통해서 결국 절망과 손해를 제외하고는 아무것도 거둔 것이 없었다. "올바른 길로 가는 사람들에게 평화가 있기를!"*

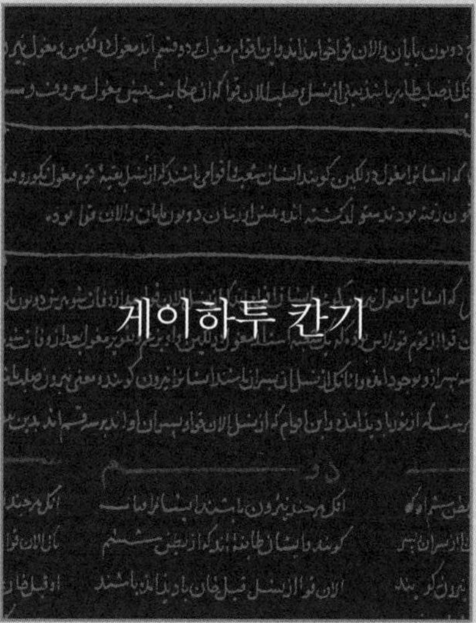

게이하투 칸기

〈238r〉(R1987) 칭기스 칸의 아들 톨루이 칸, 그의 아들 훌레구 칸, 그의 아들 아바카 칸, 그의 아들 게이하투 칸기: 3장으로 구성

그가 상서롭게 태어난 것은 야즈디기르드(Yazdjird)력으로는 638년—즉 〔회력으로는〕 64?년[1]에 해당—의 옛 달로 바흐만(Bahman)월 25일[2]에 처녀자리궁이 떠오를 때였다. 690년 라잡월 24일 일요일 즉 닭해 여섯 번째 달 25일(1291. 7. 23)에 왕위에 올랐다. 694년 주마다 알 아발월 6일 목요일(1295. 3. 24)에 사망했다. 그의 향년은 …세[3]이며 재위는 3년 2개월 …[4]이다.

제1장: 그의 계보에 대한 설명. 그의 카툰과 자녀들 및 손자들이 현 시점에 이르기까지 갈라져 나온 것들에 관한 자세한 서술. 부마들에 대한 설명과 그의 자식들의 분지(分枝)를 나타내는 도표.
제2장: 그가 즉위하기 이전(의 상황). 그가 칸위에 오를 때 보좌의 모습. 카툰, 왕자, 아미르의 모습. 그의 재위기간 동안 일어난 정황들의 역사, 그 기간 동안에 일어난 일.
(R1988)제3장: 그의 탁월한 행적과 품성. 그가 행하거나 말했던 좋은 이야기, 일화, 훈유, 덕담들. 그의 치세에 일어났던 사건들 가운데 앞의 두 장들에 들어가지 않았던 내용들. 그 밖에 알려진 잡다한 사항들.

〔267v〕(R1989) 【제1장】

그의 계보에 대한 설명. 그의 카툰들과 자녀들 및 손자들이 현 시점에 이르기까지 갈라져 나온 것들에 관한 자세한 서술. 부마들에 대한 설명과 그의 자식들의 분지를 나타내는 도표.

게이하투는 아바카 칸의 둘째 아들이었다. 타타르 종족 출신인 녹단 카툰에게서 출생했다. 박시들은 그에게 이린친 도르지(Īrīnchīn Dōrjī)라는 이름을 지어주었다. 그는 많은 카툰들과 후궁들을 두었다.

처음에 일루게이 노얀의 아들인 투구(Ṭūghū)의 딸 아이샤 카툰('Āīsha Khātūn)과 혼인했다. 그 다음에는 잘라이르 출신의 일루게이 노얀의 아들인 아크 부카(Āq Būqā)의 딸 둔디 카툰(Dūndī Khātūn)을 맞았고, 그 다음에는 쿵크라트 종족 출신의 쿠틀룩 티무르 쿠레겐(Qutlugh Timūr Kūregān)의 딸 일투즈미시 카툰(Īltūzmīsh Khātūn)을 맞았다. 그 다음에 키르만의 술탄인 쿠틉 앗 딘의 딸 파디샤 카툰(Pādishāh Khātūn)을 맞았고, 그 다음에는 케레이트 출신의 사리체(Sārīche)의 딸 우룩 카툰(Ūrūk Khātūn)을 맞았다. 그 다음에는 불루간 카툰이었다.

후궁도 하나 두었는데 나니(Nanī)라는 이름을 가졌고 그가 죽은 뒤 〔알라피랑(Alāfirang)〕[5]이 그녀를 취했다. 또 하나는 에센(Īsen)이라는

---

1) 원문에 마지막 연도의 숫자가 누락되어 있으나, 668년이 되어야 옳다. 이에 관한 설명은 아래의 주석 참조.

2) 아바카의 큰아들인 아르군이 660년(1261)에 출생했기 때문에 둘째 아들인 게이하투가 위의 본문에서처럼 이슬람력 640년대에 출생한 것은 불가능한 일이므로 필사자의 오류로 볼 수밖에 없다. 고대 페르시아의 조로아스터교에서 제작된 야즈디기르드력으로 638년 바흐만 (11)월 25일은 1269년 11월 21일에 해당되며, 이슬람력으로는 668년 라비 알 아발월 24일에 해당된다.

3) 그는 668년(1269)에 출생해서 694년(1295)에 사망했기 때문에 향년 27세였던 셈이다.

4) 원문 결락.

5) A본에는 없고 B본에만 보인다.

이름을 가졌고 아룰라트[6] 종족 출신인 우잔(Ūjān)의 형제 베클레미시(Beklemīsh)의 딸이었다.

그는 세 아들을 두었다. 가장 큰 아들은 알라피랑이었고 그의 모친은 둔디 카툰이었다. 둘째도 그녀에게서 난 이란샤(Īrānshāh)였다. 셋째는 불루간 카툰이 낳은 칭 불라드(Chīng Būlād)였다.

딸은 넷이 있었다. 하나는 울라 쿠틀룩(Ūlā Qutlugh)이라는 이름이었고 그녀를 아랍타이('Arabtāī)에게 주었다. 또 하나는 일 쿠틀룩(Īl Qutlugh)이었는데 그녀를 아미르 쿠틀룩 샤에게 주었다. 또 하나는 아라 쿠틀룩(Arā Qutlugh)이었다. 이 셋은 모두 아이샤 카툰에게서 출생했다. 둔디에게서도 딸들이 출생했다.

---

6) A·B본 모두 AWRLAT라고 되어 있지만 ARWLAT로 읽는 것이 옳을 듯하다.

게이하투 칸과 카툰의 초상, 자식들의 지파도[7]

7) 이 구절은 A본에만 보이고 B본에는 빠져 있다. 두 사본에는 공란만 있고 그림과 지파도는 보이지 않는다.

〈238v〉[8](R1990) 게이하투 칸기 【제2장】

그가 즉위하기 이전의 상황. 그가 칸위에 오를 때 보좌의 모습. 카툰들, 왕자들, 아미르들의 모습. 그의 재위기간 동안 일어난 정황들의 역사. 그 기간 동안에 일어난 일.

처음에는 대부분의 아미르들이 바이두를 앉히려고 했는데, 특히 그들 가운데 반란을 꾀하려는 일당이 그러했다. 아미르 추반과 쿠룸시 및 다른 아미르들이 차례로 게이하투의 어전으로 향하였지만, 나머지 다른 사람들은 그(게이하투)를 앉히는 것에 대해서 주저하기 시작했고 그(게이하투) 역시 이를 받아들이지 않았다. 그렇게 하려고 온갖 노력을 기울였던 토간은 겁을 먹고 도망쳐서 길란으로 갔다. 병사들이 그를 추격해 갔고 그를 붙잡아 아미르들 앞으로 끌고 왔다. 바이두는 그를 보호하면서 게이하투가 도착할 때까지 감시인을 붙여주었다. 게이하투는 아미르들이 그를 기다리고 있다는 〈239r〉 사실을 알자 룸에서 이란으로 향하였다. 알라탁에서 그는 카툰들, 아미르들, 왕자들과 조우하였고, 모두 다 합의하여 690년 라잡월 24일 일요일(1291. 7. 23)에 아흘라트의 교외에서 축복받고 (R1191)상서로운 시각에 게이하투를 군주로 앉혔다.

〔268r〕 반란을 일으킨 아미르들을 체포하고 그들을 재판한 이야기

연회와 잔치가 끝난 뒤 샤반월 초(1291년 8월 초) 아미르들을 체포하여 야르구를 시작하였다. 그는 자신이 직접 심문하였는데, 그것은 게이하투가 그의 형제인 아르군 칸의 사망과 아미르들 및 재상(vazīr)들의 처

8) B본에서는 원본 1엽이 결락되고 대신에 다른 필체로 된 1엽(238v-239r)이 삽입되어 있다.

형에 관해서 스스로 조사하기를 원했기 때문이다. 처음에 그 자신이 앉아서 아미르들의 선임이었던 식투르 노얀에게 "그 상황이 도대체 어떻게 된 것이냐?"고 물었다. 그는 "아미르들이 여기 있으니 군주께서는 그들을 심문하셔서 그들의 말을 통해서 소인의 죄와 아미르들 각각의 죄를 밝히도록 하십시오."라고 대답하였다. 〔그러자〕 아미르들은 입을 모아 "처음에 타가차르와 쿤축발이 분란과 반란을 시작했습니다. 그 뒤 사마가르와 테게네와 함께 이야기했고, 그러한 일을 도모하기로 모두 확정한 뒤 마지막으로 식투르 노얀에게 말했습니다. 그는 '당신들이 어떻게 상의를 해서 〔결정을〕 하든지 나도 당신들과 함께 하겠다.'라고 말했습니다."

그들의 말이 여기에 이르자 식투르 노얀은 "이렇게 강력한 아미르들이 옳지 못한 생각과 방책을 세웠는데, 소인은 늙고 병약한 데다 내가 의지할 수 있는 나의 형제들이 룸에서 폐하를 어전에서 모시고 있었기 때문에, 만약 제가 그들을 반대하는 말을 했다면 저의 머리는 붙어 있지 못했을 것이고 주시나 오르도 키야에게 벌어졌던 일이 제게도 벌어졌을 것입니다."라고 말했다. 게이하투는 그의 사죄를 듣고는 그를 풀어주었다. 야르구를 모두 마친 뒤에 아미르들에게 은사를 내려주었다. 식투르 노얀 이외에 다른 아미르들도 군주의 용서를 기대했기 때문에 신속하게 자신의 죄를 밝혔다.

(R1192)〔그러나〕 토간은 감금되었고 주시와 오르도 키야의 부인들과 아들들은 아버지의 피의 복수를 원했다. 아크 부카는 토간과 사이가 안 좋았고 우룩 카툰도 마찬가지였다. 〈239v〉 게이하투가 그를 처형하기를 망설이자 우룩 카툰이 그에게 말하기를 "만약 토간이 저지른 이런 반란과 분란에도 불구하고 그를 죽이지 않는다면, 그래서 그에게 죽임을 당한 아미르들의 피의 복수를 하지 않는다면, 이후 어느 누구도 성심

으로 힘을 다 바치려고 하지 않을 것입니다."라고 하였다. 이에 게이하투는 "분명히 이런 일을 저지른 사람은 그에 걸맞은 죗값을 치러야 한다."라고 말했다. 군주가 한 이 말을 들은 아크 부카는 밖으로 나가서 오르도 키야의 아이들을 보내서 토간의 일을 끝내버렸다.

게이하투는 샤반월 9일(1291. 10. 5) 알라탁에 하영하였고, 그 다음 날 타가차르와 쿤축발 및 다른 아미르들은 죄를 용서받고 고두의 예를 행하였다. 라마단월 4일 목요일(8. 31) 게이하투는 룸 지방으로 귀환하기로 결정하였다. 完!

게이하투가 룸 방면으로 향한 것, 식투르 노얀을 절대적 권한을 가진 부관으로 임명한 이야기

게이하투가 알라탁에서 룸으로 향했을 때 이란땅의 왕국들에서 자신〔을 대신하여〕 절대적 권한을 지닌 부관(nāīb)으로 식투르 노얀을 임명하였다. 그는 거기서 타브리즈로 왔고 아미르들과 함께 아란의 동영지로 갔다. 그의 예전 유르트가 있던 쿠르 강가의 카라찰리(Qarāchālī)라는 곳에 하영하였다. 그는 중요한 일의 처리와 국사의 해결에 몰두했고 사신들과 알 탐가들(al tamghāhā)[9]을 각지로 보냈다. 그해 겨울 마지막 즉 691년 무하람월 28일 일요일(1291. 12. 31) (R1193)요시무트의 아들인 잔부(Zanbū) 왕자가 차가투에서 사망했다.

게이하투는 안바르치(Anbārchī) 왕자에게 1투만의 군대를 대동시켜 후라산 방면으로 파견하였다. 그(안바르치)는 동영을 위해서 라이 부근에 멈추었다. 타가차르는 식투르 노얀의 누케르였는데 자식들을 보겠다

---

9) '알 탐가'는 적인(赤印)을 뜻한다. 즉 각지의 수령들에게 사신을 보내 관직을 수여하며 그에 상응하는 인장을 하사한 것을 말한다.

는 구실로 그(식투르 노얀)의 허락을 받고 자기 집으로 향했다. 그(타가차르)는 자신의 부관이었던 사드르 앗 딘 잔자니(Ṣadr al-Dīn Zanjānī)를 바바(Bābā)라는 이름을 가진 카즈빈 〔도시 출신〕 사람 한 명과 함께 카즈빈으로 파견했다. 그리고 그(잔자니)는 자기 형제인 쿠틉 앗 딘(Quṭb al-Dīn)에게 "룸의 투르코만인들과 카라만인들이 게이하투에게 승리를 거두어서 그의 처지를 끝장내었다. 모든 아미르들이 안바르치 왕자를 군주로 세우기로 합의하였다. 그 형제가 그의 어전으로 빨리 오도록 해야 하며, 상황을 그에게 설명하고 후라산으로 가는 것을 포기하고 아란 방면으로 돌아오도록 해야 한다."라는 전갈을 보냈다.

쿠틉 앗 딘은 그 상황을 왕자의 근시 중의 하나였던 셰이흐 자말 시라지(Shaykh Jamāl Shīrāzī)에게 말했고 그는 이를 왕자에게 말했다. 〔안바르치〕 왕자는 대단히 영리하고 유능했기 때문에 상황을 잘 살필 필요가 있다고 생각하고, 물라이드(Mūlāyīd)라는 이름을 지닌 자기의 한 누케르로 하여금 그 상황을 조사하고 확인하기 위해서 사신이라는 명목으로 식투르에게로 보냈다. 그는 길을 가던 도중 타가차르를 만났다. 사드르 앗 딘이 그에게 말하기를 "네가 식투르에게 가는 것은 좋은 방책이 아니다. 서둘러 되돌아가 왕자에게 하루라도 빨리 와서 보좌에 앉게 하라."고 말했다. 물라이드는 영리하고 약은 사람이어서 "그렇게 하는 것이 좋겠다. 그런데 나의 집들이 가까우니 나의 권속들을 다시 만난 뒤에 돌아가야겠다."라고 말했다. 그는 그들이 있는 곳을 지나서 카라찰리로 향하였고 식투르가 있는 곳에 도착했다. 길에서 사신들을 보았는데 룸에서 칙령들을 갖고 오는 중이었다. 그들은 게이하투가 카툰들과 왕자들과 아미르들에게 주는 선물과 증물(bīlgehā)을 갖고 있었다. 그는 그들 가운데 자신이 알고 신뢰할 만한 친구 하나를 발견하여, 그에게 (R1194) 게이하투의 안부를 물었다. 그는 〔게이하투가〕 건강하고 유쾌하며 잘

있다고 말했다. 〔268v〕

물라이드는 사드르 앗 딘이 간계를 부렸다는 사실과 만약 그러한 사정이 밝혀지면 안바르치와 그의 아미르들은 온전하지 못하게 되리라 확신했다. 그는 즉시 식투르에게로 달려가 여러 사람들 앞에서 자기가 안바르치 왕자의 사신임을 공표하고 난 뒤, 은밀한 장소를 요청하였다. 그리고 그러한 상황의 내용을 처음부터 마지막까지 자세히 설명하였다. 식투르 노얀은 그런 일에 앞서서 약간의 사정을 알고 있었기 때문에 그에게 좋은 대답을 해주고 다시 안바르치의 어전으로 선물을 들려서 돌려보냈다. 그리고 자신은 2000명의 기병을 데리고 출정하여 새벽녘에 타가차르의 집들을 덮쳐서 그를 붙잡았다. 사드르 앗 딘 역시 그의 집에서 데리고 와서, 게이하투가 도착했다는 소식이 전해진 봄까지 구금해 두었다. 그 〔붙잡은 자들〕을 500명의 강건한 기병들과 함께 〔게이하투를〕 맞으러 보냈다. 〈240r〉 그들은 천호에서 천호들을 지난 뒤에[10] 아르잔 알 룸[11] 부근에서 게이하투의 어전에 도착했다. 게이하투는 와서 알라탁의 하영지에 하영하였다. 691년 라잡월 12일 일요일(1292. 6. 29) 즉 용해 여섯 번째 달 14일에 왕자들과 아미르들은 모두 서약서를 주었고, 게이하투를 다시 한 번 관례에 따라서 알라탁의 하영지에서 군주의 보좌에 앉혔다. 그리고 잔치와 축복의 행사를 개최하였다. 完!

사드르 앗 딘 잔자니에게 재상직을 위임하고, 수석 판관직을 그의 형제인 쿠틉 앗 딘에게 위임한 이야기

게이하투는 그해 여름 알라탁에 있었다. 가잔이 그를 보기 위해서 후

---

10) 즉 천호들이 주둔하고 있는 지점들을 하나씩 경유하였다는 의미.

11) 현재의 에르주룸(Erzurum).

라산에 왔는데 (R1195)타브리즈에 이르자 게이하투의 지시로 그를 보지 못한 채 되돌아갔다. 사드르 앗 딘 잔자니는 처형당한 사람들의 재산에서 많은 재화를 선물로 바치고, 게이하투의 유모였으며 대단히 영향력이 있던 보락친 에게치(Bōrāqchīn Īgāchī)에게 피신처를 구하며 재상직을 청하였다. 샴스 앗 딘 아흐마드 라쿠시(Shams al-Dīn Aḥmad Lākūshī) 역시 여러 아미르들의 후원을 받아 그 직책을 청하였다. 사드르 앗 딘은 샤라프 앗 딘 심나니의 중재로 아미르 아크 부카와의 관계를 돈독히 하면서 그를 자신의 후원자(murabbī)로 삼고, 여러 사람들에게 투만들(tūmānāt)[12]을 주기로 약속했다.

그러는 사이에 룸 방면에서 적군이 시리아에 도착해서 말릭 아쉬라프(Malik Ashrāf)가 칼라트 알 룸(Qal'at al-Rūm)[13]을 포위했다는 소식이 들어왔다. 라잡월(1292. 6~7)에 뭉케 티무르의 아들인 타이추 오굴(Tāīchū Ōghūl)과 타가차르, 부카다이 아크타치(Būqadāī Aqtāchī), 탐마치 이낙(Tammāchī Īnāq) 등이 대군을 이끌고 적군을 막기 위해 그 방면으로 향하였다. 샤반월(7~8)에 수케이(Sūkāī) 왕자와 아미르 티무르 부카와 카라차(Qarācha)가 아흘라트(Akhlāṭ)[14]와 아르지시(Arjīsh)[15] 길을

---

12) tūmānāt는 '만'을 뜻하는 몽골어 tuman의 복수형이다. tūmān은 '만인대'를 뜻하기도 하지만 훌레구 울루스에서는 주(vilāyat)의 아래에 있는 행정구역을 나타내는 용어로 사용되기도 하였다. 또한 화폐의 단위를 나타내는 단어로도 사용되었던 것 같다. 本田實信, 『モンゴル時代史研究』, p. 98.

13) 이곳은 산리우르파(Şanlıurfa)에서 서쪽으로 50킬로미터 떨어진 곳의 유프라테스 강변에 위치한 성채였다. 현재는 터키 영내에 있으며 Rumkale라고 불린다. 쿠르드어로는 Hromkla 혹은 Kela zêrîn, 시리아어로는 Qal'ah Rumita라고 불리는데, 모두 '로마(룸)의 성채'라는 뜻이다.

14) 아흘라트는 힐라트(Khilāṭ)라고도 불렸으며 터키 동부의 반 호수 서안에 위치한 도시이다. 아르메니아 지방에서는 가장 큰 도시였다. 무스타우피의 설명에 따르면, 이 도시는 평원에 위치해 있으며 정원들에 둘러싸여 있고 하나의 강력한 성채가 있었다. 금요 모스크는 시장 안에 있었다. 겨울에는 혹한이 찾아오지만 주민들의 숫자는 매우 많았다고 한다. Le Strange, *The Lands*, p. 183.

15) 아르지시는 반 호수의 북안에 위치한 도시. 무스타우피에 따르면 이 도시에는 가잔 칸의 시대에

거쳐서 칼라트 알 룸으로 향하였고, 라잡월 말(8월 초)에 말릭 아쉬라프는 칼라트 알 룸을 포위하고 그 주민들 일부를 죽였으며 일부를 포로로 끌고 갔다. 성채는 자신의 쿠트발(kutwāl)[16]들에게 맡기고 돌아갔다.

게이하투는 알라탁에서 귀환할 즈음 〔6〕91년 샤반월(1292. 7~8)에 알탄(Āltān)에서 불루간 카툰을 부인으로 맞이하였다. 그해 라마단월 18일(1292. 9. 2) 화요일 타브리즈 구역(a'māl) 안에 있는 타수(Tasū)라는 숙소(marḥale)에서 게이하투에게 병의 증세가 나타났는데 매우 심각한 병환으로 발전하였다. 루바이브 앗 다울라(Rubayb al-Dawlā)와 사피 앗 다울라 나사리(Ṣafī al-Dawlā Naṣārī)가 그를 모시면서 진력을 다해 치료했다. 40일이 지나서 그의 건강은 완전히 회복되었다.

691년 둘 히자월 6일(1292. 11. 18) 아란의 동영지에서 왕국의 사힙 디반 직책을 다시 사드르 앗 딘에게 확정해주었다. 그는 게이하투의 어전에서 자신에게 '사드리 자한(ṣadr-i jahān)'이라는 칭호를, 자기 형제에게는 '쿠트비 자한(quṭb-i jahān)'이라는 칭호를, (R1196)그의 사촌에게는 '카밤 알 물크(qawām al-mulk)'라는 칭호를 청했다.[17] 또한 왕국의 수석 판관직(qāḍī al-quḍātī)을 그의 동생에게 주었으며 타브리즈의 하킴직도 그에게 주었다. 이라크의 하킴직은 카밤 알 물크에게 주었다. 〔6〕92년 주마다 알 아발월 3일(1292. 11. 18) 테그네 투트가울(Tegnā Tuṭghāwul)[18]이 아란의 사라이 만수리야에서 사망하여 그를 마라가로

재상이었던 'Alī Shāh의 지시에 따라 강력한 성채가 만들어졌다고 한다. Le Strange, *The Lands*, p. 183.

16) 성채 즉 성벽, 보루, 성문 등의 경비 책임자.

17) 이들 칭호는 각각 '세상의 정상', '세상의 기둥', '왕국의 지주'를 의미한다.

18) Tuṭghāwul은 실제로 관 칭호 '투트카울(tutqa'ul)'을 옮긴 말이다. 그 어원은 투르크어에서 '붙잡다'를 뜻하는 tut-에서 나온 것으로 추정된다. '투트카울'은 원래 도로상의 질서와 안전을 책임지고 감시하며, 대상들을 호위하고 비적들을 단속하는 임무를 수행했다. 이 단어는 또한 '감시초소(특히 산간지역에서)'를 뜻하여 qara'ul과 같은 의미로 사용되기도 하였다. 한편 tutqa'ul은 tusqa'ul

데리고 갔다.

게이하투는 〔6〕92년 주마다 알 아히르월 13일(1293. 5. 21) 타브리즈에 왔고, 라잡월 12일(6. 18)에 마라가에서 시야흐 쿠흐 방면으로 갔다. 샤반월 7일(7. 13)에 〔주치 울루스에서〕 코니치 오굴의 사신들이 도착했는데, 합의를 표명하고 연합을 도모하기 위해서였다. 그달 9일(7. 15)에 쿠틀룩 샤 노얀, 우룩 티무르 오굴(Ūrug Timūr Oghūl)의 사신들, 노루즈의 사신들이 후라산에서 왔고, 같은 날에 아이샤 카툰은 룸에서, 바이트미시는 디야르 바크르에서 도착했다. 샤반월 17일(7. 23) 군대를 데리고 후라산으로 갔던 뭉케 티무르의 아들인 기레이 오굴(Girāī Oghūl)과 쿤축발과 돌라다이 이데치 등이 돌아왔다. 샤반월 말(8월 초)에 아쉬카마르[19]에 하영하였다. 그루지아 사람인 사둔(Ṣādūn)의 아들 쿠틀룩 부카(Qutlugh Būqā)를 거기서 야사에 처하였다. 〔게이하투는〕 라마단월 12일(8. 16) 우잔으로 갔고, 19일(8. 23)에는 하쉬트 루드(Hasht Rūd)[20]에, 그리고 거기서 마라가 방면으로 나와서 아란으로 갔고 거기서 동영을 하였다. 〔6〕93년 라비 알 아발월 5일(1294. 2. 3)에 비리(Bīrī) 왕자가 출생했다.

라비 알 아히르월 28일(3. 28) 톡타로부터 사신들이 왔는데 그들의 선임자는 칼린타이(Qālinṭāī) 왕자와 불라드(Būlād)였다. 달란 나우르에서 어전으로 와서 평화와 연합을 희망하였고 갖가지 요청을 하였다. 주마다 알 아발월 3일(4. 1) 그들을 극진히 예우하여 돌려보냈다.

주마다 알 아발월 2일(3. 31)에 쿠르 강가에 거대한 도시를 건설하였

이라는 형태로 사용되기도 하였으며, 마르코 폴로가 자신의 글에서 toscaor라고 한 것은 바로 그 단어를 옮긴 것이다. 이에 관해서는 Pelliot, *Notes on Marco Polo*, vol. 2, p. 859 참조.

19) A·B본에는 모두 AŠKMR로 표기되어 있는데 Ashkamar라는 독음이 맞는지는 단언하기 어렵다.

20) '여덟 강'이라는 뜻으로 마라가 동쪽의 언덕에서 발원하는 강을 가리킨다. 무스타우피에 따르면 그의 시대에 이 강은 미야즈 강과 합류했다고 한다. 이들 흐름은 가름 루드('따뜻한 강')과 합류하여 사피드 루드라는 강을 형성하였다. Le Strange, *The Lands*, p. 170.

고 그것을 쿠틀룩 발릭(Qutlugh Bālīgh)[21]이라 이름 지었다. 동영지에서 돌아왔다. 빌레사바르에서 군대를 사열('arḍ)하였다. 〈240v〉 〔6〕93년 주마다 알 아히르월 초(1294년 5월 초) 차우(chāū)[22]에 대해서 논의를 했다. 라잡월 7일(6. 3) 뭉케 티무르의 아들 기레이 오굴이 (R1197)사망했다. 라잡월 16일(6. 12) 상술한 바이두가 알라탁에서 〔269r〕 어전으로 왔고 게이하투는 그를 견책(qāqmīshī)하였다. 샤반월 15일(7. 11) 보락친 에게치의 주선으로 그에게 귀환을 허락하였다. 라마단월 7일(8. 1) 알라탁에 도착하여 거기서 쿠릴타이를 열었다. 그달 21일 목요일(8. 15)에 쿠릴타이가 종료되었다. 完!

불운한 '차우'의 발행과 그로 인해 왕국 안에서 드러난 혼란들에 관한 이야기

사드르 앗 딘과 일부 아미르들은 키타이 지방에서 실시되던 차우(chāū)의 문제와 관련하여, 그것을 이 지방에서 통용시키는 방책에 대해서 때때로 논의와 고려를 하였고, 그 사안을 어전에 아뢰었다. 게이하투는 그 상황에 관해서 볼라드 칭상에게 물어보았는데, 그는 "차우는 군주의 인장(tamghā)이 찍혀 있는 종이입니다. 키타이 전역에서 주조된 전폐(diram)[23] 대신에 통용되고 있습니다. 그곳에서 현금은 발리시(bālish)[24]이고 그것은 황실의 재고로 들어갑니다."라고 말했다. 게이하투는 매우 관대한 군주였고 그의 은사는 지나칠 정도였으며 세상의 재화도 그의 씀

---

21) 이는 투르크-몽골어로 '축복의 도시'라는 뜻이다.

22) 이는 카안 울루스에서 발행하던 지폐 '초(鈔)'를 옮긴 말이다.

23) dirham의 준말. 이슬람권에서는 은화를 가리키는 말로 사용되었다.

24) 발리시는 중량 2킬로그램짜리 은정(銀錠)을 지칭하며, 그 모양을 형용하여 몽골어에서는 süke(도끼), 위구르어에서는 yastuq(베개)라고 불렀다.

씀이를 충당하지 못할 정도였다. 〔그래서〕 그는 그 사안에 대해서 동의하였다.

사드르 앗 딘은 왕국 안에서 다른 사람들이 하지 않았던 조치를 시행하려고 하였고, 그것을 위해서 극진한 노력을 하였다. 아미르들 가운데 가장 총명한 식투르 노얀은 "차우는 왕국을 피폐하게 만들 것이며, 황제에게 나쁜 이름을 가져다줄 것이고, 백성과 군대를 혼란에 빠뜨릴 것이다."라고 말했지만, 사드르 앗 딘은 "식투르 노얀은 극도로 황금을 좋아하기 때문에 차우의 폐지를 위해 애쓰는 것이다."라고 하였다. 그래서 "신속하게 그것을 실행하라."는 칙령이 (R1198)내려졌다.

샤반월 27일 금요일(7. 23) 아크 부카와 타가차르와 사드르 앗 딘과 탐마치 이낙 등이 차우의 실시를 위하여 타브리즈 방면으로 갔다. 라마단월 19일(8. 13) 그곳에 도착하여 칙령을 공포하고 많은 양의 차우를 준비하였다. 693년 샤발월 19일 토요일(1294. 9. 12) 타브리즈 시내에서 차우를 내놓고 통용시켰다. 어느 누구라도 그것을 받지 않는 사람은 야사에 처할 것이라는 명령이 내려졌다. 〔사람들은〕 일주일 동안 칼에 대한 두려움 때문에 그것(차우)을 받았다. 그러나 그것을 받기만 했지 다른 사람에게 주기는 어려웠다. 타브리즈에 있는 많은 사람들은 별다른 방도가 없었기 때문에 차라리 〔다른 곳으로〕 여행을 떠났고, 시장에서는 옷감과 식료품도 사라져버렸다. 그래서 살 수 있는 것이라고는 아무것도 없었고, 사람들은 과일을 먹기 위해서 과수원들을 찾아다닐 수밖에 없었다.

사람들로 북적대던 도시가 완전히 텅 비게 되었고, 깡패들과 부랑배들은 골목에서 누구라도 붙잡으면 발가벗겨 놓았다. 대상(隊商)도 거기서 끊어지게 되었다. 깡패들은 밤에 과수원으로 가는 골목들 끝에 매복하고 있다가, 만약 어떤 불쌍한 사람이 나름대로 술수를 써서 집에 가서 먹으려고 나귀에 곡식을 싣고 오거나 광주리에 과일을 담아 오는 것을 보면, 그것을 강제로 빼앗곤 하였다. 만약 그가 〔빼앗기는 것을〕 거부하면 그들은 "그것을 팔아서 그 대가로 '행운'의 차우를 받아 보라. 그리고 그것을 어디서 샀는지 보여봐라."고 말했다. 한마디로 사람들은 그 재난의 제물이 되었고 불쌍한 사람들로서는 손을 들고 기도를 할 수밖에 없었다.

하루는 게이하투가 우연히 시장을 지나가는데, 상점들이 텅 비어 있었다. 그 이유를 물으니 사드르 앗 딘은 "이곳의 지도자인 샤라프 앗 딘 라쿠시가 사망했습니다. 타브리즈 사람들은 대인들이 사망하면 철시를 하는 것을 관례로 하고 있습니다."라고 말했다. 모스크에서 한 무리의 사람들이 쿠틉 앗 딘에 대해서 큰 소동을 벌이다가 해산했다. 사람들은 골목 안에서 황금을 주고 식량을 구입했는데, 또한 그것을 이유로 사람들을 살해하기도 했다. 거래와 상세는 (R1199)완전히 중단되었다. 하루는 한 거지가 시장 모퉁이에서 사드르 앗 딘의 말고삐를 잡고 이렇게 말했다.

詩

애간장이 타는 냄새가 온 천하를 뒤덮었는데

만약 네가 그것을 모른다면, 너는 얼마나 대단한 코를 가진 것인가.

사드르 앗 딘은 이 말에 영향을 받고 '바스라가 파괴된 뒤에야' 누케르들과 합의하여, 황금으로 식료품을 거래하는 것도 가능하다는 칙령을 내놓게 하였다. 그런 이유로 사람들은 대담해져서 드러내놓고 황금으로 거래를 하기 시작했고, 그렇게 되자 숨어 있던 사람들이 시내로 모습을 드러냈고 짧은 시간 안에 다시 북적이기 시작했다. 〈241r〉 마침내 차우의 시행은 성공을 거두지 못하고 폐지되고 말았으며, 사람들은 그 폐해에서 해방되었다. 693년 둘 카다월 2일 금요일(1294. 9. 24) 즉 …해[25] 아홉째 달에 안바르치 왕자가 나흐체반 부근에서 사망하였다.

바이두가 바그다드에서 반란을 일으킨 것, 이쪽에서 아미르들이 분란을 일으키고 일부가 게이하투에 반기를 든 것, 그의 사정과 최후의 정황에 관한 이야기

바이두 왕자가 보락친 에게치의 주선으로 풀려나서 자신의 이전 숙영지로 갔다. 그는 그로 인해 입은 〔마음의〕 상처 때문에 자기 아미르들과 함께 명시적으로 혹은 암시적으로 게이하투에 대한 불평을 하였다. 투다추 야르구치(Tūdāchū Yārghūchī), 치첵 쿠레겐(Chīchāk Kūregān), 아르군 아카의 아들 레그지, 힌두쿠르 노얀의 아들 일 티무르 등의 아미르가 바그다드 방면으로 향했을 때, 그는 그들의 마음을 사서 게이하투에게 함께 반기를 들도록 만들었다.

바그다드의 서기(katīb)들 및 세리들 가운데 하나였던 자말 앗 딘 다스타지르다니(Jamāl al-Dīn Dastjirdānī)는 그들과 한편이 되어 (R1200) 그와 그의 아미르들 및 군대가 필요로 하는 것들, 즉 무기와 동물과 공납품과 곡식과 기타 물자들을 준비하였다. 바이두는 사신들을 바그다드 시로 보내서 게이하투의 칙령이라며 바그다드의 감관이던 무함마드 슈쿠르치(Muḥammad Shukūrchī)를 죽이고, 〔269v〕 반역과 분란을 분명히 드러내고 반란을 시작하였다.

아랍타이 쿠레겐이 이러한 상황에 대한 소식을 접하고 사신을 보내서 게이하투에게 바이두 및 그와 연합한 상술한 아미르들이 반역을 했다는

---

25) 甲午年 말해에 해당된다.

소식을 전해주었다. 그리고 어전에 있으면서 동시에 그 모의에 가담한 돌라다이 이데치, 쿤축발, 투켈, 일치데이, 부가다이 등의 아미르들의 술책에 대해서도 조심하라는 건의를 하였다. 게이하투는 아미르 아크 부카와 상의를 하고 상술한 이 아미르들을 체포하여 결박한 뒤 타브리즈로 보내어 감금하도록 하였다. 다만 그루지아 방면에 있던 투켈만은 예외였다.

아란의 동영지에서 사신들을 디야르 바크르의 바이 부카에게로 보내서 바이두를 체포하여 보내라고 하였다. 사신들이 아르빌 부근에 도착했을 때 잡(Jāb) 강가에서 이미 바이 부카가 붙잡혀 바이두의 사신들의 손에 의해 끌려가는 것을 보았다. 그들은 거기서 방향을 돌려 신속하게 되돌아와서 바이 부카의 상황에 대해서 아뢰었다. 694년 라비 알 아히르월 28일 목요일(1295. 3. 17) 즉 …띠 해[26] 두 번째 달 말에 아크 부카와 타가차르 등의 아미르를 파견하여 바이두를 치게 했다. 그런데 타가차르는 은밀하게 바이두에게 전갈을 보내어 반기를 들라고 부추긴 바 있었다. 그들이 차가투 강가에 도착했을 때 아크 부카는 타가차르와 이야기를 하던 도중에 "너는 꾀와 술책이 많은 사람인데, 이 상황에 대해서 아무런 정보도 없단 말인가?"라고 말했다. 〔아크 부카는〕 그가 바이두에게 전갈을 보냈던 사실을 모르고 있었다. 타가차르는 그 말을 듣고 아크 부카가 자신의 비밀을 눈치 챘다고 생각했다. 그런 정황에 그는 겁을 먹게 되었고 한밤중에 천호장들과 연합하여 (R1201)바이두 쪽으로 향해 떠났다. 아미르 아크 부카는 이렇게 된 것을 보고 퇴각하여 자신에게 직속한 3000명의 기병들과 함께 아하르(Ahar) 부근에 있던 게이하투의 어전으로 왔다.

---

26) 乙未年 양해에 해당된다.

게이하투는 그 같은 상황에 경악하여 룸으로 가기를 원했다. 그러나 일부 근신들은 그것이 옳은 방책이 아니라고 보고, "왕관과 보좌를 반도들에게 내맡기고 도망치는 것은 좋은 방책〔이 아닙니다〕. 이 지방들 도처에 우리의 군대가 주둔하고 있습니다. 그들을 규합하여 적과 전투를 하러 갑시다."라고 하였다. 그는 거기서 아란으로 귀환했고 다음 날에는 빌레사바르에 왔다. 요람에 있을 때부터 〔어전에〕 있던 부쿠의 아들 아미르 후세인은 한밤중에 자신의 동료들과 함께 도망쳐서 바이두 쪽으로 갔다. 그 소식이 타브리즈의 쿤축발과 돌라다이에게 전해지자 그들은 감금에서 벗어나 도망쳤다. 아미르 이린친과 바이착(Bāīchāq)은 다른 한 무리의 사람들과 연합하여 감금되어 있던 바이두의 아들 쿤착 오굴(Qunchāq Oghūl)을 밖으로 풀어내어 아버지 앞으로 데리고 갔다.

주마디 알 아발월 6일 목요일(1295. 3. 24) 타이탁과 토그릴차는 하마단 부근에서 바시막 오굴(Bāshmāq Oghūl)과 술탄 아흐마드의 사위인 카라차(Qarāchā)와 전투를 벌였는데, 승리는 타이탁에게 돌아갔다. 투켈(Tūkāl)은 그루지아에서 군대와 함께 와서 사신 하나를 타브리즈에 감금되어 있던 아미르들에게 보내어, "나는 대군을 이끌고 일데르(Īldār) 왕자를 돕고 게이하투를 치기 위해서 아란으로 향하고 있다. 〈241v〉 당신들은 하루 빨리 나와 연합하여야 할 것이다."라고 말했다. 그들은 즉시 출발하여 쿠르 강가에서 투켈이 있는 곳에 왔고, 다함께 그(게이하투)를 찾기 위해 출발했다.

빌레사바르에 있던 바아림(Bārīm)[27] 천호가 게이하투가 어디 있는지 알게 되었고 즉시 출발하여 그를 붙잡았다. 그리고 그를 반역의 아미르들에게 넘겨주어 처형케 하였다. 694년 주마다 알 아발월 6일 목요일

27) Rashīd/Thackston은 Ba'arin으로, 로샨은 Nārīn으로 읽었다.

(1295. 3. 24) 즉 …띠 해[28] 셋째 달 8일의 일이었다. 그의 친신이었던 탐마치 이낙, 이트 오글리(Īt Ōghlī), 이트 부키(Īt Būqī) 등도 그와 함께 처형되었다. 바이두를 심문하고 견책할 때 (R1202)그 일을 관장했던 이트 쿨리(Īt Qūlī)도 붙잡아 바이두의 어전으로 보내서, 그가 적절하다고 판단되는 바에 따라 그를 처형케 하였다. 그가 그곳에 도착하자 바이두는 "그의 조치는 군주의 명령에 의한 것이기 때문에 그를 비난할 수는 없다."라고 하면서 그의 목숨을 살려주었다. 아크 부카와 타이추를 붙잡았다. 가잔이 바이두와 전투를 할 때 하쉬트 루드 부근에서 그들을 체포하고 죽였다.

694년 주마다 알 아발월 19일(1295. 4. 6) 수요일 쿠크라(Kūkra) 강과 차가투 강이 만나는 지점에서 아미르들은 아미르 라마단을 가잔 왕자의 어전으로 보내서 게이하투의 사망을 알리고, 바이두에게도 사신을 보내서 신속하게 와서 보좌에 앉으라고 하였다. 그 말을 들은 바이두는 매우 기분이 좋아졌고, 그와 사이가 나빴던 아미르들을 죽이고 이쪽 지방으로 향하였다. 그의 상황에 관한 이야기들은 전부 가잔 칸기에서 자세히 설명될 것이다. 지고한 알라께서 뜻하신다면!

28) 을미년 양해에 해당된다.

(R1203) 【제3장】

그의 탁월한 행적과 품성. 그가 행하거나 말했던 좋은 이야기, 일화, 훈유, 덕담들. 그의 치세에 일어났던 사건들 가운데 앞의 두 장들에 들어가지 않았던 내용들. 그 밖에 알려진 잡다한 사항들.

부록

지도(몽골 지배기의 서아시아)

참고문헌

찾아보기

훌레구 일족의 주요 인물들과 칸의 계승도

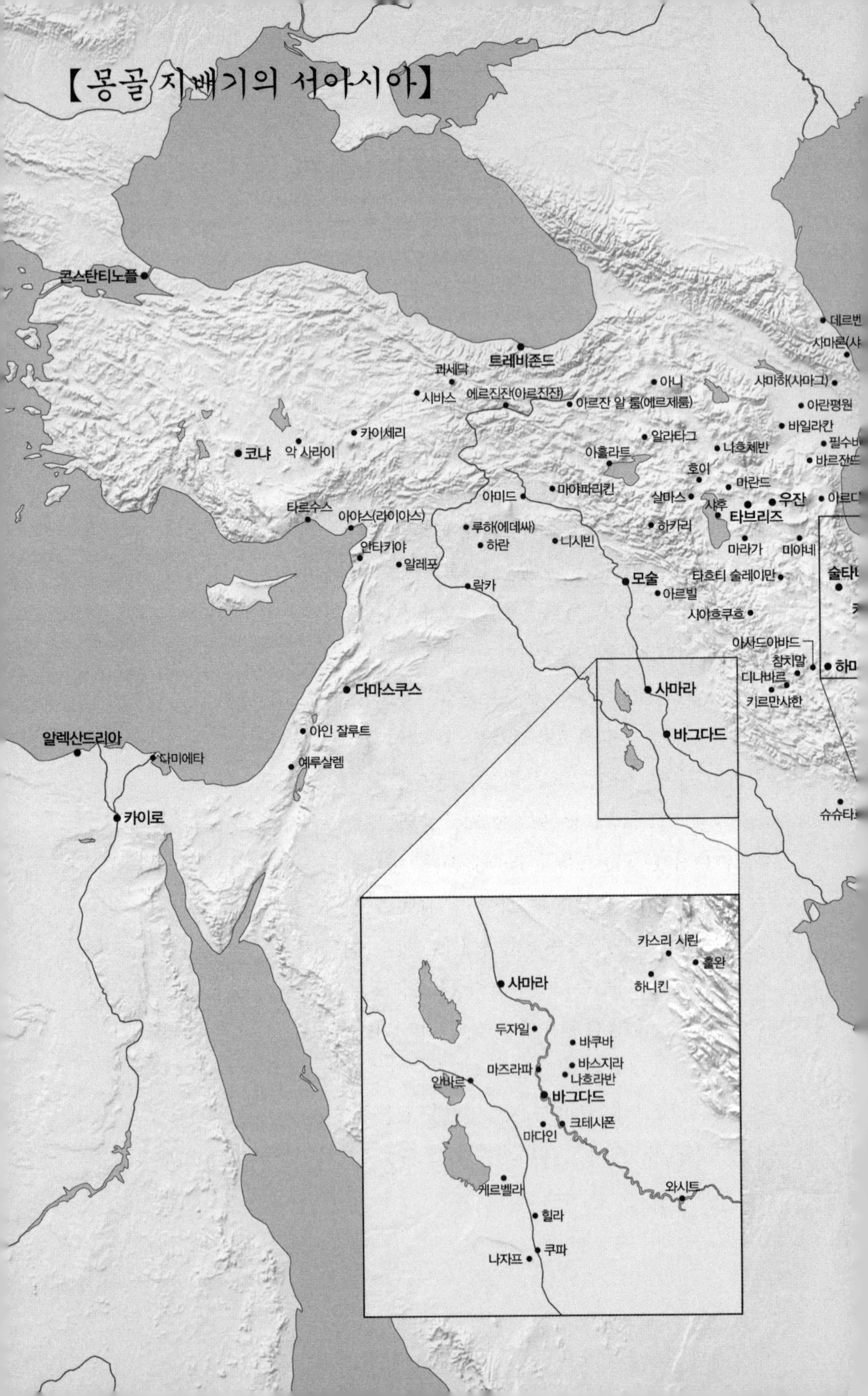
【몽골 지배기의 서아시아】
콘스탄티노플
트레비존드
쾨세닥
시바스
에르진잔(아르진잔)
아르잔 알 룸(에르제룸)
아니
사마하(사마그)
아란평원
바일라칸
알라타그
나호체반
아흘라트
호이
마란드
우잔
살마스
샤후
타브리즈
하카리
마라가
미야네
마야파리킨
코냐
악 사라이
카이세리
아미드
타르수스
아야스(라이아스)
루하(에데싸)
하란
디시빈
안타키야
알레포
락카
모술
아르빌
타호티 술레이만
시야흐쿠흐
아사드아바드
참치말
디나바르
키르만샤한
사마라
바그다드
다마스쿠스
아인 잘루트
예루살렘
알렉산드리아
다미에타
카이로
카스리 시린
홀완
하니킨
두자일
바쿠바
바스지라
나흐라반
마즈라파
안바르
크테시폰
마다인
케르벨라
와시트
힐라
쿠파
나자프

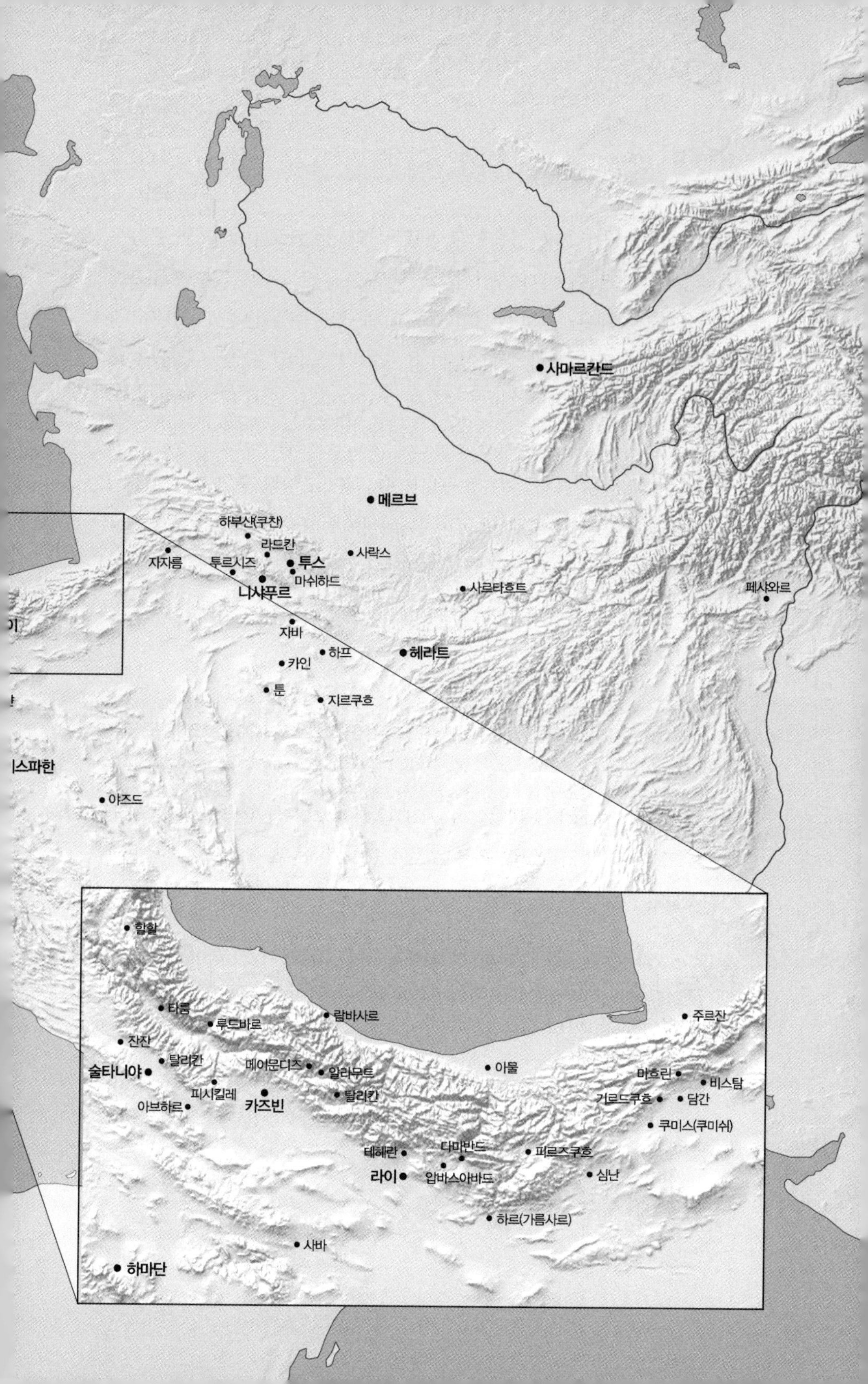

사마르칸드
메르브
하부샨(쿠찬)
라드칸
자자름
투르시즈
투스
사락스
마쉬하드
니샤푸르
사르타흐트
페샤와르
자바
하프
헤라트
카인
툰
지르쿠흐
야즈드
할할
타룸
루드바르
람바사르
주르잔
잔잔
탈리칸
술타니야
메이문디즈
알라무트
아물
마흐린
비스탐
피시킬레
카즈빈
탈리칸
기르드쿠흐
담간
아브하르
쿠미스(쿠미쉬)
테헤란
다마반드
피르즈쿠흐
라이
압바스아바드
심난
하르(가름사르)
사바
하마단

참고문헌

- 본 역서에서 底本으로 삼은 『집사』 필사본

Jāmiʿ al-tawārīkh. 이스탄불 톱카프 도서관 소장 사본 Revan Köşkü 1518 (A본이라 칭하고 葉數는 []로 표시)

Jāmiʿ al-tawārīkh. 타쉬켄트 알 비루니 연구소 소장 사본 Al Biruni 1620 (B본이라 칭하고 葉數는 〈〉로 표시)

- 『집사』 교감본 및 인쇄본

Jāmʿ al-tawārīkh, vol. 3. Ed. by A. K. Arends. Baku, 1957. 러시아 교감본

Jāmiʿ al-tawārīkh, vol. 3. Ed. by Muḥammad Rawshan. Tehran: Alburz, 1373/1995. 로샨 교감본 (페이지는 R로 표시)

- 인용문헌

Allsen, Thomas T. "The Circulation of Military Technology in the Mongolian Empire." *Warfare in Inner Asian History (500-1800)* (Boston: Brill Academic Pub., 2002).

Allsen, Thomas T. *Mongol Imperialism: The Policies of the Grand Qan Möngke in China, Russia, and the Islamic Lands, 1251-1259*. Berkeley: University of California Press, 1987.

Amitai, Reuven. *Mongols and Mamluks: The Mamluk-Īlkhānid War, 1260-1281*. Cambridge: Cambridge University Press, 1995.

Amitai, Reuven. "Mongol Raids Into Palestine (A.D. 1260 and 1300)." *Journal of the Royal Asiatic Society*, vol. 2(1987), pp. 236~242.

Andrews, P. A. *Felt Tents and Pavillions: The Nomadic Tradition and its Interaction with Princely Tentage*. 2 vols. London: Melisende, 1999.

Ayalon, David. *Gunpowder and Firearms in the Mamluk Kingdom: A Challenge to al Mediaeval Society*. London: Valentine, Mitchell, 1956.

Bayarsaykhan, D. *The Mongols and the Armenians (1220-1335)*. Brill: Leiden, 2011.

Blair, Sheila. *A Compendium of Chronicles: Rashid Al-Din's Illustrated History of the World*. London: Nour Foundation in association with Azimuth Editions and Oxford University Press, 1955.

Boyle, J. A. ed., *The Cambridge History of Iran*. Vol. 5 (The Saljuq and the Mongol Period). Cambridge: Cambridge University Press, 1968.

Boyle/Rashīd. Rashīd al-Dīn Ṭabīb 참조.

Clauson, Gerard. *An Etymological Dictionary of Pre-Thirteenth-Century Turkish*. Oxford: Oxford Univeristy Press, 1972.

Doerfer, Gerhard. *Türkische und Mongolische Elemente im Neupersischen*. 4 vols. Wiesbaden: Franz Steiner, 1963-75.

d'Ohsson, Constantin Mouradgea. 『モンゴル帝國史』. 佐口透 譯. 東京: 平凡社, 1968-79.

d'Ohsson/佐口透. d'Ohsson 참조.

Encyclopaedia of Islam. 2nd edition. Brill

Hinz, Walther and E. A. Davidovich. *Musul'manskie mery i vesa s perevodom v metricheskuiu sistemu. Materialy po Metrologii Srednevekovoi Srednei Azii*. Moskva, 1970.

Juwaynī, 'Aṭā Malik. *The History of the World-Conqueror*. 2 vols. Tr. by J. Boyle. Cambridge, Mass.: Harvard University Press, 1958. Juwaynī/Boyle로 약칭

Juwaynī/Boyle. Juwaynī 참조.

Lane, George. *Genghis Khan and Mongol Rule*. Westport, Conn: Greenwood Press, 2004.

Lane, George. "Arghun Aqa: Mongol bureaucrat." *Iranian Studies*, vol. 32, no. 4(1999), pp. 459~482.

Le Strange, G. *The Lands of the Eastern Caliphate*. Cambridge: Cambridge University Press, 1905.

Le Strange, G. tr. *The Geographical Part of the Nuzhat-al-qulūb composed by Ḥamd-Allāh Mustawfī of Qazwīn in 740(1340)*. Leyden: E. J. Brill, 1919.

Li Tang. *East Syriac Christianity in Mongol-Yuan China (12th-14th Centuries)*. Wiesbaden: Otto Harrassowitz Verlag, 2011.

McChesney, R. D. *Waqf in Central Asia: Four Hundred Years in the History of a Muslim Shrine, 1480-1889*. Princeton: Princeton University Press, 1991.

Melville, Charles P. *The Fall of Amir Chupan and the Decline of the Ilkhanate, 1327-37: A Decade of Discord in Mongol Iran* (Papers on Inner Asia, No. 30). Bloomington: Indiana University, Research Institute for Inner Asian Studies, 1999.

Minorsky, V. tr. *Ḥudūd al-Ālam. The Regions of the World: a Persian Geography, 372 A.H.-982 A.D.* London: Luzac, 1937.

Minorsky, V. "Geographical Factors in Persian Art." *Bulletin of the School of Oriental and African Studies*, vol. 9, no. 3(1938).

Minorsky, V. "Pur-i Baha's 'Mongol' Ode (Mongolica 2)." *Bulletin of the School of Oriental and African Studies*, vol. 18, no. 2(1956).

Minorsky, V. "The Gurān." *The Bulletin of the School of Oriental and African Studies*, vol. 11, nr. 1(1943).

Minovi, M. & V. Minorsky. "Naṣīr al-Dīn Ṭūsī on Finance." *Bulletin of the School of Oriental and African Studies*, vol. 10, no. 3 (1940).

Needham, J. & Robin D. S. Yates ed. *Science and Civilization in China*. Vol. 5, part 6 (Military Technology: Missiles and Sieges). Cambridge: Cambridge University Press, 1994.

Pelliot, Paul. *Histoire des Campagnes de Gengis Khan*. Leiden: E. J. Brill, 1951.

Pelliot, Paul. *Notes on Marco Polo*. 3 vols. Paris: Librairie Adrien-Maisonneuve, 1959.

Rachewiltz, Igor de tr. *The Secret History of the Mongols: A Mongolian Epic Chronicle of the Thirteenth Century*. 2 vols. Leiden: Brill, 2004.

Raphael, Kate."Mongol Siege Warfare on the Banks of the Euphrates and the Question of Gunpowder (1260-1312)." *Journal of the Royal Asiatic Society* (Series 3), vol. 19, no. 3(2009), pp. 355~370.

Rashīd al-Dīn Ṭabīb. *Jami'u't-Tawarikh: Compendium of Chronicles*. 3 vols. Tr. by W. M. Thackston. Harvard University, Dept. of Near Eastern

Languages and Civilizations, 1998. Rashīd/Thackston으로 약칭.

Rashīd al-Dīn Ṭabīb. *The Successors of Genghis Khan*. J. A. Boyle tr. New York: Columbia University Press, 1971. Rashīd/Boyle로 약칭.

Rashīd/Boyle. Rashīd al-Dīn Ṭabīb 참조.

Rubruck, William. *The Mission of Friar William of Rubruck: His Journey to the Court of the Great Khan Möngke 1253-1255*. Translated by Peter Jackson. London: The Hakluyt Society, 1990. Rubruck/Jackson으로 약칭.

Rubruck/Jackson. Rubruck 참조.

Shimo Hirotoshi (志茂碩敏). "The Qaraunas In the Historical Materials of the llkhanate." *The Memoirs of the Toyo Bunko*, vol. 35(1977), pp. 131~181.

Sprenger, A. tr. *El-Mas'ūdī's Historical Encyclopaedia*. vol. 1. London, 1841.

Steingass, Francis Joseph. *A comprehensive Persian-English dictionary.* London; New York, NY: Routledge, 1988.

Thackston, W. M. tr., *The Baburnama: Memoirs of Babur, Prince and Emperor*. Washington D. C.: Smithonian Institution, 1996.

Virani, S. F. *The Ismailis in the Middle Ages: A History of Survival, a Search for Salvation*. Oxford: Oxford University Press, 2007.

Vladimirtsov, B. Ia. 『몽골사회제도사』. 주채혁 역. 서울: 대한교과서주식회사, 1990.

Woods, John E. *The Aqquyunlu: Clan, Confederation, Empire*. Salt Lake City: University of Utah Press, 1999.

本田實信. 『モンゴル時代史研究』. 東京: 東京大學出版會, 1991.

Yokkaichi Yasuhiro. "Āl-tamghā (Vermilion Seal) and Altūn-tamghā (Golden Seal) in the Sphragistic System of the Ilkhanid Dynasty (in Japanese)." 『歐亞學刊』 10, 2012, pp. 311~355.

김호동. 『몽골제국과 고려』. 서울: 서울대학교 출판부, 2007.

김호동. 「몽골支配期 西아시아의 驛站制와 가잔 칸(Ghazan Khan)의 改革」. 『역사문화연구』 제35집, 2010.

김호동. 「라시드 앗 딘(Rashīd al-Dīn, 1247-1318)의 『中國史』 속에 나타난 '中國' 認識. 『東洋史學硏究』 115, 2011.

라시드 앗 딘. 김호동 역. 『라시드 앗 딘의 집사 1: 부족지』. 서울: 사계절, 2002.

라시드 앗 딘. 김호동 역. 『라시드 앗 딘의 집사 2: 칭기스 칸 기』. 서울: 사계절, 2003.

라시드 앗 딘. 김호동 역. 『라시드 앗 딘의 집사 3: 칸의 후예들』. 서울: 사계절, 2005.

마르코 폴로 저, 김호동 역. 『마르코 폴로의 동방견문록』. 서울: 사계절, 2000.

플라노 카르피니, 윌리엄 루브룩 원저. 김호동 역주. 『몽골제국기행』. 서울: 까치, 2015.

『元史』

찾아보기

라이(Rayy) 58, 248
라이스 앗 다울라(Rāīs al-Dawla) 55, 61, 63
라지 앗 딘 바바(Malik Raẓī al-Dīn Bābā) 156
라지 앗 딘 바바이 카즈비니(Malik Raẓī al-Dīn Bābā'ī Qazvīnī) 225, 226
라친(Lāchīn) 206
라흐바 앗 샴(Raḥba al-Shām) 229
람바사르(Lambasar) 42
람사르(Lamsar) 53, 56
레그지 쿠레겐(Legzī Kūregān) 34
레그지스탄(Legzistān) 137, 214
롬바르드 66
루드바르(Rūdbār) 49, 61
루르(Lūr) 42, 313
루리스탄 86, 89
루바이브 앗 다울라(Rubayb al-Dawlā) 330
루사파(Ruṣafa) 98
루스탐(Rustam) 58, 114, 120
루큰 앗 딘 바이바르스 118
루큰 앗 딘 분둑다르(Rukn al-Dīn Bunduqdār/Bundūqdār) 117, 118, 122, 130, 131, 208~213, 225
루큰 앗 딘 후르샤(Rukn al-Dīn Khūrshāh) 55, 65
루하(Rūḥa) 110
룸(Rūm) 25
리바티 무슬림(Ribāṭ-i Muslim) 226
리바티 아하리(Ribāṭ-i Akharī) 258
릭지(Ligzī) 257

ㅁ

마그리브(Maghrib) 117
마다인(Madāīn) 92
마드라파(Maḍrafa) 89
마라가(Marāgha) 100, 104, 108, 139, 143, 203, 227, 240, 288, 305, 306, 330, 331
마루축(Marūchūq) 171, 173
마르가울(Marghāūl) 177, 181, 183, 187, 189, 190, 195
마르딘(Mārdīn) 127~129
마르타드(Martad) 289, 305
마르타이 카툰(Martay Khātūn) 30, 34, 147, 148, 150
마문(Mā'mūn/Ma'mūn) 84, 100
마수드 벡(Mas'ūd Beg) 44, 158, 159, 162, 167, 168, 176, 187, 206
마수드 벡 마드라사 207
마스우드(Mas'ūd) 284, 302
마야파르킨 123, 127, 128, 161, 220, 300
마와라안나흐르 44, 162, 163, 166, 167, 183
마이누(Māīnū) 238
마이주(Māījū) 295
마잔다란 57, 140, 152, 155, 157~159, 172, 185, 192, 249, 266, 280
마주크(Māzūq) 56
마죽 아카(Māzūq Āqā) 230
마죽 쿠슈치(Māzūq Qūshchī/Qūshūchī) 266, 287
마즈드 알 물크 야즈디(Majd al-Mulk Yazdī) 221~224, 226~229, 231, 243~245
마즈드 앗 딘 루미(Majd al-Dīn Rūmī) 304
마즈드 앗 딘 무미난 카즈비니(Majd al-Dīn Mūminān Qazwīnī) 302, 306
마즈드 앗 딘 이븐 알 아씨르(Majd al-Dīn ibn al-Athīr) 223, 228
마즈드 앗 딘 이븐 알 카바티(Majd al-Dīn ibn al-Kabatī) 301
마즈드 앗 딘 타브리즈(Malik Majd al-Dīn Tabrīz) 106, 135
마흐디(Mahdī) 100
마흐무드 샤(Maḥmūd Shāh) 28
마히 앗 딘 마그리비(Maḥī al-Dīn Maghribī) 122
만수르 술탄 세이프 앗 딘 칼라운(Malik Manṣūr Sulṭān Sayf al-Dīn Qalā'ūn) 212
만수리야(Manṣūriya) 49, 50, 53

ㅂ

ㅇ

ㅈ

ㅊ

ㅋ

ㅌ